本书是2022年度天津市哲学社会科学规划重大委托项目
"新时代新征程创造人类文明新形态研究"
（项目编号：TJESDZX22-04）的结项成果

新时代新征程

创造人类文明新形态研究

贾丽民 等著

天津出版传媒集团

天津人民出版社

图书在版编目（CIP）数据

新时代新征程创造人类文明新形态研究 / 贾丽民等著. -- 天津：天津人民出版社，2025. 4. -- ISBN 978-7-201-20921-0

Ⅰ．D61

中国国家版本馆 CIP 数据核字第 2024WJ5054 号

新时代新征程创造人类文明新形态研究

XINSHIDAI XINZHENGCHENG CHUANGZAO RENLEI WENMING XINXINGTAI YANJIU

出　　版	天津人民出版社
出 版 人	刘锦泉
地　　址	天津市和平区西康路 35 号康岳大厦
邮政编码	300051
邮购电话	（022）23332469
电子信箱	reader@tjrmcbs.com
责任编辑	武建臣
封面设计	汤　磊
印　　刷	天津新华印务有限公司
经　　销	新华书店
开　　本	710毫米×1000毫米　1/16
印　　张	24.75
插　　页	2
字　　数	350千字
版次印次	2025 年 4 月第 1 版　2025 年 4 月第 1 次印刷
定　　价	98.00元

序　言

"对历史最好的继承就是创造新的历史,对人类文明最大的礼敬就是创造人类文明新形态。希望大家担当使命、奋发有为,共同努力创造属于我们这个时代的新文化,建设中华民族现代文明!"①习近平总书记在文化传承发展座谈会上的重要讲话,以高度的历史自信、文明自信回答时代之问,提出了"建设中华民族现代文明"的重大命题,为人类文明新形态的实践开拓和学术创新指明了前进方向。

人类文明在时间序列中铺展,但是人类文明并不是按照时间推移平均发展的历史过程。以大历史观看人类文明发展史,党史、新中国史、改革开放史和新时代以来的中国历史是其中气势恢宏、气象万千的篇章,"跃迁式突变"并不鲜见,标注了中国之于世界、中华文明之于人类文明贡献的新高度。

2021年,中国共产党成立100周年,在中华大地上全面建成小康社会,如期实现第一个百年奋斗目标,这是一个历史阶段的里程碑,也是新时代新征程开启的出发点。这一年,在庆祝中国共产党成立100周年大会上,习近平总书记高屋建瓴、深谋远虑,深刻指出:"我们坚持和发展中国特色社会主义,推动物质文明、政治文明、精神文明、社会文明、生态文明协调发展,创造

---

① 习近平:《在文化传承发展座谈会上的讲话》,人民出版社,2023年,第12页。

了中国式现代化新道路,创造了人类文明新形态。"①"中国式现代化""人类文明新形态"重大概念的历史性提出,是中国共产党坚持开拓创新、坚持理论创新结出的理论创新硕果,它们是历史发展的必然结果,是实践开拓的必然结果,也是中国共产党坚定历史自信、增强历史主动的必然结果。

党的创新理论每前进一步,党的理论武装工作就要跟进一步,如此方能不辜负时代,在党的创新理论指导下创造中国发展新的更大奇迹。把党的创新理论学习好、宣传好、贯彻好,揭示其历史逻辑、理论逻辑、实践逻辑,阐明其道理、学理、哲理,是马克思主义理论工作者义不容辞的责任。着眼于新时代新征程人类文明新形态的学理化分析和现实性观照,本书以人类文明新形态的历史追问—理论分析—实践提炼—未来路向—世界贡献为主线,形成了如下内容安排。

第一章,创造人类文明新形态的历史文化底蕴与中国共产党的历史自觉。从百余年党史中汲取智慧和力量,分析中国共产党建党先驱的文明构想,尤其是李大钊"中华文明之问"的历史意涵,指出新民主主义革命时期、社会主义革命和建设时期、改革开放和社会主义现代化建设新时期、中国特色社会主义新时代,人类文明新形态奠基、发端、展开、基本成型四个阶段及其特质,形成整体把握人类文明新形态的历史逻辑。在纵横对比中,识别人类文明新形态之于中华民族传统文明、马克思主义经典作家设想、苏联社会主义文明以及资本主义文明的新颖之处,提出人类文明新形态的根本性质是现代社会主义文明形态的观点。以唯物史观观照人类文明新形态,中国共产党是创造人类文明新形态的领导主体,中国人民是创造人类文明新形态的历史主体,中国共产党作为自觉的历史主体推动中国人民这一历史主体的自觉,人类文明新形态是党和人民团结奋斗的历史结果。

第二章,创造人类文明新形态的理论意蕴与马克思主义中国化时代化

---

① 《习近平著作选读》(第二卷),人民出版社,2023年,第483页。

的理论飞跃。创造人类文明新形态的世界观和方法论具有科学的理论渊源，它发端于马克思主义世界观和方法论、根植于中华优秀传统文化中的世界观和方法论，发展于中国化时代化的马克思主义的世界观和方法论。在实践层面，创造人类文明新形态的世界观和方法论立足世界百年未有之大变局、中华民族伟大复兴战略全局、中国社会主要矛盾发生历史性转变，以及中国共产党人创造人类文明形态的实践基础上。其基本内涵和特征表现为"坚持人民至上""坚持自信自立""坚持守正创新""坚持问题导向""坚持系统观念"和"坚持胸怀天下"的立场观点方法，彰显了人类文明新形态的"人民性""自主性""创新性""现实性""系统性"和"世界性"。创造人类文明新形态的世界观和方法论在形成和发展的过程中进一步丰富和发展马克思主义世界观和方法论、推进马克思主义中国化时代化的新飞跃、赋予科学社会主义以新时代内涵。

第三章，创造人类文明新形态的重大成果、实践超越与未来向度。创造人类文明新形态，核心追求是实现人的自由而全面发展。创造人类文明新形态是阶段性和连续性的统一，已经并将继续在物质文明、政治文明、精神文明、社会文明、生态文明等领域取得重大成果。相较于以往和当前其他文明形态，人类文明新形态实现了重大实践超越，主要体现在：高质量发展的全面推进、全过程人民民主的深入践行、精神文化的极大丰富、共同富裕的扎实推进、人与自然关系的全新建构。面向未来，创造人类文明新形态，必须处理好与"人"相关的人与自己、人与人、人与社会、人与自然四对关系，着重做好协调利益关系、重视科技支撑、强化精神动力、提供制度保障等工作。

第四章，创造人类文明新形态的实践路径与中国式现代化的拓新。现代化是人类文明形态发展演变的驱动力，中国式现代化为创造人类文明新形态提供了坚实基础，也规定了人类文明新形态的鲜明特质。只有中国式现代化不断推进，人类文明新形态的实践才能不断开拓。推进中国式现代化的发展，需要明确所处的历史方位和发展阶段。中国历经多年发展，进入了全面建设社会主义现代化国家、向第二个百年奋斗目标进军的阶段,即新发展阶段。新发展阶段是漫长的社会主义初级阶段中的一个阶段,具有很多新的阶段性特征,这要求中国式现代化在发展中坚持创新、协调、绿色、开放、共享的新发展理念,构建国内大循环为主体、国内国际双循环相互促进的新发展格局。在新发展阶段上,要持续推进经济、政治、文化、社会、生态文明建设,以中国式现代化全面推进中华民族伟大复兴,创造人类文明新形态。

第五章,创造人类文明新形态的世界贡献与构建人类命运共同体的时代契机。从人类文明新形态的世界贡献切入,指出人类文明新形态以推动构建人类命运共同体为发展方向。走向人类命运共同体是人类文明发展的历史趋势,人类文明新形态中政治文明的拓展、社会文明的提升、物质文明的进步、精神文明的发展、生态文明的开拓等为构建人类命运共同体奠定了文明基石。以人类文明新形态的政治文明、社会文明、物质文明、精神文明、生态文明五个方面为基础框架,从解决人类社会面临的"和平赤字""安全赤字""发展赤字""信任赤字""绿色赤字"等诸多挑战入手,分别探讨了人类文明新形态对人类命运共同体持久和平、普遍安全、共同繁荣、开放包容、清洁美丽"五个世界"目标构建的推动作用,充分彰显了人类文明新形态的世界意义。

中国式现代化正在新时代新征程乘风破浪,人类文明新形态正在随之不断丰富发展。从本书中不难看出,中国式现代化、人类文明新形态呈现出文明共性与个性之统一,理论与实践之统一,守正与创新之统一,民族性与世界性之统一。深入把握这些特质,我们将对"以中国式现代化全面推进中华民族伟大复兴"这一重要论述不断取得更多新的规律性认识,使人类文明新形态将在世界展现出更加绚丽的光彩。

目 录

Contents

第一章

创造人类文明新形态的历史文化底蕴
与中国共产党的历史自觉

英国著名语言学教授诺曼·费尔克拉夫提出,话语实践是社会实践的"一个特定形式"①,这与马克思主义历史唯物主义的分析范式相契合。特定政治话语的出场是一定社会历史发展的结果,并对社会历史发展起反作用或者说具有建构功能。"人类文明新形态"概念就属于这样的特定政治话语。

2021年7月1日,习近平总书记在庆祝中国共产党成立100周年大会上的讲话中庄严宣告在中华大地上全面建成了小康社会,提出以史为鉴、开创未来的"九个必须",其中鲜明指出:"我们坚持和发展中国特色社会主义,推动物质文明、政治文明、精神文明、社会文明、生态文明协调发展,创造了中国式现代化新道路,创造了人类文明新形态。"②(简称人类文明新形态"第一论题")随着第一个百年奋斗目标的完成和全面建设社会主义现代化国家新征程的开启,"人类文明新形态"概念被历史性地提了出来,成为观察时代、把握时代、引领时代的鲜明标识。

2021年11月11日,党的十九届六中全会通过的《中共中央关于党的百

---

① [英]费尔克拉夫:《话语与社会变迁》,殷晓蓉译,华夏出版社,2003年,第66页。
② 习近平:《在庆祝中国共产党成立100周年大会上的讲话》,人民出版社,2021年,第13~14页。

年奋斗重大成就和历史经验的决议》在深入总结党的百年奋斗历史意义时进一步提出："党领导人民成功走出中国式现代化道路,创造了人类文明新形态,拓展了发展中国家走向现代化的途径,给世界上那些既希望加快发展又希望保持自身独立性的国家和民族提供了全新选择。"①(简称人类文明新形态"第二论题")"人类文明新形态"概念得到进一步扩充,其与中国式现代化道路的内在联系,在改变世界发展的趋势和格局方面的重大意义,这些内容都为其概念阐释指明方向、提供空间。

2022年10月16日,习近平总书记在党的二十大报告中两处直接论及"人类文明新形态"。第一处是在总结新时代十年的伟大变革时提出："我们对新时代党和国家事业发展作出科学完整的战略部署,提出实现中华民族伟大复兴的中国梦,以中国式现代化推进中华民族伟大复兴,统揽伟大斗争、伟大工程、伟大事业、伟大梦想,明确'五位一体'总体布局和'四个全面'战略布局,确定稳中求进工作总基调,统筹发展和安全,明确我国社会主要矛盾是人民日益增长的美好生活需要和不平衡不充分的发展之间的矛盾,并紧紧围绕这个社会主要矛盾推进各项工作,不断丰富和发展人类文明新形态。"②第二处是在论述新时代新征程中国共产党的使命任务时指出："中国式现代化的本质要求是:坚持中国共产党领导,坚持中国特色社会主义,实现高质量发展,发展全过程人民民主,丰富人民精神世界,实现全体人民共同富裕,促进人与自然和谐共生,推动构建人类命运共同体,创造人类文明新形态。"③(这两处内容统称人类文明新形态"第三论题")"人类文明新形态"概念的历史内涵和未来向度更加明确、更加丰富,为研究阐释这一重大理论创新提供了历史依据、现实依据、理论依据。

---

① 《中共中央关于党的百年奋斗重大成就和历史经验的决议》,人民出版社,2021年,第64页。

② 习近平:《高举中国特色社会主义伟大旗帜 为全面建设社会主义现代化国家而团结奋斗——在中国共产党第二十次全国代表大会上的报告》,人民出版社,2022年,第7页。

③ 习近平:《高举中国特色社会主义伟大旗帜 为全面建设社会主义现代化国家而团结奋斗——在中国共产党第二十次全国代表大会上的报告》,人民出版社,2022年,第23~24页。

2023年3月15日,习近平总书记在中国共产党与世界政党高层对话会上的主旨讲话中强调:"中国式现代化作为人类文明新形态,与全球其他文明相互借鉴,必将极大丰富世界文明百花园。"①(简称人类文明新形态"第四论题")这一表述延续了同年2月7日习近平总书记在学习贯彻党的二十大精神研讨班开班式上提出的中国式现代化"是一种全新的人类文明形态"②的观点,指引学术界以中国式现代化为重要视角考察人类文明新形态。

"人类文明新形态"概念,当前正受到学术界的高度关注,不断形成研究热潮。第七版《现代汉语词典》在对"文明"释义时列出了三个方面的含义:其一,名词,同文化,如物质文明;其二,形容词,社会发展到较高阶段和具有较高文化的,如文明人、文明国家;其三,形容词,旧时指有西方现代色彩的(风俗、习惯、事物),如文明结婚、文明棍儿(手杖)。③

文明定义易下,内涵并不易解。法国历史学家布罗代尔在考察"文明"术语衍变时认为,社会科学的词汇如文明这类最简单的词语,根据使用它们的思想以及思想赋予它们的特征,含义上发生着广泛而深刻的变化。他还从文明的单复数形式做了考察,认为"单数形式的文明在今天确切地说是指某种为所有文明所共享却不可均分的东西:人类的共同遗产。火、文字、算术、耕种和饲养——这些东西已不再拘泥于任一起源:它们已经成为单数形式文明的集体属性"④。现代社会,更加突出文明的复数性,意即"每个文明都与众不同"⑤。从中可以窥见文明与文化概念的纠缠,以至于对"文明"做概念史研究的论者写道:"'文化'概念,一般也指'文明'概念;反之,'文明'

① 习近平:《携手同行现代化之路——在中国共产党与世界政党高层对话会上的主旨讲话》,人民出版社,2023年,第7页。
② 《习近平在学习贯彻党的二十大精神研讨班开班式上发表重要讲话强调 正确理解和大力推进中国式现代化》,《人民日报》,2023年2月8日。
③ 《现代汉语词典》(第7版),商务印书馆,2016年,第1372页。
④ [法]布罗代尔:《文明史纲》,肖昶等译,广西师范大学出版社,2003年,第27页。
⑤ [法]布罗代尔:《文明史纲》,肖昶等译,广西师范大学出版社,2003年,第26~27页。

亦不排除'文化'。"①

　　一般地说,文化(culture)有广义狭义之分,广义的文化即"人文化",同文明(civilization),指人类在社会历史发展过程中所创造的物质财富和精神财富的总和,从而与自然(nature)区别开来。狭义的文化特指精神财富或精神产品(现象)。从词源来看,文明意指开化的和使开化,是与野蛮状态相对立的状态。恩格斯认为:"文明是个历史概念,是人类历史发展到一定阶段的进步状态。"②文明,天然地具有人类属性,"人类文明"概念的传播流行与广泛认同即是明证。文明有古今、中外、地域、领域、技术、制度等方面的分别,这从以下与文明相关联的词汇中可见一斑,如古希腊文明、中华文明、印度河文明、农耕文明、网络文明、资本主义文明等。

　　以上讨论,呈现出文明划分标准的多向度和划分类型的多样性。其中,更深层次的问题是,文明存在不存在优与劣、先进与落后之分,这也是当今世界文明交往与对话中较为敏感的话题。③对这一问题的讨论属于人类文明新形态研究的底层逻辑,④仍有较大研究空间,而这实际上关涉马克思主义文明观问题。

　　文明,作为一个历史范畴,是人类社会的进步状态,是文明行为、文明过程、文明成果、文明话语的有机整体。形态,即事物的形状或表现,如意识形态、观念形态等。⑤人类文明新形态即特定文明类型发展到一定阶段而形成的一种样态,是文明理念和文明实践的统一,是人类文明发展一般逻辑和自身文明发展特殊逻辑的统一。

---

① 方维规:《文必与明合:中国"文明"概念小史》,外语教学与研究出版社,2022年,第3页。

② 之江轩:《笔墨当随时代》(上),浙江人民出版社,2022年,第211页。

③ 戴圣鹏:《判断文明先进与落后的坐标及尺度》,《学习与探索》,2013年第6期。

④ 叶险明:《"文明形态的多样"与"世界文明发展的统一和趋向"辨析——一种马克思主义历史哲学的分析框架》,《理论视野》,2021年第4期;叶险明:《重新诠释两个重要历史哲学命题间的关系——超越"文明形态的多样"和"世界文明发展的统一和趋向"关系认识中的误区》,《理论视野》,2022年第8期。

⑤ 《现代汉语词典》(第7版),商务印书馆,2016年,第1467页。

从整体上把握"人类文明新形态",要点有三:第一,人类文明是属于人的文明,要关注人的解放问题,重点从"推动人的全面发展、全体人民共同富裕"①维度加以把握;第二,人类文明新形态要在纵横比较中明确自身的边界和限度,包括自身的纵向历史比较及与他者的横向比较,从百余年党史的宏大视野和中国式现代化的多重维度(道路、理论、制度、文化、历史等)把握人类文明新形态的生成逻辑;第三,人类文明新形态从内在架构来看,具有五个领域的文明全面、协调、可持续发展的特质,从对外交往来看,与推动构建人类命运共同体一起构成中国共产党为人类谋进步、为世界谋大同的天下胸怀,展现出"内圣外王、讲信修睦、亲仁善邻、协和万邦"②的中华优秀传统文化底蕴。

一、中华民族现代文明:人类文明新形态之"新"的四维透视

百余年党史锻造了中国共产党强大的理论创新能力。根据第三个历史

---

① 《中共中央关于党的百年奋斗重大成就和历史经验的决议》,人民出版社,2021年,第24页。

② 这个概括,一方面基于对中国传统文明延展逻辑的"内生外化"解释,另一方面基于中国式现代化的中国特色尤其"中国式现代化是走和平发展道路的现代化"特征,并以此来描述人类文明新形态的延展逻辑。吴忠民用"内生外化"阐释中国传统文明的延展逻辑,中国传统社会共同体具有"先进的农耕经济、极为牢固的社会基本单元、具有一定的社会流动性、较高强度的社会整合以及较强的社会治理能力",以此为基础形成了一种强固的"内生"能力。从对外关系来看,立足自身强固的"内生"能力,"基于相对和平的天下观、非掠夺生存资源型的行为方式、尽可能避免军事冲突的做法以及有效且稳定的对外交往方略",形成了较强的"外化"能力。"外化"主要通过"融合""化合""教化"一类的和平交往方式,而不是"征服""掠夺""扩张"的军事侵略方式,保证自身安全,并向四周、四方区域逐渐扩散自身文明的影响力。参见吴忠民:《世俗化与中国的现代化》,商务印书馆,2021年,第161~162页、190页。

决议①中关于习近平新时代中国特色社会主义思想"十个明确"的界定,表述当代中国发展的总体性概念至少包括三个:中国特色社会主义、中国式现代化和中华民族伟大复兴。它们分别以科学社会主义、现代化和中国梦的理论逻辑为着重点,构成了国家和民族发展的战略擘画谱系,每一概念均有丰富深刻的历史底蕴和现实基础,相互间也有内在联系并相互渗透。在实现第一个百年奋斗目标、中华民族伟大复兴进入不可逆转的历史进程背景下,怎样统摄以上总体性概念,建构新的更高层次的理论命题,是时代提出的重大问题。

(一)革故鼎新,在中华民族传统文明的现代再造中实现社会主义定向

在国际学术界,关于进入文明社会的标准,有"文明三要素"之说——"文字、冶金术和城市为文明社会的标准"②。文明定义的中国方案由中华文明探源研究提出,即文明是人类文化和社会发展的高级阶段,在区分文明起源和文明形成的基础上,认为文明形成的标志是国家的出现。按照"文明三要素"说,中华文明只有3300年历史,但是中华文明探源研究超越了这一学说,总结提出了"距今万年奠基,八千年起源,六千年加速,五千多年进入(文明社会),四千三百年中原崛起,四千年王朝建立,三千年王权巩固,两千两百年统一多民族国家形成"的中华民族发展历程概述,以坚实的考古学支撑,实证了中华五千多年文明史。③

---

① 中国共产党成立以来,先后形成三个历史决议。第一个历史决议为1945年4月20日中国共产党第六届中央委员会扩大的第七次全体会议通过的《关于若干历史问题的决议》。第二个历史决议为1981年6月27日中国共产党第十一届中央委员会第六次全体会议通过的《中国共产党中央委员会关于建国以来党的若干历史问题的决议》。第三个历史决议为2021年11月11日中国共产党第十九届中央委员会第六次全体会议通过的《中共中央关于党的百年奋斗重大成就和历史经验的决议》。以下如涉及这三个历史决议,一般使用简称。
② 王巍:《中华文明探源研究主要成果及启示》,《求是》,2022年第14期。
③ 王巍:《中华文明探源研究主要成果及启示》,《求是》,2022年第14期。

1840年鸦片战争以后,中国逐步成为半殖民地半封建社会,国家蒙辱、人民蒙难、文明蒙尘,中华民族遭受了前所未有的劫难。[①]中华民族传统文明遇到空前严重的挑战,西方列强对中国实行军事侵略、政治控制、经济掠夺、文化渗透,中华文明面临难以赓续的危险。时人敏锐意识到此乃"四千年中二十朝未有之奇变",中国近代先进分子响亮地喊出了"救亡图存""振兴中华"的时代强音。

中华民族传统文明遭遇的挑战实质是西方资本主义的挑战,为应对这一挑战,中国先进分子掀起了"向西方学习"的热潮。"辛亥革命之前,太平天国运动、洋务运动、戊戌变法、义和团运动、清末新政等都未能取得成功。辛亥革命之后,中国尝试过君主立宪制、帝制复辟、议会制、多党制、总统制等各种形式,各种政治势力及其代表人物纷纷登场,都没能找到正确答案,中国依然是山河破碎、积贫积弱,列强依然在中国横行霸道、攫取利益,中国人民依然生活在苦难和屈辱之中。"[②]"各种救国方案轮番出台,但都以失败而告终。"[③]直到历史和人民选择了马克思主义、选择了中国共产党,中华文明才有了再造的契机。

两千多年以来至新中国成立,中华民族传统文明以农耕文明为基础,其内核是封建社会(近代则为半殖民地半封建社会)。从中华民族传统文明外在表现上看,在近代则难以跳出治乱兴衰的"历史周期率",难以战胜侵略中国的"资本—帝国主义",必须为其输入新的决定性的文明因素。这是因为"世界文明历史揭示了一个规律:任何一种文明都要与时偕行,不断吸纳时代精华"[④]。这一新的决定性的文明因素即马克思主义的科学社会主义。科

---

① 习近平:《在庆祝中国共产党成立100周年大会上的讲话》,人民出版社,2021年,第2页。

② 习近平:《在庆祝全国人民代表大会成立60周年大会上的讲话》,人民出版社,2014年,第2~3页。

③ 习近平:《在庆祝中国共产党成立100周年大会上的讲话》,人民出版社,2021年,第3页。

④ 习近平:《深化文明交流互鉴 共建亚洲命运共同体——在亚洲文明对话大会开幕式上的主旨演讲》,人民出版社,2019年,第8页。

学社会主义之所以能够承担起这一历史使命,是由其自身的科学性、革命性、实践性、人民性所决定了的——能够同时实现对中华民族传统文明和现代资本主义文明双重超越的,只能是现代社会主义文明。

在马克思主义与中国具体实际相结合的过程中生成的人类文明新形态,既避免了中华民族传统文明的制度禁锢,表现为实现民族独立、人民解放,历史和人民选择了在社会主义道路上继续前进,又延续了中华民族传统文明的合理内核,表现为实现对中华优秀传统文化的创造性转化、创新性发展①,也注入了现代社会主义的文明基因,体现为对资本主义成果的扬弃和对社会主义本质的占有,用社会主义指导和推进现代化建设,用现代化建设巩固和发展社会主义,从而完成了对中华民族传统文明的现代再造。从时态上,这里的"完成"属于"现在完成进行时"。

习近平总书记指出:"在近代中国最危急的时刻,中国共产党人找到了马克思列宁主义,并坚持把马克思列宁主义同中国实际相结合,用马克思主义真理的力量激活了中华民族历经几千年创造的伟大文明,使中华文明再次迸发出强大精神力量。"②马克思主义深刻改变了中国,中国共产党以中国化马克思主义理论体系为指导,领导人民成功走出中国式现代化道路,创造了人类文明新形态。

(二)根植中国,不是简单套用马克思主义经典作家设想的模板

时至今日,中国共产党对马克思主义的立场、观点和方法均有了深刻把握,形成了关于"什么是马克思主义、怎样坚持和发展马克思主义、如何正确

---

① 学术界称"创造性转化、创新性发展"为"两创",以与"双创"(大众创业、万众创新)相区分,并对此做了深入探讨。参见孟鑫:《习近平新时代中国特色社会主义思想对中华文化的创造性提升》,《东南学术》,2022年第4期;陆卫明、冯晔:《新时代中国共产党对中华优秀传统文化的创造性转化和创新性发展》,《探索》,2021年第6期,等等。

② 习近平:《在党史学习教育动员大会上的讲话》,人民出版社,2021年,第11页。

对待马克思主义"的系统的科学的马克思主义观。①特别是在以科学的态度对待科学的理论——马克思主义这一问题上，坚持解放思想、实事求是、与时俱进、求真务实，反对教条主义、经验主义的主观主义，既反对"左"也反对右，开辟了马克思主义中国化时代化新境界。中国化马克思主义不仅对中国特色社会主义具有指导意义，而且对于新时代中华文明的生成发展具有重要意义。

为什么突出强调中国创造的人类文明新形态与马克思主义经典作家设想之间的联系和区别呢？

第一，前已述及，马克思主义是创造中国式现代化道路、创造人类文明新形态的理论根基，其重要性不言而喻。第二，在中国共产党百余年奋斗历史进程中，党在幼年时期由于理论准备不足和实际经验不足，吃过"左"倾教条主义的大亏，这一历史教训值得永远记取。第三，中国特色社会主义进入新时代，一方面我们对中国化时代化马克思主义拥有足够的理论自觉和理论自信，另一方面由于学术条件的变化和不良学风的影响，对中国化马克思主义对于创造人类文明新形态的原创性贡献存在阐释不足、过度阐释乃至误读的情况，这些情况往往与马克思主义"还原论"有关，即认为新时代中国的伟大变革及人类文明新形态从马克思主义经典作家那里就能找到现成答案、获得充分依据，而这明显违背了马克思主义经典作家所坚持的正确方法论。

马克思主义经典作家十分关注中国问题，"马克思、恩格斯高度肯定中华文明对人类文明进步的贡献，科学预见了'中国社会主义'的出现，甚至为他们心中的新中国取了靓丽的名字——'中华共和国'"②。《马克思恩格斯论

---

① 这一方面的研究方兴未艾，并取得了阶段性的丰硕成果。参见欧阳奇：《从三个历史决议看中国共产党的百年马克思主义观》，《马克思主义研究》，2022年第5期；周向军：《马克思主义理论与马克思主义观发展研究》，中国人民大学出版社，2018年，等等。

② 习近平：《在纪念马克思诞辰200周年大会上的讲话》，人民出版社，2018年，第12页。

中国》一书的内容,列宁关于中国半殖民地半封建国家的论述,成为中国共产党人认清中国社会性质进而创造新民主主义理论的思想资源。但是中华民族现代文明,其新绝不在于简单套用马克思主义经典作家设想的模板,而在于人类文明新形态的伟大创造牢牢根植中国大地。正因为如此,拥有文明自觉的中国共产党人特别注重马克思主义中国化。1930年5月,毛泽东在探索中国革命新道路的过程中立足井冈山斗争经验鲜明提出:"中国革命斗争的胜利要靠中国同志了解中国情况。"①九十多年后的2022年10月,习近平总书记立足百年党史特别是新时代十年伟大变革经验突出强调:"中国的问题必须从中国基本国情出发,由中国人自己来解答。"②

回望百余年党史,人类文明新形态的伟大创造蕴蓄其中且深深植根中国大地。

一方面,根植中国大地,就要坚持中国道路。一百多年来,党领导人民成功走出了新民主主义革命道路,把革命放在自己力量的基点上,摆脱了"城市中心论"等束缚,夺取了新民主主义革命伟大胜利;成功走出了社会主义革命和建设的道路,创造性地实践"和平赎买"政策,创造性地提出社会主义社会基本矛盾的学说,确立社会主义制度,建立起独立的比较完整的工业体系和国民经济体系;成功走出了中国特色社会主义道路,坚持走自己的路,大力推进实践基础上的理论创新,又以理论创新指导事业前进、推动实践突破,中华民族伟大复兴进入了不可逆转的历史进程。中国道路是推进中国式现代化的必经之路,是创造人类文明新形态的实践根基。

另一方面,根植中国大地,还要坚持守正创新。守正是前提,守的是马克思主义基本原理之正、是中国特色社会主义之正,这是中国创造人类文明新形态始终不迷失方向的前提。同时,更需要立足中国大地开拓创新,唯有

---

① 《毛泽东选集》(第一卷),人民出版社,1991年,第115页。

② 习近平:《高举中国特色社会主义伟大旗帜 为全面建设社会主义现代化国家而团结奋斗——在中国共产党第二十次全国代表大会上的报告》,人民出版社,2022年,第19页。

创新才能引领时代,使中国所创造的人类文明新形态具有由特殊性进于普遍性的人类文明意义。创新对于创造人类文明新形态而言具有价值理想和工具理性的双重价值。创新的机理在于"两个结合"——"马克思主义基本原理同中国具体实际相结合、同中华优秀传统文化相结合"①。"两个结合"使得根植中国大地要求真正落了地,其结果就是中国化时代化的马克思主义的形成与发展,包括毛泽东思想、邓小平理论、"三个代表"重要思想、科学发展观、习近平新时代中国特色社会主义思想。

总之,人类文明新形态根植中国大地,是中国共产党领导中国人民接续奋斗的重大成就,为中国人民所认同和享有,拥有坚定的发展定力和强大的发展动力,具有光明的发展前景。

正因为如此,习近平总书记深情地说:"可以告慰马克思的是,马克思主义指引中国成功走上了全面建设社会主义现代化强国的康庄大道,中国共产党人作为马克思主义的忠诚信奉者、坚定实践者,正在为坚持和发展马克思主义而执着努力!"②中国共产党在创造人类文明新形态时更加深刻地认识到:"中国共产党为什么能,中国特色社会主义为什么好,归根到底是马克思主义行,是中国化时代化的马克思主义行。"③从中国大地生发出的人类文明新形态具有中华文化和中国精神的鲜明特色和中国化时代化的马克思主义的理论气韵。

(三)守正创新,创造超越苏联社会主义文明的现代社会主义文明形态

在现存和既往的其他国家社会主义实践中,苏联社会主义无疑是颇具

---

① 习近平:《高举中国特色社会主义伟大旗帜 为全面建设社会主义现代化国家而团结奋斗——在中国共产党第二十次全国代表大会上的报告》,人民出版社,2022年,第17页。
② 习近平:《在纪念马克思诞辰200周年大会上的讲话》,人民出版社,2018年,第15页。
③ 习近平:《高举中国特色社会主义伟大旗帜 为全面建设社会主义现代化国家而团结奋斗——在中国共产党第二十次全国代表大会上的报告》,人民出版社,2022年,第16页。

代表性的。我们是否承认苏联社会主义创造了一种可与中国的人类文明新形态比较的社会主义的文明形态呢？如果承认，那么两者又有何区别呢？

对苏联的社会主义实践我们应采取辩证分析的科学态度。在唯物辩证法的视野中，"不存在任何最终的东西、绝对的东西、神圣的东西；它指出所有一切事物的暂时性；在它面前，除了生成和灭亡的不断过程、无止境地由低级上升到高级的不断过程，什么都不存在。它本身就是这个过程在思维着的头脑中的反映"①。全面分析苏联社会主义的历史进程绕不开苏联模式的历史话题。我们既要承认苏联模式的成功，也要承认苏联模式的弊端，因为无论成功之处还是弊端所在，都是历史的真实。苏联模式的形成，有着斯大林的个人烙印，但改革苏联模式，却是历史继任者的责任。遗憾的是，斯大林的继任者在看到苏联模式的弊端时，要么沿着斯大林和苏联共产党对马克思主义的教条化、简单化理解，对苏联国情作出超越社会主义发展阶段的分析，延误改革时机，要么打着改革和更新社会主义的旗号，接受资本主义意识形态的侵蚀，改革成为改向，苏联社会主义文明形态成为历史。

苏联模式是科学社会主义的一种实践探索方式。苏联所创造的社会主义文明形态，在经济、政治、文化、社会等方面的建设和协调发展上取得了丰硕成果，但同时也深深打下了苏联模式弊端的印记。

中华民族现代文明，在新中国成立以来的社会主义建设实践中逐步实现了对苏联社会主义建设模式的超越，以开拓创新的宏大气象，超越包括苏联社会主义文明在内的其他社会主义文明形态，创造了属于中国的人类文明新形态。

毛泽东在全面建设社会主义之初就提出借鉴苏联的经验，探索一条适合中国实际的社会主义建设道路。中国共产党人注重以史为鉴、开创未来，

---

① 《马克思恩格斯选集》（第四卷），人民出版社，2012年，第223页。

坚定不移地承继了毛泽东和毛泽东思想的历史遗产,①成为改革开放和社会主义现代化建设新时期、中国特色社会主义新时代坚持开拓创新的出发阵地和理论基石。理论创新是开拓创新的一个维度,加上实践创新、制度创新、文化创新等各方面创新,形成了全方位超越苏联模式的磅礴力量。其中,以实事求是的科学态度分析提出我国处于社会主义初级阶段的基本国情,确保既不超前又不滞后于中国实际发展阶段;社会主义市场经济体制②的运行实践解放生产力、发展生产力,促进社会发展,创造经济奇迹;"五位一体"总体布局和"四个全面"战略布局,从理论和实践的结合上做到全局性谋划、整体性推进党和国家各项事业,文明发展的整体性、协调性显著增强,等等。上述开拓创新,在多目标发展中实现了动态均衡,对于破解其他社会主义文明发展中的各种难题,均作出了富于创造性的回答。

在世界社会主义五百多年的发展进程中,"三次飞跃性发展"说的观点具有广泛共识。是否存在以及如何看待世界社会主义第四次飞跃性发展③成为学术界关注的一个热点。坚持历史发展是连续性和阶段性统一的观点,从党的创新理论是"当代中国马克思主义、二十一世纪马克思主义"的定位及中国特色社会主义是振兴世界社会主义中流砥柱的地位来看,新时代人类文明新形态的基本成型意味着社会主义实现"从传统到现代"的第四次飞跃性发展,中国创造了超越苏联社会主义文明的现代社会主义文明形态。

---

① 第二个历史决议科学评价了毛泽东和毛泽东思想的历史地位,对毛泽东思想的科学体系和活的灵魂即实事求是、群众路线、独立自主作了概括,强调其是我们党的宝贵的精神财富,将长期指导我们的行动。参见《中国共产党两个关于若干历史问题的决议》,人民出版社,2021年,第131~150页。

② 习近平总书记指出:"列宁、斯大林虽然领导了苏联社会主义建设,但当时苏联实行的是高度集中的计划经济体制,基本上没有遇到大规模资本问题。搞社会主义市场经济是我们党的一个伟大创造。"参见《习近平谈治国理政》(第四卷),外文出版社,2022年,第211页。

③ 秦刚、郭强:《社会主义"从传统到现代"的新发展:从社会主义发展进程看中国特色社会主义进入新时代》,《科学社会主义》,2018年第1期。

（四）去伪存真，创造超越资本主义文明的现代社会主义文明形态

一方面，历史地看，"资产阶级在它的不到一百年的阶级统治中所创造的生产力，比过去一切世代创造的全部生产力还要多，还要大"[①]，这是马克思、恩格斯写作《共产党宣言》时对资本主义文明的一个描摹，当今世界资本主义生产关系不断调整，当代资本主义国家依然存在利用资本主义生产方式发展生产力的潜力。

另一方面，不论是发达国家的还是发展中国家的人民在进行直观的文明比较时，往往通过国别发展水平获取感性认识。人均国内生产总值（GDP）、恩格尔系数、人类发展指数等都会提供直观的数目字用于文明发展水平的比较。2019年，中国人均GDP超过1万美元，使得世界上人均GDP超过1万美元的人数达到28亿，将近翻了一番。[②]2021年，中国全国居民恩格尔系数为29.8%[③]，在20%~30%区间，属于"富足"类国家。自1990年联合国开发计划署（UNDP）在全球开始测算人类发展指数以来，中国是唯一从低人类发展水平组跨越到高人类发展水平组的国家，这些都彰显了中国式现代化道路的巨大成功。

但是，共时地看，世界上有不少发达国家和发展势头良好的发展中国家，不论从人均GDP比较上，还是从恩格尔系数比较上，或者从人类发展指数比较上，都排在中国前面。我们说创造了人类文明新形态，根据是什么呢？相比较于资本主义文明，中华民族现代文明又新在何处呢？科学回答这一问题，需要找准中国人类文明新形态历史出场的内在逻辑。

---

① 《马克思恩格斯选集》（第一卷），人民出版社，2012年，第405页。
② 《中国共产党简史》，人民出版社、中共党史出版社，2021年，第521页。
③ 国家统计局：《中华人民共和国2021年国民经济和社会发展统计公报》，国家统计局网站，http://www.stats.gov.cn/tjsj/zxfb/202202/t20220227_1827960.html。

关于人类文明新形态的"第一论题"和"第二论题",都将创造(走出)中国式现代化道路与创造人类文明新形态相提并论、前后相接,这成为把握人类文明新形态理论逻辑的基础一环。不少论者关注到这一内容,提出了"中国式现代化道路开辟了人类文明新形态,人类文明新形态又规范着中国式现代化道路"①的观点。恩格斯认为"文明是实践的事情"②,推而论之,以中国式现代化道路为实践基础的人类文明新形态绝非空中楼阁;没有中国式现代化道路,就没有人类文明新形态。中国式现代化道路与资本主义现代化道路的比较是核心的、具有决定性差别的内容,虽然我们承认人类文明新形态与资本主义文明进行比较的范畴实际远大于此,但是从现代化道路维度的比较分析是关键性的不可或缺的某种简化,这近似于马克斯·韦伯的理想类型分析。

在此,使用"去伪存真"作为人类文明新形态有别于资本主义文明的标志,其含义有三:

其一,从字面上看,去伪存真意即"去除虚假的,留存真实的"③。这就需要深入中国共产党的话语体系进行分析。从毛泽东对丰富的感觉材料改造制作"十六字"诀中取"去伪存真"是因为,资本主义文明确有从内容到形式的"加魅",以马克思主义文明观透视之,做到"以海纳百川的宽阔胸襟借鉴吸收人类一切优秀文明成果"④,就要对资本主义文明下一番"祛魅"功夫,把资本主义文明中属于"人类优秀文明成果"的成分萃取出来,以此作为借鉴吸收的前提。资本—帝国主义发展到现在,在现代化问题上也编造出许多幻象,把现代化和西方化(欧洲化、美国化)画等号等,其背后隐藏着"西方中心主义"的历史传统。这即是"去伪存真"的必要性。

---

① 王立胜:《中国式现代化道路与人类文明新形态》,江西高校出版社,2022年,第10页。
② 《马克思恩格斯文集》(第一卷),人民出版社,2009年,第97页。
③ 《成语大词典:彩色本》,商务印书馆,2021年,第871页。
④ 习近平:《高举中国特色社会主义伟大旗帜 为全面建设社会主义现代化国家而团结奋斗——在中国共产党第二十次全国代表大会上的报告》,人民出版社,2022年,第21页。

其二,"以人民为中心"的中国式现代化发展逻辑超越创造资本主义文明的资本逻辑。中国式现代化也属于现代化的一种类型,从大历史观之,现代化的一般规律包括对资本、对市场等的利用是不可避免、难以逾越的。那么,如何理解中国式现代化对资本逻辑的超越呢? 又如何体现"去伪存真"呢? 经过改革开放前和改革开放后两个历史时期的探索实践,中国共产党对中国社会主义发展阶段、社会主义市场经济、社会主义本质等基本问题获得了全新的理解。邓小平关于计划和市场"手段论"[①]、习近平总书记关于"规范和引导资本健康发展论"[②]等都从建设社会主义的角度进行综合创新,让资本及其运行规律为社会主义服务,实现发展为了人民、发展依靠人民、发展成果由人民共享。从"两制"关系来看,社会主义社会对于资本主义社会,不仅是对立的关系,而且是继承的关系。

其三,以明白晓畅的人民话语毫不隐瞒地公开自己的观点。《共产党宣言》指出:"共产党人不屑于隐瞒自己的观点和意图。"[③]制度文明是人类文明的重要内容,资本主义文明为了掩盖资本至上、为资本服务的本质,在意识形态宣传、特别是政治制度建构上不断"加魅"。与之对比,通过白纸黑字的政策文件明白晓畅地说明自己的观点和意图,成为中国共产党科学执政、民主执政、依法执政的重要实现方式,就此学术界用"文件政治"[④]给予理论阐释。在社会主义中国这一文明体中,执政方略从不遮遮掩掩,也无需群众猜测,而唯恐词不达意、政策不得落实,这也是中国创造的人类政治文明新形态对资本主义政治文明的超越。

综合以上四个维度的分析,结合人类文明新形态的"第一论题""第二论

---

① 《邓小平文选》(第三卷),人民出版社,1993年,第373页。
② 《习近平谈治国理政》(第四卷),外文出版社,2022年,第219页。
③ 《马克思恩格斯选集》(第一卷),人民出版社,2012年,第435页。
④ 谢岳:《文件制度:政治沟通的过程与功能》,《上海交通大学学报》(哲学社会科学版),2007年第6期;王怀乐:《政治动员视角下的文件政治:中国共产党治国理政方式的一种研究》,《广西师范大学学报》(哲学社会科学版),2021年第2期。

题"和"第三论题",对中华民族现代文明这一人类文明新形态作出如下概括：

中华民族现代文明,是在中国共产党的领导下,以中华民族传统文明为根柢,在中国式现代化道路中生成发展的现代社会主义文明形态,是超越资本主义文明"资本逻辑",进而创造的属于人民、贡献世界的人类文明新形态。这一人类文明新形态将继续丰富和发展。

二、创造人类文明新形态的历史文化底蕴

"在新中国成立特别是改革开放以来长期探索和实践基础上,经过十八大以来在理论和实践上的创新突破,我们党成功推进和拓展了中国式现代化。"[①]近代以来中国人民两大历史任务中的第一个胜利完成,实现"四个彻底"[②],社会性质、人民地位、国家面貌、国际地位发生根本性变化,特别是中国共产党确立起在全国范围的执政党地位,为开启中国发展新纪元提供了充分条件,也为创造人类文明新形态提供了必要条件。历史是阶段性和连续性的统一,回望来路、牢记初心使命,以史为鉴、开创美好未来,是中国共产党科学历史观的重要内容。探究建党以来中国共产党关于文明的构想和实践,有利于把握创造人类文明新形态的历史经纬,进而从文明的高度观照中国式现代化,以中国式现代化全面推进中华民族伟大复兴。

---

①　习近平：《高举中国特色社会主义伟大旗帜 为全面建设社会主义现代化国家而团结奋斗——在中国共产党第二十次全国代表大会上的报告》,人民出版社,2022年,第22页。

②　即"彻底结束了旧中国半殖民地半封建社会的历史,彻底结束了极少数剥削者统治广大劳动人民的历史,彻底结束了旧中国一盘散沙的局面,彻底废除了列强强加给中国的不平等条约和帝国主义在中国的一切特权"。参见《中共中央关于党的百年奋斗重大成就和历史经验的决议》,人民出版社,2021年,第8页。

（一）中国共产党对李大钊"中华文明之问"的百年求索

"西方很多人习惯于把中国看作西方现代化理论视野中的民族国家，没有从五千多年文明史的角度来看中国，这样就难以真正理解中国的过去、现在、未来。"①真正理解中国、理解中华民族、理解人类文明新形态，要求具备深邃的历史眼光和宽阔的历史视野，把人类文明新形态置于历史的长河之中去研究。考古充分表明，中华文明五千年历史所言非虚。人类文明新形态的提出不是突发奇想、更不是空中楼阁，而是建筑在博大精深的中华文明贡献世界基础上的，建筑在深厚广博的中华文明历史研究基础上的。

1.李大钊的"中华文明之问"与建党先驱的文明构想

马克思曾说："火药、指南针、印刷术——这是预告资产阶级社会到来的三大发明。火药把骑士阶层炸得粉碎，指南针打开了世界市场并建立了殖民地，而印刷术则变成新教的工具，总的来说变成科学复兴的手段，变成对精神发展创造必要前提的最强大的杠杆。"②中华文明成果在与外部世界的交流互鉴中为世界文明发展提供了文明要素。然而中国历史步入近代，封建社会走向衰落，此时资本主义走向全球扩张，中国在反对殖民主义国家侵略战争中败下阵来，中华文明遭遇劫难。为了掸去遮蔽中华文明的历史尘埃，让中华民族自强于世界民族之林，中国近代先进分子进行了种种努力和尝试，中国人民进行了前仆后继的英勇斗争。

一百多年前，世界风云变幻，中国苦觅生机。第一次世界大战的爆发，以一种极端的形式暴露了资本主义世界的矛盾和缺陷，"西方文明破产论"

---

① 习近平：《把中国文明历史研究引向深入 增强历史自觉坚定文化自信》，《求是》，2022年第14期。

② 《马克思恩格斯全集》（第四十七卷），人民出版社，1979年，第427页。

兴起。对此，梁启超在《欧游心影录》①（1920年）、周恩来在《欧战后之欧洲危机》②（1921年2月1日）都有所揭示。毛泽东说："西方资产阶级的文明，资产阶级的民主主义，资产阶级共和国的方案，在中国人民的心目中，一齐破了产。"③诚然，这为当时中国近代先进分子转向社会主义、选择马克思主义提供了条件。同时应看到，这也促使当时中国思想文化界从文明的高度思考中华民族的前途和中华文明的出路。梁漱溟的《东西文化及其哲学》（1921年初版）、杨明斋的《评中西文化观》（1924年初版）的发表以及"东西文化观：东方化还是西方化？"④论争的出场，在这一时期探求国家出路、文明走向上是颇具代表性的。中国国家出路问题和中华文明走向问题历史性地联系在了一起。

在中国大地上率先举起马克思主义旗帜的李大钊，在对东西文明的比较反思和对中国现实的强烈观照中，于1918年先后写下了《东西文明根本之异点》（1918年6—7月）、《法俄革命之比较观》（1918年7月1日）、《庶民的胜利》（1918年11月）、《Bolshevism的胜利》（1918年12月）等"立时代之潮头、通古今之变化、发思想之先声"⑤的重要论作。这四篇文章中，后三篇因热情讴歌俄国十月社会主义革命的胜利而为人们所熟知，其后李大钊于1919年发表的《我的马克思主义观》一文，其在马克思主义在中国传播史上的地位⑥也

---

① 梁启超写道：(欧洲)"他们有句话叫做'世纪末'，这句话的意味，从狭义的解释，就像一年将近除夕，大小账务，逼着要清算，却是头绪纷繁，不知从何算起，从广义解释，就是世界末日，文明灭绝的时候快到了。"参见梁启超：《欧游心影录》，商务印书馆，2014年，第21页。

② 周恩来写道："吾人未出国前，虽屡震夫欧战影响巨大之论，终然以为欧洲物质文明发达甚盛，数年来之摧残，特不过数部分耳，何能得及全体之发展。比以实验证之，方知昔日之理想乃等诸梦呓。"参见中共中央文献研究室、南开大学编：《周恩来早期文集（一九一二年十月—一九二四年六月）》，中央文献出版社、南开大学出版社，1998年，第12页。

③ 《毛泽东选集》（第四卷），人民出版社，1991年，第1471页。

④ 罗荣渠主编：《从"西化"到现代化——五四以来有关中国的文化趋向和发展道路论争文选》，北京大学出版社，1990年，第37~220页。

⑤ 习近平：《在哲学社会科学工作座谈会上的讲话》，人民出版社，2016年，第8页。

⑥ 《我的马克思主义观》"该文的发表，不但表明李大钊完成从民主主义者向马克思主义者的转变，而且标志着马克思主义在中国进入比较系统的传播阶段"。参见中共中央党史研究室：《中国共产党历史·第一卷（1921—1949）》（上册），中共党史出版社，2011年，第46页。

为人们所熟知。《东西文明根本之异点》所提出的"中华文明之问"①,意义同样十分重大——该文是中国共产党人"为人类谋进步、为世界谋大同"伟大愿景早期表达的代表性文献。

《东西文明根本之异点》首先提出"东洋文明主静,西洋文明主动"②及其原因:"基于自然之影响。"③以此为基础,进一步区分了东西文明在食物、思想、宗教、伦理、政治等方面的差异。显然,李大钊此时受到新文化运动形式主义地看问题的"二分法"的影响,带有"地理环境决定论"的痕迹。尽管如此,并不妨碍其关于东西文明关系等论述的科学性。李大钊在承认东西文明差异的前提下,提出了"东西文明,互有长短,不宜妄为轩轾于其间"④的科学文明观,"东洋文明与西洋文明,实为世界进步之二大机轴,正如车之两轮、鸟之双翼,缺一不可。而此二大精神之自身,又必须时时调和、时时融会,以创造新生命,而演进于无疆"⑤的文明共存与发展论,"俄罗斯之文明,诚足以当媒介东西之任,而东西文明真正之调和,则终非二种文明本身之觉醒,万不为功"⑥的文明交流互鉴论。立于上述科学文明观之上,李大钊充分肯定"中国于人类进步,已尝有伟大之贡献"⑦,提出了中国"犹能卷土重来,

---

① 陆阳从人类文明新形态的角度对李大钊的这篇文章进行了解读,其概括提出的李大钊"中华文明之问"范畴,具有学术价值。参见陆阳:《从李大钊"中华文明之问"到人类文明新形态——马克思主义与中华优秀传统文化相结合的历史探析》,《北京行政学院学报》2022年第4期。陈金龙在其关于人类文明新形态的论文中较早讨论了李大钊这篇文章及其聚焦中华文明复兴的愿景。参见陈金龙:《人类文明新形态的四重意蕴》,《广东社会科学》,2021年第6期。本书将基于《东西文明根本之异点》的文本分析,对李大钊"中华文明之问"范畴做进一步讨论。

② 中国李大钊研究会编注:《李大钊全集》(第2卷),人民出版社,2013年,第308页。

③ 中国李大钊研究会编注:《李大钊全集》(第2卷),人民出版社,2013年,第308页。

④ 中国李大钊研究会编注:《李大钊全集》(第2卷),人民出版社,2013年,第311页。"轩轾",车前高后低叫轩,前低后高叫轾,借指高低优劣。参见《现代汉语词典》(第7版),商务印书馆,2016年,第1482页。

⑤ 中国李大钊研究会编注:《李大钊全集》(第2卷),人民出版社,2013年,第311页。

⑥ 中国李大钊研究会编注:《李大钊全集》(第2卷),人民出版社,2013年,第311页。李大钊已经获悉1917年俄国十月社会主义革命的消息,他对俄罗斯文明的地位认知,不仅是基于地理的,也是基于社会主义的。李大钊在1918年7月1日《法俄革命之比较观》一文中写道:"俄罗斯之革命是二十世纪初期之革命,是立于社会主义上之革命","俄罗斯之精神,实具有调和东西文明之资格"。参见中国李大钊研究会编注:《李大钊全集》(第2卷),人民出版社,2013年,第330、331页。

⑦ 中国李大钊研究会编注:《李大钊全集》(第2卷),人民出版社,2013年,第312页。

以为第二次之大贡献于世界之进步乎?"①的"中华文明之问"。

在文中,李大钊还有三次通过陈述句提出自己的论断:第一,"顾吾人深信吾民族可以复活,可以于世界文明为第二次之大贡献"②;第二,"时时创造,时时扩张,以期尽吾民族对于改造世界文明之第二次贡献"③;第三,"希望吾青年学者,出全力以研究西洋之文明,以迎受西洋之学说。同时,将吾东洋文明之较与近世精神接近者介绍之于欧人,期与东西文明之调和有所裨助,以尽对于世界文明二次之贡献"④。由此观之,李大钊"中华文明之问",既是基于东西文明之多样性和异质性提出来的,也是基于中华文明遭遇现实挑战提出来的。他不仅对中华文明为世界文明作出新贡献充满信心,而且从科学文明观的学理角度阐释了中华文明为世界文明作出新贡献的理论依据即"立足文明觉醒、通过文明调和、实现文明互济",并且概括地提出了前进方向。李大钊指出:"愚确信东西文明调和之大业,必至二种文明本身各有激(彻)底之觉悟,而以异派之所长补本身之所短,世界新文明始有焕扬光采发育完成之一日。"⑤

这篇文章发表后不久,李大钊开始深入研究十月革命及其所遵循的马克思列宁主义,并积极投身五四运动等实际斗争,很快完成了向马克思主义的科学社会主义的转向,成为"中国共产主义运动的先驱,伟大的马克思主义者,杰出的无产阶级革命家,中国共产党的主要创始人之一"⑥。在李大钊身边汇聚了一大批五四运动的左翼骨干,共同"矢志努力于民族解放之事业,实践其所信,励行其所知"⑦,通过马克思列宁主义所指明的道路"求得挽

---

① 中国李大钊研究会编注:《李大钊全集》(第2卷),人民出版社,2013年,第312页。
② 中国李大钊研究会编注:《李大钊全集》(第2卷),人民出版社,2013年,第313页。
③ 中国李大钊研究会编注:《李大钊全集》(第2卷),人民出版社,2013年,第315页。
④ 中国李大钊研究会编注:《李大钊全集》(第2卷),人民出版社,2013年,第317~318页。
⑤ 中国李大钊研究会编注:《李大钊全集》(第2卷),人民出版社,2013年,第322页。
⑥ 王沪宁:《在纪念李大钊同志诞辰130周年座谈会上的讲话》,《人民日报》,2019年10月28日。
⑦ 中国李大钊研究会编注:《李大钊全集》(第5卷),人民出版社,2013年,第301页。

救民族、振奋国群之良策"①,进而破解"中华民族之问"。回望百余年党史,这一实现中华文明再造的脉络日渐清晰:中国共产党诞生后,解答李大钊"中华文明之问"是由"社会主义定向"②的。1923年11月8日,瞿秋白写道:"社会主义的文明是热烈的斗争和光明的劳动所能得到的;人类什么时候能从必然世界跃入自由世界,——那时科学的技术文明便能进于艺术的技术文明","那不但是自由的世界,而且还是正义的世界;不但是正义的世界,而且还是真美的世界!"③

2.新民主主义革命时期与人类文明新形态的奠基

人类文明新形态生成有其历史逻辑和进程。第三个历史决议对百年党史四个历史时期的划分,不仅对深化党史研究意义重大,而且对深化人类文明新形态研究也意义重大——关于四个历史时期党面临的主要任务及对实现中华民族伟大复兴的意义的阐释框架为探讨人类文明新形态的历史生成具有参照价值。这是因为,尽管实现中华民族伟大复兴与创造人类文明新形态的逻辑起点不同,未来指向也有区别,但是从历史过程观之,二者的领导力量相同,奋斗历史主体也相同,二者发展的历史进程共同构成观察党的百年奋斗史的不同侧面。

其一,人类文明新形态领导主体的革命性锻造。"只有创造过辉煌的民族,才懂得复兴的意义;只有经历过苦难的民族,才对复兴有如此深切的渴望。"④第一,中国共产党的诞生是近代中国历史发展的必然,从一开始中国

---

① 中国李大钊研究会编注:《李大钊全集》(第5卷),人民出版社,2013年,第297页。

② "就像任何一国的现代化进程一样,中国的现代化必须通过一场深刻的社会革命来为之奠基,而中国的社会革命最终采取了新民主主义—社会主义的定向","无论如何,由于作为'实在主体'的中国社会的本质特征,现代化进程的中国道路决定性地采取了社会主义的定向;并且正是由于这一定向本身的性质,使得中华民族的复兴事业在实现其现代化的特定阶段上,不可避免地开展出新文明类型的历史前景。"参见吴晓明:《"中国方案"开启全球治理的新文明类型》,《中国社会科学》,2017年第10期。

③ 瞿秋白:《瞿秋白文集·政治理论编》(第2卷),人民出版社,2013年,第280页。

④ 中共中央宣传部:《习近平新时代中国特色社会主义思想学习纲要》,学习出版社、人民出版社,2019年,第49页。

共产党就划清了与第二国际改良主义的界限,具有坚强的革命性,从一开始中国共产党人就把"这个新纪元带来新生活、新文明、新世界"①"改造中国与世界"②等振兴中华、再造文明的历史宏愿现实化、具体化,在党的二大即提出了党的最高纲领和最低纲领,这都说明中国共产党是一个"不驰于空想、不骛于虚声,而惟以求真的态度作踏实的工夫"③的坚定且实干的无产阶级政党。第二,在新民主主义革命血与火的淬炼中,中国共产党始终高扬伟大建党精神④,从自己的正反两方面的经验中学习、总结、提升,确立毛泽东核心地位和毛泽东思想指导地位,从而确保党沿着正确方向前进,最终夺取新民主主义革命伟大胜利。第三,新民主主义革命时期,中国共产党创造性地解决了在农村环境中、在党组织以农民为主要成分的条件下如何保持党的无产阶级先锋队性质等许多自身建设的难题,形成着重从思想上建党的原则,形成坚持和贯彻民主集中制的制度体系,形成三大优良作风和三大法宝,特别是积累了延安整风的历史经验,通过了第一个历史决议,党在新民主主义革命中不断加强自我革命,锻造了走在时代前列、永葆先进性和纯洁性的中国共产党。"在共产党领导下,只要有了人,什么人间奇迹也可以造出来"⑤,新民主主义革命伟大胜利为实现中华民族伟大复兴创造了根本社会条件,锻造出创造人类文明新形态的坚强领导主体——中国共产党。

其二,人类文明新形态前进方向的历史性选择。马克思主义认为,革命的根本问题是国家政权问题,人类文明发展的基本问题是社会形态更替问

---

① 中国李大钊研究会编注:《李大钊全集》(第2卷),人民出版社,2013年,第375~376页。

② 《毛泽东文集》(第一卷),人民出版社,1993年,第2页,注释〔1〕。

③ 中国李大钊研究会编注:《李大钊全集》(第4卷),人民出版社,2013年,第565页。

④ "一百年前,中国共产党的先驱们创建了中国共产党,形成了坚持真理、坚守理想,践行初心、担当使命,不怕牺牲、英勇斗争,对党忠诚、不负人民的伟大建党精神,这是中国共产党的精神之源","一百年来,中国共产党弘扬伟大建党精神,在长期奋斗中构建起中国共产党人的精神谱系,锤炼出鲜明的政治品格。"参见习近平:《在庆祝中国共产党成立100周年大会上的讲话》,人民出版社,2021年,第8页。习近平总书记的论述表明,伟大建党精神虽然概括提炼于新时代,但是其形成于建党时期,并且在党的百年奋斗中始终是中国共产党人的精神家园,不断得以传承、弘扬和发展。

⑤ 《毛泽东选集》(第四卷),人民出版社,1991年,第1512页。

题。一方面,中国共产党名称的最初确定和从不更名表明,从其第一个纲领到党的七大通过的党章,尤其是其革命斗争活动的性质、立场、方法等都表明,中国共产党坚持以马克思列宁主义为指导,旗帜鲜明地把社会主义和共产主义作为自己的奋斗目标。在中国共产党走向成熟的过程中,始终不渝地坚守共产主义远大理想,把长远奋斗目标阶段化实施。[①]1939年12月,毛泽东提出:"民主主义革命是社会主义革命的必要准备,社会主义革命是民主主义革命的必然趋势。而一切共产主义者的最后目的,则是在于力争社会主义社会和共产主义社会的最后的完成。"[②]1940年1月,毛泽东明确提出:"我们不但要把一个政治上受压迫、经济上受剥削的中国,变为一个政治上自由和经济上繁荣的中国,而且要把一个被旧文化统治因而愚昧落后的中国,变为一个被新文化统治因而文明先进的中国。一句话,我们要建立一个新中国。"[③]新民主主义革命时期,建立以社会主义社会和共产主义社会为前进方向的国家政权进而建设和发展社会主义社会的文明,是由中国共产党的政党基因决定的。另一方面,国际环境不允许中国建立资产阶级专政,走资本主义道路。毛泽东在《新民主主义论》一文中分析指出,帝国主义不容许中国走资本主义社会之路,因为帝国主义发展规律决定其越来越依赖殖民地半殖民地获得生存,一个独立的中国、建立资产阶级专政的资本主义社会的中国,不符合其利益,"帝国主义侵略中国,反对中国独立,反对中国发展资本主义的历史,就是中国的近代史"[④];社会主义不容许中国走资本主义社会之路,因为"现在的世界,是处在革命和战争的新时代,是资本主义决然死灭和社会主义决然兴盛的时代"[⑤],在中国反帝反封建斗争胜利后,再建立资本主义社会,无异于痴人说梦。从根本上,社会主义社会形态的前进方

[①]　《毛泽东选集》(第二卷),人民出版社,1991年,第663页。
[②]　《毛泽东选集》(第二卷),人民出版社,1991年,第651~652页。
[③]　《毛泽东选集》(第二卷),人民出版社,1991年,第663页。
[④]　《毛泽东选集》(第二卷),人民出版社,1991年,第679页。
[⑤]　《毛泽东选集》(第二卷),人民出版社,1991年,第680页。

向,符合人类社会发展规律,合乎中国人民利益,必然获得人民的支持而为人民所选择,并在中国共产党的坚强领导下,从半殖民地半封建社会的基础上完成向社会主义社会的过渡。人类文明新形态的社会主义社会前进方向是历史的选择、人民的选择。

其三,人类文明新形态传统根基的辩证性规定。有观点认为,新文化运动的激烈反传统主义为中国共产党所接受,造成中国传统的"断裂"。这种说法是难以成立的,其对中国共产党搞文化虚无的指斥更是站不住脚的。第一,新文化运动的倡导者把斗争矛头指向封建主义的正统思想"孔学",着重反对的是"孔学",特别是封建统治者利用"孔学"推行的封建主义政治和文化,并没有否定"孔学"的历史作用,也没有把"孔学"说得一无是处,对"孔学"的批判对于提倡民主和科学、打开遏制新思想的闸门具有正面历史作用。①第二,抗日战争时期,中国共产党对新文化运动得失做过辩证分析,批判了新文化运动存在的"形式主义的方法"②。毛泽东指出当时主观主义、宗派主义和党八股是"形式主义向'左'的发展"③的实质,并就党八股中语言无味问题提出了"学习古人语言中有生命的东西"④等办法。这是中国共产党对待中国传统的正确思想方法。第三,中国共产党形成了一系列对待中国传统的正确观点。如《中国共产党在民族战争中的地位》一文提出"我们是马克思主义的历史主义者,我们不应当割断历史。从孔夫子到孙中山,我们应当给以总结,承继这一份珍贵的遗产",提出马克思主义中国化利用"民族形式"形成"中国作风和中国气派";⑤新民主主义革命时期中国共产党对待中国传统的立场观点方法是马克思主义的唯物辩证法,在人类文明新形态

---

① 参见中共中央党史和文献研究院:《中国共产党的一百年(新民主主义革命时期)》,中共党史出版社,2022年,第13页。
② 《毛泽东选集》(第三卷),人民出版社,1991年,第832页。
③ 《毛泽东选集》(第三卷),人民出版社,1991年,第832页。
④ 《毛泽东选集》(第三卷),人民出版社,1991年,第837页。
⑤ 《毛泽东选集》(第二卷),人民出版社,1991年,第534页。

的传统根基问题上,中国共产党尊重"历史的辩证法",既不是全盘否定中华传统文化,割断中国历史,中断中华文明根柢,也不是全盘肯定中华传统文化,一味兼收并蓄,任由封建毒素蔓延。

3.社会主义革命和建设时期与人类文明新形态的发端

新中国的成立意味着党领导人民创造人类文明新形态的开启。人类文明新形态是党领导人民不断创造物质财富和精神财富并日益累积的结果,前一历史时期人类文明新形态的奠基性因素在新中国成立后通过"第二次结合"不断获得丰富和发展。

其一,确立社会主义制度,为人类文明新形态提供制度骨架。党的七届二中全会指出了中国由农业国转变为工业国、由新民主主义社会转变为社会主义社会的发展方向。[①]这次全会通过的决议与《论人民民主专政》构成新中国的建国纲领,即《中国人民政治协商会议共同纲领》的基础。在巩固新生政权的基础上,中国共产党通过制定过渡时期总路线、实施"一化三改",到1956年底,基本完成对生产资料私有制的社会主义改造,建立起以生产资料公有制、按劳分配和计划经济体制为主要特征的社会主义经济制度,中国进入社会主义社会。人民代表大会的根本制度和中国共产党领导的多党合作和政治协商制度、民族区域自治制度等基本制度的建立,这是人类政治文明取得的重大成就,为彰显历史唯物主义理论精华、实现人民当家作主提供了制度保证,为中国社会主义经济基础和相应经济制度的巩固发展提供了政治保障,为人类文明新形态基本构建中的社会主义政治制度体系的系统扩充、开枝散叶提供了底层架构。

其二,建立独立的比较完整的工业体系和国民经济体系,为人类文明新形态提供物质基础。毛泽东曾信心满怀地说:"随着经济建设的高潮的到来,不可避免地将要出现一个文化建设的高潮。中国人被人认为不文明的

---

① 中共中央党史和文献研究院:《中国共产党的一百年(新民主主义革命时期)》,中共党史出版社,2022年,第332页。

时代已经过去了,我们将以一个具有高度文化的民族出现于世界。"①这表明了中国共产党人对社会主义社会建设全面、快速推进的热切期盼。实现中华民族伟大复兴,创造人类文明新形态,物质文明是基础,集中力量发展社会生产力是主要任务,这是中国革命的追求,更是马克思主义基本原理的昭示。在全面建设社会主义的初始,中国认定社会主义工业化道路,经过"一五"计划积累的实践经验,提升为探索走适合中国国情的社会主义建设道路,形成了《论十大关系》等积极成果。中国还提出了"四个现代化"战略目标,辅以五年计划的战略路径,尽管遭遇"文化大革命"这一新中国成立以来最严重的挫折和损失,但是到改革开放前,中国建立起独立的、比较完整的工业体系和国民经济体系,根本解决了工业化中"从○到一""从无到有"的问题,物质文明建设稳稳地站在了一个新台阶上,为以后的发展准备了物质技术基础。党所积累的关于社会主义建设正反两方面的经验,使得党在改革开放新时期坚定不移以经济建设为中心,坚定不移实行改革开放,并同步加强党的自身建设。

其三,形成历久弥新的时代精神,为人类文明新形态提供文化支撑。伟大、光荣、正确的中国共产党和富有伟大创造、伟大奋斗、伟大团结、伟大梦想精神②的中国人民的结合,是实现"一穷二白、人口众多的东方大国大步迈进社会主义社会的伟大飞跃"③的决定性主体力量,是人类文明新形态在这一历史时期发端发展的决定性主体力量。"在中国共产党领导下,我国各族人民意气风发投身中国历史上从来不曾有过的热气腾腾的社会主义建设"④,克服了物资匮乏等重重困难,以"誓把河山重安排"的改天换地昂扬精神风貌,铸就了大庆精神、铁人精神、焦裕禄精神、红旗渠精神、雷锋精神、

---

① 《毛泽东文集》(第五卷),人民出版社,1996年,第345页。
② 习近平:《在第十三届全国人民代表大会第一次会议上的讲话》,人民出版社,2018年,第3~6页。
③ 《中共中央关于党的百年奋斗重大成就和历史经验的决议》,人民出版社,2021年,第14页。
④ 习近平:《在纪念毛泽东同志诞辰120周年座谈会上的讲话》,人民出版社,2013年,第8页。

"两弹一星"精神等,赓续了伟大建党精神,书写了自力更生、发愤图强、艰苦奋斗、无私奉献、勇攀高峰的壮美诗篇。上述时代精神历久而弥新,永不过时,是中华优秀传统文化的时代凯歌,是人类文明新形态基本构件中的精神文明成果的层叠累加,是中华文明自立自强贡献于人类文明的不朽精神财富。

4.改革开放和社会主义现代化建设新时期与人类文明新形态的展开

改革开放是新时期最鲜明的特点,是中国共产党的一次伟大觉醒,是近代以来实现中华民族伟大复兴的一个里程碑。①改革开放孕育了党从理论到实践的伟大创造,取得了举世瞩目的伟大成就:"我国实现了从生产力相对落后的状况到经济总量跃居世界第二的历史性突破,实现了人民生活从温饱不足到总体小康、奔向全面小康的历史性跨越,推进了中华民族从站起来到富起来的伟大飞跃"②,为创造人类文明新形态提供了充满新的活力的体制保证和快速发展的物质条件。

其一,社会主义初级阶段理论为人类文明新形态提供立论依据。"回顾我们党90多年的历史可以清楚地看到,什么时候坚持实事求是,党就能够形成符合客观实际、体现发展规律、顺应人民意愿的正确路线方针政策,党和人民事业就能够不断取得胜利;反之,离开了实事求是,党和人民事业就会受到损失甚至严重挫折。"③实事求是判断中国社会主义所处发展阶段,是中国特色社会主义的立论基础,也是创造人类文明新形态历史展开的立论基础。改革开放以来,党坚持辩证唯物主义和历史唯物主义的世界观和方法论,提出社会主义初级阶段理论,并在党的十三大得到深刻阐释。其包括两层含义:"第一,我国社会已经是社会主义社会。我们必须坚持而不能离开

---

① 中共中央文献研究室:《十七大以来重要文献选编》(上),中央文献出版社,2009年,第7页;中共中央党史和文献研究院:《十九大以来重要文献选编》(上),中央文献出版社,2019年,第721页。
② 《中共中央关于党的百年奋斗重大成就和历史经验的决议》,人民出版社,2021年,第22页。
③ 习近平:《坚持实事求是的思想路线》,《学习时报》,2012年5月28日。

社会主义。第二,我国的社会主义社会还处在初级阶段。我们必须从这个实际出发,而不能超越这个阶段。"①这一立论之所以是科学的,是因为它符合中国实际,其对中国国情的深刻揭示,对于社会主义现代化建设全程避免"左"倾错误和右倾错误起到了定海神针的作用。一方面,以社会主义国家文明体苏东国家为参照,既避免了超越阶段、定位超前而人为降低社会主义标准、制定不符合实际的经济社会政策及由此带来的严重社会后果,又避免了在改革开放的历史进程中,放弃马克思主义、社会主义道路和共产党领导,把改革变为改向,把开放变为自身变色、变味、变质,走上改旗易帜的邪路。另一方面,以资本主义国家文明体尤其是在现代化建设上走在前列的国家为参照,既看到全球化这一客观世界历史进程及与发达资本主义国家的差距,顺应全球化、现代化发展大势,又看到历史和人民选择了马克思主义、中国共产党、社会主义道路和改革开放,必须"走自己的道路,建设有中国特色的社会主义"②。以社会主义初级阶段理论为立论基础,以历史发展连续性和阶段性的统一原理为支撑,党在十二大、十三大、十四大、十五大、十六大、十七大等重要会议上完成一系列理论创新和实践创新,与时俱进地制定出系统耦合、效能提升的路线方针政策,提出了定位清晰、符合实际的发展目标,辅以把关定向、动力强劲的发展战略,在社会主义初级阶段党的基本路线基础上衍生出中国特色社会主义道路和中国式现代化道路,为创造人类文明新形态提供坚实立论基础和创新发展基础。

其二,改革与开放为人类文明新形态提供发展动力。进入改革开放和社会主义现代化建设新时期召开的首次党的全国代表大会——党的十二大强调"四个现代化"、提出"把我国建设成为高度文明、高度民主的社会主义国家"和"同全世界人民一道,继续为反对帝国主义、霸权主义和维护世界和

---

① 中共中央文献研究室:《十三大以来重要文献选编》(上),人民出版社,1991年,第9页。
② 《邓小平文选》(第三卷),人民出版社,1993年,第3页。

平而斗争"①的文明构想。任何社会的发展、文明的形成都需要发展力量的推动,实现这一文明构想并取得实践突破关键在于找准"动力机制"。在历史前进的逻辑中前进、在时代发展的潮流中发展,党作出了实行改革开放的历史性决策,"四个基于"②是其深刻动因。正因为如此,坚定不移实行改革开放是基本国策,更是应对国际国内变局的"关键一招"。人类文明新形态的历史展开拥有了持续稳定的驱动力。对内改革与对外开放相互促进、相辅相成,中国在经济全球化的第三个阶段③抓住了历史机遇,迎来了中国同世界关系的新阶段,即结束"一边倒"和封闭半封闭阶段④,迎来"全方位对外开放阶段,改革开放以来,我们充分运用经济全球化带来的机遇,不断扩大对外开放,实现了我国同世界关系的历史性变革"⑤。对内改革是中国的第二次革命,是社会主义制度的自我完善和发展,是社会主义现代文明发展的动力机制,而对外开放反过来推进对内改革,同时使中国以世界眼光在与外部世界比较中定位自身发展,以开放思维在与人类文明交流中看待自身现代化建设水平,并通过"走出去""对外援助""国际发展合作"等实现中国对于人类文明新的更大贡献。

其三,"五位一体"总体布局为人类文明新形态提供展开依据和生长空间。现代化意味着社会分工细密、社会分化加速。任何现代社会的建设不

---

① 中共中央文献研究室:《十二大以来重要文献选编》(上),人民出版社,1986年,第13页。

② "四个基于":基于对党和国家前途命运的深刻把握,基于对社会主义革命和建设实践的深刻总结,基于对时代潮流的深刻洞察,基于对人民群众期盼和需要的深刻体悟。参见习近平:《在庆祝改革开放40周年大会上的讲话》,人民出版社,2018年,第3页;《十九大以来重要文献选编》(上),中央文献出版社,2019年,第721页。

③ 习近平总书记认为经济全球化大致经历了三个阶段:一是殖民扩张和世界市场形成阶段,二是两个平行世界市场阶段,三是经济全球化阶段。相应地,中国同世界关系也经历了三个阶段:一是从闭关锁国到半殖民地半封建阶段,二是"一边倒"和封闭半封闭阶段,三是全方位对外开放阶段。参见习近平:《在省部级主要领导干部学习贯彻党的十八届五中全会精神专题研讨班上的讲话》,人民出版社,2016年,第21~22页。

④ 习近平:《在省部级主要领导干部学习贯彻党的十八届五中全会精神专题研讨班上的讲话》,人民出版社,2016年,第21~22页。

⑤ 习近平:《在省部级主要领导干部学习贯彻党的十八届五中全会精神专题研讨班上的讲话》,人民出版社,2016年,第22页。

可避免地划分为经济建设、政治建设、文化建设、社会建设、生态文明建设等,但是把上述现代社会建设领域从社会主义建设规律高度加以认识和自觉实践,并上升到总体布局理论和人类文明高度,是中国共产党以建设中国特色社会主义为经验基础作出的重要贡献。前已述及,党的十二大提出了"高度文明、高度民主"的社会主义国家建设目标,在党的十二大报告中分述了"促进社会主义经济的全面高涨""努力建设高度的社会主义精神文明"和"努力建设高度的社会主义民主"[1],党的十三大直接提出了"富强、民主、文明"[2]的社会主义现代化国家建设目标,党的十四大确定了社会主义市场经济体制的经济体制改革目标[3],党的十五大明确依法治国是党领导人民治理国家的基本方略[4],党的十六大在提出全面建设小康社会的奋斗目标的基础上,明确建设社会主义政治文明[5]是全面建设小康社会的重要目标,党的十七大提出"中国特色社会主义事业总体布局"[6]概念,提出全面推进经济建设、政治建设、文化建设、社会建设的要求,并就深入贯彻落实科学发展观提出"必须坚持全面协调可持续发展"[7],明确"富强民主文明和谐"[8]的社会主义现代化国家建设目标,还就实现全面建设小康社会奋斗目标提出"建设生态文明"[9]的新要求。在这一历史时期,经济建设、政治建设、文化建设、社会建设"四位一体"总体布局形成,经济、政治、文化、社会、生态文明五大领域

---

[1]　中共中央文献研究室:《十二大以来重要文献选编》(上),人民出版社,1986年,第14、25、33页。

[2]　中共中央文献研究室:《十三大以来重要文献选编》(上),人民出版社,1991年,第15页。

[3]　中共中央文献研究室:《十四大以来重要文献选编》(上),人民出版社,1996年,第16页。

[4]　中共中央文献研究室:《十五大以来重要文献选编》(上),人民出版社,2000年,第31页。

[5]　中共中央文献研究室:《十六大以来重要文献选编》(上),中央文献出版社,2005年,第24页。

[6]　中共中央文献研究室:《十七大以来重要文献选编》(上),中央文献出版社,2009年,第12页。

[7]　中共中央文献研究室:《十七大以来重要文献选编》(上),中央文献出版社,2009年,第12页。

[8]　中共中央文献研究室:《十七大以来重要文献选编》(上),中央文献出版社,2009年,第9页。

[9]　中共中央文献研究室:《十七大以来重要文献选编》(上),中央文献出版社,2009年,第16页。

建设先后铺展开来,改革开放和社会主义现代化建设取得辉煌成就,中国大踏步赶上时代,人类文明新形态五大领域的建设历史性地展开并不断生长,而新民主主义革命时期、社会主义革命和建设时期积累的文明因素和形成的文明成果在新时期继续获得巩固和发展,这些都为整体呈现中华民族现代文明这一人类文明新形态提供了坚实支撑。

5.中国特色社会主义新时代与人类文明新形态的初步成型

人类文明新形态是中国式现代化道路开出的文明之花、结出的文明之果。依据人类文明新形态"第一论题""第二论题"和"第三论题",其成型的标准可以从人类文明的五维架构、人类文明的实现路径、人类共同问题的中国方案等方面加以判定。

其一,中国五大领域文明取得重大成就,形成人类文明新形态的五维架构。党的十八大后,中国特色社会主义进入新时代。生态文明建设被纳入中国特色社会主义总体布局,形成"五位一体"总体布局。[1]党的十九大对全面建成小康社会至21世纪中叶的奋斗目标作出战略安排,明确提出2035年到21世纪中叶建成"富强民主文明和谐美丽"的社会主义现代化强国的目标,其中"物质文明、政治文明、精神文明、社会文明、生态文明将全面提升"[2]。这是从中国式现代化自身发展逻辑中提炼出来的关于人类文明的五维架构,是除社会制度、科技革命、产业形态外考察人类文明发展的重要视角。[3]新时代伟大变革,中国五大领域文明及其协调发展取得重大成就,整体呈现出新时代中华文明的发展样态。在物质文明领域,经济总量、人均水平、发展理念、发展质量跃上新台阶,如期全面打赢脱贫攻坚战,全面建成小

① 中共中央文献研究室:《十八大以来重要文献选编》(上),中央文献出版社,2014年,第7页。

② 中共中央党史和文献研究院:《十九大以来重要文献选编》(上),中央文献出版社,2019年,第20页。

③ 社会制度视角,是马克思主义的重要观点,包括原始文明、资本主义文明、社会主义文明;科技革命视角,包括第一次科技革命、第二次科技革命、第三次科技革命等;产业形态考察,如农业文明、工业文明、信息文明等。上述视角是切入人类文明的不同角度,由于人类文明的多样性、复杂性,在研究人类文明新形态中,根据需要单独使用某一视角或综合使用多个视角是必要的。

康社会,中华民族伟大复兴迈出关键一步;在政治文明领域,中国特色社会主义制度更加成熟定型,提出全过程人民民主理念并大力推进;在精神文明领域,弘扬以伟大建党精神为源头的中国共产党人精神谱系,中华优秀传统文化创造性转化、创新性发展;在社会文明领域,全体人民共同富裕取得扎实成效,建立起满足以人民日益增长的美好生活需要为目标的工作导向;在生态文明领域,绿色发展理念和制度日益巩固,生态环境保护发生历史性、转折性、全局性变化。第三个历史决议总结提出的"十三个方面成就"①,充分彰显了以四个历史时期的接续奋斗和层叠累加的文明成果为基础的中华民族现代文明的整体性、协调性。

其二,中国式现代化道路趋于成熟,是一条人类文明新形态在实践中可行的创造与发展路径。"我们党领导的革命、建设、改革伟大实践,是一个接续奋斗的历史过程,是一项救国、兴国、强国,进而实现中华民族伟大复兴的完整事业。"②经过探索,党领导人民找到了一条正确的实现国家富强、人民幸福的中国式现代化道路。新时代,习近平总书记阐明了"两个不能否定"③的论断,指出"改革开放前的社会主义实践探索,是党和人民在历史新时期把握现实、创造未来的出发阵地,没有它提供的正反两方面的历史经验,没有它积累的思想成果、物质成果、制度成果,改革开放也难以顺利推进"④。"中国式现代化"提出时即明确"世界上既不存在定于一尊的现代化模式,也不存在放之四海而皆准的现代化标准"⑤,通过强调中国式现代化基于中国

---

① 《中共中央关于党的百年奋斗重大成就和历史经验的决议》,人民出版社,2021年,第27~61页。

② 中共中央文献研究室:《十八大以来重要文献选编》(上),中央文献出版社,2014年,第694页。

③ "两个不能否定"即"不能用改革开放后的历史时期否定改革开放前的历史时期,也不能用改革开放前的历史时期否定改革开放后的历史时期"。参见《十八大以来重要文献选编》(上),中央文献出版社,2014年,第112页。进一步参见全华:《坚持两个"不能否定"——正确认识改革开放前后两个历史时期的关系》,《红色文化学刊》,2017年第1期。

④ 中共中央文献研究室:《十八大以来重要文献选编》(上),中央文献出版社,2014年,第695页。

⑤ 《习近平谈治国理政》(第四卷),外文出版社,2022年,第123页。

国情的中国特色①，说明"现代化道路并没有固定模式，适合自己的才是最好的，不能削足适履。每个国家自主探索符合本国国情的现代化道路的努力都应该受到尊重"②。"对人类历史发展而言，中国兴起和中国发展模式的出现，将加速一元现代性框架的式微，加速多元现代性框架的确立。"③中国用几十年时间走完了发达国家几百年走过的工业化历程，经济快速发展和社会长期稳定，展现出中国式现代化道路的实践伟力。中国式现代化打破了"现代化＝西方化"的迷思④，对于世界上希望独立自主地实现本国本民族现代化，进而创造本国本民族文明新成就的国家和民族提供了全新选择。

其三，破解人类共同问题效果明显，形成人类文明新形态的中国治理方案。"按照马克思主义的观点，只有自身作为世界历史性存在的事物，才能具有世界历史意义。"⑤如面对全球反贫困问题，西方发达国家用了几百年至今也没能完全消除绝对贫困问题⑥，而中国以前所未有的工作力度和实践深度走出了中国特色反贫困道路，探索形成的精准扶贫方略，不仅引领中国打赢脱贫攻坚战，让9899万农村贫困人口摆脱了绝对贫困，为全面建成小康社会作出关键贡献，而且对"扶持谁、谁来扶、怎么扶、如何退、如何稳"等反贫困共性问题的系统解答对发展中国家探索本国反贫困出路具有重要借鉴价值，更重要的是通过中国国际扶贫中心等平台推进国际反贫困合作，为世界

---

①　习近平总书记在党的十九届五中全会第二次全体会议上指出：中国现代化是"人口规模巨大的现代化""全体人民共同富裕的现代化""物质文明和精神文明相协调的现代化""人与自然和谐共生的现代化""走和平发展道路的现代化"。参见：《习近平谈治国理政》（第四卷），外文出版社，2022年，第123~124页。在党的二十大报告中，习近平总书记从中国式现代化的中国特色维度再次强调了上述五个特征。参见习近平：《高举中国特色社会主义伟大旗帜 为全面建设社会主义现代化国家而团结奋斗——在中国共产党第二十次全国代表大会上的报告》，人民出版社，2022年，第22~23页。

②　《习近平谈治国理政》（第四卷），外文出版社，2022年，第427页。

③　朱云汉：《高思在云：中国兴起与全球秩序重组》，中国人民大学出版社，2015年，第220页。

④　《习近平在学习贯彻党的二十大精神研讨班开班式上发表重要讲话强调 正确理解和大力推进中国式现代化》，《人民日报》，2023年2月8日。

⑤　侯惠勤：《试论当代中国马克思主义、21世纪马克思主义》，《天津师范大学学报》（社会科学版），2021年第5期。

⑥　《中国共产党简史》，人民出版社、中共党史出版社，2021年，第515页。

贫困治理主动贡献中国智慧。又如应对气候变化，按照共同但有区别的责任原则，发达国家本应承担历史责任、多向发展中国家提供资金技术等支持，美国却玩弄"双标"，温室气体排放不降反增，而中国主动将碳达峰、碳中和纳入经济社会发展全局，以降碳作为生态文明建设的重点方向，兑现中国向国际社会的碳排放强度承诺[1]，对中华文明永续发展负责，对人类文明可持续发展负责。再如在文明观问题上，中华文明强调己所不欲、勿施于人，强调各美其美、美人之美、美美与共、天下大同，提出"和平、发展、公平、正义、民主、自由"全人类共同价值[2]，主张"尊重世界文明多样性，以文明交流超越文明隔阂、文明互鉴超越文明冲突、文明共存超越文明优越"[3]，指明了人类文明相处的人间正道。中国面临的许多特殊问题也是世界需要应对的全球性挑战，中国对此类问题的破解方案具有世界意义，对于世界上其他民族和国家解决自身面临的重大问题具有借鉴价值。

李大钊一百多年前的"中华文明之问"，在新时代获得"创造了人类文明新形态"的响亮回答。习近平总书记指出："今日之中国，不仅是中国之中国，而且是亚洲之中国、世界之中国。未来之中国，必将以更加开放的姿态拥抱世界、以更有活力的文明成就贡献世界。"[4]随着中国式现代化的推进，人类文明新形态将进一步丰富和发展。

（二）中国共产党吸纳中华文明智慧结晶和精华的基本点

整体审视人类文明新形态本质规定性，中国式现代化的实践基础地位

①　中华人民共和国国务院新闻办公室：《中国应对气候变化的政策与行动》，国务院新闻办网站：http://www.scio.gov.cn/zfbps/ndhf/44691/Document/1715538/1715538.htm。
②　《习近平谈治国理政》（第四卷），外文出版社，2022年，第78页。
③　中共中央党史和文献研究院：《十九大以来重要文献选编》（上），中央文献出版社，2019年，第41~42页。党的二十大报告再次强调了这一文明观，参见习近平：《高举中国特色社会主义伟大旗帜 为全面建设社会主义现代化国家而团结奋斗——在中国共产党第二十次全国代表大会上的报告》，人民出版社，2022年，第63页。
④　习近平：《深化文明交流互鉴 共建亚洲命运共同体——在亚洲文明对话大会开幕式上的主旨演讲》，人民出版社，2019年，第10页。

和中国共产党的领导核心地位是主要的基本方面。深深根植于中华优秀传统文化，既是中国式现代化的特质，也是人类文明新形态的特质，更是中国式现代化、人类文明新形态真正属于中国、贡献世界的前提。中国共产党对待中华优秀传统文化的立场观点方法，对中国式现代化、人类文明新形态的前景与走向至关重要。习近平总书记提出："中华优秀传统文化是中华文明的智慧结晶和精华所在，是中华民族的根和魂，是我们在世界文化激荡中站稳脚跟的根基。"①中国共产党将中华文化视为"沃土"②，中国式现代化、人类文明新形态都根植其中。这一政治隐喻意在说明：它们扎根越深，吸收文化养分越多，党和人民的文化自信、文明自觉越强，走自己的道路就越有定力，在世界文化激荡中就越能站稳脚跟。由此，中国式现代化、人类文明新形态的继承性、民族性和中国特色也愈加鲜明，其发展前途也愈加光明。

1.传承中华优秀传统文化

传承中华优秀传统文化是中国共产党正确文化观的重要内容。为什么要传承中华优秀传统文化，回答这一问题有其历史逻辑、理论逻辑和现实逻辑。

第一，从历史逻辑来看，中华民族传统文明的再造、人类文明新形态的创造，不是立于文化虚无、历史虚无之上的无源之水、无本之木，而是传承中华优秀传统文化、不断激发中华文明活力的结果。从历史中得出的认知即"中国共产党为什么能，中国特色社会主义为什么好，归根到底是马克思主义行，是中国化时代化的马克思主义行"③，中国化马克思主义理论体系包括毛泽东思想、邓小平理论、"三个代表"重要思想、科学发展观、习近平新时代

---

① 习近平：《把中国文明历史研究引向深入 增强历史自觉坚定文化自信》，《求是》，2022年第14期。

② 中共中央党史和文献研究院编：《习近平关于社会主义精神文明建设论述摘编》，中央文献出版社，2022年，第210页。

③ 习近平：《高举中国特色社会主义伟大旗帜 为全面建设社会主义现代化国家而团结奋斗——在中国共产党第二十次全国代表大会上的报告》，人民出版社，2022年，第16页。

中国特色社会主义思想，是科学的理论指南，具有指引中国革命、建设、改革事业取得伟大成就的强大功能，这些理论成果本身就是"两个结合"[①]、传承中华优秀传统文化的结果。如毛泽东关于实事求是的阐述，邓小平关于小康社会的阐述，江泽民关于"两个先锋队"的阐述，胡锦涛关于和谐社会的阐述，习近平总书记关于"两个结合"的理论自觉，中国共产党积累了传承中华优秀传统文化的历史经验，形成了传承中华优秀传统文化的正确文化观。

第二，从理论逻辑来看，本国本民族的繁荣昌盛，是综合国力的全面外显，而综合国力除了关键性的经济实力外，文化软实力也是不可或缺的组成部分。文化软实力既源于现代文化，也源于本国本民族的优秀传统文化。从根本上说，本国本民族之所以成立，文化基因是深层次的、决定性的，而文化基因恰恰源于对优秀传统文化的继承；否则，在全球化的文化激荡中，就难以形成国家和民族认同，"我们是谁"的追问将削弱乃至消解政治共同体、文化共同体，并带来其所属文明式微乃至衰落的严重后果。对中华优秀传统文化而言，上述逻辑同样适用。

第三，从现实逻辑来看，传承中华优秀传统文化具有多方面的作用。"统筹推进'五位一体'总体布局、协调推进'四个全面'战略布局，文化是重要内容；推动高质量发展，文化是重要支点；满足人民日益增长的美好生活需要，文化是重要因素；战胜前进道路上各种风险挑战，文化是重要力量源泉"[②]，整个文化在我们正在做的事情中的工作定位和中华优秀传统文化在整个文化中的根柢地位决定了必须传承中华优秀传统文化。就个体而言，中华优秀传统文化蕴含着丰富的修身之道，为涵养个人道德、锤炼个人品质、建构

---

① "两个结合"即"马克思主义基本原理同中国具体实际相结合、同中华优秀传统文化相结合"，首次提出于2021年7月1日习近平总书记的讲话。2021年11月11日，第三个历史决议将其纳入"坚持理论创新"的历史经验。2022年10月16日，习近平总书记在党的二十大报告中对其作了系统阐释，参见习近平：《高举中国特色社会主义伟大旗帜 为全面建设社会主义现代化国家而团结奋斗——在中国共产党第二十次全国代表大会上的报告》，人民出版社，2022年，第17~18页。
② 《习近平谈治国理政》（第四卷），外文出版社，2022年，第309~310页。

正确的世界观人生观价值观提供了文化滋养;就家庭而言,中华优秀传统文化在农耕文明中形成的良好家庭家教家风,至今仍有时代价值,有利于作为社会细胞的家庭的和睦、和谐,有利于缓解当今社会的现代性焦虑;对社会而言,中华优秀传统文化关于爱国主义、人际关系、道法自然等方面的内容,仍不失其当下价值;对治国理政而言,中华优秀传统文化中的治乱兴衰之道、选人用人之道、国际交往之道、文明相处之道,为国家治理体系和治理能力现代化提供了历史智慧。中华优秀传统文化关于修齐治平的结构性观念,注重从人与自身、人与人、人与社会的关系维度定义人自身,蕴含着丰富的整体性、辩证性思维,虽产生于前资本主义社会,但对于当今时代克服主一客二分模式和个人中心主义,促进人的全面发展具有理念启发意义。推而论之,从其与创造人类文明新形态的关系来看,传承中华优秀传统文化是创造人类文明新形态的文化根基,创造人类文明新形态是传承中华优秀传统文化的历史追求。

中华优秀传统文化有着极为丰富的内容。就其载体形态而言,繁杂多样,如文化典籍、古代建筑、非物质文化遗产等。就其内容类型而言,由于着眼点和分类标准不同,其具有不同层次和方面的总结样式。

第一,有基于中华典籍的民族精神提炼,如"先天下之忧而忧,后天下之乐而乐"的政治抱负,"位卑未敢忘忧国""苟利国家生死以,岂因祸福避趋之"的报国情怀,"富贵不能淫,贫贱不能移,威武不能屈"的浩然正气,"人生自古谁无死,留取丹心照汗青""鞠躬尽瘁,死而后已"的献身精神。①

第二,有解决人类难题的中国智慧概括,如关于道法自然、天人合一的思想,关于天下为公、大同世界的思想,关于自强不息、厚德载物的思想,关于以民为本、安民富民乐民的思想,关于为政以德、政者正也的思想,关于苟日新日日新又日新、革故鼎新、与时俱进的思想,关于脚踏实地、实事求是的

---

① 中共中央党史和文献研究院编:《习近平关于社会主义精神文明建设论述摘编》,中央文献出版社,2022年,第209页。

思想,关于经世致用、知行合一、躬行实践的思想,关于集思广益、博施众利、群策群力的思想,关于仁者爱人、以德立人的思想,关于以诚待人、讲信修睦的思想,关于清廉从政、勤勉奉公的思想,关于俭约自守、力戒奢华的思想,关于中和、泰和、求同存异、和而不同、和谐相处的思想,关于安不忘危、存不忘亡、治不忘乱、居安思危的思想等。①

第三,有对中华文明核心理念的深入揭橥,如亲仁善邻、协和万邦是中华文明一贯的处世之道,惠民利民、安民富民是中华文明鲜明的价值导向,革故鼎新、与时俱进是中华文明永恒的精神气质,道法自然、天人合一是中华文明内在的生存理念。②

此外,还有对中华优秀传统文化关于国家制度和国家治理丰富思想的深刻总结,等等。以上内容表明,中华优秀传统文化具有内容丰富性、载体多样性、历史深厚性、观照当下性、价值理念融通内外、转化应用前景广阔等方面的特征。

关于传承中华优秀传统文化的实践进路,中国共产党已经积累了丰富的历史经验,提出了许多至今仍有指导价值的思想。如毛泽东关于清理古代文化"剔除其封建性的糟粕,吸收其民主性的精华"③的思想,邓小平关于"肃清封建主义残余"④的思想,党的十五大关于"继承历史文化优秀传统"⑤和十六大关于"坚持弘扬和培育民族精神"⑥的思想,习近平总书记关于"创造性转化、创新性发展"的思想,共同推动传承中华优秀传统文化的思想在全党全社会牢固树立起来并结出累累硕果,其中至关重要的是形成了"两个

---

① 中共中央党史和文献研究院编:《习近平关于社会主义精神文明建设论述摘编》,中央文献出版社,2022年,第218页。

② 中共中央党史和文献研究院编:《习近平关于社会主义精神文明建设论述摘编》,中央文献出版社,2022年,第228页。

③ 《毛泽东选集》(第二卷),人民出版社,1991年,第707页。

④ 《邓小平文选》(第二卷),人民出版社,1994年,第335页。

⑤ 中共中央文献研究室:《十五大以来重要文献选编》(上),人民出版社,2000年,第19页。

⑥ 中共中央文献研究室:《十六大以来重要文献选编》(上),中央文献出版社,2005年,第30页。

结合"思想。

2.实现创造性转化、创新性发展

"创造性转化、创新性发展"是正确对待中华优秀传统文化的总开关。[①] 从中华优秀传统文化中汲取中国式现代化、人类文明新形态的丰厚营养,关键在于处理好继承和发展的关系,重点做好"两创"。"创造性转化"即按照时代特点和要求,对那些至今仍有借鉴价值的内涵和陈旧的表现形式加以改造,赋予其新的时代内涵和现代表达形式,激活其生命力。"创新性发展"即按照时代的新进步新进展,对中华优秀传统文化的内涵加以补充、拓展、完善,增强其影响力和感召力。[②]

"两创"的对象是中华优秀传统文化,前提是区分中华传统文化的"优秀"与否,这是因为"传统文化在其形成和发展过程中,不可避免会受到当时人们的认识水平、时代条件、社会制度的局限性的制约和影响,因而也不可避免会存在陈旧过时或已成为糟粕性的东西"[③]。从过程—结果模式分析,"两创"侧重于过程,而其结果是创造属于中国、属于新时代的中华民族新文化,而这无疑是人类文明新形态的重要内容。更进一步,"两创"内在地要求:"加强对中华优秀传统文化的挖掘和阐发,使中华民族最基本的文化基因与当代文化相适应、与现代社会相协调,把跨越时空、超越国界、富有永恒魅力、具有当代价值的文化精神弘扬起来。"[④]

深刻把握"两创"这一传承中华优秀传统文化的正确立场、态度和原则,需要从两方面着力推进。

一方面,让农耕文明焕发时代光彩。从产业形态考察中华民族传统文

---

① 《党的二十大报告学习辅导百问》,党建读物出版社、学习出版社,2022年,第126页。
② 中共中央党史和文献研究院编:《习近平关于社会主义精神文明建设论述摘编》,中央文献出版社,2022年,第214页。
③ 习近平:《在纪念孔子诞辰2565周年国际学术研讨会暨国际儒学联合会第五届会员大会开幕会上的讲话》,人民出版社,2014年,第11页。
④ 习近平:《在哲学社会科学工作座谈会上的讲话》,人民出版社,2016年,第17页。

明,总体而言,中华优秀传统文化属于农耕文明的范畴。农耕文明内涵丰富,从中国特色的农事节气,到大道自然、天人合一的生态伦理;从各具特色的宅院村落,到巧夺天工的农业景观;从乡土气息的节庆活动,到丰富多彩的民间艺术;从耕读传家、父慈子孝的祖传家训,到邻里守望、诚信重礼的乡风民俗,都是中华文化的鲜明标签。①"传统是在历史中形成,并在人们的现实生活中起作用的那些生活方式、思维方式、价值观念和风俗习惯。"②正在经历从农业文明到工业文明及从工业文明到后工业文明双重转型的当代中国,虽然中国城镇化率③已经超过50%,但是乡土中国的传统特征依然显著,中华优秀传统文化的价值、地位和作用在新时代脱贫攻坚和乡村振兴中已经得到充分的估量——"把我国农耕文明优秀遗产和现代文明要素结合起来"④,这不仅是历史经验、现实操作,更是现实需要、人民需要。这里的现代文明要素,既包括现代科技、市场观念、工业理念,还包括现代社会主义的价值主张、理论观念、方略要求,而结合则是有机的结合,不能突破现代文明的底线,全力追求价值上的共通、内容上的融通、形式上的创新,从而使农耕文明和中华优秀传统文化在新时代展现新魅力。

另一方面,让马克思主义引领文化创新。对于中国共产党而言,这似乎是不言自明的政治立场和工作要求,然而在现实中,"以马废儒论"尤其是"以儒代马论"⑤所造成的思想干扰是一种客观存在,我们需要始终保持思想清醒,以使中国式现代化、人类文明新形态在正确的方向上前进。首先,让

---

① 中共中央党史和文献研究院编:《习近平关于社会主义精神文明建设论述摘编》,中央文献出版社,2022年,第224页。

② 杨耕:《东方的崛起:关于中国式现代化的哲学反思》,人民出版社,2022年,第179页。

③ 2011年末,常住人口城镇化率首次超过50%,2021年末这一数据为64.72%。参见2011年、2021年国民经济和社会发展统计公报,国家统计局网站:http://www.stats.gov.cn/tjsj/tjgb/ndtjgb/。

④ 中共中央党史和文献研究院编:《习近平关于社会主义精神文明建设论述摘编》,中央文献出版社,2022年,第224页。

⑤ "以儒代马论""以马废儒论"是戴木才作出的学术概括,这里借用这一学术概念进行分析。参见戴木才:《"以儒代马论"和"以马废儒论"批判——深入理解马克思主义基本原理同中华优秀传统文化相结合》,《长安大学学报》(社会科学版),2022年第2期。

马克思主义引领文化创新,指引"两创"方向是一个重大原则问题。党的十九届四中全会明确"坚持马克思主义在意识形态领域指导地位的根本制度"①,在"两个结合"特别是"把马克思主义基本原理同中华优秀传统文化相结合"(简称"第二个结合")中,马克思主义包括中国化马克思主义的指导地位是不容含糊的。在指导思想上,用儒学、用中华优秀传统文化代替马克思主义在政治上是错误的,在实践中是有害的,因为历史已经判明,马克思主义是历史和人民的选择,中华传统文化不能承担救亡图存和民族复兴的使命。其次,党的二十大报告不仅再次强调了"两个结合"是开辟马克思主义中国化时代化新境界的实现路径,而且阐述了"两个结合"的原因、方法和结果,其中对"第二个结合"的阐释表明"以儒代马论"和"以马废儒论"均不可取。在这里,对中华优秀传统文化的概括达到新高度即从宇宙观、天下观、社会观、道德观层面进行概括,指明中华优秀传统文化与科学社会主义价值观主张具有高度契合性,这就从道理上说明了马克思主义"说中国话、有中国味"和中华优秀传统文化"说现代话、有真理味"的现实可能性,开拓了从学理哲理上进一步阐明马克思主义在中国传播、接受、形成认同并深深扎根的新空间。最后,以马克思主义为指导,传承中华优秀传统文化实现文化创新、理论创新和"第二个结合"取得了丰硕成果,为推进中国式现代化、创造人类文明新形态作出了重要贡献。从传承民本思想、大同理想到创造性地提出以人民为中心,从弘扬天人合一、道法自然理念到创造性地提出习近平生态文明思想,从吸收传统整体性思维到创造性地提出"五位一体"总体布局、"四个全面"战略布局,等等,推动马克思主义中国化实现新的飞跃。

---

① 中共中央党史和文献研究院:《十九大以来重要文献选编》(中),中央文献出版社,2021年,第283页。

三、创造人类文明新形态的主体力量

在实现中华民族伟大复兴征程上的一切创造,都是中国共产党领导中国人民不懈奋斗、艰苦奋斗的结果。"中国人民和中华民族从斗争实践中懂得,中国社会发展,中华民族振兴,中国人民幸福,必须依靠自己的英勇奋斗来实现,没有人会恩赐给我们一个光明的中国。"①中国式现代化、人类文明新形态,不是从天上掉下来的,更不是外国人恩赐的,而是中国共产党团结带领中国人民走自己的路、坚持独立自主创造出来的。中国共产党是创造人类文明新形态的领导核心,中国人民是创造人类文明新形态的历史主体,这是坚持无产阶级政党学说和历史唯物主义原理得出的必然结论。

(一)中国共产党是创造人类文明新形态的领导核心

第三个历史决议提出:"中国共产党是领导我们事业的核心力量。中国人民和中华民族之所以能够扭转近代以后的历史命运,取得今天的伟大成就,最根本的是有中国共产党的坚强领导。历史和现实都证明,没有中国共产党,就没有新中国,就没有中华民族伟大复兴。"②创造人类文明新形态,不是自然而然的历史进程,而是一项具有开创性的伟大事业,其中充满风险挑战,需要一个坚强的领导核心。

1.中国共产党的文明自觉

自觉,意即自己认识而有所觉悟,由模糊而认清,用马克思主义的观点来看,自觉是主体对客体的主动了解和规律性把握。中国共产党的文明自

---

① 中共中央党史和文献研究院:《十九大以来重要文献选编》(中),中央文献出版社,2021年,第28页。

② 《中共中央关于党的百年奋斗重大成就和历史经验的决议》,人民出版社,2021年,第65页。

觉是创造人类文明新形态的主观条件,"人类文明新形态"这一概念提出本身说明中国共产党对社会主义的认知提升到一个新的高度,"使社会主义从理论、制度、运动'三位一体'拓展为理论、制度、运动、文明形态'四位一体'"①。文明自觉包含以下方面。

其一,对中华文明的自信。对中华文明的自信是文明自觉之基。第一,对中华文明历史的自信。在庆祝中国共产党成立100周年大会上,习近平总书记强调:"中华民族是世界上伟大的民族,有着5000多年源远流长的文明历史,为人类文明进步作出了不可磨灭的贡献。"②在面向国际的重要场合,中国共产党也表现出高度的文明自信,如在亚洲文明对话大会开幕式上,习近平总书记指出:"中国的造纸术、火药、印刷术、指南针、天文历法、哲学思想、民本理念等在世界上影响深远,有力推动了人类文明发展进程。"③第二,对中华文明现在的自信。在建党百年、完成脱贫攻坚和全面建成小康社会历史任务之际,党提出"创造了人类文明新形态",对中国物质文明、政治文明、精神文明、社会文明、生态文明的建设成果及其协调发展充分肯定,提出:"历史是最好的老师,我们党的历史是中国近现代以来最为可歌可泣的篇章,历史在人民探索和奋斗中造就了中国共产党,我们党团结带领人民又造就了历史悠久的中华文明新的历史辉煌。"④第三,对中华文明未来的自信。第三个历史决议高度自觉地"从党的百年奋斗中看清楚过去我们为什么能够成功、弄明白未来我们怎样才能继续成功",总结提出"十个坚持"历史经验,其中"坚持胸怀天下"也是党的创新理论的世界观和方法论,对中华文明自身的光明前景及其"一定能够不断为人类文明进步贡献智慧和力

① 江宇、彭姝:《中国共产党、中国特色社会主义与中国式现代化》,《毛泽东邓小平理论研究》,2022年第10期。
② 习近平:《在庆祝中国共产党成立100周年大会上的讲话》,人民出版社,2021年,第2页。
③ 习近平:《深化文明交流互鉴 共建亚洲命运共同体——在亚洲文明对话大会开幕式上的主旨演讲》,人民出版社,2019年,第9页。
④ 习近平:《在党史学习教育动员大会上的讲话》,人民出版社,2021年,第3页。

量"①的世界意义充满信心。

其二,对中华文明的使命自觉。一方面,百余年来一代又一代中国共产党人接续回答李大钊"中华文明之问",对中华文明再次贡献于世界发展和人类文明的使命责任十分明确;另一方面,对中国共产党创造人类文明新形态的使命责任也十分明确,"中国共产党从成立之日起,既是中国先进文化的积极引领者和践行者,又是中华优秀传统文化的忠实传承者和弘扬者。当代中国共产党人和中国人民应该而且一定能够担负起新的文化使命,在实践创造中进行文化创造,在历史进步中实现文化进步!"②在党的二十大报告中,习近平总书记强调:"我们党立志于中华民族千秋伟业,致力于人类和平与发展崇高事业,责任无比重大,使命无上光荣。"③这体现了人类文明新形态中国内生性和世界外化性的统一,而中国共产党是创造人类文明新形态的责任担当者、实践开拓者、理论总结者、成果分享者。

其三,对人类文明相处之道的自觉建构。第一,虚心学习借鉴人类社会创造的一切文明成果,洋为中用,"排泄其糟粕,吸收其精华"④,服务于实现中华民族伟大复兴,服务于人类和平与发展崇高事业,这是中国共产党一贯的立场和做法。第二,把社会事实即"文明多样性"作为建构正确的文明相处之道的基石。物之不齐,物之情也。"每一个国家和民族的文明都扎根于本国本民族的土壤之中,都有自己的本色、长处、优点"⑤,换言之,差异性是人类文明的内在属性⑥,正是差异性的共时存在构成了人类文明的多样性。

---

① 《中共中央关于党的百年奋斗重大成就和历史经验的决议》,人民出版社,2021年,第68页。

② 中共中央党史和文献研究院:《十九大以来重要文献选编》(上),中央文献出版社,2019年,第31页。

③ 习近平:《高举中国特色社会主义伟大旗帜 为全面建设社会主义现代化国家而团结奋斗——在中国共产党第二十次全国代表大会上的报告》,人民出版社,2022年,第1页。

④ 《毛泽东选集》(第二卷),人民出版社,1991年,第707页。

⑤ 习近平:《在纪念孔子诞辰2565周年国际学术研讨会暨国际儒学联合会第五届会员大会开幕会上的讲话》,人民出版社,2014年,第8页。

⑥ 参见习近平:《让多边主义的火炬照亮人类前行之路——在世界经济论坛"达沃斯议程"对话会上的特别致辞》,人民出版社,2021年,第3页。

从大历史观之,差异性自古以来存在,多样性是客观现实并将长期存在。不同类型人类文明间的正确相处之道,根本点不在于差异,而在于是否承认差异、如何看待差异。第三,尊重异国异民族文明。费孝通认为,处理好不同文明之间的关系,首要的是应有"平和、谦逊的心态,就是中国古人所谓的'君子之风'","不仅欣赏本民族的文化,还要发自内心地欣赏异民族的文化"。①这种心态,既是修身之法,也是认识方法,还是普遍的伦理共识,"是中国文明可以贡献给世界的一种弥足珍贵的普遍性"②。"不同国家、民族的思想文化各有千秋,只有姹紫嫣红之别,而无高低优劣之分。每个国家、每个民族不分强弱、不分大小,其思想文化都应该得到承认和尊重。"③承认文明的差异性,尊重文明的差异性,其价值在于契合世界和平与发展,因为它为文明交流、互鉴、发展提供了契机,只要承认差异性,立足多样性,就会推导出文明交流的客观需要,在交流中相互学习、取长补短实现文明自身的发展和进步是可以预期的客观效果。同时,承认差异性,不区分高低优劣,一方面要避免搞自我封闭,看不到异国异民族的优长之处和先进因素,对世界发展潮流和大势无动于衷,另一方面要避免唯我独尊,在避开西方中心主义后又落入以本国本民族文明的优点和长处尤其是先进因素为依据,强行推广和复制自身的发展模式。习近平总书记明确指出:"推动构建人类命运共同体,不是以一种制度代替另一种制度,不是以一种文明代替另一种文明,而是不同社会制度、不同意识形态、不同历史文化、不同发展水平的国家在国家事务中利益共生、权利共享、责任共担,形成共建美好世界的最大公约数。"④第四,树立平等、互鉴、对话、包容的文明观。"以文明交流超越文明隔

① 费孝通:《文化与文化自觉》,群言出版社,2016年,第456页。

② 李荣山:《文明比较与文化自觉:迈向和而不同的比较历史社会学》,《中国社会科学》,2022年第9期。

③ 习近平:《在纪念孔子诞辰2565周年国际学术研讨会暨国际儒学联合会第五届会员大会开幕会上的讲话》,人民出版社,2014年,第9页。

④ 习近平:《在中华人民共和国恢复联合国合法席位50周年纪念会议上的讲话》,人民出版社,2021年,第6页。

阂，以文明互鉴超越文明冲突，以文明共存超越文明优越。"①中国提出和平、发展、公平、正义、民主、自由的全人类共同价值，强调"以宽广胸怀理解不同文明对价值内涵的认识，尊重不同国家人民对价值实现路径的探索，把全人类共同价值具体地、现实地体现到实现本国人民利益的实践中去"②。本着这一正确文明相处之道，中国"无意也没有输出中国式现代化、'中国模式'，但中国式现代化为广大发展中国家独立自主迈向现代化树立了典范，为其提供了一些全新选择"③。

2.中国共产党的初心使命

中国共产党初心使命的提出及其体系化构建，是中国共产党的重大理论创新，"这一新时代话语具有中国文化特色、中共党史内容、理论衍生特质、实践拓展空间、政党基因结构、情感唤起功能"④，对过去的解释力、对现实的影响力、对未来的引领力以及对于中国共产党自身的锻造力值得学术界深入研究。

一方面，中国共产党初心使命内涵不断延展。中国共产党在长期的革命、建设和改革过程中，形成了开拓创新的品格。"坚持开拓创新"是中国共产党百余年奋斗贯穿始终的一条历史经验，其中明确提出"越是伟大的事业，越充满艰难险阻，越需要艰苦奋斗，越需要开拓创新"，走出中国式现代化道路、创造人类文明新形态即是这样伟大的事业。如何凝聚全党全国各族人民的力量以中国式现代化全面推进中华民族伟大复兴，是需要不断作出新回答的重大问题。在中国共产党成立95周年之际，习近平总书记提出了"不忘初心、继续前进"的重大命题并从多个方面做了深入阐释。这一命

---

① 习近平：《弘扬"上海精神" 构建命运共同体——在上海合作组织成员国元首理事会第十八次会议上的讲话》，人民出版社，2018年，第4页。

② 习近平：《加强政党合作 共谋人民幸福——在中国共产党与世界政党领导人峰会上的主旨讲话》，人民出版社，2021年，第4页。

③ 杜尚泽、王洲：《"强国建设、民族复兴的唯一正确道路"——记以习近平同志为核心的党中央擘画以中国式现代化全面推进中华民族伟大复兴的宏伟蓝图》，《人民日报》，2023年2月10日。

④ 刘爱章：《牢记"三个务必" 谱写更加绚丽的华章》，《中国妇女报》，2022年12月13日。

题把过去、现在和未来统一起来,既具有强大的理性号召力,也具有强大的感性感召力,对全体党员、全国各族人民都具有深远的影响力。党的十九大更进一步,明确提出:"中国共产党人的初心和使命,就是为中国人民谋幸福、为中华民族谋复兴","不忘初心、牢记使命"纳入此次党代会的主题,强调这个初心和使命"是激励中国共产党人不断前进的根本动力"①。自此,"不忘初心、牢记使命"成为热词,用于解释党的全部历史进程,"践行初心、担当使命"纳入伟大建党精神,贯穿于当前党的工作各方面,特别是经过"不忘初心、牢记使命"主题教育,党深刻意识到其作为加强党的建设永恒课题和全体党员、干部的终身课题的重大现实意义和深远历史意义。党的十九大报告在明确提出初心使命内涵的同时,在报告第十二部分还明确提出:"中国共产党是为中国人民谋幸福的政党,也是为人类进步事业而奋斗的政党。中国共产党始终把为人类作出新的更大的贡献作为自己的使命。"②在这里,中国共产党的使命内涵得以进一步拓展,其世界向度在新时代日益突出,如在2021年7月6日中国共产党与世界政党领导人峰会上的主旨讲话,习近平总书记对政党一般的历史责任的描述:"政党作为推动人类进步的重要力量,要锚定正确的前进方向,担起为人民谋幸福、为人类谋进步的历史责任"③,无疑"为人民谋幸福、为人类谋进步"同样适用于中国共产党。再如2021年11月11日通过的第三个历史决议写道:"一百年来,党既为中国人民谋幸福、为中华民族谋复兴,也为人类谋进步、为世界谋大同,以自强不息的奋斗深刻改变了世界发展的趋势和格局"④,"为中国人民谋幸福、为中华民族谋复兴,为人类谋进步、为世界谋大同"还写入党的二十大报告用以描述

---

① 中共中央党史和文献研究院:《十九大以来重要文献选编》(上),中央文献出版社,2019年,第1页。

② 中共中央党史和文献研究院:《十九大以来重要文献选编》(上),中央文献出版社,2019年,第40~41页。

③ 习近平:《加强政党合作 共谋人民幸福——在中国共产党与世界政党领导人峰会上的主旨讲话》,人民出版社,2021年,第3页。

④ 《中共中央关于党的百年奋斗重大成就和历史经验的决议》,人民出版社,2021年,第64页。

中国共产党的属性。这些都表明,中国共产党初心使命的内涵内生外化的延展逻辑,特别是其世界向度中增添了"大同"这一中华优秀传统文化之思想精华的内容,成为我们通过中国共产党自身逻辑来深刻把握人类文明新形态生成逻辑的重要线索。

另一方面,中国共产党初心使命功能不断聚合。如何把握推进中国式现代化、创造人类文明新形态的根本动力,既是一个重大理论问题,也是一个重大实践问题。中国共产党初心使命话语及其体系化建构,从领导核心层面、主体条件方面揭示了创造人类文明新形态中国共产党为什么能的深刻动因。这一理论体系聚焦于"中国共产党是什么、要干什么这个根本问题"[①],解释了"过去我们为什么能够成功"和"未来我们怎样才能继续成功"的政党逻辑。中国共产党坚持立足中国、胸怀天下。党首先致力于解决中国人民、中华民族的问题,这样才能深深根植中华大地和中国人民,始终获得中国人民的支持和拥护,这符合政党政治的一般逻辑,中国依托全过程人民民主而西方却着眼选举民主获得人民支持。在初心使命话语中,中国共产党还致力于解决全球发展、人类发展的共同问题,推动建设美好世界,这既是国内政治的对外延伸,国内发展为全球进步奠定基础、提供经验,但依照中国共产党的文明观,并不是"己所欲而施于人"的霸权逻辑,而是本着人类文明的正确相处之道。随着中国式现代化的全球影响和推动构建人类命运共同体的探索实践的不断发展,国际社会对中国立场的正确认知和把握也日益加深。由此形成了"中国共产党的初心使命—中国式现代化的理论和实践创新—人类文明新形态的全球影响"的推进样式。中国共产党对初心使命的定义及其与时俱进具备了理论开拓创新的特质:以初心使命为根本动力,以理论和实践创新为中介,推动中国式现代化取得新成果、积累新经验,推动人类文明新形态的完善和发展。特别是初心使命话语的情感激

---

① 《中共中央关于党的百年奋斗重大成就和历史经验的决议》,人民出版社,2021年,第72页。

励功能和理性解释功能实现聚合,并随着党内法规体系中关于初心使命的建构逐步制度化、规范化,为实现中华民族伟大复兴、创造人类文明新形态提供了更为主动的精神力量和更为完善的制度保证。

3.中国共产党的理论引领

强国时代需要强国理论,强国理论源于强大政党。中国共产党的强大,靠严密的组织体系,也靠先进的理论体系。坚持理论创新,是中国共产党百余年奋斗的历史经验,是中国共产党强大的重要表征。成功走出中国式现代化道路、创造了人类文明新形态是中国共产党坚持理论创新、实现理论引领的结果。

其一,形成了中国化马克思主义科学理论体系。新民主主义革命时期,中国共产党在正反两方面的经验对比中,在全党确立了"马克思主义的中国化"[①]的原则。毛泽东指出:"马克思这些老祖宗的书,必须读,他们的基本原理必须遵守,这是第一。但是,任何国家的共产党,任何国家的思想界,都要创造新的理论,写出新的著作,产生自己的理论家,来为当前的政治服务,单靠老祖宗是不行的。"[②]邓小平也指出:"马克思主义是打不倒的。打不倒,并不是因为大本子多,而是因为马克思主义的真理颠扑不破。实事求是是马克思主义的精髓。要提倡这个,不要提倡本本。"[③]新时代,习近平总书记明确提出:"中国共产党为什么能,中国特色社会主义为什么好,归根到底是马克思主义行,是中国化时代化的马克思主义行。"[④]中国共产党形成的"马克思主义中国化"高度理论创新自觉,在历史上催生了从毛泽东思想到习近平新时代中国特色社会主义思想的中国化马克思主义理论体系,及时回答了

---

① 中共中央文献研究室编:《毛泽东年谱(1893—1949)》(中),中央文献出版社,2013年,第94页,注释〔1〕。
② 《毛泽东文集》(第八卷),人民出版社,1999年,第109页。
③ 《邓小平文选》(第三卷),人民出版社,1993年,第382页。
④ 习近平:《高举中国特色社会主义伟大旗帜 为全面建设社会主义现代化国家而团结奋斗——在中国共产党第二十次全国代表大会上的报告》,人民出版社,2022年,第16页。

时代之问、人民之问，指导中国革命、建设、改革伟大事业从胜利走向胜利。中国化马克思主义理论体系之所以能够解答中国问题，就在于这一理论体系立足历史发展不同阶段的特征，从中国基本国情出发，由中国人自己来解答。

　　其二，在实践基础上形成了中国式现代化理论。新时代是始终洋溢着理论创新创造的时代，习近平新时代中国特色社会主义思想是理论创新创造的标志性理论成果，中国式现代化理论是其中的重大成果，是党的二十大的一个重大理论创新。党的二十大报告明确："从现在起，中国共产党的中心任务就是团结带领全国各族人民全面建成社会主义现代化强国、实现第二个百年奋斗目标，以中国式现代化全面推进中华民族伟大复兴。"[①]中国式现代化的性质方向、中国特色、本质要求、重大原则等虽然已经在党的二十大报告中进行了明确界定，而其相关重要问题仍需进一步解答。2023年2月7日，习近平总书记在新进中央委员会的委员、候补委员和省部级主要领导干部学习贯彻习近平新时代中国特色社会主义思想和党的二十大精神研讨班开班式上就中国式现代化理论作出深入阐释：四个历史时期的探索及其对中国式现代化的意义，党的领导对中国式现代化的决定性意义，中国式现代化的理论内涵与世界意义，以及推进中国式现代化六个方面的重大关系和政治组织保障，强调："中国式现代化，深深根植于中华优秀传统文化，体现科学社会主义的先进本质，借鉴吸收一切人类优秀文明成果，代表人类文明进步的发展方向，展现了不同于西方现代化模式的新图景，是一种全新的人类文明形态。"[②]中国式现代化理论的系统化构建，为深入理解创造人类文明新形态提供了坚实支撑，人类文明新形态随着中国式现代化的实践创新

---

　　① 习近平：《高举中国特色社会主义伟大旗帜 为全面建设社会主义现代化国家而团结奋斗——在中国共产党第二十次全国代表大会上的报告》，人民出版社，2022年，第21页。

　　② 《习近平在学习贯彻党的二十大精神研讨班开班式上发表重要讲话强调 正确理解和大力推进中国式现代化》，《人民日报》，2023年2月8日。

而不断实现新突破。

其三,对创造人类文明新形态形成了理论自觉。2021年"人类文明新形态"概念提出,2022年5月27日习近平总书记明确要求:"深化研究中华文明特质和形态,为人类文明新形态建设提供理论支撑","我们要建立中国特色、中国风格、中国气派的文明研究学科体系、学术体系、话语体系,为人类文明新形态实践提供有力理论支撑"。①对现有关于人类文明新形态研究的道理学理哲理综合审谛,以宏观层面的中国化马克思主义理论体系为指导和主干,以中观层面的中国式现代化理论、中华优秀传统文化"两创"理论、中国共产党的文明观等为支撑和枝干,以微观层面的中国考古学、政治经济学、文化学等为依托和枝叶,以人的全面发展、全体人民共同富裕为价值导向,以五大领域文明协调发展为文明基石,以中华文明内生外化的延展逻辑为基础,以推动构建人类命运共同体为全球观照,具有高度理论自觉的中国共产党正以系统集成式创新推动创造人类文明新形态的总体性理论不断取得新的进展和突破。

4.中国共产党的不懈奋斗

奋斗、斗争是近义词,前者强调斗争的目的性、实干性,后者侧重矛盾双方的冲突性。从一定意义上讲,斗争是奋斗的激烈表现形式和必然实现途径,在日常生活中均属于常见词汇。它们在中国共产党的知识图谱中占有特殊而重要的地位、具有丰富的历史和政治内涵。走过一百多年风风雨雨的中国共产党,不懈奋斗是百余年党史的一条重要线索,坚持敢于斗争是百余年党史的一条历史经验。

其一,不懈奋斗史是中国共产党历史横向展开的基本维度。《中国共产党的九十年》围绕党领导人民完成和推进近代以来中国人民面临的两大历史任务这一集中反映党史发展的主题和主线,认为"三件大事是对党的历史

---

① 习近平:《把中国文明历史研究引向深入 增强历史自觉坚定文化自信》,《求是》,2022年第14期。

的纵向浓缩,而不懈奋斗史、理论探索史和自身建设史则是对党的历史的横向展开",不懈奋斗史、理论探索史和自身建设史"紧密相联、不可分割","统一于党领导人民为完成和推进两大历史任务而奋斗探索的伟大实践中,统一于中国特色社会主义的探索历程中,统一于中华民族伟大复兴的历史进程中"①,为总体把握中共党史提供了分析范式。2021年6月18日上午,"'不忘初心、牢记使命'中国共产党历史展览"在中国共产党历史展览馆开幕,当日下午,习近平总书记等党和国家领导同志参观展览。这一展览"浓墨重彩地反映党的不懈奋斗史、不怕牺牲史、理论探索史、为民造福史、自身建设史",对于人们深刻认识"四个来之不易"和"三个为什么"②具有重要意义。不懈奋斗史是百余年党史横向展开的基本维度,对其他维度的横向展开具有支撑作用。习近平总书记在庆祝中国共产党成立100周年大会上的讲话、第三个历史决议均对中国共产党不懈奋斗史作出整体性概括,阐明了中国共产党不懈奋斗的历史主体、历史时期、精神状态、主要任务、奋斗历程、伟大成就、历史启示。中国共产党的不懈奋斗拥有丰厚的历史内容,为中国共产党历史的其他横向展开提供了斗争实践支撑,党在不懈奋斗中获得革命性锻造,党的各方面建设取得长足进步,作为中国革命、建设、改革事业领导核心的中国共产党在伟大社会革命中推进伟大自我革命,自身建设史铺展开来,党由此变得更加坚强有力。

其二,不懈奋斗是中国共产党的精神品格。无论是党的组织还是党的成员,按照党章要求和党中央部署,都会从党史学习和实践锻炼中汲取不懈奋斗的历史经验,锤炼不懈奋斗的精神品格,这种精神传承对党的建设是至

---

① 中共中央党史研究室:《中国共产党的九十年(改革开放和社会主义现代化建设新时期)》,中共党史出版社、党建读物出版社,2016年,第1006~1007页。

② "四个来之不易"即红色政权来之不易、新中国来之不易、中国特色社会主义来之不易、今天的幸福生活来之不易。"三个为什么"即中国共产党为什么能、马克思主义为什么行、中国特色社会主义为什么好。参见《习近平在参观"'不忘初心、牢记使命'中国共产党历史展览"时强调铭记奋斗历程担当历史使命 从党的奋斗历史中汲取前进力量》,《新华每日电讯》,2021年6月19日。

关重要乃至决定性的。第一,弘扬伟大建党精神。学术界对其内涵的解释汗牛充栋,在此需要注意的是"不怕牺牲、英勇斗争"具有直接昭示不懈奋斗的内涵,而其余内容也都与不懈奋斗相辅相成,弘扬伟大建党精神要求全党始终具备不懈奋斗的品格。第二,汲取历史经验。第三个历史决议从十个方面总结了党百年奋斗的历史经验,特别是坚持敢于斗争,与塑造全党不懈奋斗精神品格直接相关。这一历史经验贯穿党的全部历史,强调"敢于斗争、敢于胜利,是党和人民不可战胜的强大精神力量",这一强大精神力量是发扬历史主动精神、实现中华民族伟大复兴的精神支撑。这一历史经验还强调"党和人民取得的一切成就,不是天上掉下来的,不是别人恩赐的,而是通过不断斗争取得的",中国式现代化、人类文明新形态的伟大成就依靠斗争取得,未来战胜各种风险和挑战、取得新的伟大成就同样需要全党不懈奋斗、坚持敢于斗争。第三,坚持马克思主义。中国共产党人以马克思主义为指导,即要按照辩证唯物主义和历史唯物主义办事,承认矛盾的客观性,社会是在矛盾运动中前进的,有矛盾就有斗争。这里需要明确,党所进行的斗争是正义的:"我们讲的斗争,不是为了斗争而斗争,也不是为了一己私利而斗争,而是为了实现人民对美好生活的向往、实现中华民族伟大复兴知重负重、苦干实干、攻坚克难。"①习近平总书记在中共中央党校(国家行政学院)中青年干部培训班开班式上的讲话多次强调要认识到斗争的长期性、复杂性、艰巨性,发扬斗争精神,提高斗争本领,不断夺取伟大斗争新胜利。全党锻造形成不懈奋斗、敢于斗争的品格,既是坚持马克思主义的必然要求,也是做到"两个维护"、落实党中央号召的政治要求。

其三,中国共产党不懈奋斗开辟人类文明新形态的未来向度。中国式现代化道路是人类文明新形态的实践路径,中国式现代化道路是在党领导人民的不懈奋斗中不断推进和拓展的,未来仍需依靠不懈奋斗开辟中国式

---

① 《习近平谈治国理政》(第三卷),外文出版社,2020年,第542页。

现代化和人类文明新形态发展的新境界。第一,牢记"三个务必"。党的二十大报告明确提出"全党同志务必不忘初心、牢记使命,务必谦虚谨慎、艰苦奋斗,务必敢于斗争、善于斗争,坚定历史自信,增强历史主动,谱写新时代中国特色社会主义更加绚丽的华章"①,为全党不懈奋斗提供了作风与品格向导。"三个务必"从"两个务必"发展而来,内容更加丰富,实践指向更加明确,特别是对斗争精神和斗争本领的强调,是我们推进中国式现代化、创造中华文明新辉煌的必然要求,切实抓好后继有人这个根本大计,锻造并提升全体党员干部尤其是中青年干部的斗争意识和能力,意义重大。第二,贯彻"六个必须坚持"。党的二十大报告总结提出了"必须坚持人民至上""必须坚持自信自立""必须坚持守正创新""必须坚持问题导向""必须坚持系统观念"和"必须坚持胸怀天下"②的"六个必须坚持"的马克思主义立场观点方法,它们是习近平新时代中国特色社会主义思想的世界观和方法论,不仅对于不断谱写马克思主义中国化时代化新篇章具有重要意义,而且对于不断谱写中国共产党不懈奋斗史新篇章也具有重要意义。"六个必须坚持"为不懈奋斗锚定方向,树立原则,提供方法。在对其一体化理解的基础上持续推进中国式现代化,将谱写人类文明新形态实践的新篇章。

(二)中国人民是创造人类文明新形态的历史主体

马克思主义是立党立国的根本指导思想,是党领导人民推进中国式现代化、创造人类文明新形态的思想基础和行动指南。马克思主义唯物史观是关于人类社会发展一般规律的科学,它深刻揭示了生产力和生产关系、经济基础和上层建筑相互作用和制约构成的社会基本矛盾运动规律,提出了

---

① 习近平:《高举中国特色社会主义伟大旗帜 为全面建设社会主义现代化国家而团结奋斗——在中国共产党第二十次全国代表大会上的报告》,人民出版社,2022年,第1~2页。

② 习近平:《高举中国特色社会主义伟大旗帜 为全面建设社会主义现代化国家而团结奋斗——在中国共产党第二十次全国代表大会上的报告》,人民出版社,2022年,第19~21页。

物质生产是社会生活的基础、人民群众是历史的创造者等观点,为人们深入把握中国人民是创造人类文明新形态的历史主体提供了理论基础。唯物史观关于人民群众是历史和实践主体的揭示,完成了对唯心主义"英雄史观"的批判性超越。①中国历史上的民本思想虽有进步意义,但受限于历史条件,不能与马克思主义的科学历史观"群众史观"相提并论,同时也需承认,中华传统文化"以民为本"中的思想精华为中国共产党发展这方面的思想提供了文化基础。走过一百多年奋斗历程的中国共产党以高度的历史清醒和自觉写道:"来自人民、依靠人民、为了人民,是100年来中国共产党的发展逻辑和胜利密码。"②

1.为了人民,创造人类文明新形态才有意义

习近平总书记在纪念马克思诞辰200周年大会上的讲话指出:"我们要始终把人民立场作为根本立场,把为人民谋幸福作为根本使命,坚持全心全意为人民服务的根本宗旨,贯彻群众路线,尊重人民主体地位和首创精神,始终保持同人民群众的血肉联系,凝聚起众志成城的磅礴力量,团结带领人民共同创造历史伟业。这是尊重历史规律的必然选择,是共产党人不忘初心、牢记使命的自觉担当。"③中国共产党百余年来在四个历史时期的不懈奋斗与人类文明新形态从奠基、发端、展开到基本成型的历史生成全部过程,始终贯穿着一条主线,即为了人民,这是中国共产党遵循规律、践行初心、担当使命而把人民放在心中最高位置与人民认同自己的代表者、主心骨、定盘星而成为中国共产党执政兴国最大底气的良性互动。毛泽东说"为什么人的问题,是一个根本的问题,原则的问题"④,其道理就在这里。

第一,为了人民是马克思主义人民性的根本要求。标志着马克思主义

① 郝立新、臧峰宇:《历史唯物主义党员干部读本》,人民出版社,2014年,第61~63页。
② 中共中央宣传部:《中国共产党的历史使命与行动价值》,人民出版社,2021年,第7页。
③ 习近平:《在纪念马克思诞辰200周年大会上的讲话》,人民出版社,2018年,第17页。
④ 《毛泽东选集》(第三卷),人民出版社,1991年,第857页。

的科学社会主义诞生的光辉著作《共产党宣言》中写道："过去的一切运动都是少数人的，或者为少数人谋利益的运动。无产阶级的运动是绝大多数人的，为绝大多数人谋利益的独立的运动"①，这是马克思主义人民性的庄严宣示，是无产阶级政党——共产党的根本立场。从以毛泽东同志为主要代表的中国共产党人，到以习近平同志为主要代表的中国共产党人，对此虽有不同的表达方式，如毛泽东"为人民服务"、习近平总书记"人民至上"和"以人民为中心"，但都强调言行一致、知行合一、具体而微地落实为了人民的根本要求。

第二，始终为人民的根本利益而奋斗。人类文明新形态是中华文明成果随历史发展而层叠累加的结果，每一历史时期的奋斗都不可或缺。新民主主义革命时期，打土豪、分田地，坚持全面抗战、打跑日本侵略者，推翻三座大山、建立新中国，是为了人民的根本利益；社会主义革命和建设时期，抗美援朝、保卫祖国，提出总路线、基本完成社会主义改造，实施五年计划、自力更生重整山河，是为了人民的根本利益；改革开放和社会主义现代化建设新时期，坚定不移实行改革开放，矢志不渝坚持社会主义道路，聚精会神搞建设、一心一意谋发展，也是为了人民的根本利益；中国特色社会主义新时代，战贫困、建小康，控疫情、稳经济，应变局、化危机，同样是为了人民的根本利益。在中国式现代化的战略谋划中，"把最广大人民根本利益作为作决策、定政策的最高标准"②。始终为人民的根本利益而奋斗，同时"结合重大活动和节日，全面反映辉煌成就，讲清楚成就背后的理论逻辑、制度原因，增强广大干部群众信心和底气"③，实现党和人民的高频、深度互动，这本身也属于为了人民、让人民明白自身根本利益的工作范畴。

---

① 《马克思恩格斯选集》（第一卷），人民出版社，2012年，第411页。
② 中共中央宣传部：《中国共产党的历史使命与行动价值》，人民出版社，2021年，第9页。
③ 中共中央党史和文献研究院编：《习近平关于社会主义精神文明建设论述摘编》，中央文献出版社，2022年，第51页。

第三，为维护和保障人民利益不怕牺牲、英勇斗争。"不怕牺牲、英勇斗争"是伟大建党精神的有机组成部分，1944年毛泽东在追悼张思德的会上说道："中国人民正在受难，我们有责任解救他们，我们要努力奋斗。要奋斗就会有牺牲，死人的事是经常发生的。但是我们想到人民的利益，想到大多数人民的痛苦，我们为人民而死，就是死得其所。不过，我们应当尽量减少那些不必要的牺牲"[①]，革命战争年代，从1921年至1949年的28年间，"党领导的革命队伍中，有名可查的烈士就达370多万人"[②]，和平建设时期，在战贫困、建小康的脱贫攻坚战中，八年时间有1800多名党员、干部将生命定格在了脱贫攻坚征程上，他们都诠释了共产党人为了人民的初心。为了人民，为了人民的根本利益，为了人民各方面的具体利益，中国共产党人知情意行统一，取得的五大领域文明硕果足以告慰革命先烈和当代英模，创造了属于中国人民、也属于全人类的"意义世界"。

2.依靠人民，创造人类文明新形态才有动力

在中国共产党的话语体系中，人民、群众、人民群众是近义词，根据具体语境交替使用是常态。在唯物史观视野下，群众是划分为阶级的，阶级通常是由政党领导的，政党是由领袖主持的，无产阶级政党要把领袖、政党、阶级、群众"结成一个不可分离的整体"[③]，体现在党的性质和宗旨上即"两个先锋队"[④]，"党除了工人阶级和最广大人民群众的利益，没有自己特殊的利益。党在任何时候都把群众利益放在第一位，同群众同甘共苦，保持最密切的联系"，全心全意为人民服务。这一无产阶级政党原则及中国共产党的性质宗旨决定了中国共产党"既来自人民又有先进性，既保持先进又不失人民本色"[⑤]。中国共产党始终做到群众性与先进性的统一，明确自身来源始终不

---

① 《毛泽东选集》（第三卷），人民出版社，1991年，第1005页。

② 中共中央宣传部：《中国共产党的历史使命与行动价值》，人民出版社，2021年，第10页。

③ 《列宁选集》（第四卷），人民出版社，2012年，第160页。

④ "两个先锋队"即中国共产党是中国工人阶级的先锋队，同时是中国人民和中华民族的先锋队。参见《中国共产党章程》，人民出版社，2022年，第1、11页。

⑤ 中共中央宣传部：《中国共产党的历史使命与行动价值》，人民出版社，2021年，第8页。

脱离群众同时牢记性质宗旨不丧失先进性是必要条件。

第一，中国共产党的来源和性质宗旨决定其必须依靠群众。习近平总书记指出："中国共产党根基在人民、血脉在人民、力量在人民"①，不依靠人民，党就难以在人民群众中扎根，洞悉他们的所想所需，进而丧失人民对自己的支持而失去力量，而为了人民也需要依靠人民、深入群众，了解他们的急难愁盼问题并真正给予解决。

第二，党依靠人民才不断取得胜利是历史的昭示。百余年党史的四个历史时期所取得的伟大胜利，都是党依靠人民获得的，"我们党的百年历史，就是一部践行党的初心使命的历史，就是一部党与人民心连心、同呼吸、共命运的历史"，习近平总书记分析党在各个时期的取胜秘诀，提出"渡江战役胜利是靠老百姓用小船划出来的"，"改革开放的历史伟剧是亿万人民群众主演的"②等历史论断，得出"赢得人民信任，得到人民支持，党就能够克服任何困难，就能够无往而不胜。反之，我们将一事无成，甚至走向衰败"③的历史结论。

第三，依靠群众内蕴相信群众。唯物史观确认人民群众的历史主体地位，正如国际歌歌词所说："从来就没有什么救世主，也不靠神仙皇帝。要创造人类的幸福，全靠我们自己"，无产阶级的解放要靠自己。无产阶级政党依靠人民群众创造历史伟业，不是代替他们行动，"命令主义""尾巴主义"都不是真正的依靠群众，要相信群众，尊重他们的主体地位，甚至正确的方针不被群众理解时要敢于"跟着群众跳火坑"，"群众觉悟了，从火坑里爬出来，最终还是要跟你走"④。人类文明新形态包含着人的全面发展的重要向度，创造人类文明新形态是党和人民共同的事业，也是一项现在完成进行时的

---

① 习近平：《在庆祝中国共产党成立100周年大会上的讲话》，人民出版社，2021年，第11页。
② 习近平：《在党史学习教育动员大会上的讲话》，人民出版社，2021年，第15页。
③ 习近平：《在党史学习教育动员大会上的讲话》，人民出版社，2021年，第15页。
④ 习近平：《干在实处 走在前列——推进浙江新发展的思考与实践》，中共中央党校出版社，2006年，第531~532页。

事业,过去依靠群众、相信群众,汲取人民智慧,取得了重大成就,未来不断满足人民日益增长的美好生活需要,在物质文明、政治文明、精神文明、社会文明、生态文明协调发展上继续攀登,仍然需要依靠群众、相信群众,做到"尊重社会发展规律和尊重人民主体地位的一致性、为崇高理想奋斗和为最广大人民谋利益的一致性、完成党的各项工作和实现人民利益的一致性,永不脱离群众,与群众有福同享、有难同当,有盐同咸、无盐同淡"①。毛泽东强调"人民,只有人民,才是创造世界历史的动力"②,激发创造人类文明新形态的持久动力要求马克思主义政党做到发展为了人民、发展依靠人民、发展成果由人民共享。

3.人民共享,创造属于人民的人类文明新形态

党的十八大以来,关于以人民为中心的发展思想,关于新发展理念的共享发展理念,在党的政治文件、国家发展规划、具体政策措施中被提到了前所未有的重要地位加以贯彻落实,在学术界的研究成果中也得到了较为充分的阐释。如何从人类文明新形态的角度进行考察,是一个值得继续深入探讨的问题。

第一,人民共享的提升性。从为了人民、依靠人民和人民共享的关系来看,三者构成一个整体,在中国共产党话语体系中表现为:"发展为了人民、发展依靠人民、发展成果由人民共享"③,这一表述体现了中国共产党在发展理念上的一脉相承,人民共享是为了人民、依靠人民的必然要求和重要体现。同时,中国特色社会主义新时代更加突出:①"人民群众获得感、幸福感、安全感更加充实、更有保障、更可持续,共同富裕取得新成效"④,对人民

---

①　习近平:《在党史学习教育动员大会上的讲话》,人民出版社,2021年,第16页。

②　《毛泽东选集》(第三卷),人民出版社,1991年,第1031页。

③　习近平:《高举中国特色社会主义伟大旗帜 为全面建设社会主义现代化国家而团结奋斗——在中国共产党第二十次全国代表大会上的报告》,人民出版社,2022年,第27页。

④　习近平:《高举中国特色社会主义伟大旗帜 为全面建设社会主义现代化国家而团结奋斗——在中国共产党第二十次全国代表大会上的报告》,人民出版社,2022年,第11页。

获得感、幸福感、安全感的强调,对共同富裕的强调,体现了党对人民主体自身需要和对社会主义本质要求的深入把握和高度尊重,是以人民为中心的发展思想从党的工作对象性与人民需要主体性相统一层面的贯彻落实,不再仅仅停留于公共产品有什么提供什么,而是人民需要什么就去努力创造什么,以满足其日益增长的美好生活需要;②"让现代化建设成果更多更公平惠及全体人民"①,中国式现代化有其历史阶段性,改革开放以来,从提出"以经济建设为中心""满足人民日益增长的物质文化需要",到如今对经济建设中心论及其发展目的人民中心论的双重强调,"满足人民日益增长的美好生活需要",强调整个现代化建设成果都要更多更公平惠及全体人民,共享内容从重视物质文明成果到更加综合的经济发展成果再到全方位现代化建设成果,人民共享内容不断升级迭代并日趋全面。

第二,人民共享的现实性。"以人民为中心的发展思想,不是一个抽象的、玄奥的概念,不能只停留在口头上、止步于思想环节,而要体现在经济社会发展各个环节。"②新时代的伟大变革中,"完成脱贫攻坚、全面建成小康社会的历史任务,实现第一个百年奋斗目标",是"对党和人民事业具有重大现实意义和深远历史意义的三件大事"③之一。改革开放之初,在对国家发展阶段性目标的构想中,邓小平提出:"翻两番,国民生产总值人均达到八百美元,就是到本世纪末在中国建立一个小康社会。这个小康社会,叫做中国式的现代化。翻两番、小康社会、中国式的现代化,这些都是我们的新概念"④,"小康"是诠释中国式现代化的标志性话语,其中华优秀传统文化底蕴深厚,"小康"同时也是中华优秀传统文化"两创"的代表性成果。"小康"也是人民

---

①　习近平:《高举中国特色社会主义伟大旗帜 为全面建设社会主义现代化国家而团结奋斗——在中国共产党第二十次全国代表大会上的报告》,人民出版社,2022年,第27页。

②　习近平:《在省部级主要领导干部学习贯彻党的十八届五中全会精神专题研讨班上的讲话》,人民出版社,2016年,第24页。

③　习近平:《高举中国特色社会主义伟大旗帜 为全面建设社会主义现代化国家而团结奋斗——在中国共产党第二十次全国代表大会上的报告》,人民出版社,2022年,第4页。

④　《邓小平文选》(第三卷),人民出版社,1993年,第54页。

生活水平的表征,人民生活极大改善,小康建设取得明显成效(见表1-1)。改革开放以来,从"小康之家"到"小康社会",从"总体小康"到"全面小康",从"全面建设小康社会"到"全面建成小康社会",小康这一既表达人民生活水平也标示国家发展目标的梦想在党领导人民的不懈奋斗中变成现实。其中,新时代脱贫攻坚伟大事业是"人类历史上规模最大、力度最强的脱贫攻坚战","历史性地解决了绝对贫困问题,创造了人类减贫史上的奇迹"[1],为全面建成小康社会作出关键性贡献,为人民共享的直接现实性写下了最好注脚。在中华大地上全面建成小康社会,是实现中华民族伟大复兴的关键一步,是中国式现代化重大阶段性成果,是创造了人类文明新形态至为坚实的实践成果支撑,为人类文明新形态的生成发展提供了至为坚实的制度文明根基。

表1-1　人民生活水平大幅度提升

指标/年度	新中国成立初期	1980年	2020年
贫困发生率	人民生活处于赤贫	96.2%	现行标准下农村贫困人口全部脱贫
人均可支配收入	98元(1956年)	171元(1978年)	32189元
预期寿命	35岁	67.8岁	77.3岁(2019年)
婴儿死亡率	200‰	48‰	5.4‰
学龄儿童入学率	20%	95.5%(1978年)	99.96%
15岁及以上人口平均受教育年限	80%以上人口是文盲	5.3年	9.91年
高等教育毛入学率	0.22%	2.22%	54.40%

资料来源:中共中央宣传部:《中国共产党的历史使命与行动价值》,人民出版社,2021年,第20页。

第三,人民共享的制度性。第三个历史决议在界定中国特色社会主义

---

[1]　《中共中央关于党的百年奋斗重大成就和历史经验的决议》,人民出版社,2021年,第47~48页。

新时代对实现中华民族伟大复兴的意义时,提出了"三个更为",即"更为完善的制度保证、更为坚实的物质基础、更为主动的精神力量"①。关于制度建设的优势,邓小平曾深刻指出:"领导制度、组织制度问题更带有根本性、全局性、稳定性和长期性"②,将之推论到整个制度建设也是成立的。人类文明新形态的制度属性是社会主义制度,这一制度纳入党章、载入宪法,是确保人民共享的根本性制度安排。党的十九届四中全会通过的决定指出:"坚持公有制为主体、多种所有制经济共同发展和按劳分配为主体、多种分配方式并存,把社会主义制度和市场经济有机结合起来,不断解放和发展社会生产力的显著优势","坚持以人民为中心的发展思想,不断保障和改善民生、增进人民福祉,走共同富裕道路的显著优势"③……是中国国家制度和国际治理体系的13个方面显著优势的重要内容。同时,通过两个基本方面的制度创新保障人民共享:①通过试点实现顶层设计和基层探索的有机结合,将共同富裕的地方经验上升为全国性、政策性制度安排,如正在实施的《中共中央国务院关于支持浙江高质量发展建设共同富裕示范区的意见》,增强历史主动,预期效果是"通过实践进一步丰富共同富裕的思想内涵","探索破解新时代社会主要矛盾的有效途径","为全国推动共同富裕提供省域范例",以及"打造新时代全面展示中国特色社会主义制度优越性的重要窗口";④②通过党内法规的制定完善和法律法规的制定完善,把行之有效、对全国具有普遍规范意义的共同富裕举措制度化,使人民共享在全面依法治国的法治文明框架下有序推进,"要深刻认识到,实现全体人民共同富裕是一个长期的历史过程,不可能一蹴而就,必须保持历史耐心、进行不懈努力"⑤,在全民

---

①　《中共中央关于党的百年奋斗重大成就和历史经验的决议》,人民出版社,2021年,第61页。

②　《邓小平文选》(第二卷),人民出版社,1994年,第333页。

③　中共中央党史和文献研究院:《十九大以来重要文献选编》(中),中央文献出版社,2021年,第270~271页。

④　《中共中央国务院关于支持浙江高质量发展建设共同富裕示范区的意见》,人民出版社,2021年,第3页。

⑤　习近平:《为实现党的二十大确定的目标任务而团结奋斗》,《求是》,2023年第1期。

共享、全面共享、共建共享、渐进共享①上制定更加完善的党内法规和法律法规,形成支撑人类文明新形态的制度性枝干。

4.人民评判,创造人民认同的人类文明新形态

一段时间以来,西方国家依托其先发型现代化优势建构起"自由、民主、人权"的"教师爷"话语,对社会主义国家政治制度进行或明或暗的污蔑和攻击,而苏联东欧国家在国家制度、民主治理上的欠缺,也成为西方国家进行污蔑和攻击的"论据"。如何创造人民认同的人类文明新形态、形成社会主义政治文明新型模式,是世界社会主义中的一大难题。中国共产党成立以来,始终高举人民民主旗帜,新中国成立以来,人民民主制度化建构进入新境界,人民当家作主获得人民代表大会制度的根本保障。

第一,树立人民评判标准。第三个历史决议将人民民主理念以简洁政治话语表述为:"时代是出卷人,我们是答卷人,人民是阅卷人"②,把中国共产党坚持唯物史观形成的人民至上理念和吸纳历史经验形成的群众路线具体化为:"真正让人民来评判我们的工作",其背后的道理是"任何政党的前途和命运最终都取决于人心向背"——"我们党的党员人数,放在人民中间还是少数。我们党的宏伟奋斗目标,离开了人民支持就绝对无法实现。我们党的执政水平和执政成效都不是由自己说了算,必须而且只能由人民来评判。人民是我们党的工作的最高裁决者和最终评判者。如果自诩高明、脱离了人民,或者凌驾于人民之上,就必将被人民所抛弃。任何政党都是如此,这是历史发展的铁律,古今中外概莫能外。"③人民数量、人民支持、最高裁决者、最终评判者,说到底是人民标准,说明中国共产党在坚持和发扬人民民主问题上的高度清醒,在看待和实践民主本质问题上的深刻把握。

---

① 习近平:《在省部级主要领导干部学习贯彻党的十八届五中全会精神专题研讨班上的讲话》,人民出版社,2016年,第27页。

② 《中共中央关于党的百年奋斗重大成就和历史经验的决议》,人民出版社,2021年,第71页。

③ 《在纪念毛泽东同志诞辰120周年座谈会上的讲话》,人民出版社,2013年,第20页。

第二，高度关注人民评判。中国共产党执政从政策动议到政策落实，是一个上下联动、左右配合、前后衔接的政治过程，政策设计致力于造福人民并不能完全确保政策结果造福人民的高达成度，其中形式主义、官僚主义作风问题等，都是干扰性因素。把人民评判标准落实到位，一方面强化理念，明确"一切脱离人民的理论都是苍白无力的，一切不为人民造福的理论都是没有生命力的"，"站稳人民立场、把握人民愿望、尊重人民创造、集中人民智慧，形成为人民所喜爱、所认同、所拥有的理论，使之成为指导人民认识世界和改造世界的强大思想武器"①，另一方面两手都要硬，一手坚决破除形式主义、官僚主义，避免政策自我循环、体内循环，一手优化制度设计，在政策过程中将人民评判设定为不可或缺的环节，避免政策自我评价而脱离人民群众，把党的群众路线转化为国家治理体系和治理能力现代化的强大支撑。

第三，形成全过程人民民主的政治文明成果。《中国的民主》白皮书对全过程人民民主作了框架性整合并提出：全过程人民民主具有科学有效的制度安排和具体现实的民主实践，这使得其"从价值理念成为扎根中国大地的制度形态、治理机制和人民的生活方式"，是广泛真实管用的民主，从"为人类民主事业发展探索新的路径""走符合国情的民主发展道路""推动国际关系民主化"和"加强文明交流互鉴"维度出发，丰富了人类政治文明形态。②相较于现代西方民主的单过程选举民主，全过程人民民主具有显著优势（表1-2），"社会主义民主是比资本主义民主更高的政治文明形态"，"全面发展全过程人民民主是中国民主政治建设、政治文明建设的战略需求，必将极大地丰富人民民主模式"③。值得注意的是，全过程人民民主在新时代中国政策实践中得到了有效验证。如在新时代脱贫攻坚中，精准扶贫制度设计着

---

① 习近平：《高举中国特色社会主义伟大旗帜　为全面建设社会主义现代化国家而团结奋斗——在中国共产党第二十次全国代表大会上的报告》，人民出版社，2022年，第19页。
② 中华人民共和国国务院新闻办公室：《中国的民主》，人民出版社，2021年。
③ 佟德志：《全过程人民民主与人类政治文明新形态》，《当代世界与社会主义》，2022年第2期。

力解决的"扶持谁、谁来扶、怎么扶、如何退、如何稳"问题,形成了一个完整、科学、严密的政策过程体系,在各个环节、整个过程均有党的领导定方向明政策、基层群众参与促公开透明、各种监督力量和样式介入推动政策落实、群众帮扶满意度测评确保过程和结果真实,实现党的领导、人民当家作主、依法治国有机统一,是全过程人民民主的成功实践和伟大胜利。

表1-2   全过程人民民主与单过程选举民主

维度	全过程人民民主	单过程选举民主
主体	人民	选民
范围	全覆盖	政治领域
机构	全方位	立法机构
程序	全链条	民主选举
结果	实质民主	程序民主
关系	合作原则	制衡原则
方式	一致标准	竞争标准

资料来源:佟德志:《全过程人民民主与人类政治文明新形态》,《当代世界与社会主义》,2022年第2期。

(三)党和人民团结奋斗创造伟业:历史自觉的主体推动历史主体的自觉

党的二十大基于百年奋斗全部历史成就和经验,提出了新时代新征程中国共产党的使命任务。推进中国式现代化,是一项前无古人的开创性事业,中国式现代化的本质要求体现了中华文明内生外化逻辑,其"坚持中国共产党领导,坚持中国特色社会主义"的总体要求,"实现高质量发展,发展全过程人民民主,丰富人民精神世界,实现全体人民共同富裕,促进人与自然和谐共生"的五大领域文明发展路向,以及"推动构建人类命运共同体,创造人类文明新形态"的人类文明发展指向,构成党和人民团结奋斗的伟大事业。其中,创造人类文明新形态占据统摄地位,是推进中国式现代化伟大实践的客观结果,是中华文明内生发展与外化延展的有机统一,需要党和人民团结奋斗才能取得成功。

1.源于历史自觉

推进中国式现代化、创造人类文明新形态,是中国共产党领导人民尊重客观规律同时发扬主动精神不断探索实践的历史进程和历史结果。增强历史主动,方可创造伟业;实现历史主动,源于历史自觉。文明自觉归根结底是一种历史自觉。

第一,历史自觉是对历史规律的自觉掌握。毛泽东深刻指出:"自从中国人学会了马克思列宁主义以后,中国人在精神上就由被动转入主动。从这时起,近代世界历史上那种看不起中国人,看不起中国文化的时代应当完结了。伟大的胜利的中国人民解放战争和人民大革命,已经复兴了并正在复兴着伟大的中国人民的文化。这种中国人民的文化,就其精神方面来说,已经超过了整个资本主义的世界。"①马克思主义唯物史观深刻揭示了人类社会发展规律,以马克思主义为精神武器的中国共产党和中国人民,以大历史观的视野认识和把握自己所处的时代、所面临的矛盾、所应完成的任务、所应采取的手段,锚定党所指引的方向,不为任何风险所惧,不为任何干扰所惑,坚定信心,勇毅前行,在合规律性和合目的性高度统一的实践中完成和推进历史任务。创造人类文明新形态进入党的理论范畴并逐步获得全面的科学的揭示,意味着中国共产党对人类社会发展规律的自觉把握进入新境界。

第二,对历史使命的自觉担当。在对中国共产党属性的定位中,马克思主义执政党在党的文件中已经有充分的阐释。同时,学术界基于世界政党

---

① 《毛泽东选集》(第四卷),人民出版社,1991年,第1516页。

比较研究和中共党史研究,提出了"使命型政党"①的概念进行新的界定,这体现了中国共产党的丰富面向。纵观百余年党史,对自身历史使命的科学揭示和自觉担当是中国共产党的重要特征。如新民主主义革命时期关于最高纲领和最低纲领的科学论述和使命担当、关于新民主主义革命和社会主义革命的科学论述和使命担当;社会主义革命和建设时期关于社会主义改造和社会主义工业化道路的科学论述和使命担当、关于"四个现代化"的科学论述和使命担当;改革开放和社会主义现代化建设新时期关于近代以来两大历史任务的科学论述和使命担当;中国特色社会主义新时代关于实现中华民族伟大复兴和"为中国人民谋幸福、为中华民族谋复兴,为人类谋进步、为世界谋大同"的科学论述和使命担当。把创造人类文明新形态作为中国式现代化的本质要求,意味着创造人类文明新形态是中国共产党历史使命的重要内容和自觉追求。

第三,对历史经验的自觉总结。作为文明古国,中国拥有极为丰富的史学思想,中国共产党根植中华大地,形成了学习和总结历史经验的高度自觉。毛泽东留下了"靠总结经验吃饭"②,"如果要看前途,一定要看历史"③等思想。党的百余年历史上,先后形成三个历史决议。第一个历史决议《关于若干历史问题的决议》和第二个历史决议《关于建国以来党的若干历史问题的决议》,在重要历史关头总结经验,形成了全党共识,起到了分清历史是非、统一全党思想、推进党的事业的重大历史作用。第三个历史决议《中共中央关于党的百年奋斗重大成就和历史经验的决议》按照"总结历史、把握规律、坚定信心、走向未来"的要求,着力总结党的百年奋斗重大成就和历史经验,具有"增长智慧、增进团结、增加信心、增强斗志"的重大历史作用,尤

---

① 李海青:《中国共产党:马克思主义的使命型政党》,《江西社会科学》,2018年第2期,以及李海青:《百年大党:马克思主义使命型政党》,人民出版社,2022年。

② 程思远:《难忘的一天》,《广州日报》,1987年9月15日。

③ 《毛泽东文集》(第八卷),人民出版社,1999年,第383页。

其是突出中国特色社会主义新时代这个重点，重点总结新时代伟大变革的新鲜经验，对于全党进一步坚定信心，聚焦我们正在做的事情，以更加昂扬的姿态迈进新征程、建功新时代①起到了重大历史作用。党的百年奋斗重大成就和历史经验对于推进中国式现代化、创造人类文明新形态具有重要支撑和指导意义。

中国共产党的历史自觉是深厚悠长的中华史学传统与与时偕行的马克思主义理论交流交融的结果，有利于中国共产党以其历史自觉的主体力量推动中国人民这一历史主体形成新的伟大觉醒，进而更加坚定历史自信，在党的引领下创造中国式现代化新成就，丰富和发展人类文明新形态。

2.坚定历史自信

历史自信是对自身历史起源、进程和发展前途的坚定信念，历史自信建筑于历史自觉而非盲目的基础上，"把苦难辉煌的过去、日新月异的现在、光明宏大的未来贯通起来"，始终坚定中国特色社会主义道路自信、理论自信、制度自信、文化自信，"风雨无阻，坚毅前行，开创属于我们这一代人的历史伟业"。②坚定历史自信，是党员干部和人民群众共同的事，其中党员干部起表率作用。

第一，坚定道路自信。第三个历史决议关于"坚持中国道路"的历史经验指明："方向决定道路，道路决定命运。党在百年奋斗中始终坚持从我国国情出发，探索并形成符合中国实际的正确道路"③，包括新民主主义革命道路、社会主义革命和建设道路、中国特色社会主义道路。中国道路是一条探索中国式现代化的成功道路，是历史规律和主体选择相统一的结果，是历史的选择、人民的选择。党的二十大报告从中国特色社会主义建设规律的高

①　《中共中央关于党的百年奋斗重大成就和历史经验的决议》，人民出版社，2021年，第80~81页。

②　习近平：《在党史学习教育动员大会上的讲话》，人民出版社，2021年，第7~8页。

③　《中共中央关于党的百年奋斗重大成就和历史经验的决议》，人民出版社，2021年，第68页。

度提出："中国特色社会主义是实现中华民族伟大复兴的必由之路。"①中国式现代化道路和中国特色社会主义道路均强调中国道路的中国特色,前者侧重于现代化叙事,后者偏重于社会主义制度叙事,在国际传播中前者表现出更大的包容性,二者统一于实现中华民族伟大复兴的历史进程,共同指向于人类文明新形态的创造。

第二,坚定理论自信。包括中国化马克思主义在内的马克思主义之所以能够赢得信任,是因为马克思主义自身的科学性、真理性及其在中国的成功实践经得起历史和人民的检验。改革开放以来,中国特色社会主义理论体系、习近平新时代中国特色社会主义思想实现了马克思主义中国化新的飞跃,探索和回答了什么是社会主义、怎样建设社会主义,建设什么样的党、怎样建设党,实现什么样的发展、怎样发展等基本问题,深刻回答了新时代坚持和发展什么样的中国特色社会主义、怎样坚持和发展中国特色社会主义,建设什么样的社会主义现代化强国、怎样建设社会主义现代化强国,建设什么样的长期执政的马克思主义政党、怎样建设长期执政的马克思主义政党等重大时代课题。中国共产党不仅成功开辟了马克思主义中国化时代化新境界,而且通过对"两个结合"机理的揭示为让马克思主义在中国牢牢扎根、坚定中国人民的理论自信开辟了新路径和新境界。

第三,坚定制度自信。随着改革开放的深入,总结世界社会主义和中国社会主义正反两方面的建设经验,中国共产党对制度建设的认识越来越深刻。建立健全社会主义制度体系,使社会主义制度的优越性充分发挥,形成更加成熟、更加定型的中国特色社会主义制度,在与资本主义制度的对比中建立制度自信,是中国式现代化的重要内容和制度文明追求。党的十八大对中国特色社会主义制度内涵作出界定,党的十八届三中全会首次提出"推进国家治理体系和治理能力现代化"重大命题,党的十九大对21世纪中叶全

---

① 习近平:《高举中国特色社会主义伟大旗帜 为全面建设社会主义现代化国家而团结奋斗——在中国共产党第二十次全国代表大会上的报告》,人民出版社,2022年,第70页。

面建成社会主义现代化强国作出战略安排,其中明确:到2035年,"各方面制度更加完善,国家治理体系和治理能力现代化基本实现";到21世纪中叶,"实现国家治理体系和治理能力现代化"。[①]新中国成立以来取得的历史性成就充分说明,中国特色社会主义制度是当代中国发展进步的根本保证,具有深厚的历史底蕴、鲜明的中国特色、明显的治理效能、强大的自我完善能力,"鞋子合不合脚,只有穿的人才知道",中国人民坚定制度自信,中国式现代化将展现出更高治理效能,为创造人类制度文明贡献更多中国智慧和中国方案。

第四,坚定文化自信。新时代,中国共产党对文化的地位和作用的认识达到新的水平。在庆祝中国共产党成立95周年大会上,习近平总书记指出:"文化自信,是更基础、更广泛、更深厚的自信",形成了"中华优秀传统文化+革命文化+社会主义先进文化"[②]的整体样式。党的十九大报告提出了中国特色社会主义文化的基本内涵:"源自于中华民族五千多年文明历史所孕育的中华优秀传统文化,熔铸于党领导人民在革命、建设、改革中创造的革命文化和社会主义先进文化,根植于中国特色社会主义伟大实践"[③],并提出了发展中国特色社会主义文化的方针。中国特色社会主义文化扎根中华大地、扎根中国人民,是激励全党全国各族人民奋勇前进的强大精神力量,是建设社会主义文化强国的基础支撑,为实现中华民族伟大复兴提供了更为主动的精神力量。创造人类文明新形态,需要中国人民坚定文化自信,弘扬伟大创造精神、伟大奋斗精神、伟大团结精神、伟大梦想精神,在不忘本来、吸收外来、面向未来中,不断标注出人类精神文明新的高度。

---

① 中共中央党史和文献研究院:《十九大以来重要文献选编》(上),中央文献出版社,2019年,第20页。

② 中共中央党史和文献研究院:《十八大以来重要文献选编》(下),中央文献出版社,2018年,第349页。

③ 中共中央党史和文献研究院:《十九大以来重要文献选编》(上),中央文献出版社,2019年,第29页。

3.立足团结奋斗

党的二十大报告提出的"五个必由之路"是"我们在长期实践中得出的至关紧要的规律性认识，必须倍加珍惜、始终坚持，咬定青山不放松，引领和保障中国特色社会主义巍巍巨轮乘风破浪、行稳致远"①。其中"团结奋斗是中国人民创造历史伟业的必由之路"，既是中国特色社会主义建设的规律性认识，也是推进中国式现代化、创造人类文明新形态的规律性认识。

其一，在新时代新阶段强调团结奋斗具有特殊而重要的意义。第一，团结奋斗是中国共产党的成功密码之一，需要长期坚持。党的二十大闭幕后，《人民日报》自2022年12月21日至30日连载了10篇文章，依次从"引领""无我""坚持""变革""自主""发展""统筹""奋斗""团结""贯彻"10个关键词解读"从党的二十大看中国共产党的成功密码"，"团结""奋斗"是其中的两个关键词。第二，坚持团结奋斗、反对分割对立事关新时代新征程能否经受得住考验，确保中华民族伟大复兴进程不被迟滞甚至阻断。当今世界正处于百年未有之大变局，其中有积极的因素，也有消极的因素，消极因素如逆全球化、对中国实行"卡脖子"技术封锁、刻意抹黑中国制造、分裂遏制中国等，都属于第三个历史决议深刻指出的"我国面临更为严峻的国家安全形势，外部压力前所未有，传统安全威胁和非传统安全威胁相互交织，'黑天鹅'、'灰犀牛'事件时有发生"②的范畴，面对外部环境考验，只有党和人民同心同德、团结奋斗，才能从根本上防范化解重大风险。正因为如此，中国共产党坚决反对"任何想把中国共产党同中国人民分割开来、对立起来的企图"③，中国共产党特别强调党和人民团结奋斗、中国人民团结奋斗。

---

①　"五个必由之路"即坚持党的全面领导是坚持和发展中国特色社会主义的必由之路，中国特色社会主义是实现中华民族伟大复兴的必由之路，团结奋斗是中国人民创造历史伟业的必由之路，贯彻新发展理念是新时代我国发展壮大的必由之路，全面从严治党是党永葆生机活力、走好新的赶考之路的必由之路。习近平：《高举中国特色社会主义伟大旗帜 为全面建设社会主义现代化国家而团结奋斗——在中国共产党第二十次全国代表大会上的报告》，人民出版社，2022年，第70页。

②　《中共中央关于党的百年奋斗重大成就和历史经验的决议》，人民出版社，2021年，第55页。

③　习近平：《在庆祝中国共产党成立100周年大会上的讲话》，人民出版社，2021年，第12页。

其二,中国共产党和中国人民团结奋斗具备牢固基础。第一,中国共产党具备高度的政治自觉,坚持马克思主义的立场、观点和方法,树牢唯物史观和正确党史观,发扬团结奋斗历史经验,必然要求全党树牢团结奋斗意识,并成为全国各族人民团结奋斗的"凝结核",以党的领导凝聚建设中国式现代化的磅礴力量。第二,中国共产党"三个从来不代表"和中国共产党的性质宗旨决定了党和人民团结奋斗基础扎实牢靠。习近平总书记在庆祝中国共产党成立100周年大会上的讲话提出的"中国共产党始终代表"中国"最广大人民根本利益","没有任何自己特殊的利益","从来不代表任何利益集团、任何权势团体、任何特权阶层的利益"①,已经写入第三个历史决议②并随时随地接受人民的检验,这是中国共产党的庄严宣示。第三,全体中国共产党党员响应党的号召、高扬精神旗帜,为团结奋斗注入强大精神力量。在2021年"七一"讲话中,习近平总书记对全体中国共产党党员发出号召③,广大共产党员同人民想在一起、过在一起、干在一起,群众感情更加深厚,人民首创精神得到充分尊重,都为实现共同奋斗目标、创造新的历史伟业准备了必要条件,任何想把党同人民分割开来、对立起来的企图不会得逞。

其三,中国共产党具有强大领导力执政力,团结奋斗、共创伟业正逢其时。中国共产党从长期奋斗中得出,围绕明确奋斗目标形成的团结才是最牢固的团结,依靠紧密团结进行的奋斗才是最有力的奋斗。党的十八大以来,经过全面从严治党淬炼,党中央坚强有力,不断作出战略擘画,突出抓好贯彻落实,已经成功实现了第一个百年奋斗目标,党又适时作出了新的战略部署,以中国式现代化全面推进中华民族伟大复兴,党领导人民始终行进在顺应历史潮流、符合人民意愿的人间大道上,为中国人民谋幸福、为中华民族谋复兴,为人类谋进步、为世界谋大同,党和人民团结奋斗的根基无比雄

①　习近平:《在庆祝中国共产党成立100周年大会上的讲话》,人民出版社,2021年,第11~12页。
②　《中共中央关于党的百年奋斗重大成就和历史经验的决议》,人民出版社,2021年,第66页。
③　习近平:《在庆祝中国共产党成立100周年大会上的讲话》,人民出版社,2021年,第22页。

厚。创造出新的人间奇迹,不断丰富和发展人类文明新形态,前景广阔,前途光明。

四、创造人类文明新形态的话语创新

2016年5月17日,习近平总书记在哲学社会科学工作座谈会上提出:"要围绕我国和世界发展面临的重大问题,着力提出能够体现中国立场、中国智慧、中国价值的理念、主张、方案",让世界知道"'发展中的中国'、'开放中的中国'、'为人类文明作贡献的中国'"。①"人类文明新形态"概念和"创造人类文明新形态"话语是中国共产党"为中国人民谋幸福、为中华民族谋复兴,为人类谋进步、为世界谋大同"历史进程中基于中国式现代化的成功实践提出的"总结中国、贡献世界"的中国概念、中国话语。

(一)强国时代的中国话语

回望百余年党史,中国人民和中华民族实现了站起来、富起来的伟大飞跃,迎来了强起来的伟大飞跃,从这一意义上说,中国特色社会主义新时代是强国时代。党的十八大以来的伟大变革,在党史、新中国史、改革开放史、社会主义发展史、中华民族发展史上具有里程碑意义,其中新时代"三件大事"从总体上标示了实现中华民族伟大复兴的时代刻度:实现第一个百年奋斗目标,踏上全面建设社会主义现代化国家新征程,向着21世纪中叶把我国建成富强民主文明和谐美丽的社会主义现代化强国而团结奋斗。中国共产党人不屑于隐瞒自己的主张,不仅进行战略擘画,而且进行宣传引导,从而凝聚起为奋斗目标共同努力的强大力量。中国特色社会主义、中国式现代

---

① 习近平:《在哲学社会科学工作座谈会上的讲话》,人民出版社,2016年,第17页。

化、中华民族伟大复兴,是中国共产党开拓创新的实践总结和理论创造,在解释中国与世界、改造中国与世界中发挥了理论引领作用、对外解释功能。在引领中国走向复兴、为人类作出更大贡献的新时代新征程中,对内我们需要建构一个更具包容性和整合性的概念解释未来发展目标,对外我们也需要建构一个更具普遍性和融通性的概念解释中国发展走向。人类文明新形态从人类文明的层面提供了一个阐释框架。对中国人民和中华民族而言,这一人类文明新形态顺应时代潮流、符合人民意愿,体现对中华民族传统文明的继承性和创新性,又不脱离世界历史进程和人类文明发展大道,有利于推动形成文明自信、文明自觉、文明主动,不断开创国家富强、人民幸福的新境界。对世界各国和整个人类而言,这一人类文明新形态,首先是立足中国、立足奋斗、服务于自身追求的劳动创造,它秉持的文明观是为了全人类的价值理念,尊重世界文明多样性,以文明交流超越文明隔阂、文明互鉴超越文明冲突、文明共存超越文明优越,在与世界的双向互动中"己欲立而立人、己欲达而达人",主张"和而不同",主张"各美其美、美人之美、美美与共、天下大同",以中华文明发展成果和经验贡献于世界,提供新的样式和路径但从不强加于人,有利于推动构建人类命运共同体,传播正确的人类文明相处之道。对人类文明新形态的阐释,将与实现第二个百年奋斗目标的强国进程如影随形,向中国人民传递目标与信心,向世界人民表达目的与愿景。

(二)既是"完成时"也是"进行时"

当历史行进到2021年,走过百年奋斗历程的中国共产党团结带领中国人民通过不懈奋斗,为救国、兴国、富国、强国接续奋斗,完成了一个又一个目标任务,向中国人民兑现了庄严承诺,在中华大地上全面建成小康社会,实现中华民族伟大复兴迈出了关键一步,成功走出了中国式现代化道路,推动五大领域文明协调发展,完成了一个历史性的定格:人类文明新形态——在建党百年之际展现出人类文明发展一种新的样式、达到一个前所未有的水平,从这一意义上,它是"完成时"。辩证唯物主义是中国共产党人的世界观和方法论,历史发展是连续性和阶段性的统一,中国历史发展不会永远定位于这一历史时刻而停滞不前,世界文明发展更不会只能终结于这一文明形态而排斥文明多样性,中国共产党经过革命性锻造变得更加坚强有力,中国人民拥有更为主动的精神力量,党和人民团结奋斗将把中国式现代化向纵深推进,向着社会主义现代化强国、向着社会主义初级阶段的更高阶段迈进,这都决定了人类文明新形态是开放的、与时俱进的文明样式。中国共产党的文明观内蕴着借鉴吸收世界各国先进人类文明成果的要求,中国在与世界的深度互动中必然会相互影响,这也决定了人类文明新形态并非是一个凝固的样式,而是一个不断丰富和发展的文明样式。当然,党领导人民成功走出的中国式现代化道路,创造的人类文明新形态,有其质的规定性,中国式现代化、人类文明新形态将在现代社会主义文明的方向上前进。

(三)"越是民族的越是世界的"①

习近平总书记指出:"解决好民族性问题,就有更强能力去解决世界性问题;把中国实践总结好,就有更强能力为解决世界性问题提供思路和办法",强调"这是由特殊性到普遍性的发展规律"。②中国特色社会主义现代化建设的实践深度、广度达到了前所未有的程度,中国作为经济文化落后国家走上社会主义道路在如何坚持、巩固和发展社会主义上走出了自己的道路,取得了重大理论和实践成果,是世界社会主义的中流砥柱,中国关于坚持和发展社会主义的探索实践具有世界意义,同时中国顺应现代化的历史发展大势,通过并联式现代化,用几十年时间走完了发达国家几百年走过的工业化历程,"破解了人类社会发展的诸多难题,摒弃了西方以资本为中心的现代化、两极分化的现代化、物质主义膨胀的现代化、对外扩张掠夺的现

---

① 习近平:《在哲学社会科学工作座谈会上的讲话》,人民出版社,2016年,第18页。
② 习近平:《在哲学社会科学工作座谈会上的讲话》,人民出版社,2016年,第18页。

代化老路"①,中国式现代化有其中国特色,但其中蕴含着由特殊性进于普遍性的现代化规律,这对于发展中国家采取非西方的新路径走向现代化具有重要参考价值。以社会主义定向现代化,以现代化建设社会主义,在这一过程中对中国问题的解答不可避免地具有了世界意义,因为中国问题同时也是发展中国家乃至世界各国面临的共同问题。

中国式现代化已经取得了辉煌成就,还将随着时代发展不断深化拓展,前途光明灿烂。以中国式现代化为实践基础的人类文明新形态是人类文明发展的新样式,它既是属于中国人民、为了中国人民的中华文明新样式,也是贡献世界、服务人类的文明发展新样式。

---

① 习近平:《以史为鉴、开创未来 埋头苦干、勇毅前行》,《求是》,2022年第1期。

第二章

创造人类文明新形态的理论意蕴
与马克思主义中国化时代化的理论飞跃

理论实现飞跃的关键在于其世界观和方法论的成熟。"一个民族要想登上科学的高峰,究竟是不能离开理论思维的。"[①]党的二十大报告明确指出:"继续推进实践基础上的理论创新,首先要把握好新时代中国特色社会主义思想的世界观和方法论,坚持好、运用好贯穿其中的立场观点方法。"[②]因此,深刻理解和把握中国共产党团结带领中华民族创造人类文明新形态的理论意蕴,需要一把开启创造人类文明新形态的世界观和方法论的"金钥匙",即习近平新时代中国特色社会主义思想的世界观和方法论。科学把握习近平新时代中国特色社会主义思想的丰富内涵及其当代价值,需要从马克思主义世界观和方法论的历史发展进程出发,尤其离不开中国共产党人对马克思主义的辩证继承、创新发展和灵活运用,只有这样才能科学定位习近平新时代中国特色社会主义思想的世界观和方法论的思想史坐标,进而全面把握创造人类文明新形态的理论意蕴及马克思主义中国化时代化理论飞跃的精神实质。

---

① 《马克思恩格斯选集》(第四卷),人民出版社,1995年,第285页。
② 习近平:《高举中国特色社会主义伟大旗帜 为全面建设社会主义现代化国家而团结奋斗——在中国共产党第二十次全国代表大会上的报告》,人民出版社,2022年,第18~19页。

一、创造人类文明新形态的世界观和方法论的理论渊源

人类文明新形态的创造并非主观臆造,而是有着科学的世界观和方法论渊源。它奠基于辩证唯物主义和历史唯物主义的立场、观点和方法,根植于中华优秀传统文化的深厚土壤,成长于中国共产党开辟中国特色社会主义道路的伟大实践。可以说,马克思主义世界观和方法论是创造人类文明新形态的世界观和方法论的理论源头,中华优秀传统文化是创造人类文明新形态的世界观和方法论的文化之根,中国共产党人的世界观和方法论是创造人类文明新形态的世界观和方法论的历史基因。从整体性的角度来看,全面认识创造人类文明新形态的世界观和方法论的理论渊源是深刻理解和把握人类文明新形态的重要方式,同时也是走好中国式现代化道路的必要前提。

(一)马克思主义世界观和方法论

深刻理解创造人类文明新形态的世界观和方法论的理论渊源,需要从根本上廓清其与马克思主义世界观和方法论之间的辩证关系,二者在核心观点和基本立场上是一脉相承的。马克思主义世界观和方法论"不是构造思想体系的杠杆,也不是剪裁事实的公式,它所指示的是科学地研究问题的方向和方法"[1]。马克思主义深刻揭示了自然界、人类社会、人类思维发展的一般规律,是人们认识世界和改造世界的强大思想武器,蕴含着科学的立场、观点和方法。马克思主义通过辩证继承和创新发展以往优秀的人类思

---

[1]　沙健孙:《毛泽东思想通论》,人民出版社,2013年,第48页。

想文化遗产,完成了哲学发展史上的重大变革。因此,要理解创造人类文明新形态的世界观和方法论的理论渊源,就需要全面把握马克思主义世界观和方法论的主要内容。

1.辩证唯物主义蕴含的世界观和方法论

在马克思主义世界观和方法论中,唯物辩证法是其核心内容,为人们认识世界和改造世界提供了根本方法。恩格斯指出:"马克思的整个世界观不是教义,而是方法。它提供的不是现成的教条,而是进一步研究的出发点和供这种研究使用的方法。"[①]唯物辩证法的一系列规律和范畴,揭示了世界普遍联系和永恒发展的普遍规律,既是科学的世界观,也是我们认识世界和改造世界的基本方法论。

辩证唯物主义蕴含了丰富的世界观和方法论内容,包括唯物论、辩证法和认识论等内容。其一,世界的物质统一性原理是辩证唯物主义最基本的观点,同时也是马克思主义的基石。强调人们在认识世界和改造世界的过程中,要坚持物质第一性,意识第二性,明确物质决定意识,同时意识能够反作用于物质。这就涉及坚持一切从实际出发、尊重事物发展的客观规律,以及充分发挥意识的能动作用等方法论。其二,唯物辩证法作为马克思主义的核心内容,要求用普遍联系、永恒发展、对立统一的观点认识世界,强调任何事物之间以及事物内部各要素之间都是辩证统一的关系,它们相互制约、相互影响,共同处于永恒的发展变化之中。从改造世界的层面来讲,唯物辩证法要求具体问题具体分析,要求人们善于分析事物的具体联系,确立整体性、开放性观念,从动态中考察事物之间的联系与发展。其三,实践和认识辩证统一的基本原理要求我们明确实践决定认识,认识能够反作用于实践活动,实践是主观与客观的辩证统一。强调实践是人们认识世界的重要途径,同时也是检验客观真理的唯一标准,只有在实践中才能真正认识世界和

---

① 《马克思恩格斯文集》(第十卷),人民出版社,2009年,第691页。

改造世界。

2.历史唯物主义蕴含的世界观和方法论

历史唯物主义科学地揭示了人类社会发展的一般规律,是从根本上区别于历史唯心主义的科学的历史观点,为人们提供了认识社会历史发展问题的科学的根本方法,是人们认识社会、改造社会、最终实现人的全面自由发展的强大思想武器。习近平总书记高度重视对历史唯物主义的立场、观点和方法的坚持和发展,在主持十八届中央政治局第十一次集体学习时的重要讲话中明确指出:"历史唯物主义作为马克思主义哲学的重要组成部分,是关于人类社会发展一般规律的科学。在革命、建设、改革各个历史时期,我们党运用历史唯物主义,系统、具体、历史地分析中国社会运动及其发展规律。"①这一重要论述表明,在推进社会历史发展的进程中,我们要坚持科学运用历史唯物主义的立场、观点、方法认识问题、分析问题和解决问题。

历史唯物主义蕴含丰富的世界观和方法论内容。其一,坚持社会存在决定社会意识的基本观点。社会存在是社会意识内容的客观来源,社会意识是人们对周围环境、社会生活和社会关系的认识,是人们对以实践为基础的不断变化发展的现实世界的主观反映。"物质生活的生产方式制约着整个社会生活、政治生活和精神生活的过程。不是人们的意识决定人们的存在,相反,是人们的社会存在决定人们的意识。"②其二,坚持物质生产是社会生活的基础的基本观点。马克思主义强调物质生产是全部社会生活的基础,只有不断解放生产力、发展生产力才能为社会生活奠定坚实的物质基础。其三,坚持社会基本矛盾分析的根本方法。人类社会形态演进和发展的根本因素在于社会基本矛盾的运动变化,即生产力和生产关系的矛盾运动。马克思主义强调:"一切历史冲突都根源于生产力和交往形式之间的矛

---

① 习近平:《论党的宣传思想工作》,中央文献出版社,2020年,第31页。
② 《马克思恩格斯文集》(第二卷),人民出版社,2009年,第591页。

盾。"①这一科学论断强调只有从生产力和生产关系的基本矛盾出发,才能全面把握整个社会的基本面貌和发展方向。其四,坚持遵循历史发展规律和坚持人民群众的主体地位相统一的方法。人民群众是推动社会历史发展的创造者,是社会历史的主体,这就要求我们将社会历史发展规律的客观要求与人民群众的需求相统一,始终重视人民群众的历史创造作用,不断激发人民群众的积极主动性。

总之,辩证唯物主义和历史唯物主义深刻揭示了人类社会发展的一般规律,其中关于矛盾分析法、实事求是、群众路线等内容,能够指导我们更好地认识创造人类文明新形态的世界观和方法论的理论基础。可以说,马克思主义蕴含的世界观和方法论,是中国共产党团结带领中国人民开创中国式现代化道路、创造人类文明新形态的思想之基。

(二)中华优秀传统文化中的世界观和方法论

人类文明新形态作为一种新的现代文明形态,它的形成和发展根植于深厚的中华优秀传统文化的沃土中,离不开对中华优秀传统文化的创造性转化和创新性发展。作为唯一延续至今的文明,中国特色社会主义的建设与中华优秀传统文化息息相关,离不开中华优秀传统文化的哺育和支撑,"民族文化传统是一个民族世世代代积累而成的精神财富,是一个民族发展的动力和源泉"②。习近平总书记曾多次肯定中华优秀传统文化的重要地位,多次将其表述为中华民族生存与发展的"根基""命脉"和"灵魂",中华优秀传统文化是创造人类文明新形态的文化基因和命脉。人类文明新形态的创造,与中华优秀传统文化所蕴含的丰富的世界观和方法论密切相关。可以说,人类文明新形态是一种新型的现代文明,这种文明新形态广泛吸收了优秀传统文化中的哲学智慧,包含民本、和谐、辩证等思想方法,通过对其进

---

① 《马克思恩格斯文集》(第一卷),人民出版社,2009年,第567~568页。
② 习近平:《摆脱贫困》,福建人民出版社,1992年,第93~94页。

行现代转化,使得中华文明在新的历史条件下焕发出生机活力。

1.中华优秀传统文化中的"民本"思想

中国传统文化特别重视人,尤其重视人的生命与价值,强调"民惟邦本",国家治理的根本在于以民为本。中华传统文化蕴含着十分丰富的"民本"思想,尤其强调在社会治理中,只有以民为本才能保证社会良序运行。早在殷商时期,就有统治者指出要"重民",即要重视民心和民意。周初的思想家把天与民、天之意志与民之意志联系在一起,提出了"天视自我民视""天听自我民听"的思想。周公认为君主统治要重视民众,体察民情,"敬德保民"。《尚书》中把这一思想概括为"民惟邦本,本固邦宁",即人民是实现国家统治的根本,只有人民这个根本稳固了,国家才能安宁。

春秋时期的孔子继承了《左传》中的民本思想,创造性地提出了"仁者爱人"的爱民思想,强调"为政以德"治理国家,系统地论述了仁政、王道思想。到了战国时期,民本思想进入鼎盛发展阶段,孟子通过总结各国兴衰规律提出得民心者得天下。由此可见,统治者如何对待人民,是否取得民心与天下兴亡有着根本关系。对于国家治理而言,民心是最关键的因素,只有得到人民的支持,国家才能安宁,政事才能畅通。《孟子·尽心下》中强调"民为贵,社稷次之,君为轻",进一步继承和发展了孔子的仁政思想,认为在人民、国家和君主中,人民是最重要的,民贵君轻。孟子认为人民是国家存在、君主统治的基本条件,一个国家失去了人民,国将不国,更遑论君主统治。除此之外,中华优秀传统文化中将"民"的内涵和外延扩大到整个天下,强调兼济天下。总而言之,中国传统文化中的民本思想源远流长,人民作为一个整体概念,在社会治理中起着关键性作用,民心向背关系着国家兴亡。中国共产党把马克思主义基本原理同中国传统民本思想相结合,提出"为人民服务""以人民为中心""人民至上"等理念,强调一切了了人民、一切依靠人民,还将为中国人民谋幸福视为中国共产党的初心和使命。

人类文明新形态从现实的人出发,始终坚持以人为本的立场,追问的是人的存在与生命本质的文明新形态。这种文明新形态归根到底是为了实现人的自由全面的发展。中华优秀传统文化对"人"的诠释、对人民群众的重视与马克思主义群众观有着理论上的一致性,为创造人类文明新形态提供了丰富的思想资源。

2.中华优秀传统文化中的世界观

中华优秀传统文化中蕴含着独特的世界观。首先,中华优秀传统文化的世界观建立在人与自然和谐统一的基础上。人与自然的关系问题是一个永恒的话题,任何时代、任何文明都面临着如何解决人与自然关系的问题。中国传统社会是农耕社会,在农耕实践中研究人与自然的关系具有必要性和重要性。中国古代的思想家一般都反对把人与天、人与自然割裂、对立起来,因此,中华优秀文化中的世界观首先强调人与自然和谐相处。人与自然和谐统一的思想在经过历代思想家的补充与发展后,形成了比较完整的人与自然和谐统一的思想体系和生态理念,在理论和实践层面共同滋养出人与自然和谐共生的人类文明新形态。

其次,中华优秀传统文化的世界观集中表现为天下观。"天下"是中国传统文化对世界秩序的一种原初想象,是一个最大化的时空概念。"天下观"首先体现为古人"天下为公"的理想追求,其中蕴含着丰富的重视整体利益的价值取向。古人认为天是万事万物运行的规则和价值的总来源,不偏不倚地滋养天地万物但又不持有万物,天下由天地万物共有共享。在价值追求上,天下观强调以公共利益为重,注重整体精神,这与古人浓厚的家国天下的意识密切相关。可以说,"天下观"是中华优秀传统文化中特有的世界观,蕴含着寻求共同价值的理想追求及实现全世界人民普遍幸福的理想境界。此外,中华优秀传统文化中的天下观还蕴含着和谐的价值追求。追求和平、和谐是中华民族的优良传统,也是中华文明的精神内核。中华民族的处世哲学是坚持以和为贵,和而不同,注重追求差异性多样性基础上的协调统一。总之,中华民族独特的历史演进进程彰显了"天下为公"的核心价值,"为世界谋大同"正是马克思主义世界观同中华优秀传统文化的世界观的结合点。

3.中华优秀传统文化中的辩证法思想

中华优秀传统文化中有着非常丰富的辩证法思想,强调用联系的观点和发展的观点看待世界。毛泽东曾指出:"辩证法的宇宙观,不论在中国,在欧洲,在古代就产生了。"①古人无论是观察自然世界、人类社会生活,还是人自身的生命活动,都有丰富的辩证思维、观点和方法。他们主张世界是一个有机联系的整体,从阴阳之变来把握世界的普遍联系和发展,强调阴阳互补、相反相成。

中华优秀传统文化中独特的辩证法思想主要体现在如下几个层面。首先,强调世界是阴阳互补的,普遍联系的。《道德经》第四十二章中提到"万物负阴而抱阳,冲气以为和",万事万物本质上是由阴阳二气的运动变化而成。"一阴一阳之谓道",这里的道就是万事万物运动变化的方向、道理和规则。阴阳不仅是万事万物的本质属性,也是万事万物运动变化的规律。阴阳交互变化表达了事物之间相互联系的普遍性和客观性,这体现了一种独特的世界运行秩序。在中华优秀传统文化中,整个宇宙都是相互依存、有机联系的整体。庄子讲"天地与我并生,万物与我为一",人和天地万物都是统一的,都是"道"的具体呈现。宋明理学家强调天地万物一体,整个宇宙都是太极演化流行的产物。因此,中华优秀传统文化中,人和天地万物在本体上是一体的、统一的,整个宇宙是普遍联系的。

其次,强调用发展变化的观点来看世界。《周易》的"易"本身就有变化的意味。庄子认为"万物皆化",荀子认为"天地合而万物生,阴阳接而变化起",可见古人认为世界是变动不居的。不但天地万物是不断变化的,社会历史也是如此。另外,中华优秀传统文化中还蕴含着丰富的量变质变的思想。老子讲"合抱之木,生于毫末。九层之台,起于累土。千里之行,始于足

---

① 《毛泽东选集》(第一卷),人民出版社,1991年,第303页。

下",蕴含着量变质变的朴素思想。事物的质变,从根本上说就是一种辩证的否定。"反者道之动",任何事物的发展都必然导向其反面,相反相成。

最后,强调矛盾的对立统一的规律。以阴阳变化解释事物的矛盾性,矛盾的双方是相互依存、相互转化的。比如《道德经》中有着非常丰富的对立统一观点,"天下皆知美之为美,斯恶已;皆知善之为善,斯不善已。故有无相生,难易相成,长短相形,高下相倾,音声相和,前后相随"。老子从多个方面考察了事物的矛盾对立,善恶、美丑、生死、强弱、大小、有无、动静等都是相对的概念,相互依存,相互对立,蕴含着深刻的辩证法思想。当然,中华优秀传统文化中还有丰富的"和"的思想。"和"是传统文化的核心价值追求,和则生物,同则不继。"和"是矛盾的最高表现形式,强调在差异性和多样性的基础上协调统一。"和"是万事万物的本质存在方式,也是万物生存发展的必然条件。可以说,"和"体现了差别或矛盾的统一,同时充分表现了古人对矛盾统一的认识和理解。天地万物是和谐统一的,不同的民族和文化之间也是共存共荣的。因此,中华优秀传统文化强调矛盾的对立统一,追求的是万事万物的整体和谐,这些朴素的辩证法思想在中华文明的历史发展中被传承和发展。

(三)中国化时代化的马克思主义的世界观和方法论

中国化时代化的马克思主义是中国共产党人运用马克思主义理论在百余年奋斗历程中形成和发展的思想体系,是把马克思主义基本原理同中国具体实际相结合、同中华优秀传统文化相结合的重要理论成果,其理论精髓在于认识世界和改造世界的世界观和方法论。人类文明新形态,是中国共产党人秉持马克思主义世界观和方法论,在尊重客观规律的前提下,对马克思主义文明观所进行的创造性转化和创新性发展。因此,理解中国化时代化的马克思主义的世界观和方法论是认识和把握"人类文明新形态"理论意蕴的重要基础。理解中国化时代化的马克思主义的世界观和方法论,必须把握解放思想、实事求是、与时俱进、求真务实。这四个方面从根本上来说是内在一致的,但是也各有侧重。

1.解放思想是中国共产党人认识世界和改造世界的重要前提

"解放思想"侧重于强调摆脱旧有思想认识和理论观点束缚,为认识世界和改造世界提供重要思想前提。认识和实践是辩证统一的,一般而言,实践决定认识,认识是对实践的反映。但是在一定情况下,认识对实践又具有决定性的反作用。在这一情况下,就必须突破原有的认识,也就是说做到解放思想,才能够推动实践的深入发展。否则,思想僵化、迷信盛行,固守旧有的认识,只能束缚自身的发展。

解放思想,必须以马克思主义为指导。正如邓小平所说:"我们讲解放思想,是指在马克思主义指导下打破习惯势力和主观偏见的束缚,研究新情况,解决新问题。"[①]解放思想,一般来说有两种情况:一种是对原有认识的再认识。对原有认识中的正确部分必须继续坚持,对错误部分则要予以纠正。另一种是要形成符合实践发展需要的新认识。马克思主义是中国共产党的指导思想,解放思想本身是马克思主义的内在要求,也必须在马克思主义的指导下进行。无论是坚持原有认识,纠正错误认识,还是形成新认识,都要以马克思主义为指导,确保解放思想沿着正确的方向展开。

坚持以马克思主义为指导推进解放思想,还涉及如何认识和对待马克思主义的问题。坚持以马克思主义为指导,必须正确认识和对待马克思主义,这是做好包括解放思想在内的一切工作的前提。在中国共产党的历史上,有过因教条化地对待马克思主义给党的事业造成重大损失的沉痛教训。坚持马克思主义,最重要的是坚持贯穿其中的立场、观点和方法,并不断赋予这些立场、观点和方法以新的含义,而不是受制于个别观点和论断。只有本着这样的态度来坚持马克思主义的指导,才能够做到既解放思想又不脱

---

① 《邓小平文选》(第二卷),人民出版社,1994年,第279页。

离正确方向,从而为改造客观世界和主观世界提供重要的思想前提。

2.实事求是是中国共产党人认识世界和改造世界的根本要求

"实事求是"侧重于强调一切从实际出发,坚持在实践中认识真理、检验真理和发展真理。毛泽东曾对实事求是做过形象说明,"'实事'就是客观存在着的一切事物,'是'就是客观事物的内部联系,即规律性,'求'就是我们去研究"①。毛泽东的概括,集中揭示了实事求是是马克思主义世界观和方法论的集中体现,同时也使其带有了中国特点。

一是实事求是承认事物存在客观规律,这种客观规律并不以人的意志为转移。世间万物都有其运行的规律,这种规律并不是人们臆想出来的,而是客观存在的。二是实事求是要求必须深入研究客观事物的运行规律。作为"客观事物的内部联系","规律"不是能够凭直观观察就可以掌握的,而是必须通过深入调查客观实际,经过反复的由表及里、由浅入深、去粗取精、去伪存真的过程,才能够获得并用以指导改造世界。三是实事求是使博大精深的马克思主义的世界观和方法论具有了中国特点,形成了中国表达。马克思主义世界观和方法论体系庞大、逻辑严密、理论深奥,对一般党员和群众来说,不易于理解和表达。实事求是抓住了马克思主义世界观和方法论的本质,表达凝练、通俗易懂,实现了马克思主义世界观和方法论的中国化表达。

3.与时俱进是中国共产党人认识世界和改造世界的理论品质

"与时俱进"侧重于强调要用发展着的眼光及时深刻把握时代的发展变化,推动理论创新基础上的制度创新、科技创新、文化创新以及其他各方面的创新。与时俱进是中国共产党人认识世界和改造世界的理论品质,也是马克思主义世界观和方法论的重要体现。坚持"与时俱进,就是党的全部理论和工作要体现时代性,把握规律性,富于创造性"②。

---

① 《毛泽东选集》(第三卷),人民出版社,1991年,第801页。
② 《江泽民文选》(第三卷),人民出版社,2006年,第537页。

"体现时代性"，就是要紧跟时代发展变化，反映时代发展要求。任何历史主体都是生活在一定的时空环境之中，受制于一定时代的影响。但这并不意味着不同历史主体会因此而一定具有相同或相似的发展命运。命运发展的关键在于历史主体对时代的认识和把握。中国共产党能够从小到大，由弱变强，从众多政党中脱颖而出，领导广大人民群众取得革命、建设和改革的重大成就，一个重要原因就是善于认识时代、把握时代、引领时代，按时代要求办事。

"把握规律性"，就是要深入把握事物发展的本质和规律。对事物发展规律的认识是一个持续性过程，不可能一劳永逸、一步到位。"把握规律性"，一方面，要处理好已知规律和未知规律的关系。对事物的认识是一个由量变到质变的过程，对事物发展规律的部分性认识为进一步拓展认识领域提供了支撑，同时也要防止以对事物的部分认识束缚乃至代替整体认识。另一方面是要处理好规律性认识和客观性存在的关系。规律性认识是对客观性存在的能动反映，事物的客观性存在的完整呈现是一个过程，因此，对客观性存在的能动的反映所形成的规律性认识也是一个过程性集合，这是对事物发展规律性的把握呈现出阶段性和连续性统一的根本原因所在。正如江泽民所说："世界在变化，我国改革开放和现代化建设在前进，人民群众的伟大实践在发展，迫切要求我们党以马克思主义的理论勇气，总结实践的新经验，借鉴当代人类文明的有益成果，在理论上不断扩展新视野，作出新概括。"[1]

"富于创造性"，就是要提出推动事物发展的创造性方法。事物的发展往往是在不断地解决现实遇到的问题和矛盾中实现的。要解决问题和矛盾，就必须勇于创新，提出创新性方法，形成创新性理论，实现创新性发展。从理论发展角度来看，马克思主义的生命力就在于创新，故步自封、因循守

---

[1]　《江泽民文选》(第三卷)，人民出版社，2006年，第537页。

旧,只会窒息马克思主义的生命力。因此,中国化时代化的马克思主义必须坚持和发展马克思主义,不断为推动实际工作发展提供理论指导。从推动实际工作来看,必须敢于尝试、不惧失败,在实践中不断地总结成功经验和失败教训,探索出推动事业创新性发展的路径。

"体现时代性""把握规律性""富于创造性",三者内在相关、紧密联系,要在紧跟时代发展、反映时代要求的基础上,把握事物发展的规律性,坚持尊重历史发展规律和发挥人的主动精神的统一,一切从实际出发,形成创新性理论,推动事物创新性发展。

4.求真务实是中国共产党人认识世界和改造世界的科学精神

"求真务实"侧重于强调要以"真"和"实"的诚实态度和科学精神来认识世界和改造世界。"求真务实,是辩证唯物主义和历史唯物主义一以贯之的科学精神,是我们党的思想路线的核心内涵。"①求真务实与解放思想、实事求是、与时俱进具有内在一致性,体现了马克思主义的世界观和方法论,承认真理的客观性,强调必须通过探索研究来掌握真理并运用真理于实践活动之中。

要明确求什么真、务什么实。求真务实必须坚持重点论和两点论的统一,紧紧围绕党和国家中心工作和重点工作,以重点带动全局。胡锦涛提出,"在全党大力弘扬求真务实精神、大兴求真务实之风,关键是要引导全党同志不断求我国社会主义初级阶段基本国情之真,务坚持长期艰苦奋斗之实;求社会主义建设规律和人类社会发展规律之真,务抓好发展这个党执政兴国的第一要务之实;求人民群众历史地位和作用之真,务发展最广大人民根本利益之实;求共产党执政规律之真,务全面加强和改进党的建设之实"②。"四求四务"关涉的都是事关党和国家事业长远发展的重要内容,必须以"真"和"实"的态度与精神去"求"和"务",在推动党和国家中心工作和重

---

① 《胡锦涛文选》(第二卷),人民出版社,2016年,第151页。
② 《胡锦涛文选》(第二卷),人民出版社,2016年,第156页。

点工作的前进中带动事业实现整体性发展。

要明确怎么求真、怎么务实。求真务实既是一种做事态度，又是一种精神状态，也是一种工作方法。求真务实的过程本身就是解决问题、推动工作的过程。一是要进一步认识到求真务实的重要性。求真务实直接关系到人民福祉的实现、关系到从基本国情出发不脱离实际、关系到按照规律办事不盲干蛮干等。只有思想上真正认识到坚持求真务实的重要性、违背求真务实的危害性，才能自觉打牢坚持求真务实的思想基础。二是要真抓实干，把工作落到实处。求真务实关键在行动。必须把围绕工作形成的正确的决策、政策等落到实处，作出实实在在的成绩。三是要建立健全推动求真务实的制度机制。要正向激励和反向约束双管齐下，真正使"全党大力弘扬求真务实精神、大兴求真务实之风"，推动党和国家事业发展。

二、创造人类文明新形态的世界观和方法论的实践基础

时代是思想之母，实践是理论之源。人类文明新形态的创造不是无源之水、无本之木，它既是中国共产党长期奋斗的重要成果，又是中国式现代化建设的实践产物。中国共产党在百余年奋斗历程中的每一次理论飞跃、每一个伟大成就，都是实现和推进中华民族伟大复兴的重大进步，也是创造人类文明新形态的重大进展。换言之，创造人类文明新形态的世界观和方法论既有着丰富的理论渊源，又具备牢固的实践基础，饱含所处时代的客观要求和现实变化、历史经验的深度总结和理想目标的现实要求等。

（一）世界百年未有之大变局

在一定意义上，世界百年未有之大变局意味着一种文明的变局。中国

共产党带领中华民族所创造的人类文明新形态超越了资本主义以资本为价值取向的发展方式,不仅具有鲜明的中国特色,而且内蕴丰富的世界文明成果。"当前,世界百年未有之大变局加速演进,世界之变、时代之变、历史之变的特征更加明显。"①"三个之变"科学表达了当今世界发展大势,逐渐显现出资本主义文明由盛转衰的历史趋向,深刻揭示了中华民族创造人类文明新形态的时空方位与实践基础。因此,充分认识世界百年未有之大变局中"三个之变"的基本内涵与特征,是深入理解创造人类文明新形态的理论意蕴的重要途径。

1.世界之变

一般来说,世界是一个泛指的模糊的概念,是时间和空间的总称,但又是人们生活的真实存在的图景。"变"是世界发展的普遍规律,是天地万物的基本存在形式,也是观察人类文明形态之"新"的一大关键词。这个世界在"变"什么,这个世界怎么"变",都会极大影响人们的具体生活,影响各国正确看待自身与世界的关系,把握世界之变是各国实现自身发展、参与全球治理的关键。

那么,当下这个世界在"变"什么呢?"世界之变"主要表现为百年未有之大变局席卷世界的每个角落,全球范围内的政治、经济、文化等各个方面都发生翻天覆地的变化。其中,最显著的变化是一大批新兴市场国家和发展中国家的崛起改变了上一百年形成的西方发达国家主导的国际格局。面对这样深刻的变化,人类未来将走向何处?

从政治上看,"世界百年未有之大变局"最直接的体现是国际政治格局的深度变化与调整。习近平总书记指出:"当今世界正面临百年未有之大变局。全球治理体系和国际秩序变革加速推进,加强全球治理、完善全球治理

---

① 《党的二十大报告辅导读本》编写组:《党的二十大报告辅导读本》,人民出版社,2022年,第114页。

体系是大势所趋,也是各国面临的共同任务。"①国际政治格局呈现东升西降、中治西乱的态势。这种世界国际政治格局的变化,带来的不只是物质之"变",更是规范之"变"。可以说,人们从来没有像今天这样深刻感受到全球治理体系和国际政治格局的加速演进与调整。

从经济上看,"世界百年未有之大变局"体现为世界经济格局的深刻变化,这也是"世界之变"的根本原因所在。世界经济格局的深刻变化主要表现为世界经济重心的转移。"世界经济与政治格局已经告别单极化,正在出现多极化发展新格局。"②近年来,随着以中国为代表的新兴市场国家和发展中国家的群体性崛起,使得世界经济重心转移的趋势日益明显。促使全球经济重心变化的主要因素之一是产业革命和科技革命。前几次产业革命推动了欧美国家的工业化进程,主导了全球经济格局。正在兴起的新一轮科技革命带来的技术变革与创新,为广大发展中国家实现现代化提供了历史机遇,是"世界百年未有之大变局"中的重要变量。科技革命带来的生产力的变革,必然带来人类文明的新的图景。

面对世界之变中西方资本主义主导的世界政治经济体系发生的深刻变化,人类社会的未来该何去何从? 人类未来的文明是什么样子的,由谁来主导未来文明的趋势和未来。以习近平同志为核心的党中央坚持人类命运共同体理念,秉持大党大国的使命担当,为引领世界发展贡献了中国智慧和中国方案——"人类文明新形态"。

2.时代之变

世界的概念本身就内在地包含了时间和空间的不同维度,因而世界之变与时代之变密切相连。时代不同,时代主题相应发生改变,时代的主要任务也伴随着社会基本矛盾的变化而变化。

---

①　《习近平书信选集》(第一卷),中央文献出版社,2022年,第198页。

②　权衡:《"百年未有之大变局":表现、机理与中国之战略应对》,《科学社会主义》,2019年第3期。

改革开放以来,中国共产党人就敏锐地洞察到时代主题之"变"。早在20世纪80年代,邓小平就明确指出"和平与发展"的时代主题。他强调:"国际上有两大问题非常突出,一个是和平问题,一个是南北问题。还有其他许多问题,但都不像这两个问题关系全局,带有全球性、战略性的意义。"①这一科学论断阐明了和平与发展是全球性的普遍问题,是时代发展的主题。党的十五大明确指出,邓小平理论对"当今时代特征和总体国际形势"作出了"新的科学判断"。②党的十九大报告中明确指出:"和平与发展仍然是时代主题。"③党的二十大报告指出:"和平、发展、合作、共赢的历史潮流不可阻挡,人心所向、大势所趋决定了人类前途终归光明。"④这些论述深刻地揭示了"和平与发展"的时代主题没有变化,但也面临着巨大挑战。

习近平总书记指出:"当今世界正在经历百年未有之大变局。这场变局不限于一时一事、一国一域,而是深刻而宏阔的时代之变。"⑤俄乌冲突、霸权主义、单边主义、民粹主义多重影响叠加,加剧了世界动荡,阻碍了和平发展。时代正在发生着深刻而复杂的变化,一些国家为了自身利益,不断制造争端,割裂世界,影响了世界和平;全球经济发展增速降低,全球化进程受到很大影响,保护主义、单边主义思潮抬头,掀起逆全球化浪潮。这些表现说明当今世界正处于大发展和大变革的调整时期,各种不确定、不稳定性突出,很多国家和地区安全问题日益突出。在世界百年未有之大变局中,如何顺应世界和平发展的大势,促进世界各国和平发展,关系到全人类的命运。

面对时代之变,中华民族不仅要在经济发展、民生福祉、政治地位的意义上实现复兴,更重要的是在应对全球性挑战中贡献中国智慧、中国方案。

---

①　《邓小平文选》(第三卷),人民出版社,1993年,第96页。

②　中共中央文献研究室:《十五大以来重要文献选编》(上),人民出版社,2000年,第11页。

③　中共中央党史和文献研究院:《十九大以来重要文献选编》(上),中央文献出版社,2019年,第41页。

④　习近平:《高举中国特色社会主义伟大旗帜 为全面建设社会主义现代化国家而团结奋斗——在中国共产党第二十次全国代表大会上的报告》,人民出版社,2022年,第60页。

⑤　《习近平谈治国理政》(第四卷),外文出版社,2022年,第483页。

自古以来,中国就非常重视和谐的价值追求,和谐强调求同存异,相互尊重、共同发展。同时,中国共产党历来关注全人类的前途命运,致力于推动全世界和平发展。人类文明新形态正是在世界百年未有之大变局中所呈现的和平发展的文明道路的范本,是超越了文明冲突、彰显和平包容的文明新形态,而构建人类命运共同体内在地契合了当今时代和平与发展的主题,能够为人类文明的未来发展指明方向。

3.历史之变

人们的实践活动创造了历史,人类文明在历史的更迭中不断更新变化。推动人类社会形态变化的根本动力是社会基本矛盾运动,这也是人类历史发展变化的客观规律。马克思主义理论揭示了人类历史演进的一般规律,告诉人们资本主义必然灭亡,社会主义必然胜利,为人类社会历史演进指明了发展趋势。与此同时,马克思主义的世界历史观为我们站在历史的高度理解人类文明新形态提供了理论依据,把握创造人类文明新形态的理论意蕴要在历史之变中加以考察。

探究人类文明新形态离不开世界历史的基本语境,人类文明形态的更替贯穿于世界历史演进的整体进程之中。在马克思主义的世界历史语境下,人类社会的发展与资本主义生产方式有着密切联系,但资本主义主导的世界历史是"物化的历史",人与人之间的自然联系被金钱联系所打破,难以实现人的自由全面发展。因此,资本主义文明不可能是人类文明的终点,世界历史孕育的变革指向的是共产主义文明。从世界历史演进的趋势来看,中国将构建一种更有利于人类发展的崭新格局。党的二十大报告明确指出:"党中央统筹中华民族伟大复兴战略全局和世界百年未有之大变局。"[①]其中,"世界百年未有之大变局"是中国共产党人洞察世界发展的历史方位判断,不仅意味着全球政治、经济体系发生了深层次的变化,更意味着人类

---

① 习近平:《高举中国特色社会主义伟大旗帜 为全面建设社会主义现代化国家而团结奋斗——在中国共产党第二十次全国代表大会上的报告》,人民出版社,2022年,第2页。

文明形态的"变局"。中华民族伟大复兴向世界示范了一种新的文明形态的可能性，一种不同于西方资本主义畸形发展的文明新形态。人类文明新形态的创造开辟了人类文明演进的新秩序，在一定意义上可以说，中华民族伟大复兴的历史进程与世界历史的演进历程是同向的。

中华民族的近代史是一部国家蒙辱、人民蒙难、文明蒙尘的历史，但是在中国共产党坚强有力的领导下，在中华民族百年奋斗的艰辛历程中，中华民族推翻"三座大山"，改变了中国内忧外患、任人宰割的局面，取得了一系列举世瞩目的重大成就。中国共产党团结人民成功创造了中国式现代化道路，创造了人类文明新形态，以新道路和新形态彰显了人类文明的多样性，同时深刻影响了人类历史的发展格局和发展方向。"中国特色社会主义本质上是科学社会主义，是敢于和善于与资本主义既合作又激烈竞争的制度，在合作与竞争中国特色社会主义将更加彰显自身的优势。"[1]人类文明新形态创造性地回答了在两种制度的差异下新的文明形态的可能性。可以说，人类文明新形态的创造标志着社会主义世界历史的新纪元，以其世界历史价值彰显了文明形态之"新"。

在世界百年未有之大变局的背景条件下，"人类文明新形态"始终把握世界历史未来发展的方向与规律。面对人类将往何处去的历史之问，引导人类在历史之变中寻求世界历史的未来发展。"人类文明新形态"是中国共产党人立足新的历史方位，不断推进科学社会主义的世界历史进程所提出的中国智慧和中国方案，因而也是代表着人类进步方向的文明新形态。

（二）社会主要矛盾的历史性转变

任何理论都是时代的产物。马克思主义指出社会主要矛盾的变化根本上取决于生产力的发展，社会主要矛盾随着社会经济基础或者社会结构的

---

① 辛向阳:《科学社会主义视野下百年未有之大变局》,《世界社会主义研究》,2019 年第10 期。

变动发生变化。因此,不同历史时期的社会主要矛盾是不同的,人类文明形态随着社会主要矛盾的演变过程而产生相应的内在变化。中国社会主要矛盾的变化呈现出中国特色社会主义发展各阶段的基本特点,是创造人类文明新形态的重要依据。正如党的二十大报告所提出的,要围绕当前的"社会主要矛盾推进各项工作,不断丰富和发展人类文明新形态"[①]。可见,创造人类文明新形态与社会主要矛盾的历史性转变息息相关。

1.马克思主义关于社会基本矛盾的观点

文明是人类社会历史演进过程中的特有现象,伴随着社会形态的变化而不断变化。"文明"这一概念,客观来说并不属于马克思主义的创造。17世纪欧洲的启蒙思想家、19世纪的空想社会主义者曾广泛地使用过"文明"这一概念,他们把文明视为反映社会进步和发展的范畴。在马克思、恩格斯看来,野蛮社会向文明社会过渡的前提是体力劳动和脑力劳动的社会分工。

马克思主义认为人类文明形态的演进归根到底在于生产方式的发展。"物质生活的生产方式制约着整个社会生活、政治生活和精神生活的过程。不是人们的意识决定人们的存在,相反,是人们的社会存在决定人们的意识。"[②]社会存在和社会意识之间相互作用的辩证关系,以及物质生产方式和社会主要矛盾的运动变化过程,促使人类社会能够谋取更好的物质生活和精神生活。就文明而言,马克思主义并没有给出相关精确定义,但大体上来说,文明体现着人类社会发展和进步的整体状态,区别于野蛮未开化的状态。按照马克思历史唯物主义的观点,生产劳动是人类文明赖以产生和发展的基础,生产力的发展是推动人类文明演进的根本动力。随着社会生产力的不断发展,新的文明形态必然取代旧的文明形态,文明演进的客观规律不以任何人、任何阶级的意志为转移。可见,人类社会历史的演进是由物质

---

① 习近平:《高举中国特色社会主义伟大旗帜 为全面建设社会主义现代化国家而团结奋斗——在中国共产党第二十次全国代表大会上的报告》,人民出版社,2022年,第7页。
② 《马克思恩格斯文集》(第二卷),人民出版社,2009年,第591页。

生产方式推动的,伴随着社会主要矛盾的变化,人类终将走向更全面、更自由的文明新形态。

社会基本矛盾的运动变化过程是由生产力的发展开始的。当生产力得到极大发展,滞后的生产关系就会成为生产力进一步发展的阻碍,适时地进行生产关系变革尤为重要。在人类原始社会末期,生产力水平十分低下,当生产力水平有了一定提升后,剩余产品开始出现,私有观念和行为开始萌生,随着私有制的形成与发展,人类社会进入了阶级对抗的发展阶段。马克思明确指出:“当文明一开始的时候,生产就开始建立在级别、等级和阶级的对抗上,最后建立在积累的劳动和直接的劳动的对抗上。没有对抗就没有进步。这是文明直到今天所遵循的规律。”[①]可以说,矛盾和对抗是人类文明形态不断演进的关键因素,不断推动人类文明向更高的阶段发展。因此,在社会基本矛盾和阶级矛盾的对抗发展中,旧的文明形态依次被新的文明形态所取代。

恩格斯提出:“文明时代是社会发展的一个阶段。”[②]文明发展在阶级对抗中进行,奴隶社会、封建社会和资本主义社会这三种不同发展阶段的社会形态正是如此,它们都建立在私有制和剥削的基础上。“鄙俗的贪欲是文明时代从它存在的第一日起直至今日的起推动作用的灵魂;财富,财富,第三还是财富——不是社会的财富,而是这个微不足道的单个的个人的财富,这就是文明时代唯一的、具有决定意义的目的。”[③]古代文明和资本主义文明自身所包含的深刻的阶级对抗性揭露了个人对财富的无序追求,决定了阶级社会文明的两重性:文明和野蛮是互相交织渗透的。比如奴隶社会,一方面创造了古代文明,但同时又存在奴隶主压迫奴隶阶级的社会现象。在资本主义社会,随着社会化大生产,“生产已经成为社会的活动……社会的产品

---

①　《马克思恩格斯全集》(第四卷),人民出版社,1958年,第104页。
②　《马克思恩格斯选集》(第四卷),人民出版社,1972年,第170页。
③　《马克思恩格斯选集》(第四卷),人民出版社,2012年,第194页。

被个别资本家所占有。这就是产生现代社会的一切矛盾的基本矛盾,现代社会就在这一切矛盾中运动,而大工业把它们明显地暴露出来了"①。这一基本矛盾是个别工厂中生产的组织性和整个社会生产的无政府状态的矛盾,表现为资产阶级和无产阶级的对立。"在危机中,社会化生产和资本主义占有之间的矛盾剧烈地爆发出来"②,一方面,资本主义暴露自己无法驾驭由它创造的社会生产力,另一方面,生产力日益要求消除这种矛盾,在资本主义基本矛盾的运动变化中内含着资本主义走向灭亡的必然性。

因此,在一切以私有制为基础的阶级社会中,劳动人民创造的文明成果被剥削阶级攫取,文明的创造者和文明成果的享有者之间割裂,生产资料私有制挫伤了劳动者的生产积极性,导致劳动者无法在掌握生产发展规律的过程中自觉创造历史。可以说,如何消灭剥削和私有制,是人类进入文明时代以来一直为之困扰的重要问题。社会主义社会克服了生产社会化和生产资料私人占有之间的对抗性矛盾,建立了以生产资料公有制为基础的基本经济制度,使得劳动人民可以在遵循社会发展客观规律的前提下创造属于自己的物质文明和精神文明。总体来说,人类文明新形态作为立足现实并昭示未来的社会主义社会文明新形态,与以往的文明形态有着本质区别,它能够真正推动人们自觉创造历史、改造世界,而推动生产力的高度发展,不断满足人民群众的现实需要。

2.中国社会主要矛盾的转变

矛盾是问题的先声,问题代表了实践的方向,人类文明正是在不断解决新问题、新矛盾的历史进程中形成和发展的。可以说,社会主要矛盾的历史性转变是创造人类文明新形态的现实基础。人类文明新形态的创造与我国社会主要矛盾的运动变化密切相关、同频共振。正如习近平总书记在省部级主要领导干部学习贯彻党的十九届六中全会精神主题研讨班开班式上的

---

① 《马克思恩格斯选集》(第三卷),人民出版社,2012年,第816页。
② 《马克思恩格斯选集》(第三卷),人民出版社,2012年,第807页。

重要讲话中所指出的："党的百年奋斗历程告诉我们，党和人民事业能不能沿着正确方向前进，取决于我们能否准确认识和把握社会主要矛盾、确定中心任务。"①回顾党的百余年奋斗历程，党始终坚持在认识和把握社会主要矛盾的基础上推进各项工作，不断丰富和发展人类文明形态。

物质生产实践活动在人类文明形态的产生与发展中处于基础性地位。"人们为了能够'创造历史'，必须能够生活。但是为了生活，首先就需要吃喝住穿以及其他一些东西。因此第一个历史活动就是生产满足这些需要的资料，即生产物质生活本身。"②这一科学论述阐释了人类生存的第一个前提是物质生产。物质生产决定了社会存在和发展，决定着精神生产的机制和过程，物质生产的变化还决定着上层建筑的变革。社会基本矛盾运动存在于物质生产之中，存在于一切社会形态和社会制度之中，是推动社会发展的根本动力，同时也是社会主要矛盾的根源所在。矛盾观点是唯物辩证法的根本观点，矛盾有主要矛盾和次要矛盾之分。社会主要矛盾影响着其他社会非主要矛盾的存在与发展，在社会矛盾运动中处于支配地位、起主导作用。因此，把握和运用社会矛盾相关理论，是认识和解开"历史之谜"的关键因素。

运用矛盾规律深刻把握我国社会主要矛盾的变化与发展，是中国共产党人在百余年奋斗历程中得出的成功经验。毛泽东《矛盾论》的重大贡献，就是明确了主要矛盾和次要矛盾、矛盾的主要方面和次要方面之间对立统一并且能够相互转化的基本规律。1956年，我们在准确把握社会主要矛盾的基础上，明确了大力发展社会生产力的时代任务，在不断提高国家经济实力的同时满足人民群众的基本需要。但是后来由于偏离了对社会主要矛盾的把握，违背了生产发展的基本规律，把发展生产力当成次要任务，强调"以阶级斗争为纲"，导致社会主义建设在一段时间内走了弯路。

---

① 《习近平谈治国理政》(第四卷)，外文出版社，2022年，第30页。
② 《马克思恩格斯文集》(第一卷)，人民出版社，2009年，第531页。

　　在改革开放和社会主义现代化建设新时期,针对忽视发展生产力的错误,邓小平明确指出要把发展生产力的任务摆在社会主义建设的核心位置。党的十三大明确指出:"我们承认并且充分重视生产关系和上层建筑的巨大反作用;但是,只有在承认生产力的决定作用,承认生产力是根本标准的基础上,才能正确处理生产力与生产关系、经济基础与上层建筑之间的矛盾,保证生产关系和上层建筑的变革能够真正适应当代中国生产力发展的状况和要求,而不致陷入主观随意性。"①该论述再次强调生产力在社会基本矛盾中的基础地位。随着党和国家工作重心向社会主义现代化建设转移,物质文明和精神文明建设也有序开展。我国正处于社会主义初级阶段,应当大力发展生产力为社会主义建设提供物质保障,同时强调精神文明的重要性。"我们要在建设高度物质文明的同时,提高全民族的科学文化水平,发展高尚的丰富多彩的文化生活,建设高度的社会主义精神文明。"②中国共产党提出了"物质文明"和"精神文明"两个文明范畴,强调二者辩证统一的关系,同时明确了社会主义发展的基本方向和要求。党的十六大报告首次把发展社会主义民主政治、建设社会主义政治文明确定为全面建设小康的一个重要目标,这是党第一次明确提出建设社会主义政治文明的重要概念,将政治文明与物质文明、精神文明一起确定为社会主义现代化建设的三大基本目标。党的十七大报告提出建设"富强民主文明和谐的社会主义现代化国家"③,首次正式提出生态文明,第一次将生态文明作为一项战略任务确定下来。总之,伴随着不同历史时期社会主要矛盾的运动变化,中国社会主义建设经历了最初单一的物质文明到两个文明的协调发展,再到实现全面、协调、可持续的发展,将生态文明纳入党的战略任务中,推动"五大文明"协调发展。

---

①　《中国共产党第十三次全国代表大会文件汇编》,人民出版社,1987年,第72~73页。
②　《邓小平文选》(第二卷),人民出版社,1994年,第208页。
③　胡锦涛:《高举中国特色社会主义伟大旗帜 为夺取全面建设小康社会新胜利而奋斗——在中国共产党第十七次全国代表大会上的报告》,人民出版社,2007年,第11页。

　　"人民总是在社会矛盾的运动中不断开辟前进的道路。人民也总是从历史活动的实践和比较中,不断寻找、揭示和发展指导自己前进的真理。"①中国特色社会主义进入新时代以来,中国共产党与时俱进地对社会主要矛盾进行科学判断,明确指出社会主要矛盾发生了历史性转变。中国共产党在把握新的历史方位基础上,强调我国社会主要矛盾已经转变为"人民日益增长的美好生活需要和不平衡不充分的发展之间的矛盾"②。从"人民日益增长的物质文化需要"到"人民日益增长的美好生活需要",从"落后的社会生产"到"不平衡不充分的发展",体现了社会发展和人民需求的新变化,基于社会主要矛盾的历史性转变,中华民族创造了中国式现代化道路,创造了人类文明新形态。

　　中国特色社会主义文明是社会主义文明发展的一种崭新形态,"代表人类文明进步的发展方向,展现了不同于西方现代化模式的新图景,是一种全新的人类文明形态"③。科学把握社会主要矛盾的历史性转变,将实现共同富裕和人的自由全面发展作为人类文明新形态的发展目标。意味着需要生产力高度发达,实现经济社会的高质量发展和持续健康发展,解决人类文明新形态的发展动力问题;意味着需要健全民主法治,坚持依法治国,为全过程人民民主提供坚强保障,不断开创人类政治文明新境界;意味着需要坚持不懈推动文化建设,实现传统文化的现代化,推动社会主义文化建设,构筑中华文明新辉煌,创造丰富多彩的精神文明;意味着需要不断推动社会建设,建设安定有序的社会环境,不断促进公平正义,促进社会各项事业的全面发展;意味着需要不断推进生态文明建设,实现人与自然和谐发展,解决人类文明新形态的可持续发展问题。中国特色社会主义建设的不断推进与

　　① 江泽民:《在庆祝中国共产党成立八十周年大会上的讲话》,人民出版社,2001年,第2页。
　　② 习近平:《决胜全面建成小康社会 夺取新时代中国特色社会主义伟大胜利——在中国共产党第十九次全国代表大会上的报告》,人民出版社,2017年,第11页。
　　③ 习近平:《正确理解和大力推进中国式现代化》,《人民日报》,2023年2月8日。

延伸,必将促进人类文明新形态的不断发展与完善。

(三)中国共产党创造人类文明新形态的历史进程

中国共产党的百余年奋斗历程是党运用马克思主义世界观和方法论与中国具体实际、中华优秀传统文化相结合的过程,为中国共产党带领中国人民创造人类文明新形态提供了稳固的实践基础。在这个历史进程中,中国共产党带领中国人民独立自主探索符合中国实际、具有中国特色的发展道路,开创了超越西方资本主义文明的人类文明新形态。党的十九届六中全会通过的《中共中央关于党的百年奋斗重大成就和历史经验的决议》(以下简称《决议》)对中国共产党百年奋斗的历史进程做了历史性、整体性的描述。这一实践探索依次经过了新民主主义革命时期、社会主义革命和建设时期、改革开放和社会主义现代化建设新时期、中国特色社会主义新时代。这四个时期的实践探索是有机联系的整体,新民主主义革命时期为创造人类文明新形态准备了理论前提,社主义革命和建设时期为创造人类文明新形态提供了制度保障,改革开放和社会主义现代化建设新时期为创造人类文明新形态指明了方向,中国特色社会主义新时代为创造人类文明新形态提供了坚实的社会条件。在这个过程中,我们取得了许多举世瞩目的理论和实践成就,夯实了人类文明新形态形成和发展的基本步调。正如恩格斯在《反杜林论》中指出的:"原则不是研究的出发点,而是它的最终结果。"[1]因此,中国共产党人在不同历史时期运用马克思主义世界观和方法论对文明道路的实践经验,是人类文明新形态在不同阶段的历史缩影。

1.新民主主义革命时期的经验总结

新民主主义革命时期是中国共产党领导中国人民反对帝国主义、封建主义和官僚资本主义的革命时期,也是总结实践经验的重要时期。党的十

---

① 《马克思恩格斯文集》(第九卷),人民出版社,2009年,第38页。

九届六中全会通过的《决议》指出:这一时期"实现了中国从几千年封建专制政治向人民民主的伟大飞跃"①,中国共产党推动国家从封建专制走向人民民主。

中国共产党人在新民主主义革命时期科学分析了当时中国社会的性质。毛泽东曾明确指出在实践中运用马克思主义立场、观点和方法解决问题的重要意义,他把世界观和方法论比喻为船或者桥,"我们不但要提出任务,而且要解决完成任务的方法问题。我们的任务是过河,但是没有桥或没有船就不能过。不解决桥或船的问题,过河就是一句空话。不解决方法问题,任务也只是瞎说一顿"②。"认清中国社会的性质,就是说,认清中国的国情,乃是认清一切革命问题的基本的根据。"③中国社会的性质,中国共产党领导的新民主主义革命的性质,决定了中国革命的历史进程分两步走:第一步是民主主义革命,第二步是社会主义革命。这二者既相互区别,又相互联系。

在新民主主义革命时期,党阐明了人民民主专政的理论,推动我国封建专制的政治进程走向人民民主。在《论人民民主专政》一文中,毛泽东全面而深刻地总结了中国共产党成立以来的中国革命战争的经验,强调"总结我们的经验,集中到一点,就是工人阶级(经过共产党)领导的以工农联盟为基础的人民民主专政。这个专政必须和国际革命力量团结一致。这就是我们的公式,这就是我们的主要经验,这就是我们的主要纲领"④。这一科学论述指出人民民主专政必须由工人阶级领导,结成最广泛的人民民主统一战线。同时,毛泽东强调了人民在工业化建设中的重要性,"中国工人阶级的任务,不但是为着建立新民主主义的国家而斗争,而且是为着中国的工业化和农

---

① 《中国共产党第十九届中央委员会第六次全体会议文件汇编》,人民出版社,2021年,第28页。
② 《毛泽东选集》(第一卷),人民出版社,1991年,第139页。
③ 《毛泽东选集》(第二卷),人民出版社,1991年,第633页。
④ 《毛泽东选集》(第四卷),人民出版社,1991年,第1480页。

业近代化而斗争"①。人民是实现工业化的主体,人民群众对物质文明的构想为发展物质文明开辟了理论道路。总之,党在新民主主义革命时期完整论述了人民民主专政理论,强调人民是国家的主人,中国人民实现了真正意义的当家作主,人民民主专政推动中华文明向现代文明转型,深刻影响了马克思主义中国化的历史进程,为创造人类文明新形态奠定了理论前提。

2.社会主义革命和建设时期的经验总结

在社会主义革命和建设的历史时期,中国共产党人强调"独立自主,调查研究,摸清本国国情,把马克思列宁主义的基本原理同我国革命和建设的具体实际结合起来,制定我们的路线、方针、政策"②。党的十九届六中全会通过的《决议》指出,毛泽东思想是"马克思主义中国化的第一次历史性飞跃"③,中国共产党领导中国人民在社会主义革命和建设时期"实现了一穷二白、人口众多的东方大国大步迈进社会主义社会的伟大飞跃"④。理论和实践上的飞跃,使我国社会性质和社会形态发生了根本改变,为创造人类文明新形态指明了发展方向、奠定了制度基础。

1956年,我国在社会主义过渡时期的总路线的指引下,基本完成了对农业、手工业、资本主义工商业的社会主义改造,党的八大对这一历史时期的经验进行了深刻总结,并开启了社会主义建设道路的探索。毛泽东在《关于正确处理人民内部矛盾的问题》一文中深刻总结了社会主义革命和建设时期的政治、经济和文化领域的矛盾及解决方法,强调矛盾的解决主要依据群众的经验。"我们国内的主要矛盾,已经是人民对于建立先进的工业国的要求同落后的农业国的现实之间的矛盾,已经是人民对于经济文化迅速发展

---

① 《毛泽东选集》(第三卷),人民出版社,1991年,第1081页。
② 中共中央文献研究室:《十七大以来重要文献选编》(上),中央文献出版社,2009年,第253页。
③ 《中国共产党第十九届中央委员会第六次全体会议文件汇编》,人民出版社,2021年,第33页。
④ 《中国共产党第十九届中央委员会第六次全体会议文件汇编》,人民出版社,2021年,第34页。

的需要同当前经济文化不能满足人民需要的状况之间的矛盾。"①对社会主要矛盾的认识,主导了这一时期的社会主义建设。1962年,毛泽东在扩大的中央工作会议上的讲话对建党以来社会主义建设的经验进行了总结,指出我们对于经济建设还缺乏经验,他强调"对于建设社会主义的规律的认识,必须有一个过程"②,鼓励全党从具体实际出发,要正确认识和把握社会主义建设的规律。

"建设社会主义,原来要求是工业现代化,农业现代化,科学文化现代化,现在要加上国防现代化"③,由此形成了最初的"四个现代化"的表述。1960年,周恩来在阅读苏联《政治经济学教科书》的发言中,将"科学文化的现代化"改为"科学技术现代化"。三届全国人大一次会议的《政府工作报告》指出:"今后发展国民经济的主要任务,总的说来,就是要在不太长的历史时期内,把我国建设成为一个具有现代农业、现代工业、现代国防和现代科学技术的社会主义强国,赶上和超过世界先进水平。"④农业、工业、科技和国防的现代化战略任务的提出,以及"两步走"的设想,体现了中国共产党人对建设社会主义高度物质文明的重视,为创造人类文明新形态提供了坚实的物质基础。

3.改革开放和社会主义现代化建设新时期的经验总结

党的十一届三中全会之后,我国进入了改革开放和社会主义现代化建设新时期,改革开放成为时代的主旋律,中国共产党对马克思主义世界观和方法论的运用也逐渐成熟。党的十九届六中全会通过的《决议》指出,改革开放和社会主义现代化建设时期,一方面"形成中国特色社会主义理论体

---

① 中共中央文献研究室编:《建国以来重要文献选编》(第九册),中央文献出版社,1994年,第341页。
② 《毛泽东文集》(第八卷),人民出版社,1999年,第300页。
③ 《毛泽东文集》(第八卷),人民出版社,1999年,第116页。
④ 中共中央文献研究室编:《建国以来重要文献选编》(第十九册),中央文献出版社,1998年,第483页。

系,实现了马克思主义中国化新的飞跃"①;另一方面"实现了人民生活从温饱不足到总体小康、奔向全面小康的历史性跨越,推进了中华民族从站起来到富起来的伟大飞跃"②。在这一历史时期,社会主义文明理论也日益成熟,实现了从"两个文明"的辩证统一,"三个文明"的相互融合,"四个文明"的全面进步,再到"五大文明"的协调发展。

1979年10月,邓小平就强调在建设社会主义物质文明的同时,需要注重社会主义精神文明建设。在这之后的党的十一届三中全会总结了我国社会主义建设的历史经验和教训,是党和国家历史上的伟大转折。1980年,邓小平明确指出:"我们要建设的社会主义国家,不但要有高度的物质文明,而且要有高度的精神文明。"③党的十二大肯定了党的十一届三中全会以来的方针政策,提出"走自己的道路,建设有中国特色的社会主义,这就是我们总结长期历史经验得出的基本结论"。这次会议还对文明进行了科学划分及界定,社会文明被明确划分为"物质文明"和"精神文明",进一步明确了社会主义精神文明建设的主要内容是发展社会精神生产和精神生活,根本目的是培育"有理想、有道德、有文化、有纪律"的社会公民。之后,在1983年,《建设社会主义的物质文明和精神文明》一文系统提出了"物质文明"和"精神文明"两种文明的范畴。④"两个文明"范畴的正式提出,丰富了社会主义文明的内涵,使得社会主义文明向着更加完备的形态前进。

党的十四大对党的十一届三中全会以来的社会主义建设经验进行了总结,指出"十四年伟大实践的经验,集中到一点,就是要毫不动摇地坚持以建设有中国特色社会主义理论为指导的党的基本路线"⑤,这个基本路线是各

---

① 《中国共产党第十九届中央委员会第六次全体会议文件汇编》,人民出版社,2021年,第39页。
② 《中国共产党第十九届中央委员会第六次全体会议文件汇编》,人民出版社,2021年,第44页。
③ 《邓小平文选》(第二卷),人民出版社,1994年,第367页。
④ 《邓小平文选》(第三卷),人民出版社,1993年,第2页。
⑤ 《江泽民文选》(第一卷),人民出版社,2006年,第222页。

项事业顺利实现目标的可靠保障。同时,指出"坚持两手抓,两手都要硬,把社会主义精神文明建设提高到新水平"①。"两个文明"范畴的提出和发展,揭示了两种文明在社会生活中的普遍性。作为实践产物的物质文明和精神文明,必然从低级向高级发展,反映了人类文明演进的一般规律。从实践的角度来看,两个文明的划分揭示了社会生产发展和社会历史进步的一般规律,社会主义的全面发展、全面进步,实际上就是物质文明和精神文明的共同进步。物质文明是精神文明的基础,处于主导地位,精神文明不断促进物质文明建设,保障物质文明建设的前进方向。物质文明和精神文明之间辩证统一、相互依存,丰富了社会主义文明建设的内涵,开启了人类文明新形态的探索,推动人类社会向着更加完备的人类文明形态前进。

党的十五大正式提出了中国特色社会主义的经济、政治、文化"三位一体"的纲领,强调"建设有中国特色社会主义的经济、政治、文化的基本目标和基本政策,有机统一,不可分割,构成党在社会主义初级阶段的基本纲领"②。中国共产党提出的"三位一体"的纲领,为"三个文明"的相互融合奠定了基础。2002年,江泽民在"5·31"讲话中系统总结了改革开放以来我国民主政治建设的历史经验,指出:"发展社会主义民主政治,建设社会主义政治文明,是全面建设小康社会的重要目标。"③这是中国共产党以马克思主义的理论勇气,不断总结伟大实践经验,吸收借鉴当代人类文明的有益成果,首次明确把建设社会主义政治文明和社会主义物质文明、精神文明有机联系在一起,确立为社会主义现代化建设的三大基本目标。"三个文明"相互融合协调发展的新论断,表明党对怎样建设社会主义的认识进一步深化,对社会文明的建设更加全面。同年11月,党的十六大明确提出了建设社会主义政治文明的重要目标,推进政治、经济、文化统一发展的布局,再次强调"不

---

① 《江泽民文选》(第一卷),人民出版社,2006年,第237页。
② 《江泽民文选》(第二卷),人民出版社,2006年,第18页。
③ 《中国共产党第十六次全国代表大会文件汇编》,人民出版社,2002年,第30页。

断促进社会主义物质文明、政治文明和精神文明的协调发展"①。这一理论成果,不断完善了社会主义建设的总体布局,使得中国特色社会主义理论和实践更加成熟,同时拓展了人类文明新形态的领域。"三个文明"之间辩证统一、相互影响、相互制约,共同构成文明的有机统一体。其中物质文明是精神文明和政治文明的经济保障,精神文明为物质文明和政治文明建设提供思想保障,政治文明受到经济文化发展的制约,同时又能够为物质文明和精神文明提供制度保障。正确处理多个文明要素的关系,把握"三个文明"的协调发展,对于创造人类文明形态具有重要意义。

党的十六大把"社会更加和谐"纳入全面建设小康社会的战略目标中。党的十六届四中全会将其进一步概括为"社会主义和谐社会",将构建和谐社会作为社会主义建设的主要目标之一。2005年2月,胡锦涛第一次明确提出中国特色社会主义事业的总体布局由"三位一体"建设发展到"四位一体",社会主义建设的总体布局更加完善,他强调:"我们所要建设的社会主义和谐社会,应该是民主法治、公平正义、诚信友爱、充满活力、安定有序、人与自然和谐相处的社会。"②在此基础上,党的十六届六中全会进一步明确指出:"社会和谐是中国特色社会主义的本质属性"③,进一步深化了对社会主义本质的认识,丰富了社会主义本质的理论。社会文明正式纳入人类文明的总体建设中,社会文明与"三个文明"相互区别又相互融合。物质文明、政治文明、精神文明和社会文明"四个文明"的协调融合进一步推进了人类文明形态的发展与完善。

党的十七大系统总结了改革开放三十年的实践经验,强调新时期最鲜明的特点是改革开放,最突出的成就是快速发展。这一历史时期取得各项

①　《中国共产党第十六次全国代表大会文件汇编》,人民出版社,2002年,第55页。

②　中共中央文献研究室:《十六大以来重要文献选编》(中),中央文献出版社,2006年,第706页。

③　《中国共产党第十六届中央委员会第六次全体会议文件汇编》,人民出版社,2006年,第2页。

成就的根本原因是"开辟了中国特色社会主义道路,形成了中国特色社会主义理论体系"①。党的十七大报告首次提出"生态文明"的概念,将其视为社会主义现代化建设的重要任务之一,同时指明了建设生态文明的方向,"建设生态文明,基本形成节约能源资源和保护生态环境的产业结构、增长方式、消费模式"②。人与自然的关系问题是创造人类文明新形态必须要解决的问题,自然环境是人类生存的前提,是创造文明的基础,推动生态文明建设至关重要。

党的十八大全面概括了中国特色社会主义道路的科学内涵,指出:"中国特色社会主义道路,就是在中国共产党领导下,立足基本国情,以经济建设为中心,坚持四项基本原则,坚持改革开放,解放和发展社会生产力,建设社会主义市场经济、社会主义民主政治、社会主义先进文化、社会主义和谐社会、社会主义生态文明,促进人的全面发展,逐步实现全体人民共同富裕,建设富强民主文明和谐的社会主义现代化国家。"③中国共产党首次将"美丽中国"作为执政理念,提出要"把生态文明建设放在突出地位,融入经济建设、政治建设、文化建设、社会建设各方面和全过程,努力建设美丽中国,实现中华民族永续发展"④。党的十八大把生态文明建设与其他"四位一体"建设并列,确立了中国特色社会主义事业"五位一体"的总体布局,开启书写人类文明历史新的篇章。"社会主义生态文明"正式作为坚持和发展中国特色社会主义道路的新目标、新思想和新内容,成为党治国理政的一项新的基本纲领和国家治理体系的重要组成部分。"五个文明"全面协调发展,各有侧重,共同构成人类文明新形态的重要内容。总之,从改革开放初期的建设

①　《科学发展观重要论述摘编》,中央文献出版社、党建读物出版社,2008年,第61页。
②　胡锦涛:《高举中国特色社会主义伟大旗帜 为夺取全面建设小康社会新胜利而奋斗——在中国共产党第十七次全国代表大会上的报告》,人民出版社,2007年,第20页。
③　胡锦涛:《坚定不移沿着中国特色社会主义道路前进 为全面建成小康社会而奋斗——在中国共产党第十八次全国代表大会上的报告》,人民出版社,2012年,第12页。
④　胡锦涛:《坚定不移沿着中国特色社会主义道路前进 为全面建成小康社会而奋斗——在中国共产党第十八次全国代表大会上的报告》,人民出版社,2012年,第39页。

"两个文明"的辩证统一，到党的十五大建设"三个文明"的相互融合，再到"四个文明"的全面进步、"五个文明"的全面协调发展，深刻表明创造人类文明新形态的世界观和方法论日趋成熟。"五个文明"协调发展构成了人类文明的有机系统，推动人类文明的整体进步，为创造新的更高形态的人类文明提供了坚实的基础。

4.中国特色社会主义新时代的经验总结

党的十八大以来，中国特色社会主义进入新时代。面对新形势、新情况、新任务，党中央更加注重运用马克思主义世界观和方法论，创立了习近平新时代中国特色社会主义思想。党的十九届六中全会通过的《决议》指出，这一时期的理论飞跃体现为"习近平新时代中国特色社会主义思想是当代中国马克思主义、二十一世纪马克思主义，是中华文化和中国精神的时代精华，实现了马克思主义中国化新的飞跃"[①]。这一时期的实践飞跃体现为"中华民族迎来了从站起来、富起来到强起来的伟大飞跃"[②]。

中国特色社会主义进入新时代，以习近平同志为核心的党中央注重对社会主义建设和改革经验的总结。2008年9月，习近平出席中央党校2008年秋季学期开学典礼并发表重要讲话，从七个方面总结了取得的成绩和经验："30年党的建设启示我们，必须毫不动摇地高举中国特色社会主义伟大旗帜……必须紧密联系党的中心任务建设党……必须坚持立党为公、执政为民，把实现好、维护好、发展好最广大人民的根本利益作为党的核心价值……必须在实践中形成坚强的中央领导集体……必须根据世情、国情、党情的发展变化，坚持以改革创新精神推进党的建设，不断为党的肌体注入新活力。"[③]2013年，习近平总书记在谈到改革开放的成功经验时，指出成功的关

---

①《中国共产党第十九届中央委员会第六次全体会议文件汇编》，人民出版社，2021年，第48页。

②《中国共产党第十九届中央委员会第六次全体会议文件汇编》，人民出版社，2021年，第90页。

③ 习近平：《改革开放30年党的建设回顾与思考》，《学习时报》，2008年9月8日。

键在于开辟了中国特色社会主义道路，"这条道路来之不易，它是在改革开放30多年的伟大实践中走出来的"①。同时，全面总结了中国特色社会主义政治发展道路、法治道路、生态文明建设等实践经验。

党的十九大开启了全面建设中国特色社会主义现代化国家的新征程，到新中国成立100周年的时候"建成富强民主文明和谐美丽的社会主义现代化强国"②。中国共产党首次将建设社会主义现代化强国作为重要目标，创造性地提出社会主义现代化强国的特征是富强民主文明和谐美丽。党的二十大报告明确指出："全面建成社会主义现代化强国，总的战略安排是分两步走：从二〇二〇年到二〇三五年基本实现社会主义现代化；从二〇三五年到本世纪中叶把我国建成富强民主文明和谐美丽的社会主义现代化强国。"③"中国式现代化的本质要求是：坚持中国共产党领导，坚持中国特色社会主义，实现高质量发展，发展全过程人民民主，丰富人民精神世界，实现全体人民共同富裕，促进人与自然和谐共生，推动构建人类命运共同体，创造人类文明新形态。"④可以说，人类文明新形态内生于中国式现代化的伟大实践中，人类文明新形态是五个文明全面协调发展的形态，在创造中国式现代化的伟大实践中，实现了对资本主义文明的超越。

（四）实现中华民族伟大复兴中国梦的现实要求

实现中华民族伟大复兴是贯穿中国共产党百余年奋斗的鲜明主题。从1840年起，"实现中华民族伟大复兴，就成为中国人民和中华民族最伟大的

---

① 《习近平谈治国理政》（第一卷），外文出版社，2018年，第39页。
② 习近平：《决胜全面建成小康社会 夺取新时代中国特色社会主义伟大胜利——在中国共产党第十九次全国代表大会上的报告》，人民出版社，2017年，第29页。
③ 习近平：《高举中国特色社会主义伟大旗帜 为全面建设社会主义现代化国家而团结奋斗——在中国共产党第二十次全国代表大会上的报告》，人民出版社，2022年，第24页。
④ 习近平：《高举中国特色社会主义伟大旗帜 为全面建设社会主义现代化国家而团结奋斗——在中国共产党第二十次全国代表大会上的报告》，人民出版社，2022年，第23~24页。

梦想"①。实现中华民族伟大复兴的中国梦，是党的十八大以来以习近平同志为核心的党中央提出的具有强大号召力和感召力的奋斗目标。这一目标寄托着中国人民对美好生活的强烈诉求，为回应这一诉求、实现这一诉求，我们必须开辟出一条符合中国实际的道路。中国式现代化正是实现中华民族伟大复兴的根本之路。"党在百年奋斗中始终坚持从我国国情出发，探索并形成符合中国实际的正确道路。中国特色社会主义道路是创造人民美好生活、实现中华民族伟大复兴的康庄大道。"②这就意味着党要灵活运用科学的世界观和方法论，坚定不移走中国特色社会主义道路，为实现中华民族伟大复兴奠定坚实基础。

道路承载着文明，影响文明兴衰。中国共产党在长期的历史实践中成功走出中国式现代化道路，创造了人类文明新形态。人类文明新形态承载着中华民族的前进方向和发展道路。"中国发展道路的现实可能性首先来自于它走西方资本主义道路的不可能性，这种不可能性从基本性质上规定了中国现代化实践的出发点和立足点，规定了它的实际内容和价值取向。"③中国实现现代化的道路与西方实现现代化的道路不同，带来的文明也有所区别。西方国家的现代化道路带来资本主义文明，资本主义文明是有局限性的畸形发展的文明。中国发展道路带来的人类文明新形态强调实现人的自由全面发展，是更高级、更全面的文明形态。因此，人类文明新形态和实现中华民族伟大复兴中国梦有着内在必然联系，人类文明新形态是中国式现代化发展的必然结果，是实现中华民族伟大复兴中国梦的现实要求。

在新民主主义革命时期，毛泽东深刻阐明了中国走向现代化的发展道路。1945年4月，毛泽东明确指出："为着中国的工业化和农业近代化而斗

---

① 习近平：《在庆祝中国共产党成立100周年大会上的讲话》，人民出版社，2021年，第2页。

② 《中共中央关于党的百年奋斗重大成就和历史经验的决议》，人民出版社，2021年，第68页。

③ 陶德麟等：《当代中国马克思主义若干重大理论与现实问题》，人民出版社，2012年，第319页。

争"①,可以说这是中国式现代化的最早构想。中国共产党立足中国实际带领中国人民实现了从"走俄国人的路"到"走自己的路"的历史转变。新中国的成立开辟了中国历史新纪元,如何建设社会主义,如何推进中国的现代化,对于中国共产党人来说是一个全新的历史任务,这一历史任务意味着把中国从一个落后的农业国变成一个先进的工业国。中国共产党人团结中国人民创造性地完成了对生产资料私有制的社会主义改造,从新民主主义社会进入社会主义社会。针对这一历史时期取得的伟大成就,习近平总书记曾指出:"我们进行社会主义革命,消灭在中国延续几千年的封建剥削压迫制度,确立社会主义基本制度,推进社会主义建设,战胜帝国主义、霸权主义的颠覆破坏和武装挑衅,实现了中华民族有史以来最为广泛而深刻的社会变革,实现了一穷二白、人口众多的东方大国大步迈进社会主义社会的伟大飞跃,为实现中华民族伟大复兴奠定了根本政治前提和制度基础。"②

改革开放以来,通过什么途径发展社会主义成为首要解决的问题。党的十一届三中全会之后,邓小平创造性地探索了社会主义和现代化的关系,社会主义和市场的关系,开启了我国改革开放和社会主义现代化建设的新时期。1979年,邓小平指出:"我们定的目标是在本世纪末实现四个现代化。我们的概念与西方不同,我姑且用个新说法,叫做中国式的四个现代化。"③随后在中共中央政治局会议上,邓小平又将"中国式的四个现代化"表述为"中国式的现代化",他说:"我同外国人谈话,用了一个新名词:中国式的现代化。到本世纪末,我们大概只能达到发达国家七十年代的水平,人均收入不可能很高。"④这一表述改变了过去要在20世纪末"走在世界前列",赶超世界先进水平的设想,表明中国共产党更加客观地认识和把握社会主义建设

---

①　《毛泽东选集》(第三卷),人民出版社,1991年,第1081页。
②　习近平:《在庆祝中国共产党成立100周年大会上的讲话》,人民出版社,2021年,第5页。
③　《邓小平年谱(1975—1997)》(上),中央文献出版社,2004年,第496页。
④　《邓小平年谱(1975—1997)》(上),中央文献出版社,2004年,第497页。

规律和经济发展规律。

党的十二大确定从1981年末到20世纪末,力争使全国工农业总产值翻两番,使人民的物质文化生活达到小康水平,并且确定了分"两步走"的战略部署。在此基础上,1987年4月,邓小平完整提出了"三步走"的现代化战略构想,并在党的十三大上得到确认。党的十三大提出,到21世纪中叶分三步走,基本实现现代化的战略目标:"第一步,实现国民生产总值比一九八〇年翻一番,解决人民的温饱问题。这个任务已经基本实现。第二步,到本世纪末,使国民生产总值再增长一倍,人民生活达到小康水平。第三步,到下个世纪中叶,人均国民生产总值达到中等发达国家水平,人民生活比较富裕,基本实现现代化。"[①]为实现这个"三步走"战略,党中央确立了"一个中心、两个基本点"的基本路线,将经济建设放在首位,强调处理好改革、发展和稳定的关系。党的十三届四中全会之后,中国共产党在实践中加深了对什么是社会主义、怎样建设社会主义和建设什么样的党、怎样建设党的认识。同时,提出了实现现代化的新"三步走"战略:"第一个十年实现国民生产总值比二〇〇〇年翻一番,使人民的小康生活更加宽裕,形成比较完善的社会主义市场经济体制;再经过十年的努力,到建党一百年时,使国民经济更加发展,各项制度更加完善;到世纪中叶建国一百年时,基本实现现代化,建成富强民主文明的社会主义国家。"[②]党的十六大之后,中国共产党创造性地回答了实现什么样的发展、怎样发展的重大历史课题,提出人民生活总体上要达到小康水平,集中全力建设小康社会,标志着中国共产党对中国现代化建设的认识达到了新的高度。

中国特色社会主义进入新时代以来,以习近平同志为核心的党中央坚持以人民为中心,深刻回答了新时代坚持和发展什么样的中国特色社会主义、怎样坚持和发展中国特色社会主义这一重大时代课题。中国特色社会

---

① 中共中央文献研究室:《十三大以来重要文献选编》(上),人民出版社,1991年,第16页。

② 中共中央文献研究室:《十五大以来重要文献选编》(上),人民出版社,2000年,第4页。

主义新时代是决胜全面建成小康社会,进而全面建成社会主义现代化强国的伟大时代。对于这一历史时期中国共产党带领中国人民取得的伟大成就,习近平总书记明确指出:"党的十八大以来,中国特色社会主义进入新时代,我们坚持和加强党的全面领导,统筹推进'五位一体'总体布局、协调推进'四个全面'战略布局,坚持和完善中国特色社会主义制度、推进国家治理体系和治理能力现代化,坚持依规治党、形成比较完善的党内法规体系,战胜一系列重大风险挑战,实现第一个百年奋斗目标,明确实现第二个百年奋斗目标的战略安排,党和国家事业取得历史性成就、发生历史性变革,为实现中华民族伟大复兴提供了更为完善的制度保证、更为坚实的物质基础、更为主动的精神力量。"[①]

为实现中华民族伟大复兴中国梦,中国共产党领导"建设工业化""建设四个现代化""建设小康社会""全面建设小康社会""全面建成小康社会",构成了实现中国式现代化的重要历史进程。中国式现代化本身是一个历史概念,在不同历史进程中得到不断完善与发展。随着中国式现代化的不断推进,人类文明新形态不断呈现出新的样貌。可以说,人类文明新形态本质上是内生于中国式现代化的历史性创造,是建立在中国式现代化上的伟大实践成果。因此,人类文明新形态总体上呈现出中国特色社会主义道路、理论、制度、文化等层面的发展态势。总之,在实现中华民族伟大复兴的过程中,中国式现代化展现着人类文明新形态的演进路径,为人类文明新形态的创造奠定了坚实的实践基础。

---

① 习近平:《在庆祝中国共产党成立100周年大会上的讲话》,人民出版社,2021年,第6~7页。

三、创造人类文明新形态的世界观和方法论的基本内涵和特征

党的二十大报告提出的"六个必须坚持",即必须坚持人民至上、必须坚持自信自立、必须坚持守正创新、必须坚持问题导向、必须坚持系统观念、必须坚持胸怀天下,是习近平新时代中国特色社会主义思想的世界观和方法论以及贯穿其中的立场观点方法的重要体现。习近平总书记在庆祝中国共产党成立100周年大会上明确指出:"我们坚持和发展中国特色社会主义,推动物质文明、政治文明、精神文明、社会文明、生态文明协调发展,创造了中国式现代化新道路,创造了人类文明新形态。"①习近平总书记关于创造人类文明新形态一系列重要论述,是习近平新时代中国特色社会主义思想的重要组成部分。以"六个必须坚持"为核心内容的习近平新时代中国特色社会主义思想的世界观和方法论,是"两个结合"的产物,为创造人类文明新形态提供了世界观和方法论基础。

(一)"坚持人民至上"彰显人类文明新形态的"人民性"

人类文明由人创造,又为人服务。中国共产党带领中国人民创造的人类文明新形态区别于以资本逻辑为核心的资本主义文明形态,根本原因在于其坚持人民至上、以实现人的自由全面发展为价值旨归。中国共产党领导中华民族创造的中国式现代化实质上是实现人的现代化,只有坚持把实现人民群众的利益作为根本出发点,才能不断把握历史主动,正确判断社会发展趋势,推进人类文明形态向前发展。人民群众是人类文明形态不断发

---

① 《习近平著作选读》(第二卷),人民出版社,2023年,第483页。

展的决定性力量,也是人类文明成果的享有者。"坚持人民至上"集中体现了中国共产党人对群众观点的丰富和发展,蕴藏着党百余年奋斗的成功密码,是创造人类文明新形态的根本思想方法。

1."坚持人民至上"是马克思主义的本质要求

马克思主义人民群众观是"必须坚持人民至上"的理论源头。人民群众是社会历史的主体,是历史的创造者,是社会变迁与发展的主体力量,这是马克思主义最基本的观点之一。从量上看,人民群众占社会人口的绝大多数,从质上看,人民群众是指对社会历史发展起决定作用的人。人民群众随着历史变迁其内容有所变化,但从事物质资料生产的劳动群众始终是人民群众最稳定的主体部分。人民群众是物质财富的创造者,同时是精神财富的创造者,是社会变革的决定性力量——生产关系的变革与社会制度的变动,最终决定于生产力的发展,人民群众既是生产力发展的根本力量,也是实现生产关系变革必须依靠的力量。"必须坚持人民至上",其根本理论逻辑就在于"人民,只有人民,才是创造世界历史的动力。"①

马克思对"现实的人"的界定是我们深入理解人民群众的关键所在。人民群众是一个整体性概念,同时也是一个历史概念。人民群众是推动历史发展的具体的现实的人,是社会历史的主体,是推动社会进步的决定者。马克思主义摒弃了英雄创造历史的观点,认为"历史上的活动和思想都是'群众'的思想和活动"②,第一次明确提出了人民群众是历史的创造者的科学论断。"整个所谓世界历史不外是人通过人的劳动而诞生的过程"③,历史活动是人民群众的事业,必须重视人民群众的主体性和历史主动性。

人民群众是物质财富的创造者,创造了人们吃穿住行等必需的生活资料,也创造了人们进行生产活动的生产资料。马克思曾指出:"一切人类生

---

① 《毛泽东选集》(第三卷),人民出版社,1991年,第1031页。
② 《马克思恩格斯全集》(第二卷),人民出版社,1957年,第103页。
③ 《马克思恩格斯文集》(第一卷),人民出版社,2009年,第196页。

存的第一个前提,也就是一切历史的第一个前提,这个前提是:人们为了能够'创造历史',必须能够生活。但是为了生活,首先就需要吃喝住穿以及其他一些东西。因此第一个历史活动就是生产满足这些需要的资料,即生产物质生活本身。"①人民群众的生产实践是物质财富的源泉,是人们从事其他一切社会活动的基础。"无论不从事生产的社会上层发生什么变化,没有一个生产者阶级,社会就不能生存。因此,这个阶级在任何情况下都是必要的"②,人民群众在社会的生产和再生产的过程中贯穿着体力劳动,不断改进生产工具,总结生产经验,促进了社会生产力的发展,对社会历史的发展起决定作用,创造出人类社会高度发展所需的物质文明,为人类精神文明发展奠定了物质基础。

一部人类文明史,既是一部物质文明发展的历史,也是一部精神文明发展的历史,在这个过程中,人民群众的生产实践活动是一切精神产品形成和发展的重要源泉,例如科学理论、文学艺术都源自人民群众的生活和实践。马克思在论述人民群众是文学艺术的创造者时说过:"希腊艺术的前提是希腊神话,也就是已经通过人民的幻想用一种不自觉的艺术方式加工过的自然和社会形式本身。这是希腊艺术的素材。"③离开了人民群众的生活和实践,就失去了创造精神文明的基础。

人民群众是推动社会变革的决定力量。人类社会的发展归根到底是由社会基本矛盾运动推动的,社会基本矛盾的解决离不开人民群众的广泛参与。马克思主义指出,在阶级社会尤其是在资本主义社会,生产关系和生产力之间存在着不可调和的矛盾。人民群众不断推进生产发展,生产力的不断提高必然会导致生产关系的变革,直至社会形态的完全改变。

---

①　《马克思恩格斯选集》(第一卷),人民出版社,2012年,第158页。
②　《马克思恩格斯全集》(第十九卷),人民出版社,1963年,第315页。
③　《马克思恩格斯选集》(第二卷),人民出版社,1995年,第711页。

2."坚持人民至上"是党余百年奋斗的重要历史经验

坚持人民至上,体现了中国共产党鲜明的价值追求,同时也是中国共产党与其他非马克思主义政党的根本区别之一。中国共产党带领中国人民在新民主主义革命时期、社会主义革命和建设时期、改革开放和社会主义现代化建设新时期以及中国特色社会主义新时代取得成功的核心因素,在于既强调中国共产党的领导作用,又强调人民群众的主体地位和主体作用。中国共产党领导中国人民百余年奋斗的历史进程彰显了人民的力量、人民的精神、人民的品格,为进一步坚持人民至上的世界观和方法论提供了实践基础。

新民主主义革命时期,党面临的主要任务是推翻压在人民头上的三座大山,实现民族独立和人民解放。要完成这个主要任务必须充分认识到人民群众和党的关系。毛泽东提出,"革命战争是群众的战争,只有动员群众才能进行战争"[1],"农民不起来参加并拥护国民革命,国民革命不会成功"[2],由于近代中国半殖民地半封建社会的性质,农民占据全国人口的绝大多数,这就意味着中国共产党领导中国革命战争,必须紧紧依靠农民,从群众中来到群众中去。党的一大明确提出要把"工农劳动者和士兵组织起来"[3],承认党的根本政治目的是开展社会革命。1921年,周恩来起草的"九月来信"中强调红军及群众的关系,这是群众路线第一次出现在正式文件中。毛泽东在《论持久战》中特别强调要坚持群众路线,凝聚群众力量,后来在《关于领导方法的若干问题中》提出"从群众中来、到群众中去"的重要论断。1945年,刘少奇代表党中央在党的七大上对群众路线的内容及重要意义作出阐释,明确群众路线是党的根本政治路线。新民主主义革命时期,党形成了体现人民至上的群众路线,紧紧依靠人民群众,凝聚最广泛的力量,实现了民

---

① 《毛泽东选集》(第一卷),人民出版社,1991年,第136页。
② 《毛泽东文集》(第一卷),人民出版社,1993年,第37页。
③ 《中国共产党历史大事记(1919.5—1987.12)》,人民出版社,1989年,第10页。

族独立和人民解放,为实现中华民族伟大复兴创造了根本条件,为创造人类文明新形态锻造了领导力量、主体力量。

社会主义革命和建设时期,党面临着进行社会主义革命、推进社会主义建设的历史任务。党始终坚持全心全意为人民服务,把实现人民当家作主、改变一穷二白的国家面貌、让老百姓过上幸福生活作为奋斗目标。我国通过宪法确定了国体和政体,为确立人民主体地位提供了重要政治制度保障。"人民,只有人民才是创造历史的动力",是毛泽东对人民群众作为推动历史发展的决定性力量的高度概括与总结。《关于建国以来党的若干历史问题的决议》中指出:"把马克思列宁主义关于人民群众是历史的创造者的原理系统地运用在党的全部活动中,形成党在一切工作中的群众路线,这是我们党长时期在敌我力量悬殊的艰难环境里进行革命活动的无比宝贵的历史经验的总结。"①群众路线体现了中国共产党的性质和宗旨,同时也是党保持先进性和纯洁性的必要条件。毛泽东思想正是在依靠群众力量、推进社会主义建设的实践探索中凝练而成,为新民主主义社会向社会主义社会的转变提供了切实指导,为实现中华民族伟大复兴奠定了根本政治前提和制度基础。

改革开放和社会主义现代化建设新时期,党的奋斗目标是使人民摆脱贫困、尽快富裕起来。邓小平指出,中国实现社会主义现代化必须依靠人民群众,把"人民拥不拥护""人民赞成不赞成""人民高兴不高兴""人民答应不答应"作为衡量工作的最高标准。江泽民在庆祝中国共产党成立80周年大会上强调:"任何时候我们都必须坚持尊重社会发展规律与尊重人民历史主体地位的一致性,坚持为崇高理想奋斗与为最广大人民谋利益的一致性,坚持完成党的各项工作与实现人民利益的一致性。"②这一历史时期实现了人民生活水平的历史性跨越,彰显了"坚持人民主体地位"理念的强大力量,为

---

①　中共中央文献研究室编:《三中全会以来重要文献选编》(下),人民出版社,1982年,第834页。

②　《江泽民文选》(第三卷),人民出版社,2006年,第279页。

实现中华民族伟大复兴提供了充满新的活力的体制保证和快速发展的物质条件。

中国特色社会主义新时代,我们站在"两个一百年"奋斗目标的历史交汇期,开启了全面建设社会主义现代化国家的新征程。党的十八大报告明确指出:"九十多年来,我们党紧紧依靠人民,把马克思主义基本原理同中国实际和时代特征结合起来,独立自主走自己的路,历经千辛万苦,付出各种代价,取得革命建设改革伟大胜利,开创和发展了中国特色社会主义,从根本上改变了中国人民和中华民族的前途命运。"①以习近平同志为核心的党中央始终坚持以人民为中心的发展思想,更加全面深刻地论述了人民至上的时代内涵,他明确指出:"要坚信党的根基在人民、党的力量在人民,坚持一切为了人民、一切依靠人民,充分发挥广大人民群众积极性、主动性、创造性,不断把为人民造福事业推向前进。"②坚持人民至上是党走好新时代新征程的重要方法保障。同时,坚持人民至上是党百余年奋斗成功经验的科学总结,不同历史时期的实践探索和取得的重大成就促成了坚持人民至上的世界观和方法论的形成与发展。

3."坚持人民至上"是创造人类文明新形态的根本思想方法

人民群众是推动社会发展进步的力量源泉,更是创造人类文明新形态的重要动力。习近平总书记明确指出:"人民既是历史的创造者、也是历史的见证者,既是历史的'剧中人',也是历史的'剧作者'。"③人民群众是社会发展的原动力,是创造人类文明新形态的主体力量。党的二十大报告强调:"要站稳人民立场、把握人民愿望、尊重人民创造、集中人民智慧"④,始终坚

---

① 胡锦涛:《坚定不移沿着中国特色社会主义道路前进 为全面建成小康社会而奋斗——在中国共产党第十八次全国代表大会上的报告》,人民出版社,2012年,第10页。

② 习近平:《在庆祝中国共产党成立95周年大会上的讲话》,人民出版社,2016年,第18页。

③ 中共中央文献研究室:《十八大以来重要文献选编》(中),中央文献出版社,2016年,第127页。

④ 习近平:《高举中国特色社会主义伟大旗帜 为全面建设社会主义现代化国家而团结奋斗——在中国共产党第二十次全国代表大会上的报告》,人民出版社,2022年,第19页。

持人民至上、始终把人民放在心中最高位置。坚持人民至上的世界观和方法论，意味着要把人民视为创造人类文明新形态的主体，也从价值取向层面把实现人民的根本利益作为创造人类文明新形态的起点和归宿。

首先，人民群众是创造人类文明新形态的主体。习近平总书记在党的十九大报告中阐明新时代中国特色社会主义基本方略时，指出"人民是历史的创造者，是决定党和国家前途命运的根本力量。必须坚持人民主体地位"[①]，这一命题中的"主体"是历史、实践的主体和价值主体的统一。人民群众是历史发展的主体，始终是历史活动的创造者，更是文明形态演进的推动者；人民群众是实践的主体，始终在认识和改造世界的活动中认识、改造客体；人民群众是价值的主体，一切物质财富和精神财富都是由人民群众在劳动中创造的，理应由人民群众享有其价值。因此，人民群众在社会历史中的作用决定其在创造人类文明新形态中的主要地位。

人民群众作为历史发展的主体，意味着人民群众在百年奋斗的历史进程中创造发展出人类文明新形态。人类文明遵循人类社会发展的历史规律，呈现出从低级到高级、落后到先进、简单到复杂的演进过程。马克思主义发现和总结了人类社会历史发展的一般规律，认为社会主义文明是超越资本主义文明的文明形态。因此，社会主义文明优越于资本主义文明。中国特色社会主义文明是在中国特色社会主义道路中形成的，从本质上来说是在中国共产党领导中国人民迎来从站起来、富起来到强起来的历史飞跃中创造的，中国特色社会主义的历史飞跃和文明的演进跨越具有一致性。人民群众在中国特色社会主义事业的历史进程中，不断推进人类文明形态的演进。

人民群众作为实践的主体，意味着物质文明、政治文明、精神文明、社会文明、生态文明等不同领域的文明，都是由人民群众在生产实践活动中创造

---

① 习近平：《决胜全面建设小康社会 夺取新时代中国特色社会主义伟大胜利——在中国共产党第十九次全国代表大会上的报告》，人民出版社，2017年，第21页。

出来的。文明不是天然形成的,本质上是人们实践活动的产物,是人从事社会活动的产物,因此具备社会属性、实践属性和历史属性。同时,人类在实践与文明彼此作用的过程中创造了文明的生活方式。从文明的实践属性来看,坚持以人民为中心就意味着人民在中国特色社会主义伟大实践中处于主导地位,人民是实现人类文明形态演进的依靠力量。坚持人民群众的实践主体地位,就需要相信和依靠人民群众的集体力量,充分尊重人民群众的首创精神。毛泽东在总结中国革命和建设的历史经验时指出:"共产党最基本的一条,就是直接依靠广大革命人民群众。"①百余年来,党始终发挥人民群众的主体地位,及时总结人民群众的实践经验并不断创新。中国共产党正是依靠广大人民群众的力量,推翻了压在人民头上的"三座大山",党探索出新民主主义理论,解决了半殖民地半封建社会革命和革命胜利后如何建设国家的问题。改革开放以来,党始终相信和依靠人民群众,尊重人民的首创精神,推动中国特色社会主义走向现代化。党坚持将马克思主义基本原理同人民群众实践相结合,尊重群众的首创精神,在顺应时代要求和人民群众意愿中制定党的理论和路线、方针、政策。这是相信和依靠群众的集中表现,无论在哪个历史时期,群众的首创精神都通过实践得以表现,成为推动社会发展的强大动力。中国特色社会主义进入新时代以来,习近平总书记多次强调坚持人民主体地位,要充分发挥人民群众的创造才能,指出"要鼓励地方、基层、群众大胆探索、先行先试,及时总结经验,勇于推进理论和实践创新"②,这是因为,只有尊重人民群众的首创精神,与人民群众不断进行实践探索,才能凝聚力量、汲取智慧。

人民群众作为价值的主体,意味着人民群众既是人类文明新形态的创造者,也是人类文明新形态的享有者。马克思、恩格斯在《共产党宣言》中强调:"过去的一切运动都是少数人的,或者为少数人谋利益的运动。无产阶

---

① 《建国以来毛泽东文稿》(第十二册),中央文献出版社,1998年,第581页。
② 《习近平关于全面深化改革论述摘编》,中央文献出版社,2014年,第48页。

级的运动是绝大多数人的,为绝大多数人谋利益的独立的运动。"①这也就意味着价值创造者和价值享有者是统一的,是不能割裂的,人民群众既创造人类文明新形态,又享有人类文明新形态。

其次,是否把人民利益摆在至关重要的位置是判断人类文明新形态的重要标准。早在抗日战争胜利前夕,毛泽东就明确指出中国共产党区别于其他政党的显著标志在于"和最广大的人民群众取得最密切的联系。全心全意地为人民服务,一刻也不脱离群众;一切从人民的利益出发,而不是从个人或小集团的利益出发"②。他认为只有能够反映和代表人民群众的利益,党和人民群众的关系才是健康的。在改革开放和社会主义现代化建设新时期,邓小平强调:"社会主义阶段的最根本任务就是发展生产力,社会主义的优越性归根到底要体现在它的生产力比资本主义发展得更快一些、更高一些,并且在发展生产力的基础上不断改善人民的物质文化生活。"③江泽民强调:"我们党要始终代表中国最广大人民的根本利益,就是党的理论、路线、纲领、方针、政策和各项工作,必须坚持把人民的根本利益作为出发点和归宿。"他说:"任何时候我们都必须坚持尊重社会发展规律与尊重人民历史主体地位的一致性,坚持为崇高理想奋斗与为最广大人民谋利益的一致性,坚持完成党的各项工作与实现人民利益的一致性。"④胡锦涛提出"以人为本"的科学发展观,指出"全心全意为人民服务是党的根本宗旨,党的一切奋斗和工作都是为了造福人民。要始终把实现好、维护好、发展好最广大人民的根本利益作为党和国家一切工作的出发点和落脚点"⑤。新时代习近平总书记更加鲜明地指出:"人民对美好生活的向往,就是我们的奋斗目标。"⑥同

---

① 《马克思恩格斯选集》(第一卷),人民出版社,2012年,第411页。
② 《毛泽东选集》(第三卷),人民出版社,1991年,第1094~1095页。
③ 《邓小平文选》(第三卷),人民出版社,1993年,第63页。
④ 《江泽民文选》(第三卷),人民出版社,2006年,第279页。
⑤ 《科学发展观重要论述摘编》,中央文献出版社、党建读物出版社,2008年,第30页。
⑥ 《习近平谈治国理政》(第一卷),外文出版社,2018年,第3页。

时也强调："人民就是江山,共产党打江山、守江山,守的是人民的心,为的是让人民过上好日子。我们党的百年奋斗史就是为人民谋幸福的历史。"①虽然他们所处的历史时期不同,但他们对始终将人民利益放在至高无上的位置上的认识有着近乎一致的共识。可以说实现人民利益是党一切工作的出发点,是一个总的原则。没有这一总原则,就没有中国特色社会主义事业的伟大成就。人类文明新形态是始终站在人民的立场,满足人民的利益,并将人民的利益放在至高无上的位置的社会形态,这同其他的文明形态有着根本的区别。

最后,人的全面发展是创造人类文明新形态的价值旨归。从某种程度上来说,人的生存发展与社会主义现代化的进程是内在统一的。按照马克思主义关于人类社会形态的理论,社会主义之所以能替代资本主义,关键在于它能够克服资本主义造成的人的片面、不自由、不充分的发展状态,扬弃人"物的依赖性""人的依赖性",为人的全面发展筑牢各方面基础。人的全面发展意味着人的才能全面发展、人与社会关系充分发展、人的个性自由发展。中国共产党为实现人的全面发展带领着中华儿女进行了矢志不渝艰苦卓绝的奋斗,中国特色社会主义进入新时代,党中央也更加重视人的全面发展和社会发展进步的和谐统一。习近平总书记深刻论述了实现人的全面发展的必要性,他指出:"人类不仅追求物质条件、经济指标,还要追求'幸福指数';不仅追求自然生态的和谐,还要追求'精神生态'的和谐;不仅追求效率和公平,还要追求人际关系的和谐与精神生活的充实,追求生命的意义。"②这一科学论断不仅申明了我们治国理政的基本理念,而且也证实了人的全面发展是创造人类文明形态的价值旨归。总之,中国共产党进行中国特色社会主义的实践证实了人类文明新形态最终要实现的是"保证全体人民在

---

① 《江山就是人民 人民就是江山:习近平总书记系列重要论述综述:2020—2021》,人民日报出版社,2022年,第138页。

② 习近平:《之江新语》,浙江人民出版社,2007年,第150页。

共建共享发展中有更多获得感,不断促进人的全面发展"①。

(二)"坚持自信自立"彰显人类文明新形态的"自主性"

"坚持自信自立"是贯穿习近平新时代中国特色社会主义思想中的重要立场、观点和方法,随着中国式现代化的不断深入,它已经深层融入了建设人类文明新形态的具体实践中。坚持自信自立与人类文明新形态之间在理论逻辑、历史逻辑和现实逻辑上相呼应,并且在理论与实践层面共同创造着新的历史伟业。党的十九届六中全会强调:"党领导人民成功走出中国式现代化道路,创造了人类文明新形态,拓展了发展中国家走向现代化的途径,给世界上那些既希望加快发展又希望保持自身独立性的国家和民族提供了全新选择。"②这一论述生动表现了包含中国在内的独立国家致力于在自信自立基础上构建人类文明新形态的现实要求。

1."坚持自信自立"契合了人类文明新形态的理论诉求

在中国共产党独立自主原则的指导下,"坚持自信自立"要求全党全国既要具有对"四个自信"的深刻认知,又要具有主动投身于社会主义实践的历史自觉。根据"坚持自信自立"的观点,我国开创性地提出区别于其他文明发展道路的人类文明新形态,生动体现了我国对科学社会主义理论及建设现代文明形态的自信自立的底气。可见,"坚持自信自立"与人类文明新形态之间具有深刻的理论逻辑共通点,展现了马克思主义中国化时代化最新理论成果的理论张力。

"坚持自信自立"来源于马克思主义的辩证唯物主义及无产阶级政党学说。一方面,自信自立体现了马克思主义的辩证思维,强调事物发展过程是共性及个性的辩证统一,要坚持实事求是。世界各国拥有不同的历史文化

---

① 习近平:《决胜全面建成小康社会 夺取新时代中国特色社会主义伟大胜利——在中国共产党第十九次全国代表大会上的报告》,人民出版社,2017年,第23页。
② 《中共中央关于党的百年奋斗重大成就和历史经验的决议》,人民出版社,2021年,第64页。

传统和实际状况,而道路选择与各国发展历史息息相关,这决定了我国必须走符合本国国情的独特发展路径。正如习近平总书记所指出的:"独立自主是我们党从中国实际出发、依靠党和人民力量进行革命、建设、改革的必然结论。"①正因此,中国共产党人在准确把握我国社会主要矛盾的基础上规划出了自己的发展道路。另一方面,自信自立体现了马克思的无产阶级政党学说,注重以独立自主原则处理各项事务,保证无产阶级政党的独立性,不受资本主义力量的裹挟。马克思、恩格斯认为:"工人的政党不应当成为某一个资产阶级政党的尾巴,而应当成为一个独立的政党,它有自己的目的和自己的政治。"②正因此,中国共产党人在独立探索道路中保持精神和实践上的自信自立,追求无产阶级政党独立领导下的人类文明新形态。

人类文明新形态是一种新的社会主义文明理论,摒弃了资本逻辑而展现出新的文明走势。人类文明新形态融合了世界文明的普遍性及中华文明的特殊性,这种"新"正是贯彻"自信自立"的生动体现。从普遍性上来看,人类文明新形态既吸收了工业革命以来的发展成果,又超越了资本主义文明,阐发了兼顾世界人民合理需求的指向共产主义的开创性文明。从特殊性上来看,人类文明新形态是习近平新时代中国特色社会主义思想指导下的全新理论表达,打造了凝练中国话语和蕴含中国精神的中国式现代化道路。在人类文明新形态建设过程中,中国共产党人接续保持自身的独立性,深化"坚持自信自立"的理论原则,推动了当代中国实现伟大变革。

2."坚持自信自立"提升了人类文明新形态的文化自信底气

"坚持自信自立"作为习近平新时代中国特色社会主义世界观和方法论的呈现具有深厚的理论底蕴,其来自源远流长的中华传统文化及党百余年来的历史奋斗经验。这种自信自立映射在人类文明新形态中,展现了新的文明形态辩证继承和弘扬了中华文明的精神特质,延续和发展了党救亡图

---

① 习近平:《必须坚持自信自立》,《求是》,2024年第14期。
② 《马克思恩格斯选集》(第三卷),人民出版社,2012年,第170页。

存的革命和建设征程。可见,无论是"坚持自信自立"还是人类文明新形态,二者在历史逻辑上是一脉同源的,都深深根植于中国大地的土壤中。

"坚持自信自立"不仅彰显了中华民族五千多年来的文明风骨,而且提供了中国共产党人开拓进取的不竭动力。一方面,自信自立凝结了自强不息的民族精神,构成中华民族精神世界的一部分。中国所独有的文明体系催生了与众不同的价值文明,它能够延绵不绝的秘密就在于中华民族具有强烈的民族荣誉感,高度认同本民族文化;还在于中华民族自强不息的意志力,始终依靠自己走过漫漫征途;更在于中华民族破旧立新的开拓精神,抛弃古法旧制以创新未来。正因此,"坚持自信自立"实现了对中华民族精神实质的继承与升华,契合于本民族热衷独立自主发展的心理机制。另一方面,自信自立展现了共产党人的精神面貌,熔铸精神伟力去应对严峻的斗争形势。纵观新民主主义革命以来的奋斗史,中国共产党人在失败的血泪中逐渐意识到了独立自主发展的现实意义,自主探索具有中国特色的发展道路,特别是建设性地提出了不同于苏俄的"农村包围城市,武装夺取政权"的革命战略。正因此,"坚持自信自立"突破了意识形态的束缚进而重塑精神品质,创造出了具有中国特色的理论成果和历史成就。

回溯历史长河,人类文明发展史上也曾涌现出各种昙花一现的文明形态,却只有中华民族的文明样态能够成为标识。这是因为人类文明新形态立足千年中华文明和百年奋斗党史,呈现了中华民族自尊自强与中国共产党人自信自立的精神风貌。从对中华优秀传统文化的创新与超越的维度来看,人类文明新形态落实了"第二个结合"的重要倡议,着力赓续优秀的中华传统文化,表现出深厚的文化自信。同时,自强不息的传统内生力量赋予了我们创造人类文明新形态的不竭动力,基于此,这种开创性文明才能不断换羽新生。从对党史文化的反思与弘扬的维度上看,人类文明新形态在选择上打破了以往僵化思维,放弃了曾效仿过的多种发展模式,中国式现代化发展得以大放异彩。

3."坚持自信自立"助推了中国式现代化创造人类文明新形态

"坚持自信自立"除了具有科学的理论依据及深厚的历史底蕴,还具有明确的实践要求。在新时代新征程的全新历史起点上,中国共产党人基于自信自立推进伟大事业,提出了发展中国式现代化的宏伟目标。中国式现代化是一种全新的文明形态,汇聚了中国人民对创造人类文明新形态的现实诉求,突显了中国人民在"坚持自信自立"的前提下进行道路探索的重大创新。可见,"坚持自信自立"与创造人类文明新形态在实践逻辑上都渴望寻求到中国所独有的社会主义现代化道路。

"坚持自信自立"为创造现代化文明道路提供了原则遵循,也为完成中国式现代化发展加注了驱动力量。一方面,"坚持自信自立"是提出不同于西方现代化发展方案的必要条件,有利于推动中国式现代化的形成和发展。近代中国一直以实现现代化作为孜孜以求的发展目标,中国共产党人也清楚意识到了现代化不等于西方化,绝不能将资本主义的现代化发展模式奉为圭臬,我们要谋划属于自己的发展道路。故而,中国共产党人从实际出发,构建中国式现代化的发展方案,为世界各国带来重要启示。这种现代化不会因为自身前进道路中的种种矛盾而中止,更不会因为外部世界袭来的种种威胁而中断。正因此,"坚持自信自立"促进了兼具现代化共同特征和中国特色的中国式现代化登上历史舞台。另一方面,"坚持自信自立"有利于推动中国式现代化不断发展,进而实现中华民族伟大复兴。在中国式现代化的进程中,我们以自信自立作为发展动能,既要开放包容地对待国外优异的文明成果,又要坚定不移地立足本国基础培育中国特色社会主义文明。正因此,"坚持自信自立"激励我国不断自力更生、艰苦奋斗,谱写中国式现代化新的篇章。

中国式现代化创造了人类文明新形态,这两者之间具有内在一致性,

"人类文明新形态是中国式现代化道路的内生文明"①。进言之，"坚持自信自立"助推了中国式现代化创造人类文明新形态的历史进程。其一，从中国式现代化的突出优势上看，这种现代化模式展现了一种全新的文明形态。中国式现代化的系统架构中包含了高质量发展、全过程人民民主以及丰富人民精神世界等一系列本质要求，对应了人类文明新形态中经济、政治、文化、社会以及生态文明"五位一体"的总体布局。五大文明协调发展的社会主义文明形态彰显了中华民族的自立精神，打破了单一的发展格局，描绘了特色鲜明、优势突出的崭新发展图景，指明了人类文明进步的未来方向。其二，从中国式现代化的发展趋势上看，现代化开辟了具有世界意义的人类文明新形态。中华民族所独创的这条和平发展的现代化道路，为全人类携手同行提供了中国智慧、中国方案、中国力量。

（三）"坚持守正创新"彰显人类文明新形态的"创新性"

人类文明新形态是一种崭新的文明形态，是超越资本主义文明的全新创造。这种创造不是随意的，而是具有明显的演进特征的，是在坚守马克思主义基本立场观点方法的基础上，对中国特色社会主义文明的创新。党的二十大报告首次把"坚持守正创新"明确为坚持马克思主义立场观点与方法的具体体现，并创造性地确立了守正创新在党和国家各项事业中的指导地位。"我们从事的是前无古人的伟大事业，守正才能不迷失方向、不犯颠覆性错误，创新才能把握时代、引领时代。我们要以科学的态度对待科学、以真理的精神追求真理，坚持马克思主义基本原理不动摇，坚持党的全面领导不动摇，坚持中国特色社会主义不动摇，紧跟时代步伐，顺应实践发展，以满腔热忱对待一切新生事物，不断拓展认识的广度和深度，敢于说前人没有说过

---

① 李铁英、张豪永：《人类文明新形态的生成逻辑、文明呈现与理论超越》，《延边大学学报》（社会科学版），2024年第1期。

的新话,敢于干前人没有干过的事情,以新的理论指导新的实践。"①可以说,守正创新在新时代焕发着马克思主义方法论的绚丽光彩,并且在中国共产党领导中国人民百余年奋斗的历史征程中得到充分印证。因此,我们可以通过阐明"守正创新"的观点来具体形象地理解和把握人类文明新形态的创新性。

1."坚持守正创新"是马克思主义自身发展的必然要求

坚持守正创新是马克思主义永葆生机活力的必要条件。"马克思主义一定要向前发展,要随着实践的发展而发展,不能停滞不前"②,停滞的理论将失去生命力。坚持守正创新是新时代中国共产党人观察问题、分析问题、解决问题的重要立场观点方法之一,贯穿于习近平新时代中国特色社会主义思想之中。

从历史逻辑来看,坚持守正创新是党百余年奋斗得出的珍贵经验。中国共产党成立以来,在四个历史时期的奋斗中创造了伟大成就,这些伟大成就的取得都与坚持守正创新息息相关。新民主主义革命时期,党开创农村包围城市、武装夺取政权的中国革命新道路,是对马克思主义革命理论和俄国十月革命道路的守正创新,最终推翻"三座大山",建立了新中国。社会主义革命和建设时期,党坚持守正创新,明确提出马克思主义基本原理与中国具体实际的"第二次结合",毛泽东引领全党取得了建设社会主义的一系列理论成果、物质成果,宣告中国共产党"善于建设一个新世界"。改革开放和社会主义现代化建设新时期,党坚持守正创新,掌握历史主动,以"四个基于"的历史性把握,推动中国大步伐发展、大踏步赶上时代。中国特色社会主义新时代,以习近平同志为核心的党中央统筹推进"五位一体"总体布局、协调推进"四个全面"战略布局,在坚持马克思主义的基础上全面发展马克

---

① 习近平:《高举中国特色社会主义伟大旗帜 为全面建设社会主义现代化国家而团结奋斗——在中国共产党第二十次全国代表大会上的报告》,人民出版社,2022年,第20页。

② 《毛泽东文集》(第七卷),人民出版社,1999年,第281页。

思主义,自信自强、守正创新,取得了打赢脱贫攻坚战、如期完成第一个百年奋斗目标的历史性任务,并乘势而上开启了全面建设社会主义现代化国家的新征程,中华民族迎来了站起来、富起来到强起来的伟大飞跃,中华民族伟大复兴进入不可逆转的历史进程。在四个历史时期的接续奋斗中,中国化时代化马克思主义不断发展,从毛泽东思想到习近平新时代中国特色社会主义思想,党坚持守正创新,不仅推动党领导人民在实践方面取得伟大成就,而且在实践基础上推进了马克思主义中国化时代化的历史进程,推动了马克思主义自身的重大发展。

从理论逻辑来看,坚持守正创新是马克思主义唯物辩证法的内在要求。"辩证法在对现存事物的肯定的理解中同时包含对现存事物的否定的理解"[①],这就要求,在看到事物肯定性的方面的同时,还要看到事物否定性的方面,根据新的条件变化,促进事物向更高发展阶段跃升。某一事物的发展意味着对肯定性因素的保留以及对否定性因素的扬弃,分别对应于"守正"与"创新"。守正创新是守正与创新的结合,是推动事物发展的内在逻辑。马克思主义自身发展也符合守正创新的内在逻辑要求,这也是马克思主义永葆生机活力的源泉。马克思主义中国化时代化发展的过程,也是不断实现对马克思主义守正创新的过程。

从现实逻辑来看,坚持守正创新是以党的创新理论引领新时代新征程的客观要求。统筹中华民族伟大复兴战略全局和世界百年未有之大变局,应对国内国际风险挑战,我们已经具备了更为完善的制度保证、更为坚实的物质基础、更为主动的精神力量,这是我们的底气所在,但是与此同时,我们必须居安思危,以强烈的忧患意识和使命担当继续推进实践基础上的理论创新,以马克思主义守正创新之更为丰硕的理论成果引领新时代新征程取得更加辉煌的发展成效。这一现实要求意味着必须坚持守正创新,继续发

---

① 《马克思恩格斯文集》(第五卷),人民出版社,2009年,第22页。

展当代中国马克思主义、21世纪马克思主义。

此外,坚持守正创新还是对中华优秀传统文化中"明察守正""守正为心"和"周虽旧邦,其命维新"等的创造性转化和创新性发展,是通过"两个结合"让马克思主义自身实现发展的文化根基。

正因为如此,新时代,习近平总书记在不同场合多次阐述对坚持守正创新的科学认识。2019年,习近平总书记在参加全国政协十三届二次会议的文化艺术界、社会科学界委员联组会上指出,文化艺术界、社会科学界要"紧紧围绕举旗帜、聚民心、育新人、兴文化、展形象的使命任务,在正本清源上展现新担当,在守正创新上实现新作为,马克思主义指导地位更加巩固,为人民创作的导向更加鲜明,文化文艺创作生产质量不断提升,中国特色哲学社会科学建设加快推进,取得了显著成绩"①。2019年5月14日,习近平总书记强调:"中华民族是守正创新的民族。中华文明绵延传承至今从未中断,从不具有排他性,而是在包容并蓄中不断衍生发展。"②在庆祝中国共产党成立100周年的大会上,习近平总书记明确指出:"为了实现中华民族伟大复兴,中国共产党团结带领中国人民,自信自强、守正创新,统揽伟大斗争、伟大工程、伟大事业、伟大梦想,创造了新时代中国特色社会主义的伟大成就。"③2021年11月11日,习近平总书记在省部级主要领导干部学习贯彻党的十九届六中全会精神专题研讨班上的重要讲话中强调党应该"坚持解放思想、实事求是、守正创新,更好把坚持马克思主义和发展马克思主义统一起来,坚持用马克思主义之'矢'去射新时代中国之'的',继续推进马克思主义基本原理同中国具体实际相结合、同中华优秀传统文化相结合,续写马克思主义中国化时代化新篇章"④。

① 《习近平谈治国理政》(第三卷),外文出版社,2020年,第322页。
② 《习近平同希腊总统帕夫洛普洛斯会谈》,《光明日报》,2019年5月15日。
③ 习近平:《在庆祝中国共产党成立100周年大会上的讲话》,人民出版社,2021年,第6页。
④ 习近平:《继续把党史总结学习教育宣传引向深入 更好把握和运用党的百年奋斗历史经验》,《人民日报》,2022年1月12日。

坚持守正创新是中国共产党领导中国人民团结奋斗,不断推动中国特色社会主义取得伟大成就的指导力量。"守正"强调要坚守正道,遵守客观规律,按客观规律办事,"创新"是指创造性地认识和改造事物,打破固有的,寻求新的认识和实践成果。坚持守正创新是继承性与发展性、原则性和创造性、普遍性与特殊性辩证统一的世界观和方法论,是辩证唯物主义和历史唯物主义在新时代的生动体现。

2.遵循实事求是思想路线的"守正创新"

坚持守正创新是实事求是思想路线在中国特色社会主义新时代的运用与发展。党的思想路线即一切从实际出发,理论联系实际,实事求是,在实践中检验真理和发展真理。实事求是,是对党的思想路线的集中概括。坚持守正创新,守正就是坚持真理、坚守正道,坚持马克思主义基本原理不动摇;创新就是大胆探索、开辟新境界,敢于说新话、敢于兴新事、善于开新局。守正和创新相辅相成、有机统一,是继承和发展、原则性和灵活性的辩证统一,而其立足点就在于把握实际、立足实际,坚持所应坚持、创新所应创新,以实的精神、作风和手段去坚守同时去发展,用马克思主义之"矢"去射新时代中国之"的",使之符合实际、符合事物发展内在规律。

人类文明新形态的创新性体现在它是遵循实事求是思想路线的守正创新。实事求是的思想路线并不是一次性确定的,而是有其内在的确立与发展的过程的。毛泽东坚持实事求是,强调从实际出发、理论联系实际等。党的七大将实事求是确立为党的思想路线。党的十一届三中全会之后,邓小平提出要恢复党的实事求是思想路线,并为实事求是思想路线增加了新内容。邓小平强调:"实事求是,是无产阶级世界观的基础,是马克思主义的思想基础。过去我们搞革命所取得的一切胜利,是靠实事求是;现在我们要实现四个现代化,同样要靠实事求是。"[①]

---

① 《邓小平文选》(第二卷),人民出版社,1994年,第143页。

中国特色社会主义进入新时代,习近平总书记强调:"要防止出现颠覆性错误,就要深入认识共产党执政规律、社会主义建设规律、人类社会发展规律,而要认识规律,就要牢牢掌握和运用辩证唯物主义和历史唯物主义,牢牢掌握和运用中国特色社会主义理论体系。"①可以说,社会主义文明形态就是在对客观规律的认识和把握的基础上发展起来的。"我们要准确把握时代大势,勇于站在人类发展前沿,聆听人民心声,回应现实需要,坚持解放思想、实事求是、守正创新。"②这一表述深刻地揭示了守正创新与解放思想、实事求是的思想路线是一脉相承的,表明人类文明新形态正是在对实事求是思想路线的守正创新中不断呈现出来的。这也例证了人类文明新形态的创造是在坚持实事求是思想路线,坚持一切从实际出发,遵循社会、经济、自然等不同领域不同层面的客观规律的基础上的"守正创新"。

3.坚持科学社会主义基本原则的"守正创新"

人类文明新形态本质上是独具中国特色的社会主义文明形态。它既符合人类文明形态发展演变的一般规律,又具有显著的时代特征和中国特色,是普遍性与特殊性的辩证统一。习近平总书记指出:"中国特色社会主义,是科学社会主义理论逻辑和中国社会发展历史逻辑的辩证统一,是根植于中国大地、反映中国人民意愿、适应中国和时代发展进步要求的科学社会主义。"③人类文明新形态作为新时代中国特色社会主义的重要组成部分有着鲜明的中国特色。可以说,人类文明新形态是科学社会主义扎根于中国大地,不断生长成熟结出的文明硕果。

科学社会主义是马克思主义的重要组成部分,揭示了人类社会的发展规律,指明社会主义代替资本主义是历史发展的总趋势。一百多年前,《共

---

① 习近平:《在全国党校工作会议上的讲话》,人民出版社,2016年,第14~15页。
② 习近平:《更好把握和运用党的百年奋斗历史经验》,《求是》,2022年第13期。
③ 中共中央文献研究室:《习近平关于实现中华民族伟大复兴的中国梦论述摘编》,中央文献出版社,2013年,第26页。

产党宣言》的发表标志着科学社会主义的形成,对社会主义的未来发展起着引领作用。马克思、恩格斯在《共产党宣言》中集中总结并阐释了科学社会主义必须坚持的基本原则,即坚持无产阶级专政、坚持生产资料公有制和发展生产力等。这些原则是科学社会主义的基本原则,同时也是创造人类文明新形态必须坚持的基本原则。习近平总书记强调:"科学社会主义基本原则不能丢,丢了就不是社会主义。"①这深刻表明,人类文明新形态本质上是社会主义文明形态,是坚持科学社会主义基本原则同时又具有鲜明中国特色的文明形态,人类文明新形态的发展道路的价值旨归便是实现科学社会主义。

人类文明新形态是对科学社会主义基本原则的守正创新,是立足马克思主义理论发展与中国特色社会主义建设的双重需要之上的守正创新,是坚守科学社会主义的"正",创中国特色社会主义的"新"。坚持科学社会主义基本原则的守正创新意味着人类文明新形态是彻底解放生产力、大力发展生产力的新形态;代表着人类文明新形态是超越资本主义文明全面展现中国特色社会主义道路、理论、制度、文化优越性的新形态;象征着人类文明新形态是党领导中国人民坚持人民立场创造的新形态。

(四)"坚持问题导向"彰显人类文明新形态的"现实性"

"坚持问题导向"是习近平新时代中国特色社会主义思想的科学体系中重要的世界观和方法论,也是构筑人类文明新形态的重要指引。问题是推进人类文明发展的先声,它反映着当下人类文明形态存在的弊病,代表着世界人民对于人类文明新形态的渴望。因此,坚持问题导向是构筑人类文明新形态的首要前提。没有问题意识就创造不出人类文明新形态,只有直面人类文明的发展问题,解决世界人民的共同难题,才能真正引领人类文明,

---

① 《习近平谈治国理政》(第三卷),外文出版社,2020年,第76页。

推动人类文明永续发展。

1."坚持问题导向"继承并发扬了中华优秀传统文化的忧患意识

中国式现代化所创造的人类文明新形态虽然是在新时代的背景下生成的,但其具备丰富而强大的历史文化底蕴。中华文化博大精深,经过数千年的时间积淀,其中所蕴含的忧患意识在解决当代人类所面临的文明难题上焕发出了新的时代活力。

中华优秀传统文化蕴含着指向问题、解决问题的忧患意识,忧患意识是中华优秀传统文化的重要组成部分。从先秦儒家的孔子强调思考问题是解决一切事端的开始,"疑是思之始,学之端",以及孟子的处事之道,"君子深思熟虑,而后行;小人忧心忡忡,而后动"(《孟子·告子上》);到法家的管仲提出以人为本的民本思想,"政之所兴,在顺民心。政之所废,在逆民心"(《牧民》),将民众所关心的问题当作治国理政的根本问题;再到道家的老子在有无之间所悟到的,只有可以践行的具体规范才能解决问题,才是适用的道。尽管古代思想家们并未明确提出"问题意识"一词,但是主动思考问题、善于发现问题、力求提出问题始终都是他们所关注的共同课题。正因如此,中华优秀传统文化才能一直保持生机活力,并为我们今天构筑人类文明新形态带来重要启发。

"坚持问题导向"继承了中华优秀传统文化的忧患意识,体现了中国共产党发现问题、分析问题以及解决问题的思想智慧。"要善于从中华优秀传统文化中汲取治国理政的理念和思维,广泛借鉴世界一切优秀文明成果,不能封闭僵化,更不能一切以外国的东西为圭臬,坚定不移走中国特色社会主义道路。"①中国共产党的百余年奋斗史本身就是一部发现问题、解决问题的顽强拼搏史。新民主主义革命时期,中国共产党直面内忧外患、民不聊生的国家问题,竭力争取民族独立和人民解放;社会主义革命和建设时期,中国

---

① 《习近平在四川考察时强调 深入贯彻新发展理念主动融入新发展格局 在新的征程上奋力谱写四川发展新篇章》,《人民日报》,2022年6月10日。

共产党解决了如何在旧中国一穷二白的基础上建设社会主义道路的问题；改革开放新时期，中国共产党面临着如何在新旧制度更替的背景下开展现代化建设的难题。新时代，中华民族正处于民族复兴的关键时期，党和国家事业迎来了最好的时代发展机会。同时，我们也要清醒地认识到，由于国际局势的不稳定和国内形势所发生的深刻变化，把握关键问题、解决实际问题仍是当前工作的关键着力点。对于进一步发展中国式现代化，必须"坚持目标导向和问题导向相结合，奔着问题去、盯着问题改，坚决破除妨碍推进中国式现代化的思想观念和体制机制弊端"①。同样，对于新时代发展人类文明新形态，我们也要以实现人类幸福为导向，关注全人类所面临的共同问题，解决人类文明想要实现永续发展的共同难题，推动世界历史向前发展。

2."坚持问题导向"体现了辩证唯物主义世界观和方法论

马克思主义诞生伊始就是对于社会现实问题的反思与批判，今天，我们在构筑人类文明新形态上所坚持的问题导向也正是对马克思主义关注现实问题的延续。在马克思主义中国化时代化的过程中，关注现实的问题意识得到了不断的丰富与创新，并为解决现实问题持续提供着方法指引。

现实存在的问题既是辩证唯物主义生成的内在动力，也是辩证唯物主义创新发展的源头活水。在马克思、恩格斯看来，问题无处不在，问题无时不有，马克思主义理论的创立就是由批判19世纪40年代西方社会的现实问题而来。立足实践，以实事求是的态度在现实世界中发现问题、分析问题和解决问题是辩证唯物主义所要求的方法论原则。马克思指出："哲学家们只是用不同的方式解释世界，问题在于改变世界。"②在科学理论的指导下，摒弃脱离现实的空想理论，结合实际情况，以批判的眼光探索事物发展的规律，抓住问题本质，进而提出切实可行的解决方法是辩证唯物主义所呈现的

---

① 《习近平主持召开企业和专家座谈会强调 紧扣推进中国式现代化主题 进一步全面深化改革》，《党建》，2024年第6期。

② 《马克思恩格斯选集》（第一卷），人民出版社，1995年，第57页。

科学方法论。与此同时,在不断变化的社会环境中,"坚持问题导向"的引领是辩证唯物主义创新发展的实践要求。马克思主义坚持用开放、全面、发展的眼光看待问题本身,并且结合具体实践得来的有益经验进行丰富改进,理论才得以持续创新发展。

"坚持问题导向"是创新发展中国化时代化的马克思主义的必要前提,也是科学社会主义在中国特色社会主义伟大实践中不断发展和完善的重要途径。中国化时代化的马克思主义是一个不断开放发展的理论体系。所谓"开放发展",其一,要及时发现时代问题,以实事求是的态度直面重大问题,继而才能针对问题,运用科学理论指导实际工作,解决实际问题,使中国特色社会主义建设水平不断提升。中国化时代化的马克思主义正是在问题意识的指引下,攻克了一个又一个社会主义建设实践难题和理论难题,促使问题意识在中国得到进一步检验与发展。并且,在"坚持问题导向"与中国特色社会主义伟大实践的结合过程中,科学社会主义也得到了丰富和发展。如何以更独特的角度、更超前的意识去发现问题、分析问题、解决问题,是问题意识随着时代变化需要提升的部分。中国特色社会主义在今天取得的巨大成就为增强问题意识提供了充足养分,使其能够更好地服务于中国化时代化的马克思主义发展的需要、中国特色社会主义建设的需要以及人类文明新形态建设的需要。

3."坚持问题导向"指明了构筑人类文明新形态的价值旨归

西方现代性主导下的人类文明形态在为世界带来现代化发展的同时,也带来了包括社会不平等、资源枯竭等发展问题在内的现代化弊端。资本主义的文明逻辑内在决定了西方主导下的人类文明形态必然不适用于所有国家,由中国所倡导的人类文明新形态针对当前存在的人类文明发展问题,摒弃资本逻辑,强调以人为本,实现了对以往的人类文明旧形态的扬弃,为世界人民对现代化道路的探索作出了新贡献。

"坚持问题导向"助力人类文明新形态批判超越资本主义文明形态。在资本逻辑框架中,作为主体的人从属于资本。由于劳动过程与劳动目的的分离,人不再能够通过生产确证自己,逐渐沦为物的附属物,人与人之间的关系也被物的关系所掩盖。由于资本逻辑本身存在着这样的固有问题,贯穿着文明与野蛮的悖论,所得到的现代化成就是以人类自身的异化和物化为代价。因此,人的个体性在资本主义文明形态中无法得到完全实现。而中国创造的人类文明新形态是对资本主义文明形态的批判超越,肩负着真正实现人的个体性的历史任务。"现代化道路最终能否走得通、行得稳,关键要看是否坚持以人民为中心。"[①]以问题意识为引领的中国式现代化始终强调要摒弃资本逻辑,坚持以人民为中心,追求人的真正个性发展,在超越资本逻辑局限性的过程中指明了实现全人类自由解放的价值旨归。

"坚持问题导向"指引着人类文明新形态直面人类生存问题,推动人类文明转型升级。今天的人类文明还未从人与人、人与物、人与自身关系的失衡状态中走出去,资源掠夺、强权政治、贸易壁垒等国际问题常有发生,原有的人类文明模式已经步入了变革期,各种不确定因素明显增多,矛盾与冲突随时爆发,人类站在新的十字路口,急需进行调整重塑。在中国共产党领导下,内蕴人类命运共同体理念的人类文明新形态,包含着平等、正义、和谐等人类文明永续发展的基本原则,倡导求同存异合作共赢的新发展理念,符合世界人民对人类文明的美好展望。中国向世界人民昭示的人类文明新形态,是在"扬"中华文明优秀成果,"弃"西方文明发展糟粕,吸收借鉴各国优秀文化元素基础上创造而来的,让世界人民看到了全新的文明可能性,为真正实现人的全面发展奠定了基础。

(五)"坚持系统观念"彰显人类文明形态的"系统性"

系统是一切事物存在的方式,正如习近平总书记指出:"必须坚持系统

---

① 习近平:《携手同行现代化之路——在中国共产党与世界政党高层对话会上的主旨讲话》,人民出版社,2023年,第2页。

观念。万事万物是相互联系、相互依存的。只有用普遍联系的、全面系统的、发展变化的观点观察事物，才能把握事物发展规律。"①中国共产党长期坚持系统观念这一马克思主义认识论和方法论的重要范畴，领导中国式现代化创造的人类文明新形态，是全面均衡、宏观谋划、整体发展的系统性存在。

1.系统观念是中国共产党的科学思想方法

自觉从整体的、联系的、发展的视角去把握事物本质及其发展规律，善于运用系统观点洞察问题、分析问题、解决问题，是中国共产党在带领中国人民创造人类文明新形态过程中遵循的重要思想方法和工作方法。

系统观念之所以成为中国共产党人把握人类文明新形态的科学分析工具，是因为二者之间具有内在联系。作为马克思主义唯物辩证法的重要组成部分，系统观念是以事物的普遍联系为前提，进而揭示事物的整体存在、辩证关系与系统规律的辩证思维方式。马克思在《资本论》中明确指出："现在的社会不是坚实的结晶体，而是一个能够变化并且经常处于变化过程中的有机体。"②这揭示了人类社会作为一种系统性存在，处于普遍联系和永恒发展的运行规律。恩格斯则借助现代自然科学的硕果，强调"关于自然界所有过程都处在一种系统联系中的认识，推动科学到处从个别部分和整体上去证明这种系统联系"③，表明坚持系统观念在人类社会历史发展中具有重要价值。这就意味着，人类所创造的文明也是一种系统性的文明。这种系统性特质要求我们必须坚持用系统观念去看待人类文明新形态的基本规律和发展趋势。

以马克思主义为指导思想的中国共产党人，在百余年奋斗历程中，坚持

---

① 习近平：《高举中国特色社会主义伟大旗帜 为全面建设社会主义现代化国家而团结奋斗——在中国共产党第二十次全国代表大会上的报告》，人民出版社，2022年，第20页。

② 《马克思恩格斯选集》（第二卷），人民出版社，1995年，第102页。

③ 《马克思恩格斯全集》（第二十六卷），人民出版社，2014年，第40页。

并善于从系统观点出发去认识世界并改造世界。在革命战争时期,毛泽东以具有鲜明系统性特征的战略思维把握斗争形势与战争规律,回答了诸如着重解决无产阶级领导权、解放战争是以攻城夺地为主还是消灭敌人有生力量为主等重大问题,为独立自主地创造人类文明新形态奠定了先决条件。在社会主义建设时期,毛泽东提出正确处理"十大关系",并补充"工业和农业,沿海和内地,中央和地方,国家、集体和个人,国防建设和经济建设,这五条是主要的"①,反映出这一时期中国共产党人在探索文明之路过程中对整体和重点问题认识的深化。改革开放以来,邓小平坚持把建设有中国特色的社会主义作为系统工程来加以谋划,明确指出:"现代化建设的任务是多方面的,各个方面需要综合平衡,不能单打一。"②既强调以经济建设为中心,又注重整体推进,提出"两手抓两手都要硬",打通了创造人类文明新形态的"快车道"。

习近平总书记指出:"党中央坚持系统谋划、统筹推进党和国家各项事业,根据新的实践需要,形成一系列新布局和新方略,带领全党全国各族人民取得了历史性成就。在这个过程中,系统观念是具有基础性的思想和工作方法。"③把"坚持系统观念"放置在世界观和方法论的层面上加以强调。这一深刻洞见,充分把握住人类文明新形态"有机性"的关键,即"五个文明"要素彼此依存、相互联系、相互作用,在协调发展的过程中能够按照一定秩序构成相对稳定的平衡系统。这进一步丰富和发展了人类文明的内容结构,且深化了各文明要素之间的辩证关系,充分彰显了全新人类文明形态的科学性、人民性、进步性。

人类文明新形态发展和丰富了人类文明的进步方式,必须将其作为一个有机统一的系统工程来对待,"加强对各领域发展的前瞻性思考、全局性

①　《毛泽东文集》(第七卷),人民出版社,1999年,第370页。
②　《邓小平文选》(第二卷),人民出版社,1994年,第250页。
③　《习近平谈治国理政》(第四卷),外文出版社,2022年,第117页。

谋划、战略性布局、整体性推进"①。一是加强前瞻性思考。这就要求我们坚持中国特色社会主义性质和方向,牢牢把握"两个大局"带来的新机遇和新挑战,把历史、现实和未来发展贯通起来把握趋势、辨明方向;把近期、中期和远期目标统筹起来谋划,敏锐洞悉可能面临的风险挑战,做到未雨绸缪、把握主动。二是加强全局性谋划。当前,无论是在"五大文明"之间,还是在各文明内部,推进改革发展往往牵一发而动全身。我们必须把党和国家事业发展的全局作为出发点和落脚点,统筹处理好全局与局部的关系,避免陷入顾此失彼的境地,影响大局发展。三是加强整体性推进。坚持系统观念,实现人类文明新形态的整体性推进,要求坚持"两点论"和"重点论"的统一,"在兼顾一般的同时紧紧抓住主要矛盾和矛盾的主要方面,以重点突破带动整体推进,在整体推进中实现重点突破"②。

2.人类文明新形态遵循系统观念中的整体性原则

人类文明新形态,作为中国特色社会主义的璀璨文明成果,其本质是一个系统性范畴,严格遵循着整体性原则。实践证明,唯有全面、协调地推进社会各领域的文明发展,才能充分发挥整体性文明的功能。

人类文明新形态是以"五大文明"为基础构建的、具有整体统一指向性的新文明范式。马克思曾指出:"粗率和无知之处正在于把有机地联系着的东西看成是彼此偶然发生关系的、纯粹反思联系中的东西。"③因此,事物内部及诸事物之间皆为相互联系的有机整体。系统观的整体性原则是其首要观点,强调以全面的、发展的、辩证的、普遍联系的观点认识问题和解决问题,通过一定结构将系统内部各要素有机统一起来,使系统整体具有与其组成要素不同的属性并影响各要素的发展方向和发展趋势。在庆祝中国共产

①　习近平:《论把握新发展阶段、贯彻新发展理念、构建新发展格局》,中央文献出版社,2021年,第13页。

②　习近平:《在省部级主要领导干部学习贯彻党的十八届五中全会精神专题研讨班上的讲话》,人民出版社,2016年,第37~38页。

③　《马克思恩格斯全集》(第三十卷),人民出版社,1995年,第29页。

党成立 100 周年的大会上,习近平总书记指出中国特色社会主义建设是"五位一体"的系统性建设,其以推进文明整体协调发展的方式,创造了中国式现代化新道路和人类文明新形态。由此可见,人类文明新形态是一个由"五大文明"构建形成的有机系统。

基于整体性的视角理解和把握人类文明新形态要认识两点。其一,从其构成要素来看,物质文明、政治文明、精神文明、社会文明以及生态文明,共同构筑并推动着人类文明新形态的发展,同时它们又各自作为人类文明新形态的有机组成部分而存在。社会有机体所有构成要素都从属于整体的社会。"这种有机体制本身作为一个总体有自己的各种前提,而它向总体的发展过程就在于:使社会的一切要素从属于自己,或者把自己还缺乏的器官从社会中创造出来。有机体制在历史上就是这样生成为总体的。生成为这种总体是它的过程即它的发展的一个要素。"①因此,人类文明新形态相对于五种子文明来说,是一个统一整体,而五种子文明具备独立性、发展性的同时,又始终从属于整体文明。其二,人类文明新形态呈现了一种综合化的发展趋势。马克思主义文明观指出,文明始终处于持续发展的动态过程中,呈现出一种由简单到复杂、由低级向高级、由单一迈向综合的递进式发展态势。随着社会化大生产的迅猛发展和社会交往的日益密切,人类文明的发展日渐凝聚成一种具备整体性特征的文明形态。这种整体性的人类文明,体现了我们在推动物质文明、政治文明、精神文明、社会文明以及生态文明等多个领域有机统一、协调发展的丰硕成果。

遵循整体性原则的系统观念,既要全面把握,注重整体性的规划与布局,也要重视局部,确保各项措施能够精准施策,取得实效。首先,要立足全局进行谋划。习近平总书记多次强调"增强大局观念",要求"自觉从大局看问题,把工作放到大局中去思考、定位、摆布,做到正确认识大局、自觉服从

_____

① 《马克思恩格斯全集》(第三十卷),人民出版社,1995年,第237页。

大局、坚决维护大局"①。人类文明新形态的稳健发展,有赖于多方力量的紧密协同与深入合作,以展现集体智慧的卓越成果与全局性优势。要从发展的整体性思考人类文明新形态的建设问题,使各构成要素发挥"聚合效应",不断加强全局性谋划,不因局部利益而损害整体利益。其次,要时刻关注局部的发展。在进行全局性谋划时还必须重视关键要素,注重其对系统整体的带动作用。将矛盾和问题最为集中的文明领域作为改革的重中之重,予以优先处理。具体而言,应从具有"牵一发而动全身"影响力的重要领域入手,从具有"落一子而满盘活"关键作用的关键环节发力。唯有五种文明在各自领域得到充分发展,才能最大程度发挥人类文明新形态的整体效能,这也是全局性谋划更深层次的内涵。

3.人类文明新形态遵循系统观念中的协同性原则

在庆祝中国共产党成立100周年大会上,习近平总书记明确指出:"我们坚持和发展中国特色社会主义,推动物质文明、政治文明、精神文明、社会文明、生态文明协调发展,创造了中国式现代化新道路,创造了人类文明新形态。"②这表明"五个文明"总体协调推进,凸显着人类文明新形态系统性的鲜明特质。

人类文明形态不是由各文明要素机械地结合起来的,而是按照一定次序协调构成的有机体。列宁指出:"马克思和恩格斯称之为辩证方法(它与形而上学方法相反)的……把社会看作处在经常发展中的活的机体(而不是机械地结合起来因而可以把各种社会要素随便配搭起来的一种什么东西)。"③因此,社会生产是各要素相互协调形成的一种系统生产,"不同要素之间存在着相互作用。每一个有机整体都是这样"④。而"文明是实践的事

---

① 习近平:《论坚持党对一切工作的领导》,中央文献出版社,2019年,第64~65页。
② 习近平:《在庆祝中国共产党成立100周年大会上的讲话》,人民出版社,2021年,第13~14页。
③ 《列宁全集》(第一卷),人民出版社,1955年,第145页。
④ 《马克思恩格斯全集》(第三十卷),人民出版社,1995年,第41页。

情"①，是在以生产劳动为主的社会实践过程中取得的一系列积极成果，必然要求各文明要素，如政治、经济、文化等文明既保持协调发展，既相对独立、相互区别，又相互依存、相互转化，在矛盾运动中推动着人类文明整体演进。反之，如果某个文明要素出现发展滞后的问题，则会制约其他文明发展，造成社会有机体运行的紊乱。社会主义之所以会替代资本主义，正因为以全面发展为原则，能够协调物质文明、政治文明、精神文明、社会文明和生态文明之间相对独立又相互作用的辩证关系。

人类文明新形态坚持协调发展，凸显了社会形态的系统性特征。从发展历程来看，从实现物质文明的"四个现代化"，到物质文明和精神文明的"两个文明"范畴的提出，至"三个文明"相互融合，再到"四个文明"的发展进步，发展为"五个文明"的全面发展，体现了中国共产党立足于社会发展规律和实践基础，与西方"增长狂热"而引发的单向度现代化不同，始终将全面协调发展作为重要原则，从抓物的全面丰富、社会的全面进步到注重人的全面发展，逐步形成了"五个文明"齐头并进、协调发展的思想。从内容结构来看，"五个文明"协调发展以"全面协调"超越资本主义文明"片面失调"的发展逻辑，是人类文明新形态从全局谋划思路的重要内容和机制。中国共产党在把握文明形态发展整体性、结构性的基础上，发挥了各个文明的基础性支撑：物质文明创造丰厚的物质基础；政治文明提供制度、政策支持；精神文明提供精神动力；社会文明提供秩序保障和社会力量；生态文明提供资源和环境的基础性支撑。同时，"五个文明"统筹协调，推进社会全面进步和人的全面发展，表明中国共产党在把握人类文明发展规律的基础上，对于建设什么样的人类文明新形态、怎样建设人类文明新形态具备更切实可行的思路。

坚持系统谋划，要在协同联动、结构优化中发展人类文明形态。一是要加强各领域实践举措的关联性与耦合性。"重大改革都是牵一发而动全身

---

① 《马克思恩格斯全集》（第一卷），人民出版社，1956年，第666页。

的,更需要全面考量、协调推进。"①就各个文明内部建设而言,既要注重政策举措的整体统一与协调,也要在连续性与创新性相统一中实现有序提升;就"五个文明"协调统筹而言,"如果各领域改革不配套,各方面改革措施相互牵扯,甚至相互抵触,全面改革就很难推进下去,即使勉强推进,效果也会打折扣"②。因此必须实现"五个文明"相互贯通,共同构成、把握新发展趋势的核心价值追求,统一到我国发展的方针政策、战略战术、工作部署中。二是要注重避免"木桶"效应。当前我国仍处于社会主义初级阶段,人类文明新形态发展不协调、存在诸多短板也是难免的。因此,既要巩固和厚植原有优势,又要着力化解各领域、各行业、各阶层出现的发展不平衡不充分问题,两方面相辅相成、相得益彰,才能更进一步、更深一层实现人民对美好生活的向往。同时,只有把握主要矛盾,坚决进行具有许多新的历史特点的伟大斗争,才能使次要矛盾随着主要矛盾的解决而消解,推动人类文明新形态不断实现新的发展。

4.人类文明新形态遵循系统观念中的开放性原则

人类文明新形态不是一个孤立的封闭系统,始终与外部环境进行着物质、能量和信息的开放性传递与交换。正如"人类社会发展的历史告诉我们,开放带来进步,封闭必然落后。……各国经济社会发展日益相互联系、相互影响,推进互联互通、加快融合发展成为促进共同繁荣发展的必然选择"③。科学地把握人类文明新形态的本质,就要注重系统观念的开放性原则,从而更加有效地作出战略性布局。

人类文明新形态的开放性,强调系统与外部环境的互动。马克思主义经典作家认为,世界上的各个民族、各个国家中的经济系统、政治系统、文化

---

①　《习近平著作选读》(第一卷),人民出版社,2023年,第67页。

②　习近平:《论坚持党对一切工作的领导》,中央文献出版社,2019年,第33页。

③　习近平:《开放共创繁荣 创新引领未来——在博鳌亚洲论坛2018年年会开幕式上的主旨演讲》,人民出版社,2018年,第6~7页。

系统,都是相互联系、相互作用的,通过物质、能量、信息等交换,得以维持和发展。历史越是进步,社会越是发展,社会系统的这种开放性就变得越为重要。"过去那种地方的和民族的闭关自守和自给自足状态已经消逝,现在代之而起的已经是各个民族各方面互相往来和各方面互相依赖了。物质的生产如此,精神的生产也是如此。"①对此,他们在世界观和方法论上一再强调必须用相互联系和运动变化的观点看问题,即事物之间及事物内部诸要素之间相互依赖、相互制约,显现出系统开放的辩证法基础。由此看来,各民族融入世界生产体系的程度越深,就越来越成为利益相关、命运攸关的共同体。然而资本主义文明无视这一历史规律,妄图建立"支配—从属"的文明关系体系,注定会走向文明崩溃。世界各国友好相处、合作共赢,才是世界历史发展的必然趋势。

开放性是维持人类文明新形态系统结构和不断发展必不可少的条件,主要表现在两个方面:一是横向上的开放。立足国内,习近平总书记要求,"经济、政治、文化、社会、生态文明各领域改革和党的建设改革紧密联系、相互交融"②,即各文明的理论成果、实践成果、制度成果等进行互通开放;放眼国际,人类文明新形态超越了资本主义现代文明"国强必霸"的狭隘发展逻辑,"中华文明是在同其他文明不断交流互鉴中形成的开放体系"③,与其他文明之间不是对抗、互斥的关系,既以开放的姿态对待外来文明、又以兼容并包的胸怀吸收外来文明的积极成果。二是纵向上的开放。人类文明新形态自产生以来,就立足系统客观实际和外部环境,时刻吸取历史经验智慧,更重要的是向着未来开放,随时准备解决新问题,并在总结新经验中实现新发展。经历了革命年代的酝酿奠基、建设年代的艰难探索、改革年代的初具

---

① 《马克思恩格斯全集》(第四卷),人民出版社,1958年,第470页。
② 习近平:《论坚持全面深化改革》,中央文献出版社,2018年,第43~44页。
③ 习近平:《深化文明交流互鉴 共建亚洲命运共同体——在亚洲文明对话大会开幕式上的主旨演讲》,人民出版社,2019年,第9页。

轮廓和新时代的成熟定型四个发展阶段,党不断丰富和发展人类文明新形态。人类文明新形态这一阶梯式的演进过程,不仅是对自身肯定性成果的继承和超越,也是对资本主义开创的"现代文明"的超越。可以说,不断丰富和发展人类文明新形态,始终在路上。

坚持开放性原则建构人类文明新形态,首先,把握好"坚守"与"开拓"的辩证统一。系统观念中的开放原则要求,既要坚持走自己的路,又要拓展世界眼光。人类文明新形态要在理论指导上始终坚持以马克思主义及马克思主义中国化时代化成果为指导,在价值旨归上坚守人民至上的价值立场,在发展规律上坚守人类文明发展的统一性和特殊性,构建人类命运共同体。人类文明演进和有效传播的基本规律要求人类文明新形态始终拒绝故步自封、"唯我独尊",充分占有其他文明成果,在与世界的良性互动、互利共赢中拓展中国式现代化的发展空间。其次,把握好"继承"与"发展"的关系。开放性给系统提供了可持续发展的可能性。作为一种崭新的观念形态和文明样态,人类文明新形态"在继承创新中不断发展,在应时处变中不断升华"①,既离不开对马克思主义科学理论、中华文明、人类优秀文明的承继,也离不开中国共产党人长期的历史实践积淀。因此,要在"前"与"后"的承接视域中把握人类文明新形态,才能不断获得持续发展的养分和动力,实现文明永续发展。最后,把握好中华文明与外来文明的关系。人类文明新形态要厚植中华优秀传统文化的根基,把握好"其蕴含的思想观念、人文精神、道德规范"②,为持续发展人类文明新形态形塑中华文明的发展方向提供文化动力;也要在深刻洞察人类文明发展规律中掌握历史主动,重视不同文明之间的交流传播和互学互鉴,以开放的眼光主动吸纳外来文明的先进成果,将其具有可借鉴性的有益经验结合中国特色社会主义文明建设的实际加以运用,

① 习近平:《深化文明交流互鉴 共建亚洲命运共同体——在亚洲文明对话大会开幕式上的主旨演讲》,人民出版社,2019年,第9页。

② 习近平:《论党的宣传思想工作》,中央文献出版社,2020年,第342页。

以中国式现代化建设的新成就不断丰富和发展人类文明新形态。

（六）"坚持胸怀天下"彰显人类文明新形态的"世界性"

大道之行,天下为公。"坚持胸怀天下"是中国共产党百余年奋斗积累的宝贵历史经验之一,也是贯穿在习近平新时代中国特色社会主义思想世界观和方法论中的主要立场观点方法之一,其体现了中国共产党海纳百川的胸襟气度。中国共产党既是为中国人民谋幸福、为中华民族谋复兴的党,也是为人类谋进步、为世界谋大同的党。《中共中央关于党的百年奋斗重大成就和历史经验的决议》中明确指出:"党始终以世界眼光关注人类前途命运,从人类发展大潮流、世界变化大格局、中国发展大历史正确认识和处理同外部世界的关系,坚持开放、不搞封闭,坚持互利共赢、不搞零和博弈,坚持主持公道、伸张正义,站在历史正确的一边,站在人类进步的一边。"[①]中国共产党胸怀天下的精神品质继承了中华优秀传统文化中的"天下观",体现了马克思主义科学理论的价值追求,推动了不同文明之间的交流互鉴,并贯穿在中国特色社会主义物质文明、政治文明、精神文明、社会文明、生态文明的发展之中,彰显出人类文明新形态的"世界性"。

1."坚持胸怀天下"继承了中华优秀传统文化的"天下观"

"天下观"蕴含着中国人关于"天下"问题的总的看法和观点,是中华优秀传统文化的重要组成部分。中华优秀传统文化中的"天下"不只是一个地理概念,更是一个政治概念。在地理意义上,"天下"是中国先民根据自身直接的生存体验所构想的自然地理空间,在政治意义上,"天下"则多指疆土、政权。[②]《吕氏春秋》中谈道:"天下非一人之天下也,天下之天下也。阴阳之和,不长一类;甘露时雨,不私一物;万民之主,不阿一人。"儒家"协和万邦"

---

① 《中共中央关于党的百年奋斗重大成就和历史经验的决议》,人民出版社,2021年,第68页。
② 丁俊萍、贾书衡:《毛泽东对传统天下观的创造性运用和发展》,《毛泽东研究》,2023年第2期。

的观念、道家"抱一为天下式"的主张、法家"为天下治天下"、墨家"一同天下之义"等观念均以治天下作为建构对象,为中华优秀传统文化"天下观"的形成提供了思想支持。①《礼记·礼运》中描绘的"人不独亲其亲,不独子其子,使老有所终,壮有所用,幼有所长,鳏、寡、孤、独、废疾者皆有所养"的理想生活图景则承载着中华民族对于"天下治"的想象。"天下观"内在蕴含着中华民族对于万物的敬重、对于事物差异性的包容及对于美好未来的追求,是中华民族在处理国家关系、民族关系时的重要理念遵循。

"坚持胸怀天下"继承了中华优秀传统文化中的"天下观",体现了中国共产党对于人类前途命运的关注。中国共产党坚持胸怀天下的精神品质与中华优秀传统文化"天下观"蕴含的"天下情怀"一脉相承,展现了中国共产党作为世界第一大执政党的世界胸怀和使命担当。大党之大,不在于体量大、块头大、拳头大,而在于胸襟大、格局大、担当大。中国共产党始终以开放包容的心态融入世界发展进程,始终倡导"己欲立而立人,己欲达而达人"的处事原则,始终把中国发展置于人类发展的坐标系中,把自身命运同世界各国命运紧密相连,打破了世界文明发展史中"国强必霸"的陈旧逻辑,开创了不同于西方资本主义文明的人类文明新形态。"坚持胸怀天下"贯穿在人类文明新形态的形成过程中,使人类文明新形态从一开始就充满对人类前途命运的关注。人类文明新形态凝结着中国共产党对于人类美好未来的探索,促进了不同国家、民族之间的平等交流,为解决人类面临的普遍性问题贡献了中国智慧和中国方案。

2."坚持胸怀天下"体现了马克思主义科学理论的价值追求

马克思主义理论是为人类求解放的理论。马克思、恩格斯在《共产党宣言》中明确指出:"共产党人可以把自己的理论概括为一句话:消灭私有制。"②消灭私有制,改变人们受剥削、受压迫的状态,推动每个人自由而全面

---

① 王杰:《中国文化中的天下观》,《中国领导科学》,2020年第2期。
② 《马克思恩格斯选集》(第一卷),人民出版社,2012年,第414页。

的发展,从而实现全人类的解放是马克思主义理论一以贯之的价值追求。在马克思主义诞生之前,社会上占统治地位的理论都是为统治阶级服务的,在这种理论指导下的运动也只能是"为少数人谋利益的运动"。马克思主义理论在创立之初就站在了全人类共同利益的高度,提出"无产阶级的运动是绝大多数人的,为绝大多数人谋利益的独立的运动",其关注人的发展、人的自由、人的解放,关注人类的前途命运和未来方向,并不断致力于指引人类社会走向一个更美好的未来。马克思主义创造性地揭示了人类社会发展规律,阐明了资产阶级必然灭亡、无产阶级必然胜利的历史趋势,这奠定了马克思主义政党坚定理想信念、坚守精神家园的理论基础。

"坚持胸怀天下"体现了中国共产党对共产主义理想的价值追求。中国共产党作为马克思主义政党从成立之初就将实现共产主义确立为自己的最高理想,并始终沿着马克思主义所指明的方向而不懈奋斗。中国共产党既以为中国人民谋幸福作为自己的使命,也以为人类进步事业而奋斗作为自己的担当。中国共产党始终把为人类作出新的更大贡献作为自己的责任。中国共产党带领中国人民开创的中国特色社会主义物质文明、政治文明、精神文明、社会文明和生态文明既回答了中国特色社会主义如何建设的问题,也有力地回应了人类社会发展所面临的共同问题。中国特色社会主义在发展中始终贯穿着胸怀天下的立场观点方法,由此所形成的人类文明新形态充分彰显出其世界性。人类文明新形态在中国与世界的不断互动中逐渐形成,其超越了西方资本主义文明的狭隘视野,为解决人类社会共同关切的问题、为创造一个更加美好的世界提供了新的路径和可能,展现出了胸怀天下的广博气度。

3."坚持胸怀天下"推动了不同文明之间的交流互鉴

交流互鉴是文明发展的本质要求。人类在不同的历史发展阶段创造出不同的人类文明,不同地域的生产劳动亦结出不同的文明果实。文明只有在继承中才能不断创新,在相互交流中才能保持旺盛的生命力。习近平总书记在中国共产党与世界政党高层对话会开幕式上的主旨讲话中明确指出："文明的繁盛、人类的进步,离不开求同存异、开放包容,离不开文明交流、互学互鉴。历史呼唤着人类文明同放异彩,不同文明应该和谐共生、相得益彰,共同为人类发展提供精神力量。"①文明之间是相互促进的关系,一种文明为另一种文明的发展提供了新鲜的元素,并推动人类文明不断赓续向前。文明本身在维持生命力的同时就需要不断吸纳外部的营养,通过对其他文明的创造性转化来促进自身的发展。如果一种文明长期保持自我封闭的状态,那势必会逐渐走向衰落。文明只有保持开放的姿态,才能在不断的对话中广泛吸收一切优秀文明成果,从而实现新的跃迁。

"坚持胸怀天下"推动了不同文明之间的交流互鉴,促进了文明之间的对话和沟通,超越了西方资本主义所秉持的狭隘文明观。强调自己的文明优于其他文明,甚至用自己的文明去改造其他文明的做法是灾难性的。"坚持胸怀天下"就是要尊重不同文明的主体地位,促进不同文明之间的平等对话。习近平总书记在联合国日内瓦总部的演讲中指出:"文明没有高下、优劣之分,只有特色、地域之别。文明差异不应该成为世界冲突的根源,而应该成为人类文明进步的动力。每种文明都有其独特魅力和深厚底蕴,都是人类的精神瑰宝。"②中国特色社会主义物质文明、政治文明、精神文明、社会文明和生态文明的发展,也是在吸收借鉴其他文明的基础上形成的,因此在这个过程中所创造的人类文明新形态也呈现出兼容并包的气质。人类文明新形态尊重不同文明的多样性,汲取了不同文明的营养,其不仅推动了中华文明的发展进步,也为其他人类文明的发展提供了借鉴,展现出文明交融共生的世界性。

---

① 《习近平谈治国理政》(第三卷),外文出版社,2020年,第434页。
② 《习近平著作选读》(第一卷),人民出版社,2023年,第568页。

四、科学把握创造人类文明新形态的世界观和方法论的意义

（一）为坚持和发展马克思主义世界观和方法论提供了指引

辩证唯物主义和历史唯物主义是马克思主义哲学的重要组成部分,集中体现了马克思主义世界观和方法论。中国共产党人在领导人民群众创造人类文明新形态的进程中,坚持和发展辩证唯物主义和历史唯物主义,提出必须坚持人民至上、坚持自信自立、坚持守正创新、坚持问题导向、坚持系统观念、坚持胸怀天下,为坚持和发展马克思主义世界观和方法论提供了重要指引。

坚持人民至上是坚持和发展马克思主义世界观和方法论的根本立场。马克思主义揭示了人民群众在历史发展中的主体作用,把实现人的自由而全面发展作为终极价值追求。中国共产党在领导人民群众创造人类文明新形态的进程中,从人的全面发展需求出发,在推进经济、政治、文化、社会、生态等领域全面发展的历史进程中,坚持人民至上,贯彻以人民为中心的发展理念,充分发挥人民群众的主体作用,强调江山就是人民,人民就是江山,把对人民群众重要性的认识提升到了新高度,丰富和发展了马克思主义群众史观。

坚持自信自立是坚持和发展马克思主义世界观和方法论的基本立足点。"自信就是对马克思主义的信仰,对中国特色社会主义的信念,对实现中华民族伟大复兴中国梦的信心。"①自立就是要从自身实际情况出发,依靠自

---

① 中共中央宣传部编:《习近平新时代中国特色社会主义思想学习纲要(2023年版)》,学习出版社、人民出版社,2023年,第297页。

身力量自主解决问题。丰富和发展马克思主义世界观和方法论,一方面,必须坚持对马克思主义的信仰,坚持以马克思主义的世界观和方法论为指导来观察、分析和解决实际问题,并在此过程中进一步丰富和发展马克思主义世界观和方法论。另一方面,必须立足中国实际,突出中国特色,由中国人民群众独立自主地解决中国自己的事情,这是中国丰富和发展马克思主义世界观和方法论的基本立足点和最终归宿,也为此贡献中国智慧,添加中国元素。

坚持守正创新是坚持和发展马克思主义世界观和方法论的重大原则。守正就是必须坚持马克思主义世界观和方法论,坚持贯穿其中的立场、观点和方法。创新就是要在发展过程中不断赋予马克思主义世界观和方法论以新的时代内涵。守正才不至于迷失方向,创新才不至于故步自封,只有坚持守正和创新的辩证统一,才能沿着正确方向丰富和发展马克思主义世界观和方法论,才能以发展着的马克思主义世界观和方法论指导理论创新、实践创新、制度创新、文化创新和其他各方面创新。

坚持问题导向是坚持和发展马克思主义世界观和方法论的重要抓手。从认识世界和改造世界关系的角度来看,坚持和发展马克思主义世界观和方法论,既是宏大抽象的理论问题,更是细微具体的实践问题。既要从理论上阐释清楚马克思主义世界观和方法论,更要以此为指导解决实际问题。这就要求坚持问题导向,突出问题意识,深入实际、深入群众,在解决实际问题的同时进行经验总结和理论提炼,为坚持和发展马克思主义世界观和方法论提供重要抓手。

坚持系统观念是坚持和发展马克思主义世界观和方法论的必然要求。"唯物辩证法认为,万事万物是相互联系、相互依存的,整个世界是相互联系的整体,也是相互作用的系统。"[1]坚持系统观念,从理论上来看,有助于从马

---

① 中共中央宣传部编:《习近平新时代中国特色社会主义思想学习纲要(2023年版)》,学习出版社、人民出版社,2023年,第301页。

克思主义整体角度来把握坚持和发展马克思主义世界观和方法论,将其同马克思主义其他部分联系起来一体推进。从实践上来看,有助于我们更好地处理内部与外部、全局和局部、当前和长远、宏观和微观、主要矛盾和次要矛盾、特殊和一般的关系,从而进一步发展马克思主义世界观和方法论。

坚持胸怀天下是坚持和发展马克思主义世界观和方法论的宝贵经验。马克思主义的创立、丰富和发展是在人类历史进入世界历史的背景下实现的,关注、研究和解决世界性问题并在此过程中丰富和发展马克思主义,是坚持和发展包括马克思主义世界观和方法论在内的马克思主义的宝贵经验。坚持胸怀天下是这一宝贵经验的中国化时代化表达,体现了中国共产党人坚持和发展马克思主义的历史自觉与责任担当。

(二)推进马克思主义中国化时代化新飞跃

习近平总书记在党的二十大报告中明确指出:"不断谱写马克思主义中国化时代化新篇章,是当代中国共产党人的庄严历史责任。"①中国共产党领导中国人民在百余年奋斗的历史进程中,始终坚持"两个结合",不断推进马克思主义中国化时代化的新飞跃,形成和发展了马克思主义中国化时代化的理论和实践成果。"六个必须坚持"既是马克思主义中国化时代化的重要理论成果,同时也推进马克思主义中国化时代化实现了新飞跃。

"六个必须坚持"既是贯穿习近平新时代中国特色社会主义思想的立场、观点和方法,同时也推动这一思想的创立和发展。

坚持以人民为中心而创立和发展的理论。坚持以人民为中心,是贯穿习近平新时代中国特色社会主义思想的一根红线,也是中国共产党始终坚持的根本政治立场。"江山就是人民,人民就是江山。""人民对美好生活的向往,就是我们的奋斗目标。""共产党就是给人民办事的。"习近平总书记这些

---

① 习近平:《高举中国特色社会主义伟大旗帜　为全面建设社会主义现代化国家而团结奋斗——在中国共产党第二十次全国代表大会上的报告》,人民出版社,2022年,第18页。

厚重而又质朴的话语,无不体现着以人民为中心的根本政治立场。习近平新时代中国特色社会主义思想就是在关心人民需求、解决人民问题、回应人民期盼中创立并不断发展的理论。

坚持立足中国实际而创立和发展的理论。习近平新时代中国特色社会主义思想是坚持以马克思主义为指导,立足中国实际国情,由中国共产党人和人民群众独立自主创立的理论。中国特色社会主义进入新时代,社会主要矛盾发生新变化,在经济、政治、文化、社会、生态文明等领域出现新情况新问题,解决这些新问题,以往没有现成的答案,国外没有现成的做法,必须由中国人自己独立自主地去探索与回答,并把成功经验提炼形成理论成果,以创新的理论推动发展着的中国。

坚持在守正中创新而创立和发展的理论。习近平新时代中国特色社会主义思想是把马克思主义基本原理同中国具体实际相结合、同中华优秀传统文化相结合形成的理论成果,体现了理论发展中"不变"与"变"、继承与发展、原则性与创造性的辩证统一。习近平新时代中国特色社会主义思想在创立和发展的过程中坚持马克思主义基本原理不动摇、党的全面领导不动摇、中国特色社会主义不动摇,同时又根据变化了的形势,积极主动进行理论创新,用不断创新的理论推动不断发展着的实践。

坚持在解决问题中而创立和发展的理论。习近平新时代中国特色社会主义思想是新时代以来在思考和回答改革发展稳定、内政外交国防、治党治国治军等各领域问题的过程中创立并不断发展起来的理论。问题是时代的声音。理论上的重大创新往往源于实践中的重大突破,而这种突破往往是解决了实践中遇到的重大难题。因此,继续发展习近平新时代中国特色社会主义思想,必须牢固树立问题导向。

坚持在系统把握中而创立和发展的理论。习近平新时代中国特色社会主义思想明确了中国特色社会主义事业"五位一体"的总体布局和"四个全面"的战略布局,统筹把握国内国际联动、不同区域协调发展,用系统的眼光和方法来把握经济社会发展，推动经济社会全面进步，并在此过程中不断丰富和发展理论本身。

坚持在放眼世界中创立和发展的理论。习近平新时代中国特色社会主义思想坚持马克思主义世界历史理论，站在世界历史发展的高度来审视中国的发展。中国的发展离不开世界，世界的发展需要中国。深刻把握世界百年未有之大变局，提出构建人类命运共同体，探索中国式现代化道路，以中国的发展惠及世界。正是在放眼世界把握中国与世界关系发展的过程中创立了习近平新时代中国特色社会主义思想并不断予以发展。

（三）赋予科学社会主义新的时代内涵

在人类文明演进的历史进程中，中国共产党领导中国人民创造了中国式现代化道路，同时开辟了我国经由社会主义社会走向现代化的文明新道路，进而创造了人类文明新形态。科学社会主义本身就是人类文明发展的产物，标识着人类文明发展的更高阶段。可以说，科学社会主义的发展历程表征着社会主义文明形态的发展历史，人类文明新形态就是科学社会主义扎根于中国、发展于中国、创新于中国的文明硕果。"六个必须坚持"是创造人类文明新形态的理论基础，深刻反映出中国特色社会主义新时代的理论发展逻辑和实践发展要求，为推进中国式现代化道路、创造人类文明新形态提供了理论指导和方法支撑，同时创造性地推动了科学社会主义的创新发展。

人类文明新形态是科学社会主义创新发展的成果，赋予了科学社会主义新的时代内涵。其一，人类文明新形态是不同于资本主义畸形发展，坚持"五个文明"协调发展的文明形态，是科学社会主义与中国社会发展有机统一的成果。坚持"五个文明"协调发展是人类文明新形态的显著特征，开辟了21世纪人类文明形态发展的新境界，赋予科学社会主义以新的内涵。其二，人类文明新形态是以新发展理念为指引的文明形态。习近平总书记指出："党的十八大以来我们对经济社会发展提出了许多重大理论和理念,其中新发展理念是最重要、最主要的。新发展理念是一个系统的理论体系,回答了关于发展的目的、动力、方式、路径等一系列理论和实践问题,阐明了我们党关于发展的政治立场、价值导向、发展模式、发展道路等重大政治问题。"①新发展理念以"创新、协调、绿色、开放、共享"为基本内涵,为中国共产党带领中国人民创造人类文明新形态提供了新的理念,进一步丰富了科学社会主义的发展观。其三,人类文明新形态是基于人类命运共同体理念的文明新形态。习近平总书记明确指出："构建人类命运共同体,不是以一种制度代替另一种制度,不是以一种文明代替另一种文明,而是不同社会制度、不同意识形态、不同历史文化、不同发展水平的国家在国际事务中利益共生、权利共享、责任共担,形成共建美好世界的最大公约数。"②人类命运共同体昭示了人类文明发展的趋势,以文明交流超越文明冲突,进一步丰富了科学社会主义的文明观。

总之,中国共产党提出的"五个文明"协调发展、新发展理念、人类命运共同体等重大创新理论,体现了人类文明新形态对科学社会主义的创新,赋予了科学社会主义新的时代内涵。"六个必须坚持"是创造人类文明新形态的世界观和方法论的重要体现,科学把握和运用"六个必须坚持",是推进马克思主义中国化时代化新飞跃的重要前提,是走好中国式现代化道路、创造人类文明新形态的关键所在,同时也是实现中华民族伟大复兴中国梦的必然要求。

---

① 习近平:《论把握新发展阶段、贯彻新发展理念、构建新发展格局》,中央文献出版社,2021年,第479页。

② 习近平:《在中华人民共和国恢复联合国合法席位50周年纪念会议上的讲话》,人民出版社,2021年,第6页。

第三章

创造人类文明新形态的重大成果、实践超越与未来向度

人是创造人类文明的主体,创造人类文明的最终目的也是满足人的合理而又全面的需求。创造人类文明新形态必须以最终实现人的自由而全面发展为价值导向,致力于推动实现人的现代化。中国共产党在领导人民创造人类文明新形态的百余年探索,特别是中国特色社会主义进入新时代以来的实践探索中,在经济、政治、文化、社会和生态文明等五大领域取得重大成果,实现重大超越。展望未来,继续创造人类文明新形态,必须以实现人的自由而全面发展为根本价值导向,在全力推动实现人的现代化进程中回答好人与自我、人与人、人与社会以及人与自然的关系问题。

一、人类文明新形态的最终目标是实现人自由而全面发展

习近平总书记指出:"现代化的最终目标是实现人自由而全面的发

展。"①"中国式现代化……是一种全新的人类文明形态。"②因此,人类文明新形态必须以实现人自由而全面发展作为最终目标。价值之问是人类社会的永恒之问,也是创造人类文明新形态必须回答的首要问题。价值之问关涉的是"为什么"的问题,关乎发展方向和前途命运。必须把实现人的自由而全面发展作为创造人类文明新形态的价值追求和最终目标,在持续推进创造人类文明新形态的进程中创造"新人"。

(一)创造人类文明新形态必须要创造"新人"

"创造人类文明新形态"中有四个核心关键词:创造、文明、新、形态。根据《辞海》第七版,"文明"有三种含义:光明而有文采;文治教化;社会进步,有文化的状态。"形态"有两种含义:形状神态;事物在一定条件下的表现形式。结合语境,"文明形态"即社会发展进步的表现形式。"新"是相对于"旧"而言的,"创造"体现的是从无到有。创造人类文明新形态,即超越原有文明形态,创造出一种人类社会发展进步新的表现形式。这就提出来这样的问题:这里的"新"表现在何处?其最核心的体现是什么?这就必须细致梳理人类文明形态发展的历史脉络,从对以往人类文明形态的深刻把握中来理解当下和未来的人类文明新形态。

按照美国民族学家摩尔根在《古代社会》中使用的术语,蒙昧时代、野蛮时代和文明时代是人类社会发展先后经历的第一、第二和第三个时代。恩格斯在《家庭、私有制和国家的起源》中援引了摩尔根的用语并进一步丰富其含义。恩格斯指出:"文明时代是社会发展的这样一个阶段,在这个阶段上,分工、由分工而产生的个人之间的交换,以及把这两者结合起来的商品

---

① 习近平:《携手同行现代化之路——在中国共产党与世界政党高层对话会上的主旨讲话》,人民出版社,2023年,第2页。
② 《习近平在学习贯彻党的二十大精神研讨班开班式上发表重要讲话强调 正确理解和大力推进中国式现代化》,《人民日报》,2023年2月8日。

生产,得到了充分的发展,完全改变了先前的整个社会。"①以文字的发明和使用为始点,从进入阶级社会开始,人类开始跨入文明时代。具体而言,从进入奴隶制社会开始,人类迄今为止仍然处于文明时代。

尽管从进入奴隶社会开始人类就进入文明时代,但是现代意义上使用的"文明"一词,直到启蒙时代才出现。据现有材料考证,文明一词最早是由法国人米拉波提出来的。1756年,他在《人口论》中首次使用了"文明"概念,用来表示一种先进和社会开化的状态,描述人的行为"有教养的"状态。②虽然人类从奴隶社会开始即已进入文明时代,但是现代文明可以说是由资本主义社会开创的。相较于奴隶社会和封建社会,资本主义社会在推动物质生产、政治解放、文化发展、社会进步、文明交流等方面取得重大成就,使人类文明进入了一个全新的阶段。尽管如此,进入文明时代以来的这三个时期都是以社会的分裂和敌对为代价的。正如恩格斯所说,奴隶制、农奴制和雇佣劳动制,"这就是文明时代的三大时期所特有的三大奴役形式;公开的而近来是隐蔽的奴隶制始终伴随着文明时代"③。在这三个时代,极少数人的"文明"是以绝大多数人的"野蛮"为代价的。这就形成了悖论:人类社会已经进入了文明时代,但是其中绝大多数主体是以受奴役、受剥削的形式存在。这就不得不引起人们的思考:"文明"的最终目的或核心追求究竟是什么? 对此,研究"文明"问题的很多学者都不约而同地把目光集中在了人的发展完善方面。

如前文所述,最早在现代意义上使用"文明"一词的是法国的米拉波,他在对"文明"概念的界定中,就把人的行为"有教养的"状态作为其重要内涵,体现了对人的发展的关注。19世纪法国政治家和历史学家基佐在其《欧洲

---

① 《马克思恩格斯文集》(第四卷),人民出版社,2009年,第193页。

② Victor Riqueti de Mirabeau, *L'Ami des hommes, ou Traité de la population*, Chez Benjammin Gilbert,1759.

③ 《马克思恩格斯文集》(第四卷),人民出版社,2009年,第195页。

文明史》一书对"文明"的界定中也突出了对人的发展的关注。基佐认为："文明由两大事实组成：人类社会的发展及人自身的发展。一方面是政治和社会发展，另一方面是人内在的和道德的发展。""哪个地方人的外部条件扩展了、活跃了、改善了；哪个地方人的内在天性显得光彩夺目、雄伟壮丽，只要看到了这两个标志，虽然社会状况还很不完善，人类就大声鼓掌宣告文明的到来"。①但是基佐对人的发展的理解主要侧重于人的内在道德、精神的发展，没能充分地从社会关系的总和角度来理解"人"，因而，他所谓的人的发展必然带有一定的片面性。以欧文、傅立叶和圣西门为代表的19世纪空想社会主义者，虽然深刻地批判了早期资本主义文明导致的社会大多数人受奴役的状态，但由于他们根本上是站在唯心史观的基础上来把握人类社会发展规律，把未来理想社会的实现建立在抽象的理性基础之上，这就决定了他们难以为人类彻底摆脱这种奴役状态找到根本出路。社会学家埃利亚斯在《文明的进程》中对以往把人的发展和社会发展割裂开来的研究方式做了批判。他认为，"必须大大地改变当今社会学主流的思维方式和想象力。从把自己和个人看作'封闭的人'这样一种观点中摆脱出来"②。在埃利亚斯看来，在文明发展进程中，个人与社会共同发生改变，个人与社会的发展互相影响。一方面，文明的人是一种文明存在和发展的必不可少的条件，个人的文明程度会直接影响到社会的文明状态。另一方面，在个人发展过程中，社会环境因素如社会规则会通过一些方式内化为人的思想认识和行为模式，从而最终影响人的发展。

　　马克思关于文明发展和人的发展关系的思想是对其之前和同时代人的有关思想的批判性超越。这种批判性超越体现在对文明发展和人的发展关系的深刻把握之上，体现在对人的本质和发展的精辟概括之上，体现在对实

---

①　[法]基佐：《欧洲文明史》，程洪逵、沅芷译，商务印书馆，2005年，第262~263、12页。

②　[法]诺贝特·埃利亚斯：《文明的进程：文明的社会起源和心理起源的研究·第一卷·西方国家世俗上层行为的变化》，王佩莉译，生活·读书·新知三联书店，1998年，第48页。

现文明发展和人的发展现实路径的科学揭示之上。因此,研究文明发展、人的发展及其关系问题必须从马克思的思想中汲取资源。在这一丰富思想资源中,马克思依据人的社会存在状态提出的"三形态说"尤为重要。在《政治经济学批判(1857—1858年手稿)》中,马克思对"三形态说"做了精辟完整地概括:"人的依赖关系(起初完全是自然发生的),是最初的社会形式,在这种形式下,人的生产能力只是在狭小的范围内和孤立的地点上发展着。以物的依赖性为基础的人的独立性,是第二大形式,在这种形式下,才形成普遍的社会物质变换、全面的关系、多方面的需要以及全面的能力的体系。建立在个人全面发展和他们共同的、社会的生产能力成为从属于他们的社会财富这一基础上的自由个性,是第三个阶段。第二个阶段为第三个阶段创造条件。"①就文明发展和人的发展而言,这一概括对我们至少有三点重要启示:一是人的发展状态与文明发展水平紧密相关,人的发展必然建基于文明发展之上。前资本主义文明(需要说明的是,一般认为原始社会时期人类还未进入文明时代,这里为行文方便,用"前资本主义文明"来代指资本主义文明之前的人类社会文明。)对应人的存在状态为"人的依赖",资本主义文明对应人的存在状态为"以物的依赖性为基础的人的独立性",随着未来共产主义社会的实现,必然能够实现人的自由而全面发展。二是人的发展是全面的发展。有研究者指出,"18世纪以来的文明研究,包括启蒙思想家和空想社会主义者的文明研究,在理论视角方面存在一个共性,即他们都是从抽象的人出发研究文明"②。不同于西方文明观的这种研究方式,马克思把人的本质概括为一切社会关系的总和。因而,人的发展必然是处于各种社会关系之中的现实的人的全面发展。按照马克思的概括,资本主义文明为人的全面发展提供了必要条件,但并不完备。只有共产主义文明才能为此提

① 《马克思恩格斯文集》(第八卷),人民出版社,2009年,第52页。
② 邓佳:《文明与人的发展:马克思文明观的人学意蕴探析》,《山东社会科学》,2021年第12期。

供充分的条件。三是马克思主义文明观的终极关怀或核心诉求是实现人的自由而全面发展。相较于人类社会发展的"五阶段说",马克思提出的"三形态说"引起的分歧较少。"三形态说"提出的依据就是不同社会形态或文明形态下人的存在状态,也可以说这一理论关注的核心议题是人的发展,而人的发展的最高状态就是自由而全面的发展。共产主义文明必然塑造能够适应并推动这一文明发展的"新人"。在这一理论的指导下,中国共产党人提出创造人类文明新形态,其中的"新"可以体现在经济、政治、文化、社会、生态文明等许多方面,但其核心是创造"新人","新人"的具体特征呈现多样性,而其必须以自由而全面发展为根本方向指引。

(二)创造"新人"必须以自由而全面发展为根本方向指引

马克思人的自由而全面发展思想内容丰富,概括而言,涉及为什么要实现人的自由而全面发展、什么是人的自由而全面发展以及如何实现人的自由而全面发展等。鉴于这里不是专门研究这一思想,仅就与这一思想相关的自由时间、自由发展、全面发展等问题做一分析。

创造自由时间或闲暇时间是马克思主义人的自由而全面发展思想的重要内容。拥有需要的自由时间既是人自由而全面发展的重要体现,又是实现人自由而全面发展的重要条件。时间是人存在和发展的重要向度。人要实现自由而全面发展,就离不开生产、消费、学习、研究乃至娱乐等,这都需要有相应的时间做保障。在"人的依赖"和"以物的依赖性为基础的人的独立性"阶段,人需要把大量的时间用于谋生活动,能够用于别的活动的时间并不充裕,这就限制了其他方面的发展。因而,人既不"自由"也不"全面",成了愚昧的人、野蛮的人、单向度的人。当然,在生产力发展较低阶段,也可能存在劳动时间较短的情况,但这主要是由于当时人类的需求普遍处于低水平状态,并不是源于劳动生产效率高。而这种低水平需要从根本上制约了人的发展。因此,必须在生产力高度发展、生产效率大为提高的基础上来创造自由时间,以利于为人的自由而全面发展提供条件。正如马克思所说:"社会为生产小麦、牲畜等等所需要的时间越少,它所赢得的从事其他生产,物质的或精神的生产的时间就越多。正像在单个人的场合一样,社会发展、社会享用和社会活动的全面性,都取决于时间的节省。"①当然,还需要指出的是,有了自由时间只是为人实现自由而全面发展提供了条件与可能,如何充分利用好这些时间以实现自由而全面发展,特别是在网络占用了人大量时间的当下如何运用好网络资源以助力人的自由而全面发展,而不是成为网络信息的俘虏,这是亟待解决的问题。而这离不开作为主体的"人"对自由而全面发展的正确认识。

自由而全面发展包括"自由发展"和"全面发展"两个方面,这两个方面既相互区别又紧密联系,必须整体把握、一体推进。关于自由发展,首要的是正确把握"自由"的内涵。马克思、恩格斯认为,"人不是由于具有避免某种事物发生的消极力量,而是由于具有表现本身的真正个性的积极力量才是自由的"②。由此可以看出,在马克思、恩格斯那里自由的本质在于个人自我能力的自主实现和发展。这种自由的实现需要主客观两方面条件。客观上需要生产力的高度发达以及建立在此基础上的生产关系的改进。主观上则需要主体对主体、客体以及主客体关系有正确的把握。因此,"自由发展"的实现是一个不断改造客观世界和主观世界的长期过程。

全面发展即人对自己本质和一切属性的全面占有,具体涵盖能力的全面发展、素质的全面提升、需要的全面丰富、潜能的全面开发,等等。马克思、恩格斯在《德意志意识形态》中对此做了非常形象且精辟的描述:"任何人都没有特殊的活动范围,而是都可以在任何部门内发展,社会调节着整个生产,因而使我有可能随自己的兴趣今天干这事,明天干那事,上午打猎,下午捕鱼,傍晚从事畜牧,晚饭后从事批判,这样就不会使我老是一个猎人、渔

---

① 《马克思恩格斯文集》(第八卷),人民出版社,2009年,第67页。
② 《马克思恩格斯文集》(第一卷),人民出版社,2009年,第335页。

夫、牧人或批判者。"①对于人的全面发展,不能简单地等同于每个人把所有的工作或事情都去做一遍,或者轮流去做每种工作,这是不现实的,也是对"全面"一词的误解。马克思、恩格斯所言的"任何人都没有特殊的活动范围,而是都可以在任何部门内发展",指的是人能够摆脱分工带来的限制,不再局限于某一工作或领域,根据对自身能力、潜能和需要的认识,通过一定的对象性活动,基于主体实际,全面地提升能力素质、开发潜能和满足需要。判断"全面"的标准要根据主体基于自身实际提出的发展要求的满足情况,实现了每个人所要求的发展,就是实现了人的全面发展。

自由发展与全面发展是相互支撑、交互促进的关系。一方面,自由发展为全面发展提供了前提和基础。人只有是自由的,才能不受束缚地去选择发展的方向与内容,使每个人在各种各样的可能性选择中作出符合自身实际的抉择。另一方面,全面发展又为自由发展提供了条件。人的能力的全面发展、素质的全面提升、需要的全面丰富、潜能的全面开发等,使人能够在一定的客观条件下更准确全面深入地认识主体、客体以及主客体之间的关系,这样才能在更高层次上实现自由发展。因此,必须一体推进人的自由发展和全面发展,在良性互动中最终实现人的自由而全面发展。

实现人的自由而全面发展是一个漫长的过程,必须紧紧锚定这一远大目标并为此而不懈奋斗,同时也要以此为方向性指引,不断确定近期阶段性目标,在不同历史阶段塑造适合并推动这一阶段发展的"新人"。中国共产党自成立以来就高举马克思列宁主义的旗帜,把实现共产主义最高目标和近期目标相统一,领导中国人民进行革命、建设和改革,使古老的中国发生了历史性巨变,人民群众的精神面貌焕然一新、奋发昂扬。在此过程中,围绕着最终塑造自由而全面发展的"新人",中国共产党人在不同历史阶段提出要塑造适应时代特征和中国国情的"新人"。有学者研究指出,"五四运动

---

① 《马克思恩格斯文集》(第一卷),人民出版社,2009年,第537页。

以来的100年,'新人'的具体表述经历了从'新青年'、'无产阶级革命新人'、'共产主义新人'、'四有'新人到'时代新人'的演变,其具体内涵也经历了从立人救国、翻身抗敌、又红又专、推动精神文明建设到担当民族复兴大任的转变"①。党的二十大着眼于全面建设社会主义现代化国家、全面推进中华民族伟大复兴,对当代青年提出新的要求,号召广大青年要"立志做有理想、敢担当、能吃苦、肯奋斗的新时代好青年"②。在未来的前进道路上,必须继续坚持以培养自由而全面发展的"新人"为目标指引,立足当下阶段主要任务,把"新人"的内涵阶段化、具体化,在持续推动物质文明、政治文明、精神文明、社会文明和生态文明等全面协调发展进步的过程中,不断塑造"新人",同时以"新人"来推动上述五方面全面协调可持续发展。习近平总书记在庆祝中国共产党成立100周年大会上提出的创造人类文明新形态就是对这一问题深邃思考的结果。

二、创造人类文明新形态的重大成果

习近平总书记在庆祝中国共产党成立100周年大会上的重要讲话中指出:"我们坚持和发展中国特色社会主义,推动物质文明、政治文明、精神文明、社会文明、生态文明协调发展,创造了中国式现代化新道路,创造了人类文明新形态。"③这是中国共产党历史上首次明确提出"创造了人类文明新形态"的重要论断,也为我们深入把握创造人类文明新形态的重大成果提供了方向,即必须从物质文明、政治文明、精神文明、社会文明、生态文明五个方

---

① 栾淳钰:《"新人"的概念演变、时代意涵及其启示》,《思想理论教育》,2019年第10期。

② 习近平:《高举中国特色社会主义伟大旗帜 为全面建设社会主义现代化国家而团结奋斗——在中国共产党第二十次全国代表大会上的报告》,人民出版社,2022年,第71页。

③ 习近平:《在庆祝中国共产党成立100周年大会上的讲话》,人民出版社,2021年,第13~14页。

面来展开。需要指出的是,创造人类文明新形态是一个动态发展的过程,是阶段性和连续性的统一。创造人类文明新形态既有阶段性成果,也会在接续性发展进程中继续创造新的成果。因此,对五个方面文明成果的分析,既要包括对当下已经取得的重大成果作出概括,又要包括对未来继续创造的成果作出展望。

(一)创造高质量发展的物质文明

无论何种文明形态,都必须以一定的物质文明为基础,物质文明从根本上制约着文明形态其他部分的存在与发展。所谓物质文明,就是人类改造自然界所取得的以物质形态存在的成果。创造人类文明新形态,首要的就是要创造高质量发展的物质文明,这集中体现在"量"和"质"两个方面取得的重大成果。

1.经济总量实现跨越式增长

高质量发展的物质文明,必须以一定数量的物质文明成果为前提,这符合质量互变规律。新中国成立以来70多年,我国取得世所罕见的经济快速发展奇迹,经济总量实现跨越式增长。按照英国著名经济史学家安格斯·麦迪森的估算数据,从1820年到1913年,中国国内生产总值(GDP),在全球的比重从约33%大幅度下降到约8.8%。[①]根据可查数据,新中国成立之初的1952年,我国GDP仅有679亿元,到了改革开放之初的1978年,我国GDP虽有较大增长,但是总量也仅有3679亿元,[②]仅排在世界第十一位,占世界经济比重约1.8%。[③]改革开放以来,我国经济迅速发展,到党的十八大召开的2012年,经过30多年的发展,我国经济总量达到约54万亿元,世界排名也跃

---

① [英]安格斯·麦迪森:《世界经济千年统计》,伍晓鹰、施发启译,北京大学出版社,2009年,第267页。

② 中华人民共和国国务院新闻办公室:《中国的全面小康》,人民出版社,2021年,第11页。

③ 国家统计局:《国际地位显著提高 国际影响力明显增强——改革开放40年经济社会发展成就系列报告之十九》,https://www.stats.gov.cn/zt_18555/ztfx/ggkf40n/202302/t20230209_1902599.html。

升至第二位,占世界经济比重已经达到18.5%。①进入新时代以来,我国经济继续保持中高速增长,截至2023年,经过11年发展,我国经济总量已经超过126万亿元②,继续稳居世界第二位。展望未来,我国的经济总量必将持续稳定地提高,占世界经济的比重也将进一步提升,从而为我国各方面工作的顺利推进提供坚实的经济保障。

2.经济发展质量持续改善

经济发展质量的改善,集中体现在我国产业生产能力提升和战略性新兴产业发展等方面。新中国成立初期,我国工农业综合生产能力十分薄弱,难以满足国家发展和人民生活需要。毛泽东曾对新中国成立初期我国工业生产落后状况有过十分贴切的论述。他指出:"现在我们能造什么? 能造桌子椅子,能造茶碗茶壶,能种粮食,还能磨成面粉,还能造纸,但是,一辆汽车、一架飞机、一辆坦克、一辆拖拉机都不能造。"③新中国成立初期,在能够反映一国工业生产能力的钢铁、原油、煤炭、发电量等方面,我国生产能力十分落后。根据有关研究,从原煤来看,1949年,中国原煤产量仅有0.32亿吨,而英国远在100多年前的1840年左右就已经达到0.43亿吨。同样是1949年,美国的原煤产量已经达到4.36亿吨,中国的原煤产量还不及美国的零头。从钢铁来看,1949年中国仅有15.8万吨,而英国远在1840年就已经达到约140万吨,而同时期1949年的美国高达7074万吨。从发电量来看,1949年美国已经达到3450.66亿度,而中国仅有43.08亿度。从原油来看,1949年美国产量为24892万吨,中国仅有12万吨。即使与长期作为殖民地的印度相比,我国在工业生产能力方面也存有较大差距。据有关研究,在1949年,印度的发电量是中国的1.14倍,钢产量是中国的8.67倍,原油产量是中国的

---

① 习近平:《高举中国特色社会主义伟大旗帜 为全面建设社会主义现代化国家而团结奋斗——在中国共产党第二十次全国代表大会上的报告》,人民出版社,2022年,第8页。
② 国家统计局:《中华人民共和国2023年国民经济和社会发展统计公报》,《人民日报》,2024年3月1日。
③ 《毛泽东文集》(第六卷),人民出版社,1999年,第329页。

2.08倍。从农牧业生产能力来看,新中国成立初期我国粮食总产量仅有2263.6亿斤,棉花产量仅有44万吨,糖料产量仅有283万吨,1952年全国猪牛羊肉总产量也仅有339万吨。由于总量低、人口多,"1949年,中国人均社会商品零售额只有25.94元,人均粮食产量只有208.9公斤,人均布匹只有3.49米,人均棉花只有0.82公斤。吃不饱、穿不暖是那时中国人生活的常态。新中国成立初的1950年,在列入统计的世界141个国家中,只有10个国家的人均GDP低于中国"[①]。

新中国成立70多年来伴随着经济总量的快速增长,我国综合生产能力有了很大提升,很多产品数量位居世界首位或者排在世界前列。还是以能够反映一国工业生产能力的煤炭、钢铁、石油、发电量等为例,拿2018年的数据来看,中国原煤产量36.8亿吨,美国的产量是6.85亿吨,中国是美国的5.38倍。中国钢铁产量9.28亿吨,美国钢产量0.87亿吨,中国是美国的10.7倍。中国原油产量18911万吨,美国产量是54805万吨,美国是中国的2.9倍。中国发电量6.8万亿度,美国发电量4.18万亿度,中国是美国的1.63倍。尽管就原油产量来说,美国是中国的2.9倍,但须知这一数据在1949年为2074.3倍,因而从纵向来看,我国的原油生产能力有了巨大的提升。根据2023年3月工业和信息化部披露的有关信息,2022年中国工业增加值首次突破40万亿人民币大关,占GDP比重达33.2%。中国制造业规模已经连续13年位居世界首位。中国也是全世界唯一拥有联合国产业分类中全部工业门类的国家,拥有41个工业大类、207个工业中类、666个工业小类。战略性新兴产业也取得重大发展,"载人航天、探月探火、深海深地探测、超级计算机、卫星导航、量子信息、核电技术、新能源技术、大飞机制造、生物医药等取得重大成果"[②]。从农畜产品来看,粮食生产保持"十九连丰",2022年全年粮食产量

---

① 巨力:《从三个历史节点看中国经济发展奇迹》,《求是》,2019年第20期。
② 习近平:《高举中国特色社会主义伟大旗帜 为全面建设社会主义现代化国家而团结奋斗——在中国共产党第二十次全国代表大会上的报告》,人民出版社,2022年,第8页。

13731亿斤,继续稳定在1.3万亿斤以上,猪牛羊禽肉产量9227万吨,较好地满足了广大人民群众的生活需要。展望2035年,中国经济实力、科技实力、综合国力要迈上新台阶,人均国内生产总值达到中等发达国家水平,实现高水平科技自立自强,建成现代化经济体系,基本实现新型工业化、信息化、城镇化、农业现代化。到21世纪中叶,中国经济建设将取得更大的成就,物质产品数量更多、质量更高、种类更全、结构更优,向着物质生活全面丰富不断迈进。

(二)创造人民当家作主的政治文明

所谓政治文明,就是人类在历史发展过程中创造的政治成果和取得的政治进步的总和。根据马克思主义基本原理,政治文明与一个社会的性质紧密相关,不同的社会形态会有不同性质的政治文明。我国是社会主义国家,我国的政治文明是人民当家作主的社会主义政治文明,本质内涵是坚持中国共产党的领导、人民当家作主和依法治国的有机统一。

1.中国共产党领导地位的巩固强化

习近平总书记指出:"中国特色社会主义最本质的特征是中国共产党领导,中国特色社会主义制度的最大优势是中国共产党领导。"[①]坚持马克思主义政党的领导,是社会主义政治文明区别于其他社会形态政治文明的根本标志,坚持中国共产党的领导,是中国特色社会主义政治文明区别于其他社会主义政治文明和其他社会形态政治文明的根本标志,必须一以贯之毫不动摇。

政党是当代政治生活中最重要的主体,由政党来组织领导政治活动成为当代世界各国的普遍形式。但是不同社会形态下的政党在国家政治生活中具有不同的地位,对国家政治生活的运转和国家长远发展具有不同的影

---

① 习近平:《在庆祝中国共产党成立95周年大会上的讲话》,人民出版社,2016年,第22页。

响。和资本主义国家普遍实行的两党制或多党制及政党轮流执政不同,社会主义国家都坚持马克思主义政党的领导地位,党的命运、社会主义的命运、国家民族的命运紧密相连,一荣俱荣,一损俱损。因此,必须毫不动摇地坚持和巩固马克思主义政党在社会主义国家的领导地位。

坚持中国共产党的领导地位,是确保中国特色社会主义政治文明沿着正确方向前进的根本保障。中国共产党的领导是中国特色社会主义政治文明的重要组成部分,同时中国特色社会主义政治文明也是由中国共产党领导开创和发展的。中国共产党具有政治先进性,坚持以马克思主义为指导,洞悉人类社会和中华民族发展前进方向,为中国特色社会主义政治文明指明了发展方向。中国共产党具有高超的领导能力,能够立足中国实际,借鉴吸收中华优秀传统文化中蕴含的丰富的政治文明资源,汲取其他国家政治文明的有益成果,既不走封闭僵化的老路,也不走改旗易帜的邪路,而是沿着中国特色社会主义道路领导中国广大民众发展政治文明。

从历史上来看,中国共产党的领导地位是在一百多年来党领导中国人民革命、建设和改革的历史进程中确立、巩固和强化的,是历史的选择、人民的选择。新民主主义革命时期,中国共产党就在局部地区取得领导地位,为最终成为全国范围内的执政党积累了局部执政的经验。新中国成立以后,中国共产党成为执政党。社会主义革命和建设时期,党领导人民恢复国民经济、进行社会主义改造和社会主义建设,进一步巩固和发展了党的领导地位。改革开放和社会主义现代化建设新时期,党领导人民以经济建设为中心,大力推进改革开放。适应形势变化和发展需要,在毫不动摇坚持党的领导地位的前提下,中国共产党进一步改善党的领导,提高党的领导水平和执政水平,提高拒腐防变和抵御风险能力,党的领导焕发出巨大生机。进入新时代以来,以习近平同志为核心的党中央全面坚持、加强和改善党的领导,把党的领导工作推进到新的高度。从理论上来看,"十个明确"是习近平新时代中国特色社会主义思想的重要组成部分,其中居于首位的就是"明确中国特色社会主义最本质的特征是中国共产党领导,中国特色社会主义制度的最大优势是中国共产党领导,中国共产党是最高政治领导力量,全党必须增强'四个意识'、坚定'四个自信'、做到'两个维护'"①,这就从理论上把党的领导地位提升到前所未有的高度。从实践上来看,我们全面加强党中央权威和集中统一领导,压实各级党组织领导责任,坚持和完善党的领导制度体系,用严密完备的制度体系来确保党的领导地位落到实处,党的领导地位得到强化。

党的领导必须是全面的、系统的、整体的。要确保党对对象、内容、过程和方法等的全面领导。党的领导制度是我国的根本领导制度,居于统领地位。必须以党的领导制度来统摄中国特色社会主义制度体系,建立和完善确保党的领导的基本制度和重要制度,以完备的制度体系为载体和抓手,确保党总揽全局、协调各方的领导核心作用落到实处。党的领导功能要发挥完整,使各方面工作互相协调、互相促进。党的十九届四中全会对坚持和完善党的领导制度体系作出研究和部署,要求建立不忘初心、牢记使命的制度,完善坚定维护党中央权威和集中统一领导的各项制度,健全党的全面领导制度,健全为人民执政、靠人民执政各项制度,健全提高党的执政能力和领导水平制度,完善全面从严治党制度。这既是新时代以来坚持党的领导取得的重大成就,也为未来继续坚持、加强和完善党的领导提供了重要保障、指明了发展方向。

2.人民主体地位的强化

习近平总书记指出:"人民是历史的创造者,是决定党和国家前途命运的根本力量。"②以民为本是社会主义区别于资本主义的重要依据。人民当家作主,这是中国特色社会主义民主政治的本质要求。就人民当家作主而

---

① 《中共中央关于党的百年奋斗重大成就和历史经验的决议》,人民出版社,2021年,第24页。

② 习近平:《决胜全面建成小康社会　夺取新时代中国特色社会主义伟大胜利——在中国共产党第十九次全国代表大会上的报告》,人民出版社,2017年,第21页。

言,中国特色社会主义政治文明既有相同于其他社会主义政治文明的一般特征,更有立足中国现实国情和历史文化传统形成的自身特色。

翻身解放当主人,是中国广大人民群众几千年以来的梦想。但在新中国成立前,一直没能成为现实。中国共产党成立以后,矢志于为中国人民谋幸福、为中华民族谋复兴,带领人民翻身解放,人民群众真正成为掌握国家权力和自身命运的主人。新民主主义革命时期,中国共产党领导下的革命力量在部分地区建立了政权,使这些地区的民众获得了解放,他们积极参与到民主政权的建设之中来。如在中央苏区时期,1931年制定通过的《中华苏维埃共和国宪法大纲》就明确规定:"在苏维埃政权领域内的工人、农民、红军兵士及一切劳苦民众和他们的家属,不分男女、种族(汉、满、蒙、回、藏、苗、黎和在中国的台湾,高丽,安南人等)、宗教,在苏维埃法律前一律平等,皆为苏维埃共和国的公民。"苏维埃公民"在十六岁以上皆享有苏维埃选举权和被选举权"[1]。依照有关法律,中央苏区时期举行了三次大规模选举,人民群众广泛参与到选举中来,"许多地方参加选举的人占选民总人数的80%以上,一些地方达到了90%以上"[2]。延安时期,根据人民群众实际情况,在中国共产党的领导下,创立了形式多样的选举方式,如投票、投豆、烟头烧洞等,真正动员起绝大多数民众参与到民主政治建设中来,把陕甘宁边区建设成了享誉中外的"民主政治的模范区"。中华人民共和国的成立,实现了民族独立和人民解放,中国人民首次成为国家主人并掌握了国家和自己的命运,人民群众参与政治建设的热情得到极大迸发。参与过1953年选民登记工作的法学家许崇德曾回忆:"拿到选民证,农民们特别高兴,因为'张家大嫂''李家大妈'很多都已经四五十岁了,第一次在大红色的选民榜上看到自

---

① 中共中央文献研究室、中央档案馆编:《建党以来重要文献选编(1921—1949)》(第8册),中央文献出版社,2011年,第650页。

② 中共中央党史研究室:《中国共产党的九十年》(新民主主义革命时期),中共党史出版社、党建读物出版社,2016年,第138~139页。

己的名字,觉得非常光荣。更光荣的是,旧社会的受压迫者第一次拥有了选举权这项重要的政治权利,真正成为国家的主人。"①

民主必须制度化,只有依托完备的民主制度体系,民主才能更有保障、更可持久。经过新中国成立以来70多年的发展,我国建立并不断完善人民当家作主的制度体系,包括人民代表大会制度、中国共产党领导的多党合作和政治协商制度、最广泛的爱国统一战线、民族区域自治制度、基层群众自治制度,为广大人民群众当家作主提供了制度保障。中国特色社会主义进入新时代以来,在民主实践和理论发展的基础上,中国共产党对人民当家作主这一问题有了更为深刻的认识,提出"全过程人民民主"这一重要论断,认为"全过程人民民主是社会主义民主政治的本质属性,是最广泛、最真实、最管用的民主"②。全过程人民民主既是对中国特色社会主义民主政治取得的巨大成绩和本质属性的高度概括,同时也为继续坚持和发展中国特色社会主义民主政治指明了方向与路径。在未来的发展征程上,必须突出问题意识,切实解决广大人民群众在依法实行民主选举、民主协商、民主决策、民主管理、民主监督中仍然存在的问题,把全过程人民民主持续推向前进。

3.全面依法治国基本方略的推进

法治还是人治,是判断一种政治文明先进还是落后的重要标志,也会对一个国家和民族的发展前途产生截然不同的影响。正所谓"法治兴则国兴,法治强则国强"。古往今来,凡是法律较为健全、执法较为有力的时期,往往是发展比较好的时期,如唐朝的"贞观之治"、古巴比伦王国的全盛时代等。中国古代虽然不乏个别时期个别有为的政治人物和知识分子高度重视法律对治国安邦、教化人心的重要作用,但是从整体上来看,中国古代仍然是一

---

① 转引自《第一届全国人民代表大会第一次会议:人民当家作主落地生根》,《光明日报》,2021年2月25日。
② 习近平:《高举中国特色社会主义伟大旗帜 为全面建设社会主义现代化国家而团结奋斗——在中国共产党第二十次全国代表大会上的报告》,人民出版社,2022年,第37页。

个以人治为主流的社会,法律的权威远不如君主的权威,甚至于君主一道圣旨的效力远高于法律的效力。进入近代以来,历经晚清、北洋和国民党三个政权统治时期,法律的权威始终未能树立起来,实质上仍然是以人治代替法治,中国的政治文明发展较为落后。

中国共产党成立以后,特别是在革命时期的局部执政和成为执政党以后,高度重视法治在根据地建设和国家发展中的重要作用。中央苏区时期,就制定了以《中华苏维埃共和国宪法大纲》为统领,涉及政权、土地、婚姻、劳动、教育等多个领域的法律法规和条例等,为中央苏区根据地建设提供了重要的法律保障。延安时期,中国共产党领导制定、边区最高权力机关参议会审议通过的《陕甘宁边区施政纲领》,成为带有根本法性质的政纲,为陕甘宁边区法治建设提供了重要法律依据。新中国成立前夕,党领导制定具有临时宪法性质的《中国人民政治协商会议共同纲领》,为推进新中国成立初期的法制建设提供了依据,以此为依据我们制定了《中华人民共和国婚姻法》《中华人民共和国土地改革法》等法律。1954年中国共产党领导制定了新中国第一部宪法,用法律形式保障了新民主主义革命和社会主义革命时期在经济、政治、文化等领域取得的成果。随着社会主义建设的全面展开,中国共产党对法制建设的重要性有了充分认识,认为随着革命暴风雨的过去,斗争方式必须随之改变,"国家必须根据需要,逐步地系统地制定完备的法律。一切国家机关和国家工作人员必须严格遵守国家的法律,使人民的民主权利充分地受到国家的保护"①。改革开放以来,我国法制建设进入新时期,党的十一届三中全会明确提出要加强社会主义法制建设,使民主制度化、法律化,必须做到有法可依、有法必依、执法必严、违法必究。"文化大革命"中遭到破坏的法律机构恢复设立,制定或修订了一大批新法律,特别是1979年7月1日,全国人大一天之内通过了7部法律。1987年党的十三大明确宣布

---

①　中共中央文献研究室编:《建国以来重要文献选编》(第九册),中央文献出版社,1994年,第351页。

"以宪法为基础的社会主义法律体系初步形成"。1997年党的十五大明确提出实行依法治国基本方略,这是我国法治建设史上一个重要的里程碑。在实行依法治国基本方略的推动下,我国的法律体系建设取得长足发展。2011年3月10日,时任全国人大常委会委员长吴邦国庄严宣布,中国特色社会主义法律体系已经形成。可以说,改革开放以来到党的十八大以前这一时期,我国法制建设取得了一系列辉煌的成就,推动了从法制到法治,再到依法治国的重大转变,为新时代中国特色社会主义法治建设奠定了坚实的基础。

党的十八大以来,以习近平同志为核心的党中央高度重视法治建设,从"有法可依、有法必依、执法必严、违法必究"到"科学立法、严格执法、公正司法、全民守法",从"依法治国"到"全面依法治国",党对依法治国的认识日益深化。党的十八届四中全会更是首次以全会的形式专题研究全面依法治国问题,为新时代法治工作明确了任务书、指明了路线图、给出了时间表。在新时代中国特色社会主义法治建设过程中,以习近平同志为核心的党中央把马克思主义法治理论同中国法治建设具体实际相结合、同中华优秀传统法律文化相结合,形成了习近平法治思想,这一指导思想为做好当下及未来一段时期内全面依法治国工作提供了根本遵循。继续扎实推进全面依法治国工作,要坚持以习近平法治思想为指导,紧密围绕科学立法、严格执法、公正司法和全民守法,抓住法治政府建设和党员领导干部特别是高级领导干部依法办事这两个重点,以点带面,全面推进国家各方面工作法治化。

(三)创造文化自信自强的精神文明

所谓精神文明,就是人类精神生产和社会精神生活积极成果的总和,主要包括文化成果和思想成果两个方面。从历史唯物主义角度来看,作为上层建筑重要组成部分的精神文明,不仅对其产生的基础即物质文明具有重要的反作用,而且对上层建筑中的政治制度和政治组织具有强大的渗透力和影响力,直接引领着一个社会的发展方向。作为一个有着多重身份——具有独特文化传统的五千多年文明古国、世界上最大的社会主义国家、走出一条中国式现代化道路的国家——的国家,中国要在西方主流意识形态在世界范围内仍然占据优势、"资"强"社"弱的局面尚未根本改变的当今世界实现中华民族伟大复兴,就必须创造并不断丰富发展中国特色社会主义精神文明,以文化自信自强为民族复兴注入强大精神力量。

1.马克思主义在意识形态领域指导地位全面加强

作为社会主义国家,必须把坚持和发展马克思主义在意识形态领域的指导地位作为精神文明建设工作的核心。中国共产党自成立第一天起就把马克思列宁主义写在自己的旗帜上并不断推进马克思主义中国化时代化,用以指导中国革命、建设和改革事业。

在革命时期,中国共产党就高度重视不断扩大马克思主义在革命队伍和全社会的影响。建党时期,早期的中国共产党人就与实用主义、基尔特社会主义、无政府主义等社会思潮的代表人物展开论战并扩大了马克思主义在社会上的影响。在长期的革命中,中国共产党人对各种非马克思主义特别是反马克思主义论调,如国家主义、戴季陶主义等展开斗争,扩大了马克思主义在中国的影响。随着革命的胜利,中国共产党成为执政党,为确立马克思主义在国家意识形态领域的指导地位提供了根本保障。在新中国成立初期,我们有组织有计划地在全国范围内开展马克思主义教育运动,推进马克思主义普及工作。《实践论》《矛盾论》的修改发表、系统翻译并出版革命导师的经典著作以及诸多学习革命导师经典著作心得体会式论著的出版等,对推动形成学习马克思主义的热潮发挥了重要作用。特别是许多知识分子的思想认识开始发生转变,能够主动运用马克思主义立场、观点和方法来指导工作。如著名学者钱俊瑞就谈到,"我们每个教师必须努力学习马克思列宁主义,掌握马克思主义的立场、观点和方法,有的放矢地针对着自己的思想实际,展开严肃的批评与自我批评,来确实地改造和提高自己的思想"①。有学者认为,尽管新中国成立初期的这场马克思主义教育运动存在一些缺陷,但瑕不掩瑜,这场教育运动"使中国人民的马克思主义水平得到了很大的提高。而这一点,对于中国以后的发展,具有无比重大的历史意义……为马克思主义不断战胜危机奠定了群众基础"②。改革开放以来,中国共产党深刻反思之前在推进马克思主义中国化时代化过程中出现的问题和教训,提出"一个党,一个国家,一个民族,如果一切从本本出发,思想僵化,迷信盛行,那它就不能前进,它的生机就停止了,就要亡党亡国"③。党领导开展真理标准问题大讨论,抵制资产阶级自由化思潮泛滥,提出必须坚持四项基本原则,强调物质文明和精神文明必须两手抓、两手都要硬等,有力地巩固和加强了马克思主义在意识形态领域的指导地位。

党的十八大以来,中国特色社会主义进入新时代,以习近平同志为核心的党中央高度重视意识形态工作,提出"意识形态工作是党的一项极端重要的工作"④。马克思主义在意识形态领域的指导地位得到全面加强。党重视用制度体系来保障并强化马克思主义在意识形态领域的指导地位,在党的历史上首次确立马克思主义在意识形态领域指导地位的根本制度。完善党委(党组)理论学习中心组学习制度,大力提高党员领导干部做好意识形态工作的本领。全面落实意识形态工作责任制,压实党员领导干部做好意识形态工作的责任。在全社会大力培育和践行社会主义核心价值观,形成思想认识上的"最大公约数"。以前所未有的力度大抓思想政治工作,特别是青少年的思想政治工作,学校思想政治理论课获得前所未有的发展,思政育

① 转引自中国人民解放军国防大学党史党建政工教研室编:《中共党史教学参考资料》(第19辑),1986年,第357页。

② 唐宝林主编:《马克思主义在中国100年》(修订版),安徽人民出版社,1998年,第398~399页。

③ 《邓小平文选》(第二卷),人民出版社,1994年,第143页。

④ 《习近平在全国宣传思想工作会议上强调:胸怀大局把握大势着眼大事 努力把宣传思想工作做得更好》,《光明日报》,2013年8月21日。

人质量明显提高。净化舆论生态，特别是网络舆论生态，有力抵制消除历史虚无主义等错误思潮，社会舆论氛围明显改善。以上这些重大举措，使得"意识形态领域形势发生全局性、根本性转变"①。做好意识形态工作没有完成时，只有进行时。新时代新征程，做好意识形态工作，必须要站在"两个大局"的高度去充分认识做好意识形态工作的极端重要性，突出问题意识，补强薄弱环节，继续抓好制度、主体和媒介等要素，持续强化马克思主义在意识形态领域的指导地位。

2.文化事业和文化产业大发展大繁荣

"为什么人"的问题，是文化事业和文化产业发展首先需要回答的问题。中国共产党对这个问题的回答是"人民"。文化事业和文化产业发展归根结底是为了满足人民群众日益增长的精神文化生活的强烈需求，文化事业和文化产业的发展也离不开人民群众的生产生活实践。中国共产党领导下的文化事业和文化产业就是在始终为了人民、始终依靠人民的方针指引下实现大繁荣大发展的。

中国共产党的坚强领导为文化事业和文化产业沿着源于人民、服务人民、依靠人民方向发展提供了根本保障。这首先是源于理论上的高度清醒和自觉。中国共产党坚持以马克思主义为指导，强调人民群众是历史发展的主体，无论是物质生产还是精神生产，其生产主体和消费主体都是人民群众。新民主主义革命时期，中国共产党在局部地区执政时就高度重视发展文化事业。中央苏区时期，中国共产党就高度重视教育、文艺工作，举办列宁小学、红军学校和干部学校等，创办工农剧社，开办戏剧训练班，大力培养戏剧人才。扫除封建迷信活动，提高人民群众的科学素质。正如当时苏区一首山歌唱的那样："红军来了大翻身，穷人当家做主人。学习文化入夜校，瞎子开目见光明。"延安时期，毛泽东主持召开延安文艺座谈会并发表重要

---

① 习近平：《高举中国特色社会主义伟大旗帜　为全面建设社会主义现代化国家而团结奋斗——在中国共产党第二十次全国代表大会上的报告》，人民出版社，2022年，第10页。

讲话,明确提出"为什么人的问题,是一个根本的问题,原则的问题","任何一种东西,必须能使人民群众得到真实的利益,才是好的东西","一切革命的文学家艺术家只有联系群众,表现群众,把自己当作群众的忠实的代言人,他们的工作才有意义"。①这一时期,党领导下的文化事业发展取得了重大成就。大力发展教育事业,创办了多所多种大学,如抗日军政大学、鲁迅艺术学院、医科大学、中国女子大学、自然科学院等院校。创作了一大批反映革命斗争、现实生活、贴近群众的优秀文艺作品,如《黄河大合唱》《白毛女》《南泥湾》《兄妹开荒》等。新闻广播出版事业有了很大发展。1940年开通新华广播电台,创办多种报刊,如《解放日报》《共产党人》《中国文化》等,这为新中国成立后发展文化事业积累了重要经验。新中国成立后,党和政府高度重视发展文化事业。科技事业迅速发展。"1949年,全国科技人员不超过5万人,其中自然科学的专门研究人员不超过500人,专门研究机构仅有30多个,有的已名存实亡。"②在党和政府的推动下,组建新的科研机构,广泛团结改造旧中国遗留下来的科技人员,大力培养科技人才,争取留学国外的科技人员回国,"1949年8月到1955年11月,从西方国家归来的高级知识分子多达1536人,其中从美国回来的有1041人"③。如钱学森、邓稼先、郭永怀等,他们为后来以"两弹一星"为突出代表的中国科学技术发展作出了重大贡献。大力发展教育事业,继承、改造旧的教育机构,创办新型学校,建立新型人民教师队伍,调整高等学校院系,学校数量、种类、结构、在校生数量等都较新中国成立之初有了很大发展进步。有计划地在全国范围内开展扫除文盲运动等,极大地提高了人民群众的识字率。大力发展文学艺术事业,创造了一大批脍炙人口的文艺作品,丰富了人民群众的精神文化生活,工农兵群众成为文艺作品中的主人公。"新中国第一部电影故事片《桥》,使工人

---

① 《毛泽东选集》(第三卷),人民出版社,1991年,第857、864~865、864页。
② 当代中国研究所:《新中国70年》,当代中国出版社,2019年,第55页。
③ 当代中国研究所:《新中国70年》,当代中国出版社,2019年,第56页。

阶级第一次以主人公姿态出现在银幕上,揭开了中国电影史崭新的一页。"①
其他优秀文艺作品如电影《董存瑞》《上甘岭》、文学作品《创业史》《谁是最可
爱的人》、歌曲《草原上升起不落的太阳》、音乐舞蹈史诗《东方红》等,具有永
恒的精神价值。

　　改革开放以来到党的十八大之前,在继承新中国成立以来发展成就的
基础上,党领导加大对科技、教育、文化等领域制度的改革,充分调动这些领
域工作人员的积极性、主动性、创造性,文化事业和文化产业发展取得了重
大成就。大力实施科教兴国、人才强国战略,在载人航天、载人深潜、高速铁
路等方面取得重大成就;大力推进义务教育,自1986年《中华人民共和国义
务教育法》颁布以来,利用25年时间实现了全面普及;到2011年,公共博物
馆、美术馆、公共图书馆等全部实现免费开放。

　　新时代以来,以习近平同志为核心的党中央全面深化文化领域改革,文
化事业和文化产业发展取得新的重大成就。建立和完善一系列制度体制机
制,包括坚持以社会主义核心价值观引领文化建设制度、健全人民文化权益
保障制度、建立健全把社会效益放在首位、社会效益和经济效益相统一的文
化创作生产体制机制等。建立健全现代公共文化服务体系,强调标准化、均
等化。截至2022年末,全国共有公共图书馆3303个,全国公共图书馆总藏
量135959万册,阅览室座席数155万个,群众文化机构45623个,其中乡镇综
合文化站33932个。②建立健全现代文化市场体系,文化产业繁荣发展。十
年来,全国规模以上文化企业数量从3.6万家增长到6.5万家,年营业收入从
5.6万亿元增长到11.9万亿元。③习近平总书记亲自主持召开新时代文艺座
谈会,强调文艺创作要坚持以人民为中心的创作导向,"能不能搞出优秀作

---

① 当代中国研究所:《新中国70年》,当代中国出版社,2019年,第61页。
② 中华人民共和国文化和旅游部:《中华人民共和国文化和旅游部2022年文化和旅游发展统
计公报》,https://zwgk.mct.gov.cn/zfxxgkml/tjxx/202307/t20230713_945922.html。
③ 《满足人民文化需求 增强人民精神力量》,《人民日报》,2022年8月25日。

品,最根本的决定于是否能为人民抒写、为人民抒情、为人民抒怀"①。一大批贴近群众、贴近现实的优秀作品如《长津湖》《山海情》《人民的名义》等不断问世,满足了广大人民群众的精神文化需求。与此同时,不断推动中华优秀传统文化创造性转化、创新性发展,推出了一大批反映优秀传统文化的电视节目、文化产品,如"中国诗词大会""中国成语大会"等。大力做好文化遗产保护工作。截至2021年底,我国共有各级非遗代表性项目10万余项,其中国家级非遗代表性项目1557项;各级代表性传承人9万余名,其中国家级非遗代表性传承人3062名。②在新征程上,我们必须继续坚持以人民为中心,突出问题导向,全面深化文化领域改革,推动文化事业和文化产业持续繁荣发展。

3.中华文明影响力全面扩大

创造文化自信自强的精神文明,一个重要方面就是中华文明在世界上具有重大的影响力,这既是文化自信自强的突出表现,也是文化自信自强的重要源泉。

中华民族是伟大的民族,在古代曾经创造了以四大发明为代表的辉煌灿烂的文明成果,为推动整个人类文明发展作出了重要贡献。但近代以来,由于国力衰微,民族生存处于严重危机之中,中华文明逐渐失去了往日的那种辉煌,从上层精英到下层民众中的很多人甚至对中华文明产生了怀疑、动摇乃至否定。直至中国共产党成立,这种局面才得以逐步改变,并经由100多年的发展,中华文明才在当今世界的影响力全面扩大。这种影响力最早来源于中国共产党人治理下的地区所取得的成就和中国共产党人身上展现出来的精神魅力。在延安时期,国际社会就通过对中国共产党及其领导下的根据地的观察,改变了对中国的认知。当时来延安访问、采访、观察的许多国际人士都对中国共产党和延安给予了高度评价,普遍认为,和当时的国

---

① 《习近平著作选读》(第一卷),人民出版社,2023年,第290页。
② 《满足人民文化需求 增强人民精神力量》,《人民日报》,2022年8月25日。

统区相比,延安简直就是一个新的世界。例如,作为美军观察组一员曾经到过延安的谢伟思,经过深入观察调研,在他发给美国政府的调研报告中指出:"我们全组成员都有相同的感觉:我们来到了一个不同的国家,碰到了不同的人。……那里不存在铺张粉饰和礼节俗套,言辞和行动上都如此。官员和人民与我们的关系,以及中国人相互之间的关系,都是坦诚,直率和友好的。"①毛泽东、周恩来、朱德等党的领袖也和国外人士进行了广泛交流,他们身上所展现出来的精神魅力,对改变国外人士对中国的认识发挥了重要作用。例如,斯诺在《西行漫记》中就谈道,毛泽东身上具备一种"实实在在的根本活力","有着中国农民的质朴纯真的性格……说话平易,生活简朴","对于工作却事无巨细都一丝不苟,他精力过人,不知疲倦"。②对于周恩来,斯诺则写道,"他头脑冷静,善于分析推理,讲究实际经验",他是"中国人中间最罕见的一种人,一个行动同知识和信仰完全一致的纯粹知识分子"。③尽管在访问延安时没有直接见到朱德,但斯诺根据他所掌握的情况仍在书中对朱德做了高度评价,认为朱德"具有为一个事业英勇牺牲的忠贞不贰精神的罕见人品"④。

中国特色社会主义进入新时代,在中国共产党的领导下,中华文明影响力显著提高。我们提出并践行一系列融合中华文明精华、带有中国特色、具有世界影响的对外理念和政策,如人类命运共同体、全人类共同价值、全球文明倡议等。在国际社会事务中主持公道,在力所能及的范围内加大对其他发展中国家的支持,如在新冠疫情期间,中国为一些国家提供防疫物品等,赢得了广大发展中国家的高度赞誉。2022年10月25日,美国《新闻周刊》刊文《中国正在对发展中国家的影响力争夺战中击败美国》。文中指出:

①　[美]约瑟夫·W.埃谢里克编著:《在中国失掉的机会——美国前驻华外交官约翰·S.谢伟思第二次世界大战时期的报告》,罗清、赵仲强译,国际文化出版公司,1989年,第181页。

②　[美]埃德加·斯诺:《西行漫记》,董乐山译,东方出版社,2005年,第71、73、74页。

③　[美]埃德加·斯诺:《西行漫记》,董乐山译,东方出版社,2005年,第53、49页。

④　[美]埃德加·斯诺:《西行漫记》,董乐山译,东方出版社,2005年,第356页。

"在赢得发展中国家民众好感的意识形态与政治争夺战中,中国有史以来第一次击败美国,因为这些国家的民众正对那些(西方)自由民主国家失去信心。"①积极做好中华文化走出去工作。中国充分利用举办国际盛会的机会,向国外客人展示中华优秀传统文化的魅力。如北京冬奥会开幕式上就融合了许多中国元素,冬奥会徽"冬梦"以汉字"冬"为灵感来源,运用中国书法的艺术形态,将厚重的东方文化底蕴与国际化的现代风格融为一体。同时,中国的一些优秀文艺作品也走向世界,如科幻作品《三体》《流浪地球》《独行月球》,网络文学及其改编的影视剧《知否知否应是绿肥红瘦》《苍兰诀》,戏剧作品《白蛇传》《牡丹亭》《寇流兰与杜丽娘》等在世界上产生很大影响。大力加强国际传播能力建设。推动孔子学院迅速发展,启动文化传播重点工程,为中华文化走出去提供重要支撑。中国还在Facebook、YouTube、Instagram、Twitter等海外四大主流媒体平台开设"中国文化"账号,加强与海外公众互动交流。加强与国外文化文明交流互鉴。习近平总书记提出全球文明倡议,呼吁世界共同倡导尊重世界文明多样性,共同倡导弘扬全人类共同价值,共同倡导重视文明传承和创新,共同倡导加强国际人文交流合作。举办亚洲文明对话大会、敦煌国际文化博览会、丝绸之路国际艺术节、海上丝绸之路国际艺术节等活动。新时代新征程,我们必须继续顺应并引领全球文明交流交融交锋发展趋势,继续推动中华优秀文化走出去,"加快构建中国话语和中国叙事体系","形成同我国综合国力和国际地位相匹配的国际话语权"。②要持续扩大中华文明影响力,为中华文明和人类文明发展作出更大贡献。

---

① 转引自《30项全球调查显示发展中国家更挺中国》,《环球时报》,2022年10月27日。

② 习近平:《高举中国特色社会主义伟大旗帜　为全面建设社会主义现代化国家而团结奋斗——在中国共产党第二十次全国代表大会上的报告》,人民出版社,2022年,第46页。

（四）创造增进民生福祉的社会文明

"社会"有广义和狭义之分，广义的社会包括经济、政治、文化乃至生态文明等在内，狭义的社会则指的是和经济、政治、文化、生态文明等并列的概念。我们这里所说的是狭义意义上的社会。从这个意义上来说，所谓社会文明，指的是社会领域的进步程度和社会建设的积极成果。创造人类文明新形态，创造了增进民生福祉的社会文明。

1.共同富裕取得重大进展

党的二十大报告指出："共同富裕是中国特色社会主义的本质要求，也是一个长期的历史过程。"①实现共同富裕，既是马克思主义的重要观点，也是中华优秀传统文化的一贯追求。扎实推动共同富裕取得重大进展，这是人类文明新形态的重要标志性成果。

实现共同富裕是中国共产党一以贯之的追求。毛泽东在青年时期就指出："世界什么问题最大？吃饭问题最大。"②在社会主义建设时期又指出："须知我国是一个有六亿五千万人口的大国，吃饭是第一件大事。"③革命年代许多出身家境较好的人参加共产党投身革命，起初都是抱有一个最为朴素的愿望：人人都有饭吃。这应该是共同富裕最为原始的一种表达。在长期领导革命的过程中，中国共产党逐步认识到，农民占中国人口的绝大多数，实现共同富裕首要的是解决农民的吃饭问题。党领导农民打土豪分田地，组织农民进行生产，最终建立新中国，为继续推进共同富裕提供了根本政治前提，积累了重要经验。1953年，中共中央通过的《关于发展农业生产合作社的决议》提出，要"使农民能够逐步完全摆脱贫困的状况而取得共同

---

① 习近平：《高举中国特色社会主义伟大旗帜　为全面建设社会主义现代化国家而团结奋斗——在中国共产党第二十次全国代表大会上的报告》，人民出版社，2022年，第22页。
② 中共中央文献研究室编：《毛泽东年谱（1893—1949）》（上卷），人民出版社、中央文献出版社，1993年，第42页。
③ 《毛泽东著作选读》（下册），人民出版社，1986年，第811页。

富裕和普遍繁荣的生活"①。1955年,毛泽东在《关于农业合作化问题》的报告中再次谈到共同富裕的问题,强调只有"使全体农村人民共同富裕起来"②,才能巩固工农联盟。到改革开放前,通过近30年的发展,中国在共同富裕道路上取得积极进展。从就业人员来看,"1949年末,全国城乡就业人员18082万人,其中城镇就业人员仅有1533万人,城镇失业率高达23.6%"③。"1978年,我国城乡就业人员共计40152万人,其中城镇就业人口9514万人。"④从收入情况来看,1949—1978年,城镇居民人均可支配收入从1949年的99.5元增加到1978年的343元;农村居民人均可支配收入由1949年的44元增加到1978年的134元。根据2010年农村贫困标准,1978年末我国农村贫困人口仍有7.7亿人,农村贫困发生率高达97.5%。⑤

改革开放以来,我们继续深化对共同富裕理论的认识,推动共同富裕取得更大成就。邓小平把共同富裕提高到社会主义本质的高度,强调"共同致富,我们从改革一开始就讲,将来总有一天要成为中心课题。……社会主义最大的优越性就是共同富裕,这是体现社会主义本质的一个东西"⑥。我们从农村改革起步,实行家庭联产承包责任制,解决广大农民温饱问题。按照"两个大局"安排,允许、鼓励一部分地区、一部分人通过辛勤劳动和合法经营先富起来,先富带后富,实现共同富裕。从1986年开始,我国开始实施有计划、有组织、大规模的农村扶贫开发。先后制定并实施《国家八七扶贫攻坚计划(1994—2000年)》《中国农村扶贫开发纲要(2001—2010年)》《中国农

---

① 中共中央文献研究室编:《建国以来重要文献选编》(第四册),中央文献出版社,1993年,第662页。
② 中共中央文献研究室编:《建国以来重要文献选编》(第七册),中央文献出版社,1993年,第79页。
③ 中华人民共和国国务院新闻办公室:《为人民谋幸福:新中国人权事业发展70年》,人民出版社,2019年,第23页。
④ 国家统计局:《就业总量持续增长 就业结构调整优化——改革开放40年经济社会发展成就系列报告之十四》,https://www.stats.gov.cn/zt_18555/ztfx/ggkf40n/202302/t20230209_1902594.html。
⑤ 国家统计局:《人民生活实现历史性跨越 阔步迈向全面小康——新中国成立70周年经济社会发展成就系列报告之十四》,https://www.stats.gov.cn/sj/zxfb/202302/t20230203_1900408.html。
⑥ 《邓小平文选》(第三卷),人民出版社,1993年,第364页。

村扶贫开发纲要(2011—2020年)》,贫困人口大为减少,按照世界银行1.25美元标准,中国的贫困人口从1981—2010年减少了6.78亿,中国减贫事业取得巨大成就。

中国特色社会主义进入新时代,以习近平同志为核心的党中央把脱贫攻坚作为全面建成小康社会的底线任务,提出精准脱贫理念和思路,并把精准脱贫列为三大攻坚战之一。中共中央、国务院制定并实施《关于打赢脱贫攻坚战的决定》《关于打赢脱贫攻坚战三年行动的指导意见》等文件,层层签订责任书、立下军令状,脱贫攻坚任务全面完成,现行标准下9899万农村贫困人口全部脱贫,832个贫困县全部摘帽,12.8万个贫困村全部出列,区域性整体贫困得到解决,完成了消除绝对贫困的艰巨任务,以往的贫困群众全部实现"两不愁三保障"。在此过程中,形成了伟大的脱贫攻坚精神,成为激励中华民族和中国人民继续向第二个百年奋斗目标奋进的强大精神动力。消除绝对贫困是实现共同富裕道路上的重要成果,但这不是终点,而是新的奋斗的起点。要在中国共产党的领导下,有效衔接全面脱贫攻坚和乡村振兴,继续巩固拓展脱贫攻坚成果,大力实施乡村振兴战略,着力解决好发展不平衡不充分的问题,扎实推进共同富裕取得更为明显的实质性进展。

2.人的全面发展和社会全面进步取得重大成就

"现代化的最终目标是实现人自由而全面的发展。"[①]实现人的自由而全面发展是马克思主义的终极价值追求,也是中国共产党自成立以来就确定不移的奋斗目标。推进中国式现代化,创造人类文明新形态,必须紧紧围绕实现人的自由而全面发展这一最终目标。人的全面发展与社会全面进步互为条件、互相支撑,两者必须一体推进。同时,人的全面发展、社会全面进步都是阶段性与连续性的统一,要锚定最终目标,持续性推进。

新民主主义革命时期,毛泽东从政治、经济和文化三个方面提出了新民

---

① 中共中央宣传部编:《习近平新时代中国特色社会主义思想学习纲要(2023年版)》,学习出版社、人民出版社,2023年,第56页。

主主义的基本纲领，为新民主主义革命指明了具体目标。这三个基本方面既明确了建设领域，同时也反映了我们当时要实现人的发展和社会进步的三个维度。以此为指引，革命时期我们就高度重视政治、经济和文化工作，加强根据地政权建设，开展土地革命，发展教育事业，为实现人的发展和社会进步创造条件。新中国成立以后，在政治上，建立新政权，召开全国人民代表大会，制定新中国第一部宪法，确立人民代表大会根本政治制度、中国共产党领导的多党合作和政治协商制度、民族区域自治制度等，为实现人民当家作主提供了制度保障。在经济上，恢复国民经济秩序，进行社会主义改造，开展大规模的社会主义建设，广大人民群众物质生活条件有了较大改善。在文化上，开展扫盲运动，大力发展科教文卫事业，扫除旧社会遗留下来的黄赌毒等丑恶现象，社会风气为之好转，广大人民群众精神面貌焕然一新，科学文化素质有了一定程度的提高。此外，卫生体育事业也有了很大发展，消除了旧中国长期存在且严重危害人民群众生命健康的鼠疫、天花、肺结核、寄生虫病等，建立劳保医疗、公费医疗、农村合作医疗等制度，极大地改善了人民群众的生命健康，全国人口预期寿命由1949年前的35岁提高到1957年的57岁。毛泽东为中华全国体育总会代表大会的题词"发展体育运动，增强人民体质"，体现了新中国体育事业鲜明的人民性，群众性体育活动和竞赛活动广泛发展。改革开放以后，邓小平提出物质文明和精神文明要两手抓、两手都要硬的重要观点，强调社会主义不但要有高度发达的物质文明，还需要有高度发达的精神文明。我们在抓经济改革的同时，注重抓好科教文卫等领域的改革，提出培养有理想、有道德、有文化、有纪律的社会主义新人。20世纪末，我们初步建成小康社会，人民生活总体上实现了由温饱到小康的历史性跨越，为实现人的全面发展和社会全面进步打下坚实基础。江泽民指出，促进人的全面发展是"马克思主义关于建设社会主义新社会的本质要求"①。这就把人的全面发展提高到社会主义本质要求的新高度。在邓小平提出的"两个文明"基础上,以江泽民同志为主要代表的中国共产党人进一步把建设社会主义政治文明与物质文明、精神文明一起确立为社会主义现代化全面发展的三大基本目标。党的十六大报告明确提出,要"推动社会全面进步,促进人的全面发展"②。党的十七大报告强调,科学发展观的核心是以人为本,要"走共同富裕道路,促进人的全面发展"③。以胡锦涛同志为主要代表的中国共产党人,明确要全面推进经济建设、政治建设、文化建设、社会建设,对中国特色社会主义事业总体布局认识不断深化。

中国特色社会主义进入新时代,人的全面发展和社会全面进步事业取得重大成就。党的十八大明确把生态文明建设纳入中国特色社会主义事业"五位一体"总体布局,进一步深化了对中国特色社会主义事业总体布局的认识。我国经济总量从2012年的近52万亿元增长到2022年的121万亿元,人均国内生产总值从3.98万元增长到8.57万元。全面发展全过程人民民主,通过制度化渠道,人民群众充分行使民主权利。全面依法治国总体格局基本形成,社会法治化水平持续提高。巩固和强化马克思主义在意识形态领域的指导地位,广泛深入践行社会主义核心价值观,社会文明程度全面提高,广大人民群众精神面貌更加奋发昂扬。居民人均可支配收入从2012年的1.65万元增加到2022年的3.69万元,"建成世界上规模最大的教育体系、社会保障体系、医疗卫生体系"④。坚持并践行绿水青山就是金山银山的理念,把污染防治作为三大攻坚战之一,"生态环境保护发生历史性、转折性、

---

① 《江泽民文选》(第三卷),人民出版社,2006年,第294页。
② 江泽民:《全面建设小康社会　开创中国特色社会主义事业新局面——在中国共产党第十六次全国代表大会上的报告》,人民出版社,2002年,第14页。
③ 胡锦涛:《高举中国特色社会主义伟大旗帜　为夺取全面建设小康社会新胜利而奋斗——在中国共产党第十七次全国代表大会上的报告》,人民出版社,2007年,第15页。
④ 习近平:《高举中国特色社会主义伟大旗帜　为全面建设社会主义现代化国家而团结奋斗——在中国共产党第二十次全国代表大会上的报告》,人民出版社,2022年,第11页。

全局性变化,我们的祖国天更蓝、山更绿、水更清"①。在经济、政治、文化、社会和生态文明等领域不断发展的基础上,人的全面发展和社会全面进步取得了重大成就。党的二十大报告在规划2035年发展总体目标时指出,要推动"人的全面发展……取得更为明显的实质性进展"②。新时代新征程,我们要在中国共产党坚强领导下,针对制约人的全面发展和社会全面进步存在的问题,不断推动经济、政治、文化、社会、生态等领域取得新的发展成就,为实现人的全面发展和社会全面进步提供更为充分的条件。

(五)创造人与自然和谐共生的生态文明

人类来源于自然,离不开自然,同时人类的活动也会对自然产生重大影响。人与自然的关系是一个贯穿从人类出现到人类灭亡整个历史时期的重大问题,只要有人类的存在,就必须认真思考并处理好这一关系。创造人类文明新形态的一个重要维度就是创造了人与自然和谐共生的生态文明。

1.对人与自然和谐共生的认识不断深化

中国共产党对人与自然关系的认识经历了一个发展变化过程。新民主主义革命时期,党由于仅在局部地区执政,且面临着严峻的革命斗争环境,这一时期环境保护问题还没有真正在中国乃至世界范围内引起人们的重视。因而如何处理人与自然的关系在这一时期并没有成为十分迫切的问题。第二次世界大战结束后,随着第三次科技革命的到来,整个人类经济社会发展取得重大成就,人类对自然的改造利用程度远远超过以往任何时期,在世界范围内出现了多起环境公害事件,给经济社会发展和人民群众生命健康造成了严重损失,引起了世界有识之士的普遍关注。新中国成立以后,

---

① 习近平:《高举中国特色社会主义伟大旗帜 为全面建设社会主义现代化国家而团结奋斗——在中国共产党第二十次全国代表大会上的报告》,人民出版社,2022年,第11页。

② 习近平:《高举中国特色社会主义伟大旗帜 为全面建设社会主义现代化国家而团结奋斗——在中国共产党第二十次全国代表大会上的报告》,人民出版社,2022年,第24页。

党领导人民恢复国民经济、进行社会主义改造并开展大规模的社会主义建设。随着大规模经济建设特别是工业建设的推进，我国的环境问题也开始凸显出来，引起了党和政府的高度重视。1973年成为我国环境保护事业起步的元年。这一年，国务院召开第一次全国环境保护会议，确定了我国第一个环境保护战略方针，即"全面规划，合理布局，综合利用，化害为利，依靠群众，大家动手，保护环境，造福人民"。改革开放以来，党和政府高度重视环境保护工作，1983—1984年召开的第二次全国环境保护会议将环境保护确立为基本国策，提出"经济建设、城乡建设和环境建设要同步规划、同步实施、同步发展，做到经济效益、社会效益和环境效益的统一"的指导方针。党的十三大第一次在党的报告中阐释环境保护问题，从经济社会发展和生态环境保护相联系的角度论述了环境保护的重要性，指出，"在推进经济建设的同时，要大力保护和合理利用各种自然资源，努力开展对环境污染的综合治理，加强生态环境的保护，把经济效益、社会效益和环境效益很好地结合起来"①。党的十五大报告首次提出要实施可持续发展战略，正确处理经济发展同人口、资源、环境的关系，就资源节约、环境保护提出要求。党的十六大报告在规划全面建设小康社会的目标时首次提出"促进人与自然的和谐"②。党的十七大首次提出生态文明的概念并把生态文明建设作为全面建设小康社会奋斗目标的重要内容，强调人与自然和谐相处。从党的十三大首次阐释环境保护问题，到党的十七大提出建设生态文明，体现了中国共产党对人与自然关系的认识在不断全面与深化。

党的十八大首次把生态文明建设纳入中国特色社会主义事业总体布局，首次单独设置一部分来阐述生态文明建设，提出必须树立尊重自然、顺应自然、保护自然的生态文明理念，努力建设美丽中国的目标，把生态文明

①　中共中央文献研究室：《十三大以来重要文献选编》（上），人民出版社，1991年，第25页。

②　江泽民：《全面建设小康社会　开创中国特色社会主义事业新局面——在中国共产党第十六次全国代表大会上的报告》，人民出版社，2002年，第20页。

建设提高到了前所未有的高度。新时代以来,在生态文明建设实践基础上形成的习近平生态文明思想,深刻回答了为什么建设生态文明、建设什么样的生态文明和怎样建设生态文明等重大问题,丰富了中国共产党对生态文明建设的理论认识,为做好新时代生态文明建设工作提供了思想指导。实践发展永无止境,理论创新永无止境。新时代新征程,必须在生态文明建设实践基础上继续深化对人与自然和谐共生的理论认识,以更好地指导生态文明建设实践。

2.生态文明建设取得重大成就

1973年中国环境保护事业起步以来,我国生态文明建设取得重大成就。一是建立并持续优化整合职能机构。1974年国务院环境保护领导小组正式成立,这是新中国历史上第一个环境保护机构。1982年,城乡建设环境保护部组建,内设环境保护局,到1984年城乡建设环境保护部环境保护局改为国家环境保护局。1988年,环保部门独立化,成立独立的国家环境保护局并在1998年升格为国家环境保护总局,级别进一步提升。2008年国家环境保护总局升格为环境保护部,环境保护职能不断加强。2018年,国务院组建生态环境部,统一行使生态和城乡各类污染排放监管与行政执法职责。从国家环保机构发展历程可以看出,我国环保事业日益独立化、职能化、专业化。

二是生态保护法律法规不断建立健全,生态环保执法督察日益严格。1973年第一次全国环境保护会议制定了中国第一部有关环境保护的法规性文件《关于保护和改善环境的若干规定(试行草案)》。同年11月颁布《工业"三废"排放试行标准》,这是中国第一个环保标准,我国环保事业从起步阶段就高度重视制度保障作用。仅从1978年到2018年的40年,"我国共制定环保法律13部,资源保护与管理法律20余部,生态环保行政法规30余部,基本形成了以环境保护法为龙头,覆盖大气、水、土壤、核安全等主要环境要素的法律法规体系"①。党的十八大以来,我国制修订了森林法、湿地保护法、青藏高原生态保护法等20余部法律法规,为我国生态环保事业提供了有力的法治保障。大力开展中央生态环境保护督察,有力推动环保问题解决和环保责任落实。

三是政策制度体系不断完善,生态环保治理水平日益提高。1973年以来的50多年,先后召开9次全国(生态)环境保护大会(会议),从顶层设计层面对事关生态环保事业的重大问题作出研究和部署。将环境保护确立为基本国策,制定环境与发展十大对策,实施可持续发展战略,把主要污染物减排作为经济社会发展的约束性指标。党的十八大以来,"加快推进生态文明顶层设计和制度体系建设⋯⋯'四梁八柱'性质的制度体系基本形成,生态环境治理水平有效提升"②。

四是污染防治和生态保护成效显著。20世纪80年代,国家重点开展乡镇工业的污染治理、工业污染"三废"综合治理。90年代大力推进"33211"工程,环境污染防治取得初步、阶段性进展。启动实施"三北"防护林体系建设、退耕还林(还草)等工程,生态保护工作取得一定成效。21世纪以来,2002年全国人大通过的《中华人民共和国清洁生产促进法》,标志着污染治理模式由末端治理开始向全过程控制转变。大力推进节能减排工作,"'十一五'期间,全国二氧化硫和化学需氧量排放总量累计分别下降14.29%和12.45%,均超额完成10%的减排任务"③。党的十八大以来,我们打响污染防治攻坚战,发布实施大气、水、土壤污染防治三大行动计划,空气质量、水环境质量和土壤环境质量均实现明显提高。2022年,生态环境部部长黄润秋在介绍新时代以来空气质量发生的变化时指出:"'全国细颗粒物(PM$_{2.5}$)的平均浓度,从2015年的46微克/立方米降到2020年的33微克/立方米,并进

---

① 生态环境部党组:《谱写生态环境保护事业新篇章》,《求是》,2018年第21期。
② 生态环境部党组:《谱写生态环境保护事业新篇章》,《求是》,2018年第21期。
③ 当代中国研究所:《新中国70年》,当代中国出版社,2019年,第321页。

一步降到去年的 30 微克/立方米，历史性达到世卫组织第一阶段过渡值。……我国成为世界上空气质量改善最快的国家。'"①生态环境保护成效显著。祁连山、秦岭北麓等存在的突出生态环境破坏问题得到有效整治。推进山水林田湖草沙生态保护修复工程，实施生物多样性保护重大工程和濒危物种拯救工程。

五是积极参与全球环境保护合作和治理，为建设美丽世界贡献中国智慧和力量。我国高度重视开展生态环境保护国际合作，为全球环境保护事业作出了中国贡献。1972 年，我国派出恢复在联合国合法席位后规模最大的代表团，参加人类第一次有关保护环境的国际会议，这对推动我们深入认识我国当时存在的环境污染问题、借鉴国际环保经验发挥了作用。"改革开放 40 年来，我国批准实施 30 多项与生态环境有关的多边公约或议定书，生态文明理念、环保技术等'走出去'日益常态化。"②党的十八大以来，我们积极参与全球环境保护合作和治理，为《巴黎协定》达成、生效和实施发挥了重要作用。加强应对气候变化南南合作，为发展中国家环境保护工作相关人员提供培训，大力淘汰消耗臭氧层物质，为全球臭氧层保护作出重大贡献。主动提出"双碳"目标并制定行动方案，以扎实行动为全球生态环境保护和治理作出中国贡献。

新时代新征程，我们必须在党中央坚强领导下，从不断满足人民群众对良好生态环境的美好向往出发，针对生态环境保护工作领域仍然存在的突出问题，不断加大环境污染治理和生态环境保护力度，持续推进美丽中国建设，创造更高质量的人与自然和谐共生的生态文明。

---

① 《美丽中国建设迈出重大步伐》，《光明日报》，2022 年 9 月 16 日。
② 生态环境部党组：《谱写生态环境保护事业新篇章》，《求是》，2018 年第 21 期。

三、创造人类文明新形态的实践超越

人类文明新形态在物质文明、政治文明、精神文明、社会文明和生态文明五个方面对以往和当今其他文明形态实现了实践超越，为中国和全人类文明事业发展作出了重大贡献。

（一）高质量发展的全面推进

人类文明新形态在物质文明维度的主要体现就是推动实现高质量发展。物质文明是政治文明、精神文明、社会文明和生态文明等的基础。人类文明新形态创造的物质文明对资本主义文明形态创造的物质文明的超越，为其他各领域文明实现超越奠定了基础。

1. 发展速度的超越

质量和数量是一对统一体，量变引起质变并在新的质变的基础上继续发生着量变。实现高质量发展，既是我国经济长期高速发展到一定阶段必然出现的新变化，同时仍然需要有合理的发展速度作为支撑。党的十九届四中全会指出，"新中国成立七十年来，我们党领导人民创造了世所罕见的经济快速发展奇迹和社会长期稳定奇迹"①。我们用六七十年的时间走过了西方发达资本主义国家用两百多年走过的路。新中国成立时的1949年，"中国经济在全球的地位下降到了历史最低点。据有关研究，1949年中国经济总量占世界的比重不足5%；国民总收入按当年汇率折合239亿美元，按5.4亿人口计算，人均44.26美元，是美国人均国民收入的1/20，英国的1/11，法国的1/6。直到1950年，中国人均国民收入比长期是殖民地的印度还低

---

① 《中共中央关于坚持和完善中国特色社会主义制度 推进国家治理体系和治理能力现代化若干重大问题的决定》，人民出版社，2019年，第2页。

20%"①。而截至2023年,中国经济总量已经稳居世界第二位,经济总量从新中国成立之初1952年的679亿元增长到2023年的超126万亿元。人均GDP达到12741美元,在世界范围内属于中等偏高收入水平。这样的经济发展速度远高于世界经济和西方发达国家经济发展速度。在这一基础上,我国经济发展转入高质量发展阶段,发展速度平稳下降是不可避免的趋势,符合经济发展规律,但并不是不要经济增长,而是要实现有质量的增长,确保量的合理增长和质的有效提升的统一。

2. 共享性超越

生产和分配是贯穿整个人类社会发展的永恒性问题,这两个问题既各自相对独立又紧密相关,必须协同处理、一体推进。前资本主义社会,在生产和分配这一矛盾中,生产不足是矛盾的主要方面。这一时期,人类由于对自然界这一必然王国知之不多,"解释世界"的水平不高,"改造世界"的能力非常低。因而前资本主义社会生产力水平较低且提升缓慢,这就从根本上决定了在分配上很难满足所有人的需求。在资本主义社会,特别是当今的发达资本主义国家,生产力发展水平已经很高,表现更突出的问题是分配上的不公平。这种不公平产生的原因并非简单的政策失误,而是制度性不公平,根源于资本主义社会的基本矛盾。在资本主义社会,发展的主要目的是满足资本对剩余价值的追逐,而不是维护和发展广大底层民众的利益。资本主义物质文明能在一定范围内和程度上缓解分配不公问题,但不可能从根本上解决这一问题。人类文明新形态的物质文明坚持共享发展理念,强调全民共享、全面共享、共建共享和渐进共享,在生产发展的基础上扎实推进共同富裕,如期全面建成小康社会,彻底解决了困扰中华民族几千年历史的绝对贫困问题。党的十九大明确了新时代的社会主要矛盾,强调要把解决发展不平衡不充分的问题作为矛盾的主要方面,明确了推进共享发展的

———————————

① 巨力:《从三个历史节点看中国经济发展奇迹》,《求是》,2019年第20期。

努力方向。有中国共产党的坚强领导、广大人民群众的不懈奋斗、中国特色社会主义制度的重大优势、以往推进共享发展的成功经验、前期积淀的雄厚物质基础,我们一定能够在共享发展上取得更大成就,从而成功超越资本主义物质文明存在的分配不公。

3.和平性超越

当今世界上最主要的几个发达资本主义国家美国、英国、法国、德国、日本、意大利等,无一例外地都对外发动过侵略战争。典型的如美国,2018年,意大利《24小时消息网》刊登了一篇题为"有一个国家酷爱战争:立国239年,竟然打了222场战争"的文章,文章在开篇引用了美国当代作家、演员乔治·卡林的话,"我们(美国)是一个好战的国家。我们酷爱战争,因为我们很擅长战争。事实上,我们在这个浑蛋的国家里唯一要做的事情:战争"。"塔夫茨大学研究报告《军事干预项目:1776年至2019年美国军事干预的新数据集》显示,1776年至2019年,美国在全球进行了近400次军事干预,34%针对拉丁美洲和加勒比地区,23%针对东亚和太平洋地区,14%针对中东和北非地区,13%针对欧洲地区"[1]。这些国家通过对外发动战争攫取了大量资源财富,成为这些国家实现现代化的重要资金来源。除了战争之外,诸如圈地运动、黑奴贸易等,也是一些西方发达资本主义国家实现资本原始积累的重要途径。"中国式现代化是走和平发展道路的现代化。我国不走一些国家通过战争、殖民、掠夺等方式实现现代化的老路,那种损人利己、充满血腥罪恶的老路给广大发展中国家人民带来深重苦难。"[2]人类文明新形态物质文明取得的重大成就主要是在中国共产党的领导下中国人民前仆后继艰苦奋斗取得的,在此过程中我们得到了其他一些国家和地区人民的友好相助。同时,我们在发展的过程中也主动承担起同国力相匹配的国际责任,以自己的发

---

① 《美国的霸权霸道霸凌及其危害》,《人民日报》,2023年2月20日。

② 习近平:《高举中国特色社会主义伟大旗帜 为全面建设社会主义现代化国家而团结奋斗——在中国共产党第二十次全国代表大会上的报告》,人民出版社,2022年,第23页。

展惠及世界,同其他爱好和平与发展的国家和人民一道,推动世界和平发展。

4.协调性超越

西方发达资本主义国家经过第一次工业革命以来200多年的发展,物质文明领域的确是取得了巨大成就,但西方资本主义物质文明在发展过程中未能和政治文明、精神文明、社会文明、生态文明等相协调,发展不平衡不协调性问题较为突出。从政治文明领域来看,资本主义社会虽然推动了马克思所说的"政治解放",但民众的民主权利名多实少,往往受到金钱、种族、宗教乃至性别等因素的制约。从精神文明领域来看,资本主义社会放大了人的物欲,拜金主义、享乐主义、消费主义盛行,"一切向钱看"问题严重。从社会文明来看,资本主义社会人的异化和贫富差距问题严重,近年来因工资待遇、福利保障、种族歧视、枪支泛滥等问题,西方发达资本主义国家出现多起群众示威游行抗议活动,甚至发展成为社会骚乱。从生态文明来看,西方发达资本主义国家在发展过程中排放了大量污染物,造成了严重的环境污染和生态破坏,给本国人民生命健康安全带来严重威胁。通过转移污染,以广大发展中国家的自然资源大量消耗和生态环境严重破坏为代价实现自身发展,维持高消费生活方式。人类文明新形态物质文明实现了和其他领域文明的协调发展。从改革开放以来邓小平提出物质文明和精神文明两手抓、两手都要硬,到党的十八大把生态文明纳入中国特色社会主义事业总体布局,我们对发展的全面性和协调性认识不断深入。党的十八大以来,我们统筹推进"五位一体"总体布局,在继续推动物质文明发展的基础上,一体推动政治文明、精神文明、社会文明、生态文明协同发展,发展的整体性协调性持续增强。

5.持续性超越

新中国成立70多年来,中国共产党领导人民创造了世所罕见的经济快速发展奇迹和社会长期稳定奇迹。我国在发展的持续性、连续性、稳定性方面成功超越了西方资本主义物质文明,这是我们能够取得"两个奇迹"的重要原因。西方发达资本主义国家在发展过程中受制于利益集团掣肘、政党轮换交替等,很难围绕一个长远发展目标进行长期规划,一般的政治人物更多关注的是任期内的几年,导致资本主义国家经常出现政策的摇摆,法律政策从酝酿、制定、通过到执行等时间周期很长,发展的持续性连续性较差。与此相反,在中国共产党的领导下,我们围绕实现中华民族伟大复兴的战略目标,一任接着一任干,连续制定并有力实施十四个五年规划,国家法律政策从酝酿到出台执行用时短,能够及时有效地解决现实问题,推动实现持续性发展。西方社会的一些有识之士也认识到了这一点。正如2022年意大利经济学家瓦洛里教授在接受《环球时报》采访时所说的那样,"中国改革开放40多年,总体方针是一直持续、连贯、不断完善的。这应该是中国成功的关键。它与西方国家政府更迭及随之而来的政策急转弯完全不同","像中国这样制定长远规划,这在西方恐怕是不可想象的"。①

(二)全过程人民民主的深入践行

人类文明新形态在政治文明维度的主要体现就是形成了全过程人民民主。民主是人类社会的重要主题,一部人类发展史,从一定意义上来说就是一部不断追求民主、实现民主、完善民主的历史。但是以往的其他文明形态并没有从根本上解决好民主问题,民主要么有名无实或者名多实少,要么无名无实。中国共产党领导中国人民的百余年奋斗,特别是新时代以来的十余年奋斗,成功地丰富发展了一种全新的民主形式——全过程人民民主,为人类民主事业发展作出了巨大贡献,成功实现了政治文明的实践超越。

1.以往民主实践的弊端

根据最新版《辞海》中的解释,民主有五重含义:庶民之主宰;统治阶级

---

① 于金翠:《意大利经济学家瓦洛里:像中国这样制定长远规划,在西方不可想象》,https://world.huanqiu.com/article/4A7sNOYSp81。

中的多数人掌握国家权力的国家形式、政治制度,这种意义上的"民主"与"专制"相对应;中国共产党党员和领导干部的一种优良作风;解决人民内部矛盾的方法;指上级征求意见,了解下情,群众发表意见,开展讨论,上下通气,这种意义上的"民主"与"集中"相对应。我们这里说的其他民主弊端中的"民主",主要是就第二层意义而言的。

按照历史唯物主义,民主属于上层建筑中的重要组成部分,实行什么样的民主很大程度上受制于其赖以产生的经济基础。民主是一个历史性概念。原始社会时期,还没有私有制和阶级划分,还不存在政治意义上的国家,也就不存在我们这里所说的民主。奴隶社会、封建社会时期,私有制和阶级对立产生并发展起来,从理论上来说,民主已经开始出现。但从实际来看,这一时期的民主无名无实,是一种专制社会。从封建社会发展到资本主义社会,是人类社会的一大进步,实现了马克思在《论犹太人问题》中所说的政治解放,但"政治解放不是彻头彻尾、没有矛盾的人的解放方式"①。从民主角度来说,如果说奴隶社会、封建社会的民主无名无实,那么资本主义时代的民主则可谓是有名无实或者名多实少。具体而言,资本主义民主的弊端主要有:

一是少数人的民主。《共产党宣言》中有一句名言,"过去的一切运动都是少数人的,或者为少数人谋利益的运动。无产阶级的运动是绝大多数人的,为绝大多数人谋利益的独立的运动"②。马克思、恩格斯在这里说的"过去的一切运动"自然也包括资本主义运动在内。资产阶级的政治人物和理论家们虽然口头上宣扬自由、民主、平等、博爱等口号,而且在推翻封建专制势力统治地位的过程中借助了工农大众的力量。但是革命成功后所建立的政权是服从服务于资产阶级利益的,资本主义社会的议会制也好,共和制也罢,尽管政体形式不尽相同,但在维护资产阶级利益方面是完全一致的。而

---

① 《马克思恩格斯文集》(第一卷),人民出版社,2009年,第28页。
② 《马克思恩格斯文集》(第二卷),人民出版社,2009年,第42页。

在资本主义社会,资产阶级毕竟是少数,因此,资本主义民主实质上是一种少数人的民主。

二是一次性民主。所谓"一次性民主",实质上就是资本主义社会普通民众主要是拥有在选举年投票选举资产阶级中哪一部分人上台执政的权利,而在选举之外民众的民主权利并没有深度融入日常的生产生活之中。选举固然是民主的重要形式,也是民众的重要政治权利,但是如果民众只有在选举时有权利,在其他大多数情况下不能充分行使民主权利,这就不是真正的民主。更何况,即使这种权利也在日益受到金钱的操纵。

三是金钱民主。一百多年前,对于美国政治,美国联邦参议员汉纳曾说过这样的话,"在美国政界,有两样东西很重要,第一是金钱,第二我就不记得了"。新加坡学者马凯硕指出:"美国是一个富豪统治国家,而不是一个民主国家。民主代表的是民有、民治、民享的政府,富豪统治则意味着,政府是被那1%的富豪有、富豪治、富豪享。"[1]这些言论都一针见血地指出了金钱在美国政治中的决定性作用。实际上,这句话不仅适用于美国,也适用于其他主要发达资本主义国家,只不过金钱政治在美国这个当今最发达的资本主义国家表现得最为充分。以2020年美国总统选举和国会选举为例,据美国相关研究中心统计显示,此次大选刷新烧钱新纪录,美国两党竞选总共花费约140亿美元,这一数字比2016年大选翻了一番。据长期跟踪美国政治献金流向的"公开秘密"组织网站数据显示,在2022年的中期选举中,联邦议席和各州职务改选的总开销超过167亿美元,刷新了2018年140亿美元的纪录,甚至超过全球70多个国家2021年全年的GDP。在金钱的裹挟下,竞选者一般非富即贵,或者具有强大的筹款能力,底层民众根本无法参与竞选。金钱的影响力还表现在操纵媒体影响民众的自主决策方面。美国广告影响力公司统计,2022年两党在政治广告上的支出合计超过97亿美元,是2018

---

① 《遮掩不住的美国贫富分化冷酷现实》,《人民日报》,2023年2月24日。

年的两倍多，甚至高出了2020年总统大选的广告支出。民众看到的竞选者，都是经过媒体包装过的。一定意义上，美国的选举已经沦为了表演，谁在媒体上表演得好、给出的空头承诺多，谁就能得到民众的青睐。

四是无效民主。资本主义民主的无效性，指的是民主投票得出来的结果并不是最好的结果，无助于实际问题的解决。主要体现在两方面：一方面，由于资本主义民主的上述弊端，选举上台的政治人物不一定就是最适合的人，无助于问题的解决。更严重的是，由于受到金钱政治的影响，很多亟待解决的问题久拖不决。比如，枪支泛滥问题已经成为美国的一大社会痼疾。但由于枪支泛滥背后有强大的军工复合体利益，这些军工复合体在总统和国会议员等竞选中提供了大量政治献金，所以，尽管美国民众广泛呼吁政府解决这一问题，这一问题却长期未能得到有效解决。另一方面，资本主义民主未能成功地处理好民主与集中的关系，对一些关系国家长远发展的问题简单诉诸全民投票解决。比如，英国在"脱欧"还是"留欧"这样事关国家长远发展的重大问题上，简单地通过全民投票的方式来决定，结果约52%的人赞成脱欧，约48%的人主张留欧，看似多数人决定了结果，实际上是参与投票的极少数人决定了结果。看似尊重了多数人的意见，实际上近一半人的意见没有得到尊重。

当然，除了资本主义民主外，还有社会主义民主。中国的全过程人民民主是社会主义民主的重要形式。在社会主义国家中，苏联和南斯拉夫是两类有代表性的国家，其开创的民主形式也是如此。两个国家都曾在马克思主义政党的领导下，探索建立了社会主义民主制度，这对于确保两国人民当家作主发挥了重要作用。但是苏联在长期发展过程中形成的以高度集中为特征的模式，导致在政治上出现权力过于集中的问题，广大民众的民主权利并没有得到充分保障。南斯拉夫则出现了权力过于分散的问题。南斯拉夫有鉴于苏联模式高度集中带来的严重问题，在发展过程中形成了以自治为特征的社会主义模式，这种模式又导致了另一种问题，即党的政治领导弱化,党的领导和人民民主未能充分统一,这成为后来南斯拉夫解体的重要原因。

2.全过程人民民主的实践超越

"占世界人口近五分之一的14亿多中国人民真正实现当家作主,享有广泛权利和自由,提振了发展中国家发展民主的信心,为人类民主事业发展探索了新的路径。这是中国对人类政治文明的重大贡献。"[①]全过程人民民主实现了对资本主义民主以及以苏联、南斯拉夫为代表的社会主义民主的实践超越。

全过程人民民主实现了绝大多数人的民主。我国宪法规定,"中华人民共和国的一切权力属于人民"。《中国的民主》白皮书强调:"国家权力不是为资本服务的,而是为人民服务的。"[②]全过程人民民主真正实现了由占社会绝大多数的人民群众当家作主,服从服务于广大人民群众利益的实现,而不是如资本主义民主那样服从服务于资本的利益。人民当家作主并行使民主权利维护自身利益,这是中国特色社会主义民主政治的本质要求,是全过程人民民主对资本主义民主的超越。

全过程人民民主实现了选举民主和协商民主的统一。选举民主是民主的重要形式,谈民主必然要涉及选举。但选举民主带有与生俱来的局限,即选举不是经常性活动,民众一般只能在选举年才能行使选举权利,这就限制了民众充分行使民主权利。全过程人民民主在充分重视选举民主的同时,高度重视协商民主。所谓协商民主,简单来说就是有事好商量,众人的事众人商量。协商民主具有很强的灵活性、针对性。它不受固定的时间限制,根据解决实际问题的需要,由党和政府或其他组织负责召集相关群体围绕共同关心的问题开展协商,充分听取相关群体的意见,力争就解决问题的方案达成共识。这种协商的过程,就是切实保障人民群众的知情权、参与权、表

①　中华人民共和国国务院新闻办公室:《中国的民主》,人民出版社,2021年,第49页。
②　中华人民共和国国务院新闻办公室:《中国的民主》,人民出版社,2021年,第37页。

达权、监督权的过程，就是保障人民群众在日常生产生活中充分行使民主权利的过程，有效解决了"人民只有投票的权利而没有广泛参与的权利，人民只有在投票时被唤醒、投票后就进入休眠期"[①]的问题，实现了对资本主义民主的超越。

全过程人民民主确保人民群众有广泛真实的民主权利。在资本主义社会，民众的民主权利往往受到财富、种族乃至宗教信仰的制约，其中财富的影响尤为突出。这就使人人生而平等这一资产阶级喊出的口号大打折扣。中国的全过程人民民主则确保中国民众享有广泛充分、真实具体的民主权利。社会主义基本经济制度为保证人民群众当家作主提供了坚实经济基础和物质保障。宪法规定，中华人民共和国年满18周岁的公民，不分民族、种族、性别、职业、家庭出身、宗教信仰、教育程度、财产状况、居住期限，都有选举权和被选举权，有言论、出版、集会、结社、游行、示威的自由等权利。人民群众参与民主的意愿不断增强，参与的广度和深度不断拓展，制度化参与渠道不断畅通，合理的利益要求得到满足。

全过程人民民主是有效管用的民主。"政治路线确定之后，干部就是决定的因素。"[②]从选人用人来看，全过程人民民主实现了组织选拔和民众选举的统一，确保选对人用好人，这是做好一切工作的前提。从民主选举、民主协商、民主决策、民主管理、民主监督过程来看，坚持广泛民主和正确集中的统一，对民众的要求既不推诿塞责，也不空口承诺，而是集中众人力量和智慧，尽力而为、量力而行，照顾到绝大多数人民群众的利益。全过程人民民主实现了党的领导、人民当家作主和依法治国的有机统一，有效处理了集中和民主的关系，确保民主真实有效管用，克服了资本主义民主以及以苏联、南斯拉夫为代表的社会主义民主存在的正确有效集中和广泛充分民主未能

---

① 习近平：《在庆祝中国人民政治协商会议成立65周年大会上的讲话》，人民出版社，2014年，第14页。

② 《毛泽东选集》(第二卷)，人民出版社，1991年，第526页。

实现有效统一的弊端。

(三)精神文化的极大丰富

"中国式现代化是物质文明和精神文明相协调的现代化。"①只有高度发达的物质文明,没有高度发达的精神文明,就谈不上创造人类文明新形态。精神文明是人类文明形态的重要维度,人类文明新形态创造的文化自信自强的精神文明成功实现了对中国传统文明形态和西方资本主义文明形态所形成的精神文明的实践超越。

1.在继承与发展中超越中国传统精神文明

习近平总书记在文化传承发展座谈会上指出:"中华文明具有突出的连续性。"②在人类文明发展中,中华文明是世界上唯一自古延续至今、从未中断的文明,对人类文明事业作出了巨大贡献,这体现在许多方面。比如物质文明,古代中国有以四大发明为代表的先进科技成果,"一些资料显示,16世纪以前世界上最重要的300项发明和发现中,我国占173项,远远超过同时代的欧洲"③。中国的经济总量长期在世界上处于前列,直到1820年中国GDP占世界的比重仍高达33%。④再如政治文明,科举制、监察制、郡县制等政治制度,对确保中国几千年文明的连续性发挥了重要作用,也对世界政治文明作出了重要贡献。再如生态文明,中华传统文明很早就认识到要敬畏自然、保护自然,还专门设置官职来负责相关工作,比如古代设有专门负责管理山林的官职山虞,负责制定保护国家山林的法律法规,禁止人们乱砍滥伐。中国传统精神文明是在和其他文明的协同发展中逐步发展起来的,物

---

①　习近平:《高举中国特色社会主义伟大旗帜　为全面建设社会主义现代化国家而团结奋斗——在中国共产党第二十次全国代表大会上的报告》,人民出版社,2022年,第22页。

②　习近平:《在文化传承发展座谈会上的讲话》,《求是》,2023年第17期。

③　习近平:《在省级主要领导干部学习贯彻党的十八届五中全会精神专题研讨班上的讲话》,人民出版社,2016年,第10页。

④　[英]安格斯·麦迪森:《世界经济千年史》,伍晓鹰、许宪春、叶燕斐等译,北京大学出版社,2003年,中文版前言。

质文明、政治文明、社会文明、生态文明的发展,也推动了精神文明的进步。中国古代在文学、绘画、音乐、戏剧等许多领域创造了灿烂辉煌的成果,丰富了古代中国人的精神文化生活。在长期的历史发展中,塑造了中国人自信自强、文明有礼、开放包容、讲信修睦、亲仁善邻等独特的性格品质和精神世界。

到了中国封建社会后期,随着和世界交往的减少,中国人对世界的了解日益匮乏,这就使中国人形成了一种矛盾的心理,一方面,认为自己是天朝上国,其他国家和地区都应该俯首称臣。另一方面,由于对其他距离中国较远的国家不够了解,对他们也带有一种好奇和怀疑心理。自大与怀疑在这时的中国人特别是中国封建统治者身上兼而有之。到了近代,随着国门被迫打开并逐步成为半殖民地半封建社会,巨大的落差使中国人进一步由自大与怀疑转变为自卑、恐惧并夹杂着羡慕,呈现出顽固守旧和崇洋媚外并存的矛盾心理。总而言之,这段时间很大一批国人对中华传统文明自信不再,中国人的精神世界出现了严重危机。

中国共产党始终是中华优秀传统文化的忠实继承者和发展者。中国共产党人对中国传统文化采取辩证分析的态度,既不一概否定,也不全盘接受,而是批判性地继承,与时俱进地发展。对此,毛泽东曾有精辟的论述,他指出:"我们是马克思主义的历史主义者,我们不应当割断历史。从孔夫子到孙中山,我们应当给以总结,承继这一份珍贵的遗产。"①在领导中国人民百余年的奋斗过程中,中国共产党人在对中国传统精神文明继承与发展的基础上创造了文化自信自强的精神文明,实现了对中华优秀传统文化的创造性转化、创新性发展。中华优秀传统文化以现代化形式呈现和保存、流传和发展,并被不断赋予新的时代内涵,为人类文明事业继续作出重要贡献。比如,中国传统中医文化就是经由创造性转化、创新性发展最终惠及当今世

---

① 《毛泽东选集》(第二卷),人民出版社,1991年,第534页。

界的代表。诺贝尔生理学或医学奖获得者屠呦呦曾说:"青蒿素是人类征服疟疾进程中的一小步,是中国传统医药献给世界的一份礼物。"青蒿素正是以屠呦呦为代表的中国中医工作者从中国传统中医典籍中汲取灵感,并利用现代科技条件改进提取方法取得的重大成果,为全球抗疟事业作出了重大贡献,扩大了中国中医文化在世界范围内的影响。中国人传统的自信自强、文明有礼、开放包容、讲信修睦、亲仁善邻等独特的性格品质和精神世界有了新的时代内涵,能够客观全面地看待中国与世界、中华文明与其他文明的关系,克服了以往的自大、自卑、排外、媚外的心理,成功地实现了对中华传统精神文明的超越。

2.在借鉴与扬弃中超越资本主义精神文明

从历史纵向发展角度来看,资本主义在500多年的发展进程中,在创造了巨大的物质文明成就的同时,也创造了丰富的精神文明成就并把其推向全世界,极大地影响了世界其他文明的发展,不同文明之间的交流日益频繁。正如马克思、恩格斯在《共产党宣言》中所说:"各民族的精神产品成了公共的财产。民族的片面性和局限性日益成为不可能,于是由许多种民族的和地方的文学形成了一种世界的文学。"[①]应当承认,资本主义在极大地提升文化生产能力,推动文化产业化和全球化,增加人类社会精神财富方面作出了巨大贡献。但同时也必须指出,资本主义精神文明仍然存在着严重的缺陷。

逐利性。资本主义精神文明以资本为中心和旨归,资本的本性决定了这种精神文明不可避免地带有逐利性。在资本主义社会,资本享有至高无上的地位,资本统治着物质和精神的生产,一切生产都资本化了。资本主义社会的精神生产往往把经济效益放在第一位,社会效益反居其次乃至不管不顾。更有甚者,为了便于资本追逐剩余价值,一些资本主义国家对赌博、

---

① 《马克思恩格斯文集》(第二卷),人民出版社,2009年,第35页。

色情等产业发展听之任之,严重败坏了社会风气。

欺骗性。资本主义精神文明不仅带有经济逐利性,也具有政治欺骗性。生产资料私有制和社会化大生产之间的矛盾,是资本主义社会的基本矛盾。这种在资本主义社会范围内难以彻底消除的矛盾必然造成资产阶级和被统治阶级的矛盾。为了加强对被统治阶级的控制,除了暴力措施外,资产阶级必然要在精神上对被统治阶级实施控制。由资产阶级主导创立和发展起来的资本主义精神文明必然带有欺骗性,以消弭被统治阶级的反抗意识,强化资产阶级统治地位。例如,个人主义价值观在美国就发挥了这种作用,它使普通民众将个人的失败主要归结于个人能力不足,而不从社会制度层面寻求原因,难以形成阶级意识,共同采取阶级行动,从而在客观上维护了资本主义制度。这也是"为什么美国没有社会主义"这一经典问题的重要答案。

不平等性。贫富分化是资本主义社会的一大痼疾。首先体现在经济方面,而物质财富占有上的不平等在很大程度上决定了精神财富占有上的不平等。以教育资源为例,教育是提高人的科学文化素质,提升整个社会精神文明水平,助力底层出身人员向上流动的重要资源。以当今最发达的资本主义国家美国为例,高等教育资源在不成比例地向富人阶层倾斜,底层民众能享受到的高等教育资源在减少。"美人口普查局数据显示,高收入家庭18岁至24岁青年中,82%接受高等教育,远高于低收入家庭的45%。"[1]在美国,除了物质财富之外,种族也是影响人们获取教育资源的重要因素。根据美国鲁米那基金会联合盖洛普公司2023年上半年发布的一份有关高等教育状况的最新研究显示,美国非洲裔大学生学位或证书课程的完成率低于其他族裔群体,面临的最大障碍是居高不下的教育成本、隐性和显性的种族歧视等。[2]

"优越性"与侵略性。资本主义精神文明的"优越性"与侵略性紧密相

---

① 《美国贫富分化持续恶化的事实真相》,《人民日报》,2023年2月24日。
② 《美国非洲裔学生面临更多教育不公》,《人民日报》,2023年4月12日。

关。所谓的"优越性"主要表现在西方资本主义文明自恃他们的文明高人一等，其他的文明都应该向西方的文明看齐。西方文明的这种"优越性"的底气主要源于世界进入近代以来其先于其他地区率先开展的工业革命并实现现代化。西方文明自有其先进性一面，这是需要为其他文明所借鉴的。但这并不代表西方文明就高人一等。须知，西方资本主义国家在近代以来能够取得这么大的成就，很大程度上是通过不断地发动战争，加紧对内对外的掠夺来实现的，圈地运动、黑奴贸易、殖民掠夺等，是西方资本主义文明永远抹不去的污点。西方文明的"优越性"又导致其带有强烈的侵略性：自恃优越的西方文明要传播所谓的"文明"，其中一个重要手段就是以武力开道。通过武力侵略，又反过来进一步证明自身文明的"优越性"。即使到现在，这种"优越性"与侵略性在西方文明中仍有很强的表现，并在西方一些国家的对外政策和行为中不时体现出来，成为影响世界和平与发展的重要因素。

人类文明新形态创造的自信自强的精神文明在借鉴与扬弃中成功地超越了资本主义精神文明。我们注重吸收借鉴资本主义精神文明的有益成果，如其中优秀的学术著作、文艺作品等，但同时我们也注重克服其缺陷。我们坚持以人民为中心，而不是以资本为中心。精神文化产品坚持社会效益和经济效益的统一，把社会效益放在第一位，突出文化事业和文化产品的公益性，克服了资本主义精神文明的逐利性。我们坚持人民群众创造精神文化产品的主体地位。人民群众是创造物质财富的主体，同时也是创造精神财富的主体，一切精神财富创造的源泉归根结底是人民群众火热的生产生活实践。人民群众不仅要在经济上当家作主，而且也要在精神上"说了算"，克服了资本主义精神文明的欺骗性。我们坚持精神上的共同富有。共同富裕必然是物质上共同富裕和精神上共同富有的统一。中国共产党的领导和社会主义制度为实现精神上共同富有提供了根本保障，人们不会因为财富、种族乃至性别等原因，而在精神财富上出现贫富差距，克服了资本主义精神文明的不平等性。我们坚持不同文明和而不同、和谐共生。"一枝独秀不是春,百花齐放春满园。"不同文明没有高低优劣之分,只有特色地域之别,"认为自己的人种和文明高人一等,执意改造甚至取代其他文明,在认识上是愚蠢的,在做法上是灾难性的"①。我们提出全球文明倡议,倡导通过文明对话方式来增进对彼此文明的了解,反对打着文明优越的旗号,以"文明冲突"为借口对外侵略,克服了资本主义精神文明的"优越性"和侵略性。

(四)共同富裕的扎实推进

人是一切发展的目的,一切发展最终都是人的发展。按照马克思主义的观点,从终极追求来看,是要实现人自由而全面的发展。但这是一个漫长的历史过程,不可能一蹴而就,必须分阶段推进。要坚持阶段性和连续性的统一,当前和未来一段时期人类最重要的是推动实现共同富裕。推动实现共同富裕,从大的方面来说涉及两个方面:做大"蛋糕"和分好"蛋糕"。人类文明新形态在事关共同富裕的这两个重要方面都取得了巨大成就,实现了对以往其他文明形态特别是资本主义文明形态的实践超越。

1.前资本主义时代:做不大"蛋糕"

前资本主义时代从整体上来看是做不大"蛋糕"的时代,因而是整体上贫穷的时代。但根据"蛋糕"分配情况又可以把前资本主义时代划分为两个时代:原始社会,奴隶社会和封建社会。在原始社会,生产力水平极低,人类可用以维持生存的生活资料是非常少的。但由于这时还不存在私有制、阶级对立和人对人的剥削,人们在分配问题上尚能做到基本公平。总体来看,这一时期还不存在贫富分化问题,但由于生产力水平不高,人们处于一种共同贫穷的状态。到了奴隶社会和封建社会,尽管生产力水平较原始社会有了一定程度提高,但因为存在私有制、阶级对立和人对人的剥削,靠此富裕起来的只是占人口极小比例的奴隶主阶级和地主阶级,占人口绝大多数的

---

① 习近平:《深化文明交流互鉴　共建亚洲命运共同体——在亚洲文明对话大会开幕式上的主旨演讲》,人民出版社,2019年,第6页。

奴隶、农民等的生活并没有实质性地提高,贫富分化问题贯穿整个奴隶社会和封建社会。整体而言,前资本主义时代实现不了共同富裕的最根本原因是做不大"蛋糕",如何做大"蛋糕"成为迫切需要解决的问题。

2.资本主义时代:分不好做大的"蛋糕"

前资本主义时代一直没能解决好的做大"蛋糕"的问题,到了资本主义时代得到了较好的解决。资本主义社会在几百年的发展中仿佛用法术一样把几千年来潜藏的生产力呼唤出来,人类社会的生产力得到了史无前例的发展。这可以从经济数据统计结果中得出。著名经济历史数据考证与分析专家麦迪森考证了1—2001年中国和西欧人口、人均GDP和GDP的发展变化情况。从资本主义发源地西欧的GDP发展情况来看,以1990年国际元十亿为单位,GDP历经1500年的发展才从1年的11.1亿元增长到1500年的44.2亿元,仅增加33.1亿元,增长率约为300%。1500年是一个比较重要的年份,因为资本主义就是从16世纪才开始逐步形成发展起来的。到1820年,西欧GDP增长到160.1亿元,从绝对增量来看,这320年远远超过之前1500年,而到了第一次世界大战前夕的1913年,在不到100年的时间里西欧的GDP已经增长到902.3亿元,是1820年GDP的5.6倍,是1500年GDP的20.4倍。横向比较中国和西欧的GDP,从1—1500年,中国的GDP一直高于西欧。尽管1820年中国的GDP(228.6亿元)还远高于西欧的GDP(160.1亿元),这主要原因是中国封建社会的前期积累和仍有一定的发展潜力,而这时的西欧绝大部分国家也仍处于封建统治之下,第一次工业革命的影响主要局限于英法两国且这种影响还没有充分显示出来。而到了1913年,西欧主要的国家英、法、德、意等国都已经建立起资本主义制度且发生了第二次工业革命,这时的西欧GDP高达902.3亿元,已经远远高于中国的241.3亿元。[①]如果再加上美国,那么这种差距就会更大。由此可见,资本主义社会

---

① ［英］安格斯·麦迪森:《世界经济千年统计》,伍晓鹰、施发启译,北京大学出版社,2009年,第256页。

的确在较短的时间内创造了巨大的生产力。

但是资本主义社会在做大"蛋糕"的同时,却未能成功地分好"蛋糕",导致了较以往奴隶社会和封建社会远为严重的贫富分化乃至贫富悬殊的问题。恩格斯在《英国工人阶级状况》一书中曾对此有过深刻揭露,指出英国工人阶级在为社会创造巨大财富的同时,却在为自己制造深度贫困。资本主义社会的贫富分化问题在1929年资本主义世界经济大危机之前尤为严重。据相关数据显示,1929年美国的基尼系数已达0.580,而到了1931年美国的基尼系数已经高达0.656。①尽管第二次世界大战后资本主义世界因实行凯恩斯主义等政策使贫富差距有所缩小,但是自20世纪70年代后期以来,随着新自由主义的出台并大行其道,资本主义世界的贫富差距又开始扩大。根据联合国开发计划署(UNDP)2020年12月15日发布的《人类发展报告2020》,从1980年到2017年,包括美、德、英、法、意等主要发达资本主义国家在内的16个欧美发达资本主义国家收入最低40%和最高1%人口税后收入增长对比中,除西班牙外,其余15个国家,最高1%人口税后收入增长远高于最低40%人口收入增长,这说明贫富差距在拉大而且还有进一步加剧的趋势。其中美国尤其严重,"据美联储2021年统计,前1%家庭拥有的财富比例达到创纪录的32.3%,而在1989年这一比例仅为23.6%;后50%家庭(约6300万个家庭)仅拥有2.6%的财富,而在1989年这一比例为3.7%"②。资本主义社会贫富分化的痼疾归根结底源于其基本矛盾,这就从根本上规定了资本主义社会没有能力彻底解决贫富分化问题。时代的发展迫切需要走出一条能够推动实现共同富裕的新路,这条道路就是社会主义道路。

3.社会主义时代:做大并分好"蛋糕"

社会主义的基本原则如坚持公有制和按劳分配、实行有计划生产等,为

①　[美]斯坦利·L.恩格尔曼、罗伯特·E.高尔曼主编:《剑桥美国经济史:20世纪》(第3卷),蔡挺、张林、李雅菁译,中国人民大学出版社,2008年,第209页。

②　《美国贫富分化持续恶化的事实真相》,《人民日报》,2023年2月24日。

确保最终实现共同富裕提供了根本保障。当然,这些原则不会自动地带来共同富裕,而是要在坚持基本原则的基础上和具体国情相结合,走出一条适合国情的社会主义发展道路,这样才能逐步向共同富裕迈进。中国特色社会主义道路就是这样一条成功的道路。沿着这条道路,我国在做大并分好"蛋糕"方面取得了举世瞩目的成就。从做大"蛋糕"来看,2010年我国成为并稳居世界第二大经济体,与美国经济总量差距呈逐步缩小态势。2022年我国GDP已经超过121万亿元,占全球GDP比重约18%。现在我国是全世界唯一拥有联合国产业分类中全部工业门类的国家,包括汽车、电脑在内的220多种工业产品产量位居世界首位。我国谷物总产量和粮食总产量居世界第一。在做大"蛋糕"的同时,我们一直在尝试破解分好"蛋糕"的难题并取得重大成就,标志性成果就是打赢全面脱贫攻坚战,历史性地解决了困扰中华民族几千年的绝对贫困问题,在共同富裕道路上迈出了重要一步。

中国式共同富裕道路的成功或超越主要体现在以下四个方面:一是坚持中国共产党的领导。"中国特色社会主义最本质的特征是中国共产党领导,中国特色社会主义制度的最大优势是中国共产党领导,党是最高政治领导力量。"①坚持中国共产党的领导,才能为推动实现共同富裕指明方向、凝聚力量、提供路径、战胜困难。二是坚持科学理论的指导。我们坚持全民共享、全面共享、共建共享和渐进共享,坚持尽力而为和量力而行相统一,既不裹足不前,也不急于求成,着力在生产发展的基础上扎实推进共同富裕。三是坚持社会主义基本经济制度。坚持公有制为主体、多种所有制经济共同发展,按劳分配为主体、多种分配方式并存,社会主义市场经济体制等社会主义基本经济制度,为实现共同富裕提供制度依托,充分调动各方面力量参与到推动共同富裕事业中来。四是坚持动员全民参与。党的领导、制度优势、文化传统,使我们在脱贫攻坚、共同富裕道路上成功实现了全民参与,全

---

①　《习近平著作选读》(第二卷),人民出版社,2023年,第16页。

社会互帮互助,形成推动实现共同富裕的强大合力。

(五)人与自然关系的全新建构

人类文明新形态在生态文明维度的主要体现就是构建了全新的人与自然关系,推动实现人与自然和谐共生。人与自然关系既是一种文明形态的重要组成部分,又影响着一种文明形态的发展命运。习近平总书记指出:"生态兴则文明兴,生态衰则文明衰。生态环境是人类生存和发展的根基,生态环境变化直接影响文明兴衰演替。"①马克思根据人的存在状态,把人类社会划分为三大社会形式:人的依赖关系、以物的依赖性为基础的人的独立性、自由而全面发展。与这三种社会形式相对应,形成了人与自然关系的三种样式:敬畏自然、改造自然、人与自然和谐共生,而人与自然和谐共生样式则是对以往敬畏自然样式特别是改造自然样式的实践超越。

1.人与自然关系第一种样式:人类敬畏自然

这里所说的人类敬畏自然,是从消极意义层面而言的,即人类社会因为对自然规律和自然事物知之不多而对自然产生的敬畏感。这种人与自然关系的样式对应的是原始社会、奴隶社会和封建社会。

在人类社会的原始阶段,生产力水平极其低下,原始人类主要依靠简单的采集渔猎获得生存所需要的资源,他们对自然界规律和自然事物知之甚少,对一些正常的自然现象如打雷、闪电、地震等带有本能的恐惧感,这样就形成了原始的自然崇拜。正如马克思、恩格斯所说的那样,"自然界起初是作为一种完全异己的、有无限威力的和不可制服的力量与人们对立的,人们同自然界的关系完全像动物同自然界的关系一样,人们就像牲畜一样慑服于自然界,因而,这是对自然界的一种纯粹动物式的意识(自然宗教)"②。到了奴隶社会和封建社会,较之原始社会,社会生产力水平提高了,人类开始

---

① 习近平:《论坚持人与自然和谐共生》,中央文献出版社,2022年,第2页。
② 《马克思恩格斯文集》(第一卷),人民出版社,2009年,第534页。

有限度地利用自然,主要靠农耕畜牧稳定地获取自然资源,以维持生存和发展。人类对自然规律和自然事物也有了一定的认识,如对天文地理等就有了初步研究。不再如原始人类那样盲目地崇拜自然,而是在认识自然的基础上,有限度地利用乃至改造自然,如兴修水利工程用于灌溉、防洪等。

总体来看,这一时期人类对自然规律和自然事物的认识仍然是初步的,自然界对当时的人类社会来说几乎仍然是一个完全的自然王国,人类对自然界仍然存在一种高度的敬畏。这种敬畏带来的结果是无意识的自然中心主义,客观上起到了保护自然的作用,但不利于人类社会的发展。

2.人与自然关系第二种样式:人类改造自然

这里所说的人类改造自然,也是从消极意义层面而言的,也就是在人类社会开始对自然规律和自然事物的认识有了巨大进步的前提下,不计后果地大规模地改造利用自然以谋求生产生活资料。这种人与自然关系的样式对应的是资本主义社会。

世界历史进入近代以来,自然科学领域取得了重大成就,人类认识、利用和改造自然的能力有了空前的提升。习近平总书记指出,16世纪以来,全球先后形成了5个科学和人才中心,分别是意大利、英国、法国、德国和美国,出现了一大批科学家,产生了一大批科学理论,形成了一大批科技成果,如天文学、力学、化学、电学、量子力学和细胞学等取得重大成就,这对于推动三次工业革命发挥了重要作用。这一时期对应的恰恰是资本主义形成并逐步确立统治地位和获得极大发展的时期。在科技革命的推动下,人类认识、利用和改造自然的深度和广度都远远超过以往任何时期,资本主义社会生产力有了巨大发展。"资产阶级在它的不到一百年的阶级统治中所创造的生产力,比过去一切世代创造的全部生产力还要多,还要大。"[①]但是这种发展并不是没有代价的。人们在陶醉于自身改造利用自然取得的巨大成果时,

---

① 《马克思恩格斯文集》(第二卷),人民出版社,2009年,第36页。

却没有认识到这种无节制地、不计后果地开发利用,对自然造成了重大破坏,过去的那种自然田园风光不再,人们发现自己生活在空气污染、水质恶化、土壤破坏的环境中。

还不止于此。在资本主义社会,人类对生态环境的巨大破坏,表面上看是源于人类利用改造自然的能力增强,深层次原因则是资本对剩余价值的无限追逐。这既是资本主义社会造成严重生态问题的根源,也是资本主义社会难以从根本上消除生态问题的原因。资本的本质决定了其会想方设法去无节制地开发利用自然,同时通过其掌控的各种媒介去诱导民众进行盲目消费,形成过量生产和盲目消费的恶性循环。当然,随着民众环保意识的提升及政府加大对环保工作的重视和投入,主要发达资本主义国家生态环境质量有了较大改善,但这并不代表资本改变了本质,这是通过把污染转嫁到发展较为落后的国家实现的,资本借助对发展落后国家生态环境的破坏来获取剩余价值。

总体来看,和资本主义社会之前无意识的自然中心主义相反,在资本主义社会,人类对自然的改造利用带有人类中心主义色彩,人类从对自然的改造利用中获得了巨大成果,人类社会有了巨大进步,但是也尝到了生态环境严重破坏带来的反噬苦果。人类社会和自然界之间的这一矛盾迫切需要解决,时代呼唤一种新的人与自然关系,人类如果不想灭亡,就必须探索构建这样一种新的关系,这就是人与自然和谐共生的关系。

3.人与自然关系第三种样式:人与自然和谐共生

人类历史总是在总结以往经验教训来为解决当下问题提供借鉴的进程中实现进步的。从人与自然关系来看,为了从根本上处理好人与自然的关系,在经历了无意识的以自然为中心的人类敬畏自然样式、以人类为中心的人类改造自然样式之后,必然要转变到新的样式上来,即人与自然相统一的人与自然和谐共生样式。这种人与自然关系的样式对应的是社会主义社会,中国特色社会主义是其中的突出代表。

中国特色社会主义推动构建的人与自然和谐共生关系是对以往人类盲目敬畏自然和改造自然的扬弃与超越。首先,扬弃对敬畏自然和改造自然的认识。以往两种人与自然关系样式对人与自然关系的认识较为偏颇:敬畏自然形成了依赖自然、畏惧自然乃至神化自然的错误认识,不利于在充分合理利用自然的基础上推动人类社会发展。改造自然则走向了另一个极端,失去了对自然的敬畏之心,为一己一时之私,无节制地利用、改造乃至于破坏自然。人与自然和谐共生则是对以往两种错误的人与自然关系的纠偏,并在更高层面上实现了融合。一方面,人与自然和谐共生主张敬畏自然,自然界有其不以人的意志为转移的运行规律,人类在自然面前必须保有敬畏之心,尊重自然、顺应自然、保护自然。另一方面,保护自然不是为保护而保护,而是要在充分认识自然规律的基础上,按照自然规律办事,合理开发利用自然以造福人类。其次,秉持人与自然内在统一理念。无论是人类敬畏自然样式还是人类改造自然样式,其内在地都认为人和自然是主客分离乃至主客对立的关系,这从根本上制约了对两者关系的正确处理。人与自然和谐共生关系样式则主张人与自然是内在统一的关系。马克思主义认为,人源于自然,人是自然的一部分,人靠自然界生活,同时人类也反过来对自然界产生重大影响。"我们连同我们的肉、血和头脑都是属于自然界和存在于自然界之中的;我们对自然界的整个支配作用,就在于我们比其他一切生物强,能够认识和正确运用自然规律。"①中华优秀传统文化主张天地人统一,人要按照自然规律活动。中国共产党人坚持把马克思主义生态思想和中国具体实际相结合、和中华优秀传统文化中的生态思想相结合,在理论和实践探索的基础上提出构建人与自然和谐共生关系,主张人与自然内在统一,实现了对人与自然关系认识的新突破。最后,成功走出一条人与自然和谐共生新路。20世纪70年代我国环保事业起步以来,经过半个世纪的接续

---

① 《马克思恩格斯文集》(第九卷),人民出版社,2009年,第560页。

保护,特别是新时代以来十余年的开拓性工作,我国成功走出了一条人与自然和谐共生的新路,具体表现为:党中央提出并坚持绿水青山就是金山银山的理念,把绿色发展理念作为新发展理念之一;大力推进绿色低碳发展;坚持系统观念,大力推进山水林田湖草沙一体化保护和系统治理;重视制度在生态文明建设中的保障作用,实行最严格的生态环境保护制度,生态文明制度体系更加健全;站在全球视野,提出并积极参与共建地球生命体。

四、创造人类文明新形态的未来向度

持续推进中国式现代化,创造人类文明新形态,必须围绕最终实现人自由而全面的发展这一根本目标来展开。而人的本质"是一切社会关系的总和"①。这就需要处理好与"人"相关的"四对关系":人与自己、人与人、人与社会、人与自然。这"四对关系"可以分为两类:人与自己的关系属于内在关系,其他三对关系属于外在关系。在实现人的自由而全面发展进程中,内在关系属于内因,外在关系属于外因,内因离不开外因,外因要通过内因起作用。处理好这些关系,必须处理好利益关系、重视科技支撑、强化精神动力、提供制度保障。

(一)实现人自由而全面的发展必须处理好与人相关的"四对关系"

1.人要实现同自我的和解

要实现个人的自由而全面发展,从内因来说就是要实现个人同自我的和解。一个人无法与世界好好相处,恰恰是因为他无法与自己独处。要做

---

① 《马克思恩格斯文集》(第一卷),人民出版社,2009年,第505页。

到与自己很好地独处,一是要正确认识自己。正确认识自我是每个人都要面临和回答的永恒课题。这个问题看上去似乎很简单,但要真正地正确认识自己并不是那么容易。正确认识自己,主要涉及三个方面:自己是什么样的人、自己想成为什么样的人、自己能成为什么样的人。"自己是什么样的人"指向当下的自己,要对自己的性格、能力、兴趣、爱好等有一个全面透彻地检视。"自己想成为什么样的人"指向的是未来的自己,要明确自己想在性格、能力、兴趣、爱好等方面实现什么样的进步。"自己能成为什么样的人"指向的是自己所具备的条件,认清楚了这一点,才能够实现从现在的自己向未来的自己的成功飞跃。二是要坚持发展自己。人总是要有一点追求的。人和动物的一个重要的区别就是人不仅仅满足于生物的本能需求,而是有更高的追求,尤其是精神层面的追求。在正确认识自己的基础上,每个人总要从自己的实际出发,运用自己所具备的条件,向着"未来的自己"去不懈努力。三是要坦然接纳自己。坦然接纳自己要从积极层面的意义上去理解。这并不是"躺平""佛系",更不是"摆烂"。而指的是个人要能够坦然接受拼搏努力后的自己。要把现实的自我变成理想的自我,往往需要很多主客观条件,并非个人简单地拼搏努力就一定能够实现。为了实现理想的自我,每个人都应该尽力而为,同时也要量力而行,要在坚持奋斗的过程中不断地校准对自我的认识。如果拼搏了、努力了还不能实现理想的自我,那么就需要坦然接受"不完美"的自我,这并不是向现实投降,也并不是给自己找借口,而恰恰是对自我的正确认识,同自我的完美和解。

2.人要实现同他人、社会与自然的和谐共处

要实现个人的自由而全面发展,从外因来说就是要实现个人同他人、社会与自然的和谐共处。每个人都不是生活在真空之中,可以不受外界影响而实现个人发展。这就必须处理好与外在世界的关系,从而为实现个人自由而全面发展提供必要的条件。这主要涉及个人同他人、社会与自然的关系。

个人要同他人友好相处。人是社会动物,每天都要直接或间接地和其他人打交道,与他人的关系会直接影响到个人的发展。从实现个人自由而全面发展的角度来看,个人与他人友好相处,要注意把握好以下三个方面。一是关系的全面性。这是针对"全面发展"而言的。个人的全面发展需要经济、政治、文化、社会、生态文明等多方面条件,这些条件的获取很大程度上需要通过和他人的交往互动,这种交往互动越全面、越频繁、越深入,客观上就越会为个人的全面发展提供丰富的条件。因此,个人必须和他人建立全面的关系。二是关系的平衡性。这是针对"自由发展"而言的。自由发展中的"自由"是一种积极意义上的自由,也就是个人能够对自己、他人以及自己与他人关系正确把握基础上的自由。只有兼顾平衡个人自由发展和他人自由发展的关系,才能在真正意义上实现个人自由发展。正如马克思、恩格斯在《共产党宣言》中所说的那样,"每个人的自由发展是一切人的自由发展的条件"[①]。三是关系的自主性。这里的"自主性"指的是个人在与他人的交往互动中,要能够掌握自主性,这体现在正确对待和处理他人对自我的影响。在与他人的交往互动中,不可避免地会受到他人的影响,正确对待和处理这种影响,对助力实现个人自由而全面发展影响巨大。具体来说,掌握自主性要求个人必须能够从自身实际出发,有选择性地对待和处理他人的影响,防止出现两种错误倾向:被动性地被他人的影响所主导乃至控制和对他人的影响一概拒斥。比如,在现实的人与人交往互动中不可避免地会出现评价他人或被他人评价。对待他人评价,过于在意乃至受其控制或者简单地采取毫不在意的态度都是错误的,都没能真正掌握自主性。正确的做法还是要立足自身实际,对别人的评价进行实事求是地分析,从中吸取有助于自身发展的成分,同时要做好与他人的沟通工作,维持与他人的良好关系。从长远来看,只有正确对待他人的影响,个人才能够持续地从他人那里获得有益

---

① 《马克思恩格斯文集》(第二卷),人民出版社,2009年,第53页。

的帮助，不断实现进步。

个人要同社会和谐相处。个人与社会是一个命运共同体，个人的发展离不开社会的发展，社会发展为个人发展提供必要的外在条件。同时，社会的发展也离不开每个人的发展，只有每个人发展了，整个社会才能实现进步。个人与社会这种休戚与共的关系，决定了个人要与社会和谐相处、相互促进。一方面，个人要自觉服从服务于社会发展的需要。马克思在《青年在选择职业时的考虑》中谈道，"如果我们选择了最能为人类而工作的职业，那么，重担就不能把我们压倒，因为这是为大家作出的牺牲；那时我们所享受的就不是可怜的、有限的、自私的乐趣，我们的幸福将属于千百万人"①。无论是从马克思主义理论来看，还是从中华优秀传统文化来看，抑或是从个人自身长远发展来看，都必须把社会整体发展需要放在第一位，这是在处理个人与社会关系时必须处理好的首要关系。尤其是当社会发展需要和个人发展需要出现矛盾乃至冲突时，必须坚决把社会整体发展需要放在第一位，并以此来调整个人的发展需要。另一方面，个人要从自身实际出发从社会获取相应的资源来促进个人自由而全面发展。对于共产主义社会中实行的各尽所能、按需分配，人们往往会产生错误认识，认为在共产主义社会，对于社会产品人们可以随便拿，想拿多少就拿多少，认为这就是所谓的按需分配。其实，这是对各尽所能、按需分配的一种误解。共产主义社会所说的各尽所能、按需分配，指的是每个人在给社会贡献出自己的一份劳动后，根据自身实际发展需要，获取一定的劳动产品。而因为在共产主义社会生产力高度发展，社会财富极大丰富，因而能够满足每个人的发展需要。但人们在获取自己需要的物品时是基于自身自由而全面发展的需要，人们已经对自身有了全面准确的认识，不会也没有必要获取超过自己实际需要的劳动产品。以此来观照现在，尽管在当前社会财富还不能充分满足每个人发展的需要，

---

① 《马克思恩格斯全集》(第一卷)，人民出版社，1995年，第459页。

但是我们不能提出当今时代解决不了的问题，而只能从实际出发，根据个人对社会的贡献，从社会中获取相应的资源来助力个人的发展。当然，处理好个人和社会的关系，既需要个人形成正确认识并积极地去平衡处理，也需要社会不断地去解决有关问题，比如说分配公平问题，从而为正确处理好个人和社会关系提供必要的条件。

个人要同自然和谐共生。在人与自我、人与人、人与社会以及人与自然四对关系中，人与自然关系是最基础的一对关系，其他三对关系都以此为前提。从实现人的自由而全面发展来看，个人必须对人与自然关系形成正确认识，实现人同自然的和谐共生。首先，人源自自然。如果说地球的历史是一本书的话，那么人类历史只是这本书最后一页的最后一行的最后几个字。人类历史相较于地球历史或者自然历史来说是极其短暂的，人类是自然环境演化到一定阶段才得以出现的。所以，可以说是自然孕育了人类。从这个意义上来看，地球是我们人类共同的母亲。其次，人离不开自然。自然孕育了我们人类，同时也养育了人类，人类离不开自然。无论是人类须臾不可或缺的最基本的空气、水，还是生产资料、生活资料的生产，人类都直接或间接地离不开自然。离开了自然，人类就无法生存。最后，人必须敬畏、顺应和保护自然。自然的运转有其不以人的意志为转移的客观规律，人类只能研究、顺应并利用好这一规律来推动自身发展，而不能违背自然规律，否则，就会受到自然界的惩罚，给人类自身发展带来严重的后果。对此，恩格斯曾有过一段极为精辟而又发人深省的论述。他警告人类，"我们不要过分陶醉于我们人类对自然界的胜利。对于每一次这样的胜利，自然界都对我们进行报复。每一次胜利，起初确实取得了我们预期的结果，但是往后和再往后却发生完全不同的、出乎预料的影响，常常把最初的结果又消除了"[1]。恩格斯还列举了美索不达米亚、希腊、小亚细亚以及阿尔卑斯山地区居民因为破

---

[1]　《马克思恩格斯文集》（第九卷），人民出版社，2009年，第559~560页。

坏当地生态环境而遭到自然报复的例子,这对于我们在当前处理好人与自然关系具有十分重要的警示意义。因此,人类必须敬畏自然,不能简单地把自然作为人类社会可以随意改造的对象;必须顺应自然,要在认真研究自然运行规律的基础上,顺应和利用自然规律,按照自然规律办事;必须保护自然,要有保护自然的意识,实现利用自然与保护自然的统一。特别需要强调的是,在处理人与自然关系时,要紧密围绕实现人的自由而全面发展来展开,既要坚决反对肆意破坏自然的行为,同时也要坚决避免陷入生态原教旨主义的陷阱,我们不是为保护自然而保护,也不能牺牲人的发展来保护自然,而是要实现人的发展和自然保护的有机统一。

实现个人自由而全面发展,必须一体推进个人同自我和解与个人同他人、社会与自然的和谐共处,这是内因和外因的辩证统一。个人同自我和解,不仅仅是个人的一种主观认识和自我说服,而是需要具备一定的外在条件,以利于个人处理好与他人、社会和自然的关系,最终为实现个人的自我和解创造前提。没有这种外在条件,个人的自我和解就难以实现。革命烈士陈毅安在给女友李志强的家书中曾写道:"我天天跑路,钱也没得用,衣也没得穿,但是心情非常的愉快,较之从前过优越生活时代好多了,因为是自由的,绝不受任何人的压迫。"①陈毅安"心情非常的愉快"除了和他能够为实现革命理想而保持艰苦奋斗的精神相关外,很大程度上是和当时党和军队的优良作风和正确政策是分不开的,例如,密切联系群众、军队实行民主、官兵一律平等、为共同的革命理想而奋斗等。这种"心情非常的愉快"在当时上级压迫下级、长官打骂士兵的旧军队中是不可能实现的。反过来看,如果已经具备了一定的外部条件,个人必须正确认识和对待这些条件,不能提出过高的要求,甚至在特殊的情况下,要具备"铁人"王进喜身上所体现出来的那种"有条件要上,没有条件创造条件也要上"的精神,积极发挥人的主观能

① 转引自中共中央党史和文献研究院、中央"不忘初心、牢记使命"主题教育领导小组办公室编:《见证初心和使命的"十一书"》,中央编译出版社,2021年,第24~25页。

动性,在有限的条件下创造出更大的成就。这往往能使人获得更大的成就感,从而在更高层次上实现人的自我和解。

(二)处理好"四对关系"必须把握好四个重大问题

1.协调利益关系

利益关系是关涉"四对关系"的根本问题。马克思、恩格斯在《神圣家族》中曾说过一句名言,"'思想'一旦离开'利益',就一定会使自己出丑"①。马基雅维里在《君主论》中甚至提出:"关于人类,一般地可以这样说:他们是忘恩负义、容易变心的,是伪装者、冒牌货,是逃避危难,追逐利益的。"②马克思、恩格斯对思想和利益关系的分析,建立在对物质利益和思想认识关系的深刻分析基础之上,没有抽象地看待人性本善或人性本恶。马基雅维里对人类本性的分析,建立在先验的人性恶基础上,其对人性的认识也过于偏激和极端。尽管存在这种差别,但马克思、恩格斯和以马基雅维里为代表的人性本恶论者的确是指出了一个关涉上述"四对关系"的根本性问题,即利益问题。

人的利益观是人与自己关系的重要内容,人怎么对待利益,把利益放在什么位置,直接关涉到人的自由而全面发展,而这又离不开对其他关系的认识和评价。就处理好利益关系而言,举其大者来说主要包括生产和分配两方面问题。生产问题和分配问题相互交织,共同影响着上述"四对关系",而生产在其中发挥着主要作用。在《德意志意识形态》中,马克思、恩格斯有一句名言。在他们看来,生产力的高度发展十分重要,"因为如果没有这种发展,那就只会有贫穷、极端贫困的普遍化;而在极端贫困的情况下,必须重新开始争取必需品的斗争,全部陈腐污浊的东西又要死灰复燃"③。在生产力

① 《马克思恩格斯文集》(第一卷),人民出版社,2009年,第286页。
② [意]尼科洛·马基雅维里:《君主论》,潘汉典译,商务印书馆,1985年,第80页。
③ 《马克思恩格斯文集》(第一卷),人民出版社,2009年,第538页。

水平十分低下的情况下,社会难以为全体成员的自由而全面发展提供雄厚的物质基础。在这种情况下,从整体上来看,人对自己、对他人、对社会、对自然的认识等都是初步的、简单的、片面的,认识不到自己潜在的多种多样的需要,既无能力也无意识去实现自由而全面的发展。更甚者,如果生产力水平非常低,分配又不公平,那么必然会严重扭曲人与人、人与社会和人与自然的关系,进而扭曲人对自我的认识,特别是扭曲人的利益观,导致出现马克思、恩格斯所说的"陈腐污浊的东西"并严重泛滥开来。在生产力发展起来之后,分配则对调节上述"四对关系"至关重要。社会物质财富丰富,但如果富者田连阡陌,贫者无立锥之地,富者只占极少数,社会大多数成员却处于极端贫困状态,则人与人、人与社会、人与自然关系的扭曲程度较之于生产力水平低下时分配不公导致的问题甚至有过之而无不及。

因此,未来继续创造人类文明新形态,推动实现人的自由而全面发展,必须在推动生产力发展和优化分配的基础上,不断地处理好利益关系。生产力的发展是"量"与"质"的统一,既要保持量的合理增长,又要实现质的有效提升,特别是要把握先进生产力的发展要求,这对迭代升级人的需要、全面丰富人的关系、有效提升人的素质起着巨大推动作用,从根本上为处理好各种关系提供了前提。生产力高度发展创造的成果要经由优化分配来转化为处理好利益关系及建立在此基础上的其他和谐关系的结果。要坚持最终目标和阶段目标相统一,以实现人的自由而全面发展为导向,以扎实推动共同富裕为重点,一体推进初次分配、再分配和第三次分配工作,使所有人能够在生产力发展基础上共享发展成果,在处理好利益关系的基础上,不断协调好人与自己、人与人、人与社会、人与自然的关系。

2.重视科技支撑

科技的战略支撑作用,除了体现在推动先进生产力发展方面,同时也对与人相关的"四对关系"产生重要影响,进而直接或间接地影响人的自由而全面发展最终目标的实现。

科技对人与自己关系的影响主要体现两个方面。一方面,科学技术的发展有利于人类深入认识自身的自然属性。人类是怎么来的,人体的运行机制如何,如何通过对人自然属性的影响来调节人的行为等,这是人类社会一直在探索并有待于进一步回答的重大问题。这个问题十分复杂,牵涉的影响因素特别多,但回答好这一问题,归根结底还是需要向科技要答案。科学技术,特别是与人自身相关的科学技术的发展,如脑科学的发展,能从根本上揭开人体运行机制的面纱,进而通过对人脑运行活动的干预,调控人的精神活动,影响人的性格,从人的自然属性角度实现对人的改变,进而推动人向着自由而全面发展的方向进步。当然,这里会涉及科技伦理问题,存在一定的争议。但这只是操作层面的问题,关键在于通过完善制度规范等规避其消极影响,最大限度地发挥其积极作用。

另一方面,人对与自己关系的认识,也离不开对其他三对关系的认识,而科学技术也通过影响这三对关系来对此产生间接影响。

科技对人与他人、与社会关系认识的影响,主要体现在重塑这两种关系上。人与他人、与社会的关系,从大的方面来说,是通过生产、生活途径建立的。人类必须从事生产,这是人类赖以存在的基础,人与人必然经由生产建立这样或那样的关系。同理,每个人也必然在生活中与他人建立这样或那样的关系。这是人的社会属性的集中体现。在不同科技发展水平下,这种经由生产和生活建立的人与人、人与社会的关系是不同的,甚至是差别很大的。例如,在第一、二次科技革命推动下,人类社会从传统的个体小规模生产发展成为工厂中的大规模集体生产,出现了生产流水线,工人聚集在工厂中,相互之间的协作日益增强。交通的发展、电话电报的出现等,也极大地改变了人的生活方式、交往方式。科技在增强生产中人与人紧密协作关系的同时,也使得生活中的人们的联系日益增强。人们充分认识到个人的发展越来越离不开与他人的协作、与社会的协同,个人和整个人类社会越来越难以分割。而到了当今网络化、智能化的时代,宏观生产生活中人与人、人与社会的联系日益增强的趋势和微观生产生活中人与人、人与生产单位又出现一定程度分离的趋势同时存在,这就对人与人、人与社会的关系产生新的影响。所有这些变化最终都会影响到人对自我的认识和评价。

科技对人与自然关系的影响更为直接。人类社会对人与自然关系的认识在很大程度上受到人类社会改造自然能力的影响,而这种改造能力的强弱很大程度上受制于科技发展水平。在科技发展水平较低、人类社会对自然知之甚少、利用和改造自然能力较低的前资本主义时代,形成了人对自然的敬畏和崇拜关系,人在自然面前处于一种弱势状态。在科技发展水平较高,人对自然的认识有了长足发展,改造自然的能力有了空前提高的资本主义时代,人类又容易对自身改造利用自然的能力盲目自信,由原来的弱势状态演变成为强势状态,对自然失去敬畏之心,把自然当成可以任意处置的对象。在人与自然关系中,把人矮化或把自然矮化都是非正常状态,这虽然不是科技发展带来的必然结果,却又和科技发展密不可分。而这两种状态的消除,从根本上来说又离不开科技的进一步发展。人类社会必须在汲取之前处理人与自然关系教训的基础上,在科学技术进一步发展的前提下,正确认识并处理好人与自然的关系,这样才能为处理好其他关系提供条件,从而更好推动实现人的自由而全面发展。

3.强化精神动力

坚持两点论和重点论的统一,是马克思主义的重要方法论。创造人类文明新形态,实现人的自由而全面发展,要把发展生产、优化分配基础上的处理好利益关系作为重点,同时也要高度重视发挥精神动力的作用。

首先,高尚的精神境界本身就是人自由而全面发展的重要方面。共产主义社会既要有物质财富的极大丰富,也需要有人的精神境界的极大提升,也就是要培养与共产主义新社会相适应的新人。这种新人,既是共产主义新社会的重要标志,也是建设共产主义新社会的主体。离开了这种具有高尚精神境界的新人,那种以各尽所能、按需分配为基础的共产主义社会是不可能建成的。其次,高尚的精神境界有助于推动发展生产、优化分配工作。物质变精神,精神变物质。物质和精神本来就是辩证统一的关系。一个人,如果他是"一个高尚的人,一个纯粹的人,一个有道德的人,一个脱离了低级趣味的人,一个有益于人民的人"①,这种高尚的道德情操、精神境界,就必然转化为做好工作的巨大动力,使人不会对个人利益的得失斤斤计较,把全部时间和精力投入为人民和社会服务中去。最后,高尚的精神境界有助于处理好人与自己、人与他人、人与社会、人与自然的关系。人对自己的认识同他对自己与他人、与社会以及与自然关系的认识紧密相关。精神境界高的人往往对自己有客观全面的认识,清楚自己应该和能够发展哪些方面的社会关系,而且主要通过反求诸己的方式来协调平衡与自身、他人、社会和自然的关系,通过自身发展来助推他人发展、社会进步和自然有序运行,并在后三者的持续发展和有序运行中实现个人发展。尤其是在大力发展社会主义市场经济的当下和可预期的未来,要消除市场经济客观上带来的消极影响,就必须大力加强精神文明建设,这也是社会主义市场经济持续健康发展的必然要求。

　　培养人的道德情操,提高人的精神境界,是一项长期性工作。要在不断提升人的物质生活水平的基础上去提升人的精神境界。丰富人民精神世界是中国式现代化的本质要求,是创造人类文明新形态的题中应有之义。要教育引导民众正确认识自己与自己、他人、社会和自然的关系,摆正自己的位置,从根本上明白为什么活着、为谁活着、怎样活着以及应该留下一些什么等重要问题。这些问题想清楚搞明白了,就能为自觉培养高尚的道德情操和精神境界打下思想认识基础。要充分挖掘中华传统美德和中国革命道德资源。中华传统美德如尊老爱幼、邻里互助、扶危济困等具有永恒的价值,这也是广大人民群众日用而不觉的宝贵精神财富。必须进行创造性转

---

① 《毛泽东选集》(第二卷),人民出版社,1991年,第660页。

化和创新性发展,使中华传统美德彰显时代价值,滋养社会主义道德建设。要继承和弘扬革命道德,挖掘提炼英雄人物身上体现出来的革命道德,通过课堂教学、艺术再现、节日纪念等途径,对广大人民群众尤其是青少年开展革命道德教育。要广泛选树道德模范,使抽象的精神道德具象化,让人民群众感到道德模范就在身边,人人可学,人人可做。

4.提供制度保障

持续创造人类文明新形态、最终实现人的自由而全面发展,是一项长期性、全民性、全领域的工作,必须高度重视并持续发挥制度的重要保障作用。邓小平曾对此作出精辟论述,"领导制度、组织制度问题更带有根本性、全局性、稳定性和长期性","制度好可以使坏人无法任意横行,制度不好可以使好人无法充分做好事,甚至会走向反面"。①制度对处理好"四对关系"的作用主要体现在以下三个方面。一是规范作用。如何处理"四对关系",往往需要制定法律制度来提供依据。比如,在日常生产生活中,个人与个人、个人与生产单位、生产单位与生产单位之间不可避免地会发生经济关系,往往需要签订合同等来规范双方的权利义务。如何签订合同,国家专门制定了《中华人民共和国合同法》予以规定。二是激励作用。正确处理"四对关系",既需要每个人的自觉行动,也需要有一定的制度设计来引导和激励社会成员的行为。比如说,见义勇为是一种公认的美德,但不能仅仅依靠每个人的自觉,而是要有相应的制度设计来激励见义勇为行为,保障见义勇为者的合法利益。《吕氏春秋》中记载的子贡赎人不领金遭到孔子批评和子路救人而受牛得到孔子称赞的故事,充分说明了制度激励的重要性。三是惩戒作用。正确处理"四对关系",除了正向激励的制度设计外,还要有反向惩戒的制度设计,以确保社会成员心有所畏、言有所戒、行有所止。比如,诚信是人与人交往、社会正常运行等必须坚持的基本原则。我们既要号召社会成

---

① 《邓小平文选》(第二卷),人民出版社,1994年,第333页。

员自觉讲诚信,但又不能把讲诚信完全寄托于每个人的自觉,还需要有一定的制度设计来对失信者进行惩戒,如对失信者出行、消费、贷款等进行限制。

要建立健全并不断完善各领域的制度体系,用体系完备、科学有效的制度确保创造人类文明新形态事业行稳致远。紧密围绕处理好"四对关系",首先,要坚持目标导向和问题导向相统一,针对经济、政治、文化、社会和生态文明等领域的突出问题,在实践探索的基础上总结提炼经验,不断完善相关制度体系。其次,要严格执行制度,强化制度的刚性约束。制度的生命力在于执行,制度制定出来了就要严格执行,并在执行过程中不断总结新情况新问题新经验,与时俱进完善制度。最后,要一体推进制度执行和人员教育工作。要重视制度但不能迷信制度,制度本身并不是万能的。再好的制度都需要由人来执行,而人的行为本身又受到外在制度的影响。所以,必须一体推进制度执行和人员教育工作,确保个人严格按照制度办事,同时又在此过程中不断完善制度,在人与制度的一体化发展中不断解决人与自己、人与他人、人与社会、人与自然关系存在的问题,持续创造人类文明新形态,最终实现每个人自由而全面的发展。

第四章

创造人类文明新形态的实践路径
与中国式现代化的拓新

文明是社会进步的状态,是社会进步的重要标志,随着人类实践活动水平的提高而不断演进。目前,人类的现代化实践本身就是对文明的追求,所以现代化是创造更高文明的发展阶段。习近平总书记指出:"中国式现代化创造了人类文明新形态,展现出现代化的新图景。"①中国式现代化创造了人类文明新形态,这主要体现在中国式现代化为人类文明新形态奠定坚实基础,规定了人类文明新形态的鲜明特质。随着全面建成小康社会目标的实现,我国进入了新发展阶段,这是我国现代化发展新的历史方位,是中国式现代化的新征程。新发展阶段,具有新的阶段性特征,这要求中国式现代化贯彻新发展理念,并以新发展格局为战略选择。文明随着实践的发展而不断演进,随着中国式现代化的不断发展,人类文明新形态也将不断丰富和发展。新征程上,社会主义现代化沿着"五位一体"总体布局展开,在经济、政治、文化、社会、生态文明等领域将不断取得新的成果,这将不断丰富和发展人类文明新形态。

---

① 习近平:《深化团结合作 应对风险挑战 共建更加美好的世界——在2023年金砖国家工商论坛闭幕式上的致辞》,《人民日报》,2023年8月23日。

一、新时代新征程上以"三新"引领中国式现代化的发展

党的二十大报告指出："在新中国成立特别是改革开放以来长期探索和实践基础上,经过十八大以来在理论和实践上的创新突破,我们党成功推进和拓展了中国式现代化。"①脱贫攻坚任务的完成标志着第一个百年奋斗目标全面建成小康社会的实现,这表明我国已经进入了实现第二个百年奋斗目标的新发展阶段,这是中国式现代化建设的新的历史方位,新发展阶段具有很多新的阶段性特征。这些阶段性特征要求中国式现代化遵循创新、协调、绿色、开放、共享的新发展理念,以构建国内大循环为主体、国内国际双循环相互促进的新发展格局为战略选择,最终实现中华民族伟大复兴。

(一)新发展阶段是推进中国式现代化发展的新的历史方位

脱贫攻坚任务的完成标志着全面建成小康社会目标的实现,这表明我国已经进入了全面建成社会主义现代化强国的新阶段,这是推进中国式现代化发展的新的历史方位。新发展阶段虽然仍属于社会主义初级阶段,但是出现很多新特征。

1.进入新发展阶段

习近平总书记明确指出："党的十九届五中全会提出,全面建成小康社会、实现第一个百年奋斗目标之后,我们要乘势而上开启全面建设社会主义现代化国家新征程、向第二个百年奋斗目标进军,这标志着我国进入了一个

---

① 习近平:《高举中国特色社会主义伟大旗帜 为全面建设社会主义现代化国家而团结奋斗——在中国共产党第二十次全国代表大会上的报告》,人民出版社,2022年,第22页。

新发展阶段。"①党的二十大报告指出:"从现在起,中国共产党的中心任务就是团结带领全国各族人民全面建成社会主义现代化强国、实现第二个百年奋斗目标,以中国式现代化全面推进中华民族伟大复兴。"②这里的"现在"就是打赢脱贫攻坚战、全面建成小康社会之后的新起点,是新发展阶段。习近平总书记指出:"新发展阶段就是全面建设社会主义现代化国家、向第二个百年奋斗目标进军的阶段。"③如何科学认识和判断所处的历史方位和发展阶段,是社会主义国家建设和发展必须解决的重大的理论和实践问题,关系到社会主义事业的成败。

苏联社会主义国家进行社会主义建设过程中,对于自身所处的历史阶段并没有正确认识,导致不能从真正的实际出发,最终不能在社会主义的道路上继续前进。1936年斯大林就宣布苏联社会已基本上实现了社会主义,成功建立了社会主义制度。同年,斯大林在讲话中又指出,苏联现在进入向共产主义过渡阶段,1952年10月联共(布)第十九次代表大会通过的《苏联共产党章程》又明确写道:"现在,苏联共产党的主要任务是:从社会主义逐渐过渡到共产主义,最后建成共产主义社会。"④赫鲁晓夫成为苏共中央总书记后,也急于向共产主义过渡,并提出在短期内赶超美国和建成共产主义的纲领任务。20世纪60年代,勃列日涅夫任苏共中央总书记后,发现苏联在短期内难以实现赶超美国的目标,因而只能迫于现实对社会主义阶段提出新说法,即指出苏联如今已经建成发达社会主义并要在此基础上过渡为共产主义。20世纪80年代,安德罗波夫执政时,面对内部社会现实,认为苏联目前尚处于发达社会主义的起点,还是不成熟的阶段,是不完美的,需要通过改

---

① 习近平:《论把握新发展阶段、贯彻新发展理念、构建新发展格局》,中央文献出版社,2021年,第470~471页。

② 习近平:《高举中国特色社会主义伟大旗帜 为全面建设社会主义现代化国家而团结奋斗——在中国共产党第二十次全国代表大会上的报告》,人民出版社,2022年,第21页。

③ 习近平:《论把握新发展阶段、贯彻新发展理念、构建新发展格局》,中央文献出版社,2021年,第5页。

④ 《苏联共产党章程汇编》,求实出版社,1982年,第155页。

革使各方面越来越成熟,越来越完善。戈尔巴乔夫执政后,提出了发展中的社会主义,勇于承认苏联社会主义建设中存在问题,推进改革。至此,苏联对于所处阶段的认识越来越符合实际,但为时已晚,戈尔巴乔夫在改革过程中,偏离了航向,放弃了苏共的执政党地位和马克思主义的一元化指导地位,最终放弃社会主义制度。苏联对于所处发展阶段和历史方位上认识不清晰的教训,给我国改革开放之后的社会主义现代化事业敲响了警钟。

在社会主义建设初步探索的起始阶段,中国共产党对社会主义阶段缺乏明确清晰的认识,导致我国在生产力水平较低阶段出现了"跑步进入共产主义"的脱离实际的实践,造成了很大的损失和惨痛的教训。由此,毛泽东意识到社会主义建设需要明确所处阶段,还意识到社会主义是一个长期的历史过程,"社会主义制度完全建成(包括思想意识方面)以后,还要走向高级阶段,社会主义阶段又要被否定。这个过程可能要几十年,甚至更长时间"[1]。1958年4月,毛泽东在武汉会见波兰政府代表团时谈道:"共产主义也不是永远不变的,会有无数的共产主义的阶段,每个阶段跟另一个阶段比较,都有质的不同。"[2]1959年2月,毛泽东视察郑州时谈道,"这个过程,也就是农业的机械化、电气化,公社工业化,国家工业化,人民的社会主义、共产主义觉悟程度和道德品质的提高,文化教育、技术水平提高的过程。当然这还只是第一个阶段,以后还会有第二个、第三个、第四个阶段,才能完成建设社会主义的任务"[3]。这说明毛泽东已经认识到,社会主义有不同的历史阶段,而且每个阶段都有质的不同。他在1959年、1960年读《政治经济学教科书》时明确指出:"社会主义这个阶段,又可能分为两个阶段,第一个阶段是不发达的社会主义,第二阶段是比较发达的社会主义。后一阶段可能比前

---

① 《毛泽东年谱(1949—1976)》(第3卷),中央文献出版社,2013年,第333页。
② 《毛泽东年谱(1949—1976)》(第3卷),中央文献出版社,2013年,第333页。
③ 《毛泽东年谱(1949—1976)》(第3卷),中央文献出版社,2013年,第608页。

一阶段需要更长的时间。"①虽然毛泽东关于社会主义阶段的划分形成一些正确的认识,但是由于当时国内国外都面临着严峻挑战,这些正确的认识没有得到系统化理论化,也没有得到落实。

改革开放之后,以邓小平同志为主要代表的中国共产党人认真总结我国和其他社会主义国家关于所处历史方位和所处阶段问题认识上和实践中的经验教训,从我国不发达的实际情况出发,得出了我国正处于社会主义初级阶段的科学论断。"社会主义本身是共产主义的初级阶段,而我们中国又处在社会主义的初级阶段,就是不发达的阶段。一切都要从这个实际出发,根据这个实际来制订规划。"②邓小平还一再强调社会主义初级阶段的长期性,这是一个长期的历史过程,需要几代人、十几代人,甚至几十代人不懈地努力。中国共产党人作出的关于我国处于并将长期处于社会主义初级阶段的重大判断,开辟了改革开放和社会主义现代化建设的崭新局面。

初级阶段这个长期的历史阶段,不是整齐划一的阶段。习近平总书记指出:"社会主义初级阶段不是一个静态、一成不变、停滞不前的阶段,也不是一个自发、被动、不用费多大气力自然而然就可以跨过的阶段,而是一个动态、积极有为、始终洋溢着蓬勃生机活力的过程,是一个阶梯式递进、不断发展进步、日益接近质的飞跃的量的积累和发展变化的过程。"③社会主义初级阶段作为一个漫长的发展过程,由若干相互连接却又相互区别的阶段组成。我国目前进入的新发展阶段是社会主义初级阶段中的一个阶段,是经过社会主义建设、改革开放和社会主义现代化建设新时期,以及新时代十多年来的积累,才站到了新的起点上的一个阶段,是建成社会主义现代化国家和社会主义现代化强国的阶段。习近平总书记指出:"进入新发展阶段明确

---

① 《毛泽东文集》(第八卷),人民出版社,1999年,第116页。
② 《邓小平文选》(第三卷),人民出版社,1993年,第252页。
③ 习近平:《论把握新发展阶段、贯彻新发展理念、构建新发展格局》,中央文献出版社,2021年,第474~475页。

了我国发展的历史方位。"①由此可见,新发展阶段是中国式现代化的新的历史方位、新征程。"正确认识党和人民事业所处的历史方位和发展阶段,是我们党明确阶段性中心任务、制定路线方针政策的根本依据。"②只有明确中国式现代化所处的阶段,把握本阶段的阶段性特征,才能明确本阶段的中心任务、制定正确的政策,推动发展,完成目标。

2.新发展阶段的阶段性特征

新发展阶段是社会主义初级阶段的一个重要阶段,是经过几十年的积累才站到新起点上的一个阶段,既有初级阶段的共性,也有本阶段的阶段性特征。新发展阶段建立在我国几十年的社会主义建设的成果之上,发展的基础扎实雄厚,但面临着国内和国际新的难题和挑战。

新发展阶段建立在前一阶段发展成果之上,经过几十年的发展,特别是进入新时代以来,我国在经济、政治、文化、社会、生态文明等方面都取得了很大成就,这就是本阶段发展的基础。在经济建设上,新中国成立70多年以来,我国经济实力、科技实力、综合国力和人民生活水平跃上了新的大台阶。从2010年以来,我国一直保持经济总量世界第二大经济体的地位,我国经济迈上更高质量、更有效率、更加公平、更可持续、更为安全的发展之路。在政治建设上,我国社会主义民主政治制度化、规范化、程序化全面推进,中国特色社会主义制度优越性得到更好发挥。在文化建设上,我国意识形态领域发生全局性、根本性变化,全体人民的文化自信显著增强,社会的凝聚力和向心力极大提升。在社会建设上,我国人民生活全方位改善,社会治理水平大幅度提升。在生态文明建设上,美丽中国建设迈出重大步伐,我国生态环境保护发生历史性、转折性、全局性变化。

---

① 习近平:《论把握新发展阶段、贯彻新发展理念、构建新发展格局》,中央文献出版社,2021年,第487页。

② 习近平:《论把握新发展阶段、贯彻新发展理念、构建新发展格局》,中央文献出版社,2021年,第470页。

新发展阶段虽建立在扎实基础之上,但也存在一些突出问题。在经济建设上,发展不平衡不充分的问题仍然突出,科技创新能力有待提升,关键核心技术还存在一些"卡脖子"难题没有克服,重点领域还存在弱项和短板。在政治建设上,全过程人民民主制度体系仍需要持续健全。在文化建设上,意识形态领域依然面临着西方敌对势力持续的文化渗透和新技术的挑战,文化体制机制改革任重道远。在社会建设上,城乡区域发展和收入分配差距仍然较大,群众在就业、教育、医疗、托育、养老、住房等方面面临不少难题。在生态文明建设上,生态环境保护任务依然艰巨。此外,一些党员干部缺乏斗争精神,形式主义和官僚主义现象仍较突出,打击腐败任重而道远。

新发展阶段是我国社会主义初级阶段中的一个阶段,体现出国内发展的一些阶段性特征,同时,由于全球化的深入发展,我国融入世界发展的程度越来越深,本阶段也要观照国际环境的发展变化。对比党的十九大报告和党的二十大报告中对于国际形势的分析可以得出,中国共产党认为新发展阶段所处的国际环境更加复杂严峻,中国面临的外部压力愈加凸显。这从两个方面可以体现出来:一方面,党的二十大报告中没有出现"和平与发展仍然是时代主题"的表述。党的十三大报告中提出"和平与发展是当代世界的主题"[①],党的十四大报告进一步指出"和平与发展仍然是当今世界两大主题"[②],还指出"建设有中国特色社会主义的理论,是在和平与发展成为时代主题的历史条件下"[③],党的十五大报告中明确提出"和平与发展是当今时代的主题"[④]。从此,这一表述出现在党的历届代表大会的报告中,一直到党的十九大。党的十九大报告中指出:"世界正处于大发展大变革大调整时

①　中共中央文献研究室:《十三大以来重要文献选编》(上),人民出版社,1991年,第57页。
②　中共中央文献研究室:《十四大以来重要文献选编》(上),人民出版社,1996年,第35页。
③　中共中央文献研究室:《十四大以来重要文献选编》(上),人民出版社,1996年,第13页。
④　中共中央文献研究室:《十五大以来重要文献选编》(上),人民出版社,2000年,第41页。

期,和平与发展仍然是时代主题。"①虽然党的二十大报告中没有出现关于时代主题的表述,不能说明党改变了对和平与发展是时代主题的认识,但能说明党对这一时期出现的与时代主题背道而驰的事件是非常警惕的,这也说明了党认为新发展阶段所面临的国际形势是紧张复杂的。另一方面,对于国际环境的现状和我国的态度,党的十九大报告和党的二十大报告有所不同,总体看来,党的十九大报告的内容呈现出党对世界发展持客观且乐观的态度,党的二十大报告内容呈现的是党对世界发展持客观且谨慎的态度。党的十九大报告总结为:"我们生活的世界充满希望,也充满挑战。我们不能因现实复杂而放弃梦想,不能因理想遥远而放弃追求。"②党的二十大报告的表述则是:"一方面,和平、发展、合作、共赢的历史潮流不可阻挡,人心所向、大势所趋决定了人类前途终归光明。另一方面,恃强凌弱、巧取豪夺、零和博弈等霸权霸道霸凌行径危害深重,和平赤字、发展赤字、安全赤字、治理赤字加重,人类社会面临前所未有的挑战。世界又一次站在历史的十字路口,何去何从取决于各国人民的抉择。"③从党的二十大报告内容可以看出,党虽然认为新发展阶段所处的世界依然充满希望,和平、发展、合作、共赢的历史潮流不可阻挡,但是也认为当今世界面临的挑战也越来越大了,挑战大到如果人类不作出改变,和平、发展、合作、共赢的历史潮流将受到阻碍。作出这样的判断,说明党认为新发展阶段面临的国际环境是严峻的、不确定的,我们切不可盲目乐观,掉以轻心,要站在历史正确的一边,还要通过自己的努力推动更多的国家反抗霸权、参与全球治理,建设更加美好的世界。

　　党在二十大报告作出这样的判断,主要有以下三个方面原因:第一,单

　　① 习近平:《决胜全面建成小康社会 夺取新时代中国特色社会主义伟大胜利——在中国共产党第十九次全国代表大会上的报告》,人民出版社,2017年,第58页。
　　② 习近平:《决胜全面建成小康社会 夺取新时代中国特色社会主义伟大胜利——在中国共产党第十九次全国代表大会上的报告》,人民出版社,2017年,第58页。
　　③ 习近平:《高举中国特色社会主义伟大旗帜 为全面建设社会主义现代化国家而团结奋斗——在中国共产党第二十次全国代表大会上的报告》,人民出版社,2022年,第60页。

边主义、贸易保护主义抬头,世界经济复苏乏力。第二,局部冲突动荡呈现时间延长和牵涉面广特点,俄乌冲突已经持续两年多,巴以冲突也持续了半年多,俄乌冲突中已有50多个西方国家为乌克兰提供军事援助,巴以冲突背后也有其他大国的参与。俄乌冲突不是普通国家间的冲突,有核武器的安理会常任理事国是冲突的一方,众多国家参与其中,如果不能得到妥善解决,将会影响世界和平的局势。第三,美国国家战略的调整,2017年美国将中国正式定位为"战略竞争者",在经济上打压制裁中国高科技企业;军事上多次联合中国周边国家进行联合军演,挑动南海局势;通过对台出售武器、指责中国人权问题等干涉中国内政,造成中国外部环境日趋紧张。这些事实反映出国际局势不确定性的增加,我国面临的国际压力增强,我国新发展阶段面临的国际环境纷繁复杂的特征。

新发展阶段既面临重要战略机遇期,又面临国内诸多矛盾和国外复杂多变的局势。因此,只有认清新发展阶段的阶段性特征,才能明晰中国式现代化面临的挑战和发展的重点,明确中国式现代化的指导原则和战略保障。

(二)新发展理念是推进和拓展中国式现代化的指导原则和行动指南

中国共产党自成立以来,十分重视发展问题。新民主主义革命时期,中国共产党就努力推翻封建地主土地所有制,废除封建关系,促进先进生产力的发展。新中国成立之后,中国共产党在国民经济基本恢复之后,及时进行了社会主义改造,废除落后生产关系,解放和发展生产力,推动工业化的建设和发展,促进经济社会的整体发展。改革开放后,党和国家把工作重心转移到经济建设上来,一心一意谋发展。用发展的办法解决前进中的问题,是改革开放以来我们的一条重要经验。习近平总书记在党的十九大报告中指出："发展是解决我国一切问题的基础和关键。"①在一定条件下,发展的实践需要发展理念的引领。而随着发展实践的不断变化和深入,发展的条件和环境随之而变,发展理念也需要持续调整,以引领新的发展实践。中国特色社会主义进入新时代以来,随着经济总量不断增大,我国发展面临一系列的新情况新问题:经济发展速度由高速变为中高速增长;经济发展面临结构调整节点,低端产能过剩,中高端产能需要加快发展;经济发展驱动力因素面临转换,低成本资源和要素投入形成的驱动力明显减弱,需要驱动力创新;2008年国际金融危机发生之后,世界需求降低,这削弱了我国经济发展依赖大规模出口的优势。②我国发展面临的新情况新问题,要求我们转变发展思路,呼唤新的发展理念。在党的十八届五中全会上,创新、协调、绿色、开放、共享的新发展理念被首次提出。党的十九大报告中把新发展理念提升到新时代坚持和发展中国特色社会主义的基本方略的高度,需要在各项工作中全面准确贯彻落实。党的二十大报告把贯彻新发展理念确定为新时代我国发展壮大的必由之路和党至关紧要的规律性认识。中国式现代化就是要实现中国特色社会主义现代化国家和现代化强国的目标,使我国强起来,所以中国式现代化必须坚持新发展理念。习近平总书记多次强调贯彻落实新发展理念的重要性,"新发展理念是一个整体,无论是中央层面还是部门层面,无论是省级层面还是省以下各级层面,在贯彻落实中都要完整把握、准确理解、全面落实,把新发展理念贯彻到经济社会发展全过程和各领域"③。中国式现代化是关乎全局的事业,必然要贯彻落实新发展理念。新发展理念作为完整的理论体系,是推进中国式现代化的指导原则和行动指南,其中创新

---

①　习近平:《决胜全面建成小康社会 夺取新时代中国特色社会主义伟大胜利——在中国共产党第十九次全国代表大会上的报告》,人民出版社,2017年,第21页。

②　习近平:《论把握新发展阶段、贯彻新发展理念、构建新发展格局》,中央文献出版社,2021年,第77~79页。

③　习近平:《论把握新发展阶段、贯彻新发展理念、构建新发展格局》,中央文献出版社,2021年,第500~501页。

发展是推动中国式现代化发展的动力源泉,协调发展是推动中国式现代化发展的基本要求,绿色发展是中国式现代化的鲜明特征,开放发展是中国式现代化的必由之路,共享发展是中国式现代化的价值追求。

1. 创新发展是推动中国式现代化发展的动力源泉

创新发展注重的是解决发展动力问题。习近平总书记指出:"要把创新摆在国家发展全局的突出位置,顺应时代发展要求,着眼于解决重大理论和实践问题,积极识变应变求变,大力推进改革创新,不断塑造发展新动能新优势,充分激发全社会创造活力。"①中国共产党成立以来,在发展道路上不断探索创新,领导人民在理论层面、实践层面、制度层面和文化层面等多角度、全方位开拓创新,并在此基础上不断丰富总结,形成一系列科学的理论成果,为建设中国式现代化奠定基础。如今我们成功完成了第一个百年奋斗目标,实现了全面小康,更加坚定自信地向第二个百年奋斗目标迈进,在这一过程中,要坚持贯彻创新发展的理念,不断提高创新能力。创新发展的理念要求,坚持创新在我国现代化建设全局中的核心地位,以保障中国式现代化进程中不断获得新优势。推进社会主义现代化建设的过程中,要贯彻新发展理念,以打破我国高端芯片、工业软件、人工智能核心算法、农作物种子、基础原材料等关键核心技术受制于人的局面和补足我国在绿色发展、新型工业化、数字经济等重点领域的短板,解决发展不充分问题。

2. 协调发展是推动中国式现代化发展的基本要求

协调发展注重的是解决发展不平衡问题。党的十八大以来,我国经济发展平衡性、协调性、可持续性明显增强。总体而言,在新发展阶段,发展的不平衡不协调还是突出的问题,这主要体现在政治、文化、社会、生态文明等领域的建设水平与经济建设水平之间存在较大差距,城乡、区域发展不平衡,以及经济发展的速度和质量之间不平衡。发展不平衡不协调的问题是

---

① 《习近平在学习贯彻党的二十大精神研讨班开班式上发表重要讲话强调 正确理解和大力推进中国式现代化》,《人民日报》,2023年2月8日。

整体水平提升的制约因素,解决发展不平衡不协调的难题,才能完成党确定的 2035 年基本实现现代化的目标,在此基础上,到 21 世纪中叶实现社会主义现代化强国目标。在新发展阶段,推动社会主义现代化建设要贯彻协调发展理念,解决发展不协调不平衡的问题。第一,在保证一定增长速度的前提下,努力打造一大批具有自主知识产权的高端化、国际化的高质品牌或知名品牌,培育一大批有生态主导力的产业链链长型企业、引领且能够高效整合全球供应链的链主型企业、促进要素跨境自由安全便捷流动的价值链枢纽型企业、把控全球创新链且与全球"尖端"要素对接的创新链领头型企业,以推动经济高质量发展。第二,通过深入实施区域协调发展战略和区域重大战略等持续推进区域协调发展;持续推进乡村振兴战略,扎实推动乡村产业、人才、文化、生态、组织振兴,促进城乡协调发展。第三,在促进经济协调发展的同时,努力推动政治、文化、社会、生态建设,以确保其与经济建设水平相适应,以解决总体层面发展不协调的问题。

3.绿色发展是中国式现代化的鲜明特征

绿色发展注重的是解决人与自然和谐问题。党的二十大报告指出:"中国式现代化是人与自然和谐共生的现代化。"[①]人与自然和谐共生是中国式现代化基于中国国情的中国特色,所以绿色发展是中国式现代化的鲜明特征。我国在推进中国式现代化的过程中,坚持节约优先、保护优先、自然恢复为主的方针,呵护自然、爱护自然,贯彻落实绿色发展理念。经济发展与环境保护的关系是现代化发展过程中面临的一个难题,资本主义现代化和苏联现代化发展过程中,都没有处理好这一关系。习近平总书记指出:"保护环境就是保护生产力、改善环境就是发展生产力。"[②]在推进中国式现代化

---

① 习近平:《高举中国特色社会主义伟大旗帜 为全面建设社会主义现代化国家而团结奋斗——在中国共产党第二十次全国代表大会上的报告》,人民出版社,2022年,第23页。

② 习近平:《论把握新发展阶段、贯彻新发展理念、构建新发展格局》,中央文献出版社,2021年,第90页。

过程中,我国树立和践行绿水青山就是金山银山的理念,打破了经济增长与环境保护之间非此即彼的对立性,科学地处理了经济发展与生态保护之间的关系,走出了一条生产发展、生活富裕、生态良好的文明发展道路。在新发展阶段,我国环境保护的压力依然很大。在促进中国式现代化发展的过程中,我们应持续转变高投入、高污染、高排放的发展方式,提高资源利用率,致力于低碳、环保、绿色和可持续的新型发展方式,广泛形成绿色生产生活方式;应加强对环境的治理与保护,严格保护生态环境,加强生态文明建设,维护生态稳定,真正实现人与自然的和谐共生。

4.开放发展是中国式现代化的必由之路

开放发展注重的是解决发展内外联动问题。我国发展的历史证明,要实现持续发展,必须坚持对外开放。清王朝末期实行闭关锁国政策,最终被帝国主义的坚船利炮打开大门,逐步成为半殖民地半封建社会。中国人民经历百余年的战争,才在中国共产党带领下推翻三座大山,建立了中华人民共和国。新中国成立之初,在当时美苏冷战的国际大背景下,实行"一边倒"的外交方针,导致以美国为首的资本主义阵营对新中国实行封锁、遏制的政策,20世纪50年代末中苏交恶,苏联对中国也采取敌视、打压政策,客观上造成了中国"闭关自守",失去了在国际上进行正常经贸文化往来交流的机会,这成为中国发展的阻碍因素。"文化大革命"后,党和国家总结世界发展规律和我国发展过程中的经验教训,实行了改革开放的国策,主动打开大门,加强与其他国家的经贸文化往来,申请加入世界贸易组织,积极融入经济全球化的浪潮中。在改革开放的进程中,我国依靠我们的工业基础和廉价劳动力的红利,形成了巨大的出口优势和外向型经济,促使我国经济发展和中国式现代化建设取得巨大成就。现阶段,经济全球化仍然是不可阻挡的潮流,但是也面临着"保护主义、单边制裁、泛化国家安全概念"[①]的挑战,以及某些国家搞的"筑墙设垒""脱钩断链"等阻碍。面对这些挑战与阻碍,在新征程上,中国式现代化发展要坚持拆墙而不是筑墙、开放而不是隔绝,坚持共商共建共享,不搞赢者通吃,推动构建开放型世界经济,让发展中国家更好融入国际分工,共享经济全球化成果。

5.共享发展是中国式现代化的价值追求

共享发展注重的是解决社会公平正义问题。"共享理念实质就是坚持以人民为中心的发展思想,体现的是逐步实现共同富裕的要求。"[②]共同富裕是马克思主义的一个基本目标,是社会主义本质的内容和中国式现代化的本质要求,是中国共产党的奋斗目标。共同富裕以人为根本,力求实现人人平等、人类的解放,深刻体现了马克思主义的人权观,真正站在广大无产阶级、人民群众的立场上,为人民谋幸福。这一目标的实现需要一个漫长的过程,在这个过程中,我们不能脱离社会主义初级阶段的实际蛮干,而是根据现有条件把能做的事情尽量做起来,积少成多,朝着这一目标不断努力。新征程上,要坚持全民共享、全面共享、共建共享、渐进共享,坚持以中国式现代化推动经济社会持续发展,推动共同富裕取得更为明显的实质性进展。

(三)新发展格局是推进中国式现代化发展的战略选择

习近平总书记指出:"构建新发展格局则是应对新发展阶段机遇和挑战、贯彻新发展理念的战略选择。"[③]首先,新发展阶段推动形成新发展格局。在新发展阶段上,党的二十大报告指出:我国要"以中国式现代化全面推进

---

① 《习近平出席上海合作组织成员国元首理事会第二十三次会议并发表重要讲话强调牢记初心使命,坚持团结协作,为维护世界和平与发展注入更多确定性和正能量》,《人民日报》,2023年7月5日。

② 习近平:《论把握新发展阶段、贯彻新发展理念、构建新发展格局》,中央文献出版社,2021年,第95页。

③ 习近平:《论把握新发展阶段、贯彻新发展理念、构建新发展格局》,中央文献出版社,2021年,第487页。

中华民族伟大复兴"①。新发展阶段面临国内国际上的一系列机遇与挑战，要求我国的现代化建设必须掌握发展的主导权，把国家和民族发展的立足点放在依靠自己力量的基础上。构建国内大循环为主体、国内国际双循环相互促进的新发展格局，正是我国为把握未来发展主动权提出的战略任务。其次，新发展阶段为构建新发展格局创造了丰厚的物质和精神基础，保障我国能够牢牢掌握发展的自主权。最后，加快构建新发展格局，推动我国现代化事业不断向前发展，逐步实现社会主义现代化国家和现代化强国目标。

1. 新发展阶段面临的挑战需要新发展格局破解

我国在新发展阶段上面临着一些挑战，导致我国发展的不安全性增大，难度加大，这要求我们构建新发展格局，来加强发展的安全性，推动现代化建设。党的二十大报告指出："中国式现代化是人口规模巨大的现代化。"②这一基于我国国情的鲜明特征表明了我国推进14亿多人口整体进入现代化的巨大难度，因为目前所有现代化的国家不超过30个，人口加起来不超过10亿，还没有我国一个国家人口多，所以我国实现现代化面临着比其他国家更加复杂和艰巨的任务。这导致推进中国式现代化面临严重挑战，也要求我国的发展要依靠自己，不断增强发展的自主性。

改革开放以来，我国打开国门，积极吸引外资和开展对外贸易，尤其在2001年加入世界贸易组织后，我国进一步融入国际世界内部，深入参与国际分工，融入国际大循环格局，形成了我国市场和资源两头在外的发展模式。一方面，这种模式给我国经济发展带来了机遇，促进了经济发展，增强我国的经济实力，推进我国现代化事业的发展。另一方面，这种模式易受到外部因素的影响，导致我国经济发展的不稳定。例如，2008年金融危机、2018年

---

① 习近平：《高举中国特色社会主义伟大旗帜 为全面建设社会主义现代化国家而团结奋斗——在中国共产党第二十次全国代表大会上的报告》，人民出版社，2022年，第21页。
② 习近平：《高举中国特色社会主义伟大旗帜 为全面建设社会主义现代化国家而团结奋斗——在中国共产党第二十次全国代表大会上的报告》，人民出版社，2022年，第22页。

初中美贸易摩擦、2020年初新冠疫情等对国内经济产生了很大的冲击。这使我们越来越清醒地认识到新一轮科技革命和产业变革深入发展,国际力量对比深刻调整,经济全球化遭遇逆流,民粹主义、排外主义抬头,单边主义、保护主义、霸权主义对世界和平与发展构成威胁,国际经济、科技、文化、安全、政治等格局都在发生深刻复杂变化的国际大环境下,我国的发展还是要立足内需的拉动,不断改变两头在外的发展模式,以此来不断增强我国经济抵御外部压力和挑战的能力。新发展阶段面临着更加严峻的国际形势[①],这加大了中国式现代化的不安全性,这要求构建国内大循环为主体、国内国际双循环相互促进的新发展格局,增强中国式现代化发展的安全性。

2.新发展阶段的优势为构建新发展格局奠定基础

一方面,新中国成立以来经过几十年的发展,为我国新发展阶段的发展积累了雄厚物质基础、提供了更强劲的精神动力支持和人力资源,形成了完整的产业体系、强大的科技实力、更完善的制度体系的保障,这是我国激发国内经济内需潜能的重要条件。中国拥有巨大的人口规模,这也为我国现代化发展提供了巨大的需求潜能和潜在的人才资源。人民群众通过接受教育,科学文化素质和道德文化水平不断提高,为我国社会主义现代化事业建设提供智力支持。这为新发展阶段上中国式现代化发展,增强自主性和安全性提供了条件。

另一方面,近年来,市场和资源两头在外的发展模式已经悄然发生了转变,2006年到2019年,我国对外贸易依存度由67%下降到32%,2007年至2020年,我国经常项目顺差同国内生产总值比率由10%降至不到1%。2008年国际金融危机爆发以来,我国国内需求对经济的贡献率有7个年份超过100%,国内消费成为经济增长的主要动力。[②]面对金融危机、经贸摩擦、新冠

---

① 新发展阶段面临的严峻国际形势已在"新发展阶段的阶段特征"部分论述了。

② 习近平:《论把握新发展阶段、贯彻新发展理念、构建新发展格局》,中央文献出版社,2021年,第445~446页。

疫情等重大冲击,我国把扩大内需作为保持经济平稳较快发展的基本立足点,推动经济发展向内需主导转变,党在2020年提出构建以国内大循环为主体、国内国际双循环相互促进的新发展格局。"加快构建新发展格局,是党的二十大提出的一项战略任务。"①世界上实现现代化的国家,它们的发展根基都是在于立足国内循环的基础之上。我国提出构建新发展格局,是建立在对经济发展的国内外环境和世界大国发展规律的客观分析的基础上,是对我国客观经济规律和发展趋势的自觉把握,有着深厚的理论和实践基础。

3.加快构建新发展格局,为中国式现代化提供战略保障

习近平总书记指出:"事实充分证明,加快构建新发展格局,是立足实现第二个百年奋斗目标、统筹发展和安全作出的战略决策,是把握未来发展主动权的战略部署。我们只有加快构建新发展格局,才能夯实我国经济发展的根基、增强发展的安全性稳定性,才能在各种可以预见和难以预见的狂风暴雨、惊涛骇浪中增强我国的生存力、竞争力、发展力、持续力,确保中华民族伟大复兴进程不被迟滞甚至中断,胜利实现全面建成社会主义现代化强国目标。"②面对新发展阶段上的机遇与挑战,中国式现代化只有以新发展格局为战略保障,才能夯实安全稳定的根基,确保现代化进程不被打断,顺利实现推进中华民族伟大复兴的目标。所以,应加快构建新发展格局,不断提高新发展格局的水平,为中国式现代化顺利发展提供安全保障。

立足国内大循环为主体的新发展格局,并不是完全封闭的国内单循环。实践已经证明,开放带来发展,封闭导致落后,而且从党的十一届三中全会实行改革开放决策以来,经过四十多年的对外发展,我国形成了全方位、多层次、宽领域的开放格局,经济已经深度融入世界经济体系中,与世界很多国家的产业关联和相互依存度都较高,成为世界产业链供应链的重要组成部分,国内外市场是相互依存、相互促进的。国内大循环并不是放弃已有的

---

① 习近平:《加快构建新发展格局 把握未来发展主动权》,《求是》,2023年第8期。
② 习近平:《加快构建新发展格局 把握未来发展主动权》,《求是》,2023年第8期。

国际市场与资源,而是改变外需拉动经济的单维度发展模式,向内发展靠激发内需潜力,发展国内市场,打通国内国际两个市场的壁垒,实现两个市场的联通、融通和畅通;坚定激发国内市场活力的信心,以畅通国内大循环为契机,在发挥自身资源禀赋的同时,在全球范围内吸引资源要素,更好利用两种资源,在高水平的对外开放中提高在全球配置资源能力,更好争取开放发展中的战略主动。习近平总书记指出:我国开放的大门不会关闭,只会越开越大,在依靠自身发展的同时,更主动、充分利用国际市场和资源,建设更高水平开放型经济体制,构建国内国际双循环的新发展格局。①构建国内大循环为主体的新发展格局,不是各省各市各县都搞自我小循环,而是要建立以全国统一大市场基础上的大循环为主体。党中央要加强顶层设计和全局战略安排,而各地区也要以自己的优势特色为根据,找好在国内大循环和国内国际双循环中的位置和比较优势,把构建新发展格局与本区域的各项开发大战略有机衔接起来,不能贪多求全,更不能以"内循环"名义各自为政、画地为牢,搞地区封锁和地区保护主义。各省市要从大局出发,关心建设全国统一的大市场、畅通国内大循环,积极作为、积极探索构建新发展格局的有效路径。

第一,培育完整内需体系,稳固供需平衡。内需指国内市场的需求,内需稳定,经济循环才能畅通无阻,可见内需的重要基础性作用。经济活动并非一成不变,而是始终在周而复始地循环往复、动态发展。因此,在正确认识经济活动规律的基础上,更要遵循经济规律,充分发挥人的主观能动作用,即加强深层次的经济体制改革并予以政策上的扶持与引导。立足满足国内需求,实施扩大内需战略的同时将其与深化供给侧结构性改革有机结合起来,充分发挥二者合力,在培育内部需求中形成与高质量供给机制更高水平的动态平衡。

---

① 习近平:《新发展阶段贯彻新发展理念必然要求构建新发展格局》,《求是》,2022年第17期。

第二，实现科技自立自强，助力获得新优势。坚持科技是第一生产力、人才是第一资源、创新是第一动力。作为第一生产力，科技的进步推动生产力的发展、社会历史的前进、人类文明的演变。因而，要确保国内大循环的畅通、使我国在国际大循环中获得新优势，那么实现科技的自立自强实为关键一环。一方面，科技创造离不开创造者自身的责任感与危机感。即敢于直面事实，脚踏实地，不断扩充自身实力以攻克关键核心技术，提高在核心技术领域的竞争力。另一方面，国家更要全方位引进人才、培养人才、善用人才，充分发挥人才的引领作用，不断完善科研环境与服务保障，让他们人尽其才、才尽其用、为国效力。

第三，推动产业链供应链优化升级，强化经济支撑。制造业是我国经济命脉所系，是立国之本、强国之基，推动产业链供应链优化升级，也就是推动制造业的优化升级，使其形成新优势，提高竞争力。因此，稳固国内大循环的主体地位、增强在国际大循环中带动能力迫切需要产业链供应链的优化升级。通过本次抗击新冠疫情的成功可以看出，实体经济是国家发展的基础，制造业是国家经济发展与稳定的关键，我国制造业体系对经济的发展与安全起着强大的支撑作用，强大的工业、完备的制造业体系、发展有序的实体经济，对国家特别是大国发展和安全的重要意义。与此同时，产业链的抗风险能力与韧性也需要着重加强。一条完备的产业链如果抗风险能力不足，那在国际大市场的竞争中将毫无优势可言。要构建产业链的自主可控，做到安全高效。补齐产业链条中的短板与不足，做好风险应对与防范的措施，抓住关键环节、解决主要矛盾。

第四，发展农业农村现代化，促进城乡协调发展。城乡经济的良性循环是确保国内国际两个循环比例关系健康的关键。我国目前面临着现代化国家的建设进程中，发展不平衡不充分的问题，推进农业农村现代化是解决这一问题的必然。要全面实施乡村振兴战略，保障粮食等重要农产品的供给安全，处理好解决好"三农"问题。解决好农村的一系列问题，就必须推进和落实乡村全面振兴。乡村全面振兴不是凭空想象出来的,是要总结以往建设农村的经验,特别是要把全面建成小康社会的经验总结起来,要把脱贫攻坚的成果利用起来,要把农村经济发展与产业振兴联通起来,接续推动脱贫摘帽地区乡村全面振兴,促进经济社会发展和群众生活改善。增强粮食安全的意识,粮食安全的这根弦要紧绷要确保谷物基本自给、口粮绝对安全;提高农业种业的科技支撑力度,把饭碗紧紧抓在自己手中,才能实现中国碗装中国饭的粮食使命担当。要坚持推动农业供给侧结构性改革,提高农业和工业以及与其他行业的适配度;农村振兴关键在产业振兴,要把建设农村产业与优化农业生产结构深入结合起来,要把乡村产业布局与优化农业生产区域布局联系起来,在保护农村生态环境与加强农业地理标志结合起来,帮助农民树立品牌意识,建立起农村农业的品牌优势。

第五,提高人民生活品质,巩固强国之基。人民是一国之根本,水能载舟亦能覆舟。中国是人民当家作主的社会主义国家,人民群众的利益高于一切。因此要想老百姓真心实意地拥护中国共产党,党就要真心实意去保障人民群众的利益,一切都以人民利益为重,着力提高人民的生活品质、提升人民的幸福指数,满足人民高质量多层次的需要。人民需求的满足是构建新发展格局,促进双循环相互促进的关键联结点。稳定民生,不断提升百姓幸福感,使百姓切实体会到发展的成果,是社会主义生产的根本目的。其中,完善分配制度起了关键作用。优化分配结构,发展壮大中等收入群体,有利于增强高质量发展的内生动力。要始终坚持以按劳分配为主体、多种分配方式并存的分配制度,健全三次分配制度在缩小收入差距和维护公平正义的作用,提高劳动报酬在初次分配中的比重,健全工资合理增长机制,调整收入差距要聚焦到提高中低收入者的比例上,探索通过土地、资本等要素使用权、收益权增加中低收入群体要素收入,切实保障劳动者待遇和权益,不断壮大中等收入群体。

第六,牢牢守住安全发展这条底线,塑造稳定的安全环境。安全与发展二者自古以来就紧密相连。发展是安全的保障,安全是发展的前提。立足当下面临着世界百年未有之大变局的现实,牢牢守住安全发展这一底线尤为突出重要。本着谋发展、促和平的共同愿望,守住底线,才能防范风险,维护经济安全稳定。国家要发展,安全为先。要坚持总体国家安全观,在保障经济高质量发展的同时,注重保障国家安全,坚守安全底线,坚持国家利益至上,守卫人民安全,保障政治安全,加强国家安全体系和能力建设。此外,在构建高水平对外开放的格局下,开放与安全之间的关系也需正确认识与把握,要将维护国家安全贯穿对外开放的始终,牢牢握住国家主权。

二、中国式现代化创造了人类文明新形态

中国式现代化创造了人类文明新形态,这体现在中国式现代化为人类文明新形态奠定坚实基础。首先,以实现人的自由全面发展为目标的中国式现代化为人类文明新形态筑牢物质和精神根基;其次,经济、政治、文化、社会、生态文明协调发展为人类文明新形态搭建了框架。最后,遵循人与自然和谐共生的中国式现代化为人类文明新形态持续发展提供保障。同时,人类文明新形态产生于中国式现代化的实践中,使得中国式现代化内在规定着人类文明新形态具有以人民为中心的特质、以共同富裕为目标的特质和全面协调发展的特质,带有中国式现代化特色的印记。

(一)现代化是人类现代文明的基础

文明是人类社会的进步状态,恩格斯曾指出:"文明是实践的事情,是社会的素质。"①所以,人类的实践活动是文明发展的前提和基础。人类通过实

---

① 《马克思恩格斯文集》(第一卷),人民出版社,2009年,第97页。

践活动,不断认识和掌握客观事物的内部规律,进而对客观世界进行合乎规律和目的的改造,在此过程中,不断创造人类文明,推动文明进步。随着人类实践活动水平的不断提高,文明实现了由低级到高级,由简单到复杂,由古代到现代的演进,呈现出不同的文明形态。由于全世界各地区各民族的实践活动水平不同,同一时空下,世界各地呈现出不同的文明形态。目前,现代化代表人类实践活动的最高水平,现代化创造的现代文明是人类文明的最高形态[1],现代化有资本主义现代化和社会主义现代化,社会主义现代化代表了现代化发展的未来。纵观现代化发展历程,西方资本主义国家率先开启和实现了现代化,创造了资本主义现代文明;十月革命后苏俄奋起直追,开启了现代化进程,打破了资本主义现代化一统天下的局面,创造了社会主义现代文明;中华人民共和国成立后,在中国共产党的领导下,开启了社会主义现代化进程,吸取资本主义现代化和苏联现代化的优点,后来居上,走出了既具有各国现代化的共同特征,又具有中国特色的现代化道路,创造了既具有人类现代文明共性,又具有自身特质的人类文明新形态。

人类的现代化开始于工业革命时期,是资产阶级在资本的驱使下,不断追求高额利润而引发社会各方面的变革。正如罗荣渠对现代化的定义所指出:"现代化主要指自工业革命以来现代生产力导致社会生产方式的大变革,引起世界经济加速发展和社会适应性变化的大趋势,具体地说,就是以现代工业、科学、技术革命为推动力,实现传统的农业社会向现代工业社会的大转变,使工业主义渗透到经济、政治、文化、思想各个领域并引起社会组织与社会行为深刻变革的过程。"[2]相较于封建社会,资产阶级实现现代化过程中,在经济、政治、思想等领域取得了较大的成就,开创了资本主义现代文明。在经济和科技上,资产阶级在实现现代化过程中推动了科学技术的发展,促进了生产力水平的提高。马克思、恩格斯在《共产党宣言》中指出:"资

①　颜晓峰:《创造人类文明新形态》,社会科学文献出版社,2022年,第113页。
②　罗荣渠:《现代化新论——世界与中国的现代化进程》,商务印书馆,2004年,序言第5页。

产阶级在它的不到一百年的阶级统治中所创造的生产力,比过去一切世代创造的全部生产力还要多,还要大。"①资产阶级为追求高额垄断利润,靠着先进武器奔走于全球各地,开拓了世界市场,使世界连成一个整体。这一过程伴随着科技的不断发展,科技革命的展开,资本主义国家和世界整体的科技水平不断提高。在政治上,资产阶级建立起了比封建专制政体先进的现代民主法治政体,一定程度上赋予了民众更多的政治权利。"现代资产阶级本身是一个长期发展过程的产物,是生产方式和交换方式的一系列变革的产物。资产阶级的这种发展的每一个阶段,都伴随着相应的政治上的进展。……资产阶级在历史上曾经起过非常革命的作用。资产阶级在它已经取得了统治的地方把一切封建的、宗法的和田园诗般的关系都破坏了。它无情地斩断了把人们束缚于天然尊长的形形色色的封建羁绊,它使人和人之间除了赤裸裸的利害关系,除了冷酷无情的'现金交易',就再也没有任何别的联系了。"②资产阶级只有雇佣越来越多的工人,建立更大的厂房,获取更多的生产资料,才能生产越来越多的商品,销往国内外,以换取更丰厚的利润,促使资本的周转和增殖循环不息。"由此必然产生的结果就是政治的集中。各自独立的、几乎只有同盟关系的、各有不同利益、不同法律、不同政府、不同关税的各个地区,现在已经结合为一个拥有统一的政府、统一的法律、统一的民族阶级利益和统一的关税的统一的民族。"③各统一的资本主义国家的政治体制并不完全相同,但都具有以下四个方面的共性。"1.国家统治阶级权力通过人民的选票和承认获得合法性,而不是来自神权。2.十八岁以上全体成年公民都具有选举权和被选举权。3.'地理范围逐渐扩大,尤其由于社会的中央权力的增强以及社会的法律、行政和政治结构职能的加强。'

① 《马克思恩格斯文集》(第二卷),人民出版社,2009年,第36页。
② 《马克思恩格斯文集》(第二卷),人民出版社,2009年,第33~34页。
③ 《马克思恩格斯文集》(第二卷),人民出版社,2009年,第36页。

4.保障公民的各项权益。"①现代化政治体制的确立使得资产阶级的统治获得了合法性,使得资产阶级通过给予和保障被统治阶级各项权利而获得被统治阶级对政权的支持,也使资产阶级能利用政权和法律把资产阶级与无产阶级的斗争限制在可控的范围内。在思想上,在资本主义现代化进程中,由于资本主义生产和交换"要求自由的交易环境、等价的交换的原则"②,加上资产阶级对"用一种没有良心的贸易自由代替了无数特许的和自力挣得的自由"③,自由平等观念也随之在人们头脑中扎根,并伴随着资产阶级开拓世界市场的进程而传播到世界各地。

　　资本主义现代化发展为资本主义现代文明奠定了基础,但由于资本主义现代化过程中受资本逻辑支配,这使资本主义现代文明具有基因上的缺陷。这主要表现为:其一,资本私人占有与社会化大生产之间的矛盾使得资本主义经济危机周期性爆发,影响经济的健康发展。其二,资产阶级在资本的驱使下,为了追求高额利润而竭力压榨工人的剩余价值,使得工人阶级与资产阶级的矛盾一直存在,影响社会稳定。其三,资本逻辑运转导致"优胜劣汰"观念盛行。在资本主义社会,弱者与强者获得的发展资源与条件截然不同,弱者越弱,强者越强,弱者面临被社会淘汰的危险。其四,在资本主义原始积累阶段,受资本的驱使,资产阶级在全世界范围内通过暴力掠夺资源、殖民统治、贩卖人口、不平等贸易等方式积累了巨额财富,促进了本国的发展。发达资本主义国家的先发优势使现存的国际经济政治制度和国际机制都贯彻了它们的国家意志,后发国家一般无力改变或挑战现存的规则,只能学习、适应和遵循这些规则。发达资本主义国家通过这些制度和机制以较低成本实现了对世界的领导和控制,造成国际关系实质上的不平等。其

　　① ［美］塞缪尔·亨廷顿等:《现代化:理论与历史经验的再探讨》,张景明译,上海译文出版社,1993年,第30页。
　　② 颜晓峰等:《创造人类文明新形态》,社会科学文献出版社,2022年,第11页。
　　③ 《马克思恩格斯文集》(第二卷),人民出版社,2009年,第34页。

五,资本逻辑决定资产阶级为追逐利润而疯狂向自然索取,导致了生态破坏、环境污染严重,这在资本主义发展早期尤为明显。在大自然的报复下,发达资本主义国家意识到环境保护的重要性,特别重视保护国内环境,但是会以邻为壑,把污染严重的企业迁移到落后国家和地区,造成当地环境污染。

苏联走了一条有别于资本主义现代化的道路,创造了不同于资本主义现代文明的社会主义现代文明。苏联是世界上第一个社会主义国家,开启了社会主义制度与资本主义制度两制并存的时代。苏联从成立到解体,一直受到资本主义国家的打压、遏制与封锁。为了抵住国际压力,必须尽快壮大自己,苏联开启了现代化之路。在资本主义国家打压遏制下和本国生产力相对落后的状况下,苏联探索出一条不同于资本主义现代化的社会主义现代化道路。苏联通过社会主义的生产方式,利用国家强大的调控能力,调动国家范围的人力、物力、财力投入现代化的建设中。在此过程中,苏联取得了显著成果。"到1940年,苏联已经建立起完备的工业体系,各类工业产品数量都成倍增长。与1913年相比,1940年,苏联生产的石油增长了25倍,钢铁增长了7.7倍,整个生产资料生产增长了13.4倍,消费资料生产增长了4.6倍。1940年苏联的工业总产值从1927年相当于美国的5.6%上升到30.3%。"①此时,苏联从落后的农业国发展成为欧洲第一大世界第二大的工业国。二战后,苏联通过调整与改革继续推动现代化发展,并取得了较好的成绩,"到1976年,苏联的工业总产值达到了美国的80%,在军事工业一些领域,苏联甚至取得了对美国的优势,苏联还在数控机床等20多种产品的产量方面超过了美国……到1970年代末,苏联农业生产的机械化与化学化已经基本完成,农村生活的电气化目标基本实现,大多数村庄已经用上了天然气"②。

---

① 王云龙、刘长江:《世界现代化进程:俄罗斯东欧卷》,江苏人民出版社,2014年,第228页。
② 王云龙、刘长江:《世界现代化进程:俄罗斯东欧卷》,江苏人民出版社,2014年,第251页。

苏联的现代化依靠公有制和计划经济体制为主的社会主义生产方式进行，克服了资本主义现代化过程中的周期性经济危机和资产阶级与无产阶级的阶级斗争等弊端，创造了与资本主义现代文明不同的社会主义现代文明。但由于苏联与美国长期争夺世界霸权，加上苏联模式弊端暴露而未得到及时有效调整、戈尔巴乔夫改革不当等因素，苏联于1991年宣告解体，苏联现代化进程中断。苏联现代化过程中创造的社会主义现代文明也成为历史。

（二）中国式现代化为人类文明新形态奠定坚实基础

苏联解体了，社会主义并没有因此退场，中国的社会主义现代化实践依然在继续。中国式现代化不同于资本主义现代化，也不同于苏联的现代化，是既有现代化的共性，也有中国特色的现代化。现代化是人类现代文明的基础，中国式现代化为现代文明的人类文明新形态奠定了基础。首先，以实现人的自由全面发展为目标的中国式现代化为人类文明新形态筑牢物质和精神根基。其次，经济、政治、文化、社会、生态文明协调发展为人类文明新形态搭建了框架。最后，遵循人与自然和谐共生的中国式现代化为人类文明新形态持续发展提供保障。

1.以实现人的自由全面发展为目标的中国式现代化为人类文明新形态筑牢物质和精神根基

马克思、恩格斯在《共产党宣言》中指出："代替那存在着阶级和阶级对立的资产阶级旧社会的，将是这样一个联合体，在那里，每个人的自由发展是一切人的自由发展的条件。"①从此，实现人的自由全面发展成为科学社会主义的基本原则，成为社会主义社会、共产主义社会的最高的价值目标。中国式现代化是中国共产党领导的社会主义现代化，必然遵循科学社会主义

---

① 《马克思恩格斯文集》(第二卷)，人民出版社，2009年，第53页。

的基本原则,以实现人的自由全面发展为最终目标。人的自由全面发展是建立在物质财富和精神财富极大丰富的基础之上的,物质的富足是人自由全面发展的基础,精神生活的富有为人的全面发展提供智力支持与精神支撑。我国在推进现代化过程中,以实现人的自由全面发展为目标,不断提高生产力水平,加快经济发展,厚植物质基础,同时大力发展先进文化,加强理想信念教育,丰富精神生活。物质文明与精神文明协调发力、齐头并进,共同为中华民族现代文明筑牢根基。

随着中国式现代化推进,我国经济水平不断提高,经济成果显著,2013年至2022年,我国GDP从59.3万亿元增长到121万亿元,年均增长6%以上,按年平均汇率折算,经济总量达18万亿美元,稳居世界第二位,人均GDP从43497元增长到85698元,居民人均可支配收入增速快于经济增长。10年间,中国现行标准下9899万农村贫困人口全部脱贫,832个贫困县全部摘帽,12.8万个贫困村全部出列。新时代以来,随着脱贫攻坚各项政策落地和乡村振兴战略向纵深推进,我国城乡差距逐步缩小,农村居民人均可支配收入增速持续快于城镇居民,城乡居民人均可支配收入比由2.88∶1降至2.45∶1,人民生活进入相对殷实富足阶段。科技对经济的贡献越来越大,创新驱动显成效,新经济蓬勃发展,成为经济发展的重要引擎。2022年,新产业、新业态、新商业模式等"三新"经济增加值为210084亿元,相当于GDP的比重为17.36%,比2015年提高2.6%。① 此外,我国的基础研究和原始创新不断加强,一些关键核心技术实现突破,战略性新兴产业发展壮大,载人航天、探月探火、深海深地探测、超级计算机、卫星导航、量子信息、核电技术、新能源技术、大飞机制造、生物医药等取得重大成果,进入创新型国家行列。中国式现代化取得的巨大成就,是高质量发展的物质文明形成的基础,为人的自由全面发展提供了物质保障。

---

① 以上数据参考新华网文章《十组数据见证新时代伟大成就》(2023年12月12日),http://www.news.cn/2023–12/12/c_1130020812.htm。

在中国式现代化推进的过程中,我国精神文化领域也取得了丰硕成果。党确立和坚持了马克思主义在意识形态领域的指导地位的根本制度,牢牢掌握意识形态工作领导权,建设具有强大凝聚力和引领力的社会主义意识形态。党的十八大以来,党和国家积极弘扬、培育和践行社会主义核心价值观在全社会得以广泛传播。不断推动中华优秀传统文化创造性转化和创新性发展走向深入,"博物馆热""汉服热"等现象说明中华优秀传统文化在当代得到越来越多年轻人的喜爱,并得以传播和传承。党的十八大以来,我国不断推动文化事业和文化产业繁荣发展,加快建设覆盖城乡、便捷高效、保基本、促公平的公共文化服务体系,城乡公共文化服务差距在逐渐缩小,全国文化产业保持平稳增长态势,文化新业态行业发展韧性持续增强。中国式现代化进程中取得的精神文化领域的成就,丰富了人们的精神世界,也造就了文化自信自立的精神文明。

2.经济、政治、文化、社会、生态文明协调发展为人类文明新形态搭建了框架

资本主义现代化遵循资本逻辑,导致物质主义膨胀,物质的富足没有带来精神的富有,利益至上导致物质享乐主义和个人利己主义盛行。以资本为中心的资本主义现代化从底层逻辑看和制度上既没有意愿也没有能力促进物质文明和精神文明协调发展。苏联社会主义现代化开启和推进的过程中都面临着严峻的外部压力,导致苏联非常重视实力,尤其是军事实力的增强。所以,国家的重要任务是发展工业,尤其是重工业,而相对轻视轻工业和农业,这致使三者发展进度非常不一致、不协调,同时,苏联对于文化、社会和生态也缺乏重视。资本主义现代化和苏联现代化发展进程中都存在着某一领域表现突出,其他领域有明显短板的现象,独木难支,这必然影响现代化整体进程的推进和现代文明的发展。

中国共产党领导的中国式现代化以资本主义现代化和苏联社会主义现代化为鉴,竭力避免现代化过程中发展不协调的通病,在实践中逐步形成经济、政治、文化、社会、生态文明协调发展的总体布局,并在各领域取得了重大成就,为人类文明新形态搭建起了框架。习近平总书记指出:"我们党要领导一个十几亿人口的东方大国实现社会主义现代化,必须坚持实事求是、稳中求进、协同推进,加强前瞻性思考、全局性谋划、战略性布局、整体性推进,实现发展质量、结构、规模、速度、效益、安全相统一。"[①]在人类文明新形态的框架中,协调统筹,解决发展不平衡、不充分的问题,补齐短板,在此基础上,坚持"五位一体"的总体布局,形成物质文明和精神文明协调发展的机制,推动现代文明的不断丰富。

3.遵循人与自然和谐共生的中国式现代化为人类文明新形态持续发展提供保障

人类来源于自然,依赖于自然,自然是人类赖以生存发展的物质前提,自然地理条件是人类赖以生存发展的基本条件。人类在改造自然世界的过程中,创造人类文明,人类文明与自然有重大关联。习近平总书记指出:"生态兴则文明兴,生态衰则文明衰。"[②]生态环境的变化直接影响了文明的兴衰更迭。在资本逻辑的主导下,资产阶级为了不断获取利益,肆意向自然索取,导致生态环境问题丛生。苏联现代化同样也没有走出粗放式的发展道路,粗放式的经济增长方式导致资源利用率低、消耗率高,对环境施加了沉重的压力。苏联现代化进程中,生态环境问题一直没有被重视,"生态文明在苏联式现代化理论和实践中处于边缘化的地位"[③]。这影响苏联现代化和现代文明的发展,"从践行结果看,生态问题成为苏联式现代化退场的重要因素"[④]。历史和实践表明,人类文明的发展离不开良好生态环境这个根本

---

① 习近平:《论把握新发展阶段、贯彻新发展理念、构建新发展格局》,中央文献出版社,2021年,第488~489页。
② 《习近平谈治国理政》(第三卷),外文出版社,2020年,第374页。
③ 刘明明:《中国式现代化与苏联式现代化:比较·超越·镜鉴》,《浙江工商大学学报》,2024年第5期。
④ 刘明明:《中国式现代化与苏联式现代化:比较·超越·镜鉴》,《浙江工商大学学报》,2024年第5期。

基础。

习近平总书记在党的二十大报告中指出："中国式现代化是人与自然和谐共生的现代化。"①人与自然和谐共生是中国式现代化的鲜明特征,也是中国式现代化的本质要求。尊重自然、顺应自然、保护自然是全面建设社会主义现代化国家的内在要求。美丽中国是21世纪中叶建成社会主义现代化强国的目标之一。中国共产党领导的中国式现代化贯彻落实人与自然和谐共生的理念,加快形成绿色生产方式和生活方式、坚持山水林田湖草沙一体化保护和系统治理、完善环境保护的制度体系,不断改善生态环境,为人类文明新形态的持久发展提供保障。

(三)中国式现代化规定了人类文明新形态的鲜明特质

习近平总书记指出："中国式现代化是人口规模巨大、全体人民共同富裕、物质文明和精神文明相协调、人与自然和谐共生、走和平发展道路的现代化。"②这些论述表明了中国式现代化基于中国国情的特色。人类文明新形态产生于中国式现代化的实践中,带有中国式现代化特色的印记,具有以人民为中心的特质、以共同富裕为目标的特质、全面协调发展的特质。

1.人类文明新形态具有以人民为中心的特质

历史唯物主义群众史观认为,人民是历史的创造者,在创造历史中起决定性作用。马克思、恩格斯指出："整个所谓世界历史不外是人通过人的劳动而诞生的过程。"③人民群众在改造自然世界的过程中,创造了包括人们吃穿住行等必需的生活资料和人们进行生产、再生产活动所需的生产资料在内的一切物质财富。人民群众通过物质生产实践为创造精神财富提供了必

---

①　习近平:《高举中国特色社会主义伟大旗帜 为全面建设社会主义现代化国家而团结奋斗——在中国共产党第二十次全国代表大会上的报告》,人民出版社,2022年,第23页。

②　习近平:《携手同行现代化之路——在中国共产党与世界政党高层对话会上的主旨讲话》,人民出版社,2023年,第5页。

③　《马克思恩格斯文集》(第一卷),人民出版社,2009年,第196页。

要的物质条件和设施,也直接参与了社会精神财富的创造,是社会精神财富的创造者。人民群众在创造社会财富的同时,也创造并改造着社会关系,是社会变革的决定性力量。习近平总书记指出:"波澜壮阔的中华民族发展史是中国人民书写的! 博大精深的中华文明是中国人民创造的! 历久弥新的中华民族精神是中国人民培育的! 中华民族迎来了从站起来、富起来到强起来的伟大飞跃是中国人民奋斗出来的!"①中国共产党来源于人民,依靠人民,党的一切奋斗都是为了人民,一切成就的取得也离不开人民。中国共产党开启的现代化是围绕着人民群众展开的,以实现人的自由全面发展为最终目标的,需要人民群众共同参与才能不断向前发展。

习近平总书记在中国共产党与世界政党高层对话会上的主旨讲话中指出:"现代化道路最终能否走得通、行得稳,关键要看是否坚持以人民为中心。"②中国共产党在团结带领中国人民探索现代化道路的一百多年历史中,始终坚持贯彻落实以人民为中心思想。中国共产党成立后,在残酷的革命斗争中,把马克思列宁主义关于人民群众是历史创造者的原理,系统地运用到党的全部活动中形成了党的根本工作路线,即群众路线。自此,一切为了群众,一切依靠群众,从群众中来,到群众中去的群众路线成为党在任何阶段都坚持的根本工作路线。在正确工作路线的指导下,党团结带领中国人民实现了民族独立、人民解放。在此基础上,党带领人民群众基本完成社会主义改造,在我国确立了社会主义制度。从此,经济上,生产资料公有制占据绝对主导地位,生产资料归全体人民所有,由人民分配,人民共同享有物质生产成果。政治上,我国确立了人民民主专政的国家政权和人民代表大会的政权形式,人民成为国家的主人,享有广泛的政治权利和自由。社会主

---

① 习近平:《在第十三届全国人民代表大会第一次会议上的讲话》,《人民日报》,2018年3月21日。

② 习近平:《携手同行现代化之路——在中国共产党与世界政党高层对话会上的主旨讲话》,人民出版社,2023年,第2页。

义制度的确立为坚持以人民为中心奠定了根本制度基础。改革开放和社会主义现代化建设的新时期,中国共产党心系人民,始终以人民满不满意作为评判工作得失的标准。制定各项方针政策的出发点和归宿都是实现好、维护好和发展好最广大人民的根本利益。邓小平指出:"要根据现在的有利条件加速发展生产力,使人民的物质生活好一些,使人民的文化生活、精神面貌好一些。"[①]进入新时代以来,中国共产党提出以人民为中心的发展思想,聚焦人民最关切的现实问题,在教育、医疗、卫生、养老等方面持续发力,使得人民生活全方位改善,让人民共享现代化的发展成果。

人类文明新形态产生于中国式现代化的实践中,中国式现代化为人类文明新形态奠定了基础,所以人类文明新形态体现出以人民为中心的鲜明特质。人类文明新形态坚持以人民为中心,克服了资本主义现代文明资本至上的弊端。资本主义现代文明资本至上,一方面,资本为了获利在全世界游走,加强了世界联系,促进了生产力的发展;另一方面,资本把人视为资本增殖的工具,这"必然会严重损害绝大多数社会成员的'人'的基本尊严和切身利益"[②]。

2.人类文明新形态具有以追求共同富裕为目标的特质

现代化是从传统的农业社会向现代工业社会的大转变,是从不发达状态向发达状态转变,物质的富裕是现代化题中应有之义,也是现代文明共有的特征,但共同富裕却是中国式现代化的特色,是中华民族现代文明的特质。

资产阶级在资本主义现代化进程中创造的生产力比以前都要多都要大,资本主义现代文明拥有丰裕的物质文明,但在资本主义条件下,只有少数人才能享有丰富的物质资源。在第二次世界大战结束后,主要的资本主义国家开始实行福利政策和制度,但国内的两极分化趋势却越来越明显。

---

①　《邓小平文选》(第二卷),人民出版社,1994年,第128页。
②　吴忠民:《论中国共产党的现代化观》,《中国社会科学》,2022年第7期。

例如,美国1995年到2022年,税前国民收入前1%的人口收入份额从14.5%上升到20.9%;后50%的人口的收入份额则逐年降低,从15.1%下降到9.8%。2021年,美国国内最富裕的10%的人口所控制的财富比例为75.9%,瑞典为75.6%,德国为64.8%。①这是由于资本主义私有制存在导致的,"历史的进步整个说来只是成了极少数特权者的事,广大群众则注定要终生从事劳动,为自己生产微薄的必要生活资料,同时还要为特权者生产日益丰富的生活资料"②。苏联开启的社会主义现代化建立在社会主义公有制基础上,取得了较大成就,但其发展过程中存在一些问题,也产生了贫富差距。苏联实行低工资政策,普通职工中平均主义严重,但党政干部的工资提升很快,与普通职工间的收入差距越来越大,"20世纪20年代中期扩大到8倍,到20世纪30年代中期猛增至约30倍,到20世纪50年初期更高达50倍,形成干群之间的新的贫富差距"③。资本主义现代文明和苏联社会主义现代文明都没有解决贫富差距过大的问题,也都未实现全体人民的共同富裕。

　　实现全体人民的共同富裕是中国式现代化的特色,也是中国式现代化的本质要求。党的十八大以来,中国共产党在推进社会主义现代化进程中,一方面,继续以经济建设为中心,大力发展生产力,加快文化强国建设,为实现共同富裕创造更多的物质精神财富;另一方面,党把逐步实现全体人民共同富裕摆在更加重要的位置上,推动区域和城乡的协调发展,采取措施增进民生福祉,为促进共同富裕创造了良好条件。中国式现代化创造的现代文明,摒弃了资本主义现代文明和苏联社会主义现代文明的不足,呈现了以共同富裕为目标的特质。进入新时代以来,中国粮食产量已连续9年稳定在

　　①　以上数据参考陈海若:《共同富裕:世界现代化进程中的普遍难题与中国式现代化的创造性回答》,《经济学家》,2024年第5期。
　　②　《马克思恩格斯文集》(第三卷),人民出版社,2009年,第459页。
　　③　高放、李景治、蒲国良主编:《科学社会主义的理论与实践》,中国人民大学出版社,2019年,第91页。

1.3万亿斤以上，粮食生产实现"二十连丰"①，主要源于我国加大对高标准农田建设、提高农业生产技术和优良育种等方面提高农作物亩产量。习近平总书记强调："新时代新征程，要持续发力，久久为功，进一步完善政策法规，提高治理能力，实施好新一轮农村公路提升行动，持续推动'四好农村路'高质量发展，助力宜居宜业和美乡村建设，为促进农民农村共同富裕、推进乡村全面振兴、加快农业农村现代化步伐、推进中国式现代化提供坚强服务保障。"②2014年至2023年，全国新改建农村公路超250万千米，累计解决了821个乡镇、7.06万个建制村通硬化路难题，实现了具备条件的乡镇和建制村全部通硬化路，村村相通、城市与农村畅通的外通内联的农村路网已经形成。中国从粮食总产量到公路总里程始终处于世界前列，表明人类文明新形态始终坚持以人民为中心，坚持共同富裕的目标追求。

3. 人类文明新形态具有全面协调发展的特质

中国式现代化是物质文明与精神文明相协调、是人与自然和谐共生、是走和平发展的现代化，这决定了以中国式现代化实践为基础的人类文明新形态呈现出全面协调发展的特质。这一特质具体体现在以下三个方面：物质文明与精神文明的协调发展、人与自然的和谐共生、国与国的合作共赢。

物质文明与精神文明协调发展，这体现了人类文明新形态的协调发展特质，这一特质来源于中国推进现代化的实践。中华人民共和国成立之初，由于认识的局限和经验的匮乏，虽然我们此时已经提出要建立现代农业、现代工业、现代科技和现代国防的"四化"，但是考虑到中国一穷二白的实际情况，中国共产党认为工业化就是现代化，认为工业化水平的高低是衡量一个国家发展水平的高低，所以才导致我们偏向重工业化。但随着发展的深入和认识的提高，中国共产党对于现代化的认识越来越全面，中国现代化的实

---

① 《国家主席习近平发表二〇二四年新年贺词》，《人民日报》，2024年1月1日。
② 习近平：《持续发力久久为功 推动"四好农村路"高质量发展》，《人民日报》，2024年5月30日。

践也越来越全面,从偏重工业化到实现"四个现代化",从不全面的现代化到全面的现代化,从以经济建设为中心到经济、政治、文化、社会、生态文明建设"五位一体"协调推进,从低水平的现代化到社会主义现代化强国建设,中国式现代化在全面协调发展方面取得巨大成就。在中国现代化发展过程中,尤其是改革开放以来,党始终坚持以经济建设为中心,创造越来越多的物质财富,为实现每个人自由而全面的发展提供物质保障。在大力发展经济的同时,党也深刻认识到精神富裕对于中国特色社会主义的意义,邓小平多次强调精神文明的重要性,"经济建设这一手我们搞得相当有成绩,形势喜人,这是我们国家的成功。但风气如果坏下去,经济搞成功又有什么意义?会在另一方面变质,反过来影响整个经济变质,发展下去会形成贪污、盗窃、贿赂横行的世界"①。所以改革开放过程中,党十分重视精神文明建设,坚定不移地加强精神文明建设。党始终代表中国先进文化的前进方向,发展社会主义先进文化,加强社会主义思想道德建设,满足人民群众日益增长的精神文化需求,丰富人民的精神世界,增强人民的精神力量。党认识到经济建设是中心和基础,文化建设是灵魂和血脉,大力推进社会主义文化强国建设,没有社会主义文化繁荣发展,就没有社会主义现代化。进入新时代以来,"我们确立和坚持马克思主义在意识形态领域指导地位,新时代党的创新理论深入人心,社会主义核心价值观广泛传播,中华优秀传统文化得到创造性转化、创新性发展,文化事业日益繁荣……全党全国各族人民文化自信明显增强、精神面貌更加奋发昂扬"②。中国式现代化不断为中国人民创造物质富足、精神富有的条件,从而努力追求实现每个人自由而全面的发展,生成于中国式现代化实践中的人类文明新形态从而具备了物质文明与精神文明协调发展的特质。

---

① 《邓小平文选》(第三卷),人民出版社,1993年,第154页。
② 习近平:《高举中国特色社会主义伟大旗帜 为全面建设社会主义现代化国家而团结奋斗——在中国共产党第二十次全国代表大会上的报告》,人民出版社,2022年,第10页。

　　人类文明新形态追求人与自然和谐共生。人类文明新形态不同于资本主义现代文明的人与自然不和谐的发展。资本主义现代文明在实现现代化的过程,科技水平不断提升,逐步突破自然环境的限制,这使资产阶级在依靠自然环境为自己谋取了巨大利益后,逐渐形成了人定胜天的错误观念。资产阶级没有意识到人类离不开自然,在生产过程中极大地破坏了自然环境,会招致自然的报复。马克思、恩格斯十分关注资产阶级在逐利本性的驱使下,肆意破坏自然环境的情况。恩格斯在《自然辩证法》中大量列举了毁坏自然的例子,例如"西班牙的种植场主曾在古巴焚烧山坡上的森林,以为木灰作为肥料足够最能赢利的咖啡树利用一个世代之久,至于后来热带的倾盆大雨竟冲毁毫无保护的沃土而只留下赤裸裸的岩石,这同他们又有什么相干呢?"①"在欧洲推广马铃薯的人,并不知道他们在推广这种含粉块茎的同时也使瘰疬症传播开来了。"恩格斯警告说:"不要过分陶醉于我们人类对自然界的胜利。对于每一次这样的胜利,自然界都对我们进行报复。"②作为马克思主义政党,中国共产党在追求现代化的过程中,也越来越意识到自然环境对于发展的重要性和保护环境的紧迫性,致力于实现人与自然和谐共生的现代化。中国现代化的起步阶段,因为我国的生产力水平比较低,对于环境还产生不了污染,但是生态脆弱问题早已有之。新中国成立初期,中国共产党开展了淮河、长江、黄河和海河流域治理工程。1955年,毛泽东发出了"绿化祖国"的号召。周恩来大力倡导植树造林工作,指出林业的主要任务还是造林,要在西北黄土高原等生态脆弱地区植树造林,提高森林覆盖率,保持水土,使农林相互支援。虽然社会主义建设时期,我国工业整体上发展还是落后于世界先进水平,但是周恩来已经关注到了环境污染的问题,意识到治理环境污染问题的重要性,甚至比当时发达的资本主义国家更早提出要综合治理废气、废水,变废为宝的举措。"美、苏的核讹诈是吓人的。

---

　　①　《马克思恩格斯文集》(第九卷),人民出版社,2009年,第562~563页。
　　②　《马克思恩格斯文集》(第九卷),人民出版社,2009年,第559~560页。

原子弹核武器试验污染不了多少。平时情况下的污水、污气要严重得多……把废气、废水都回收利用,资本主义国家不搞,我们社会主义国家要搞,如果污气、污水都解决了,人民的身体健康了,就什么财富都可以创造。这是多么伟大的财富啊!"①在党和国家领导人的重视下,20世纪70年代,我国组织召开了环境保护的全国性会议,通过了《关于保护和改善环境的若干规定(试行草案)》——我国第一个综合性的环境保护法案,还制定了关于工业废水、废气、废渣的排放试行标准,成立了专门的环保管理机构负责推进我国的环保工作。中国的环保事业逐渐实现规范化、法制化和常态化,这为改革开放后的环境保护事业的开展打下了良好的基础。

改革开放后,我国坚持以经济建设为中心,提出发展才是硬道理,一切工作围绕着发展展开。由此,我国生产力水平迅速提高,工业发展进入快车道,经济高速增长,伴随而来的是环境问题凸显,这引起了党和政府的高度重视。邓小平就多次提出要因地制宜保护生态和自然,大力倡导植树造林。邓小平也认识到保护自然环境与发展经济之间的密切关系,提出旅游事业大有文章可做,要加强绿化,治理好风景区。邓小平看到因为被工业污染物污染的自然环境,提出必须解决环境污染问题,因为这关系到城市的治理水平。1983年召开的全国第二届环境保护大会提出,保护环境是中国的一项基本国策,1989年通过了《中华人民共和国环境保护法》。这一阶段各负责部门还制定了更多详细的环保政策和法律,在实践过程中,切实保护了生态环境。进入20世纪90年代以来,随着改革开放实践的深化,环境保护问题的重要性愈加凸显。党和政府对此也认识越来越深刻,江泽民经常批评那些认为经济建设是重要的,环境问题可以放一放的观点,明确反对我国走先污染后治理的道路,提出环境保护是关系我国长远发展的全局性战略问题,必须把贯彻实施可持续发展战略始终作为一件大事来抓。随着社会主义现

---

① 李洪峰:《周恩来:永远的榜样》,人民出版社,2018年,第93页。

代化事业进入 21 世纪,我国在发展的过程中遇到了更多的环境问题,党和政府及时调整发展思路,提出以人为本、全面协调可持续发展,形成科学发展观。党的十七大首次提出了"建设生态文明"的重要命题,明确了建设生态文明的原则、理念和目标。党的十八大以来,以习近平同志为核心的党中央把生态文明建设纳入中国特色社会主义事业"五位一体"总体布局中,上升到了前所未有的战略高度,提出了一系列新理念新思想新战略,强调坚持生态兴则文明兴。[①]推进现代化的进程中,在人与自然和谐共生理念指导下,我国坚持山水林田湖草沙一体化保护和系统治理,依靠科技实现绿色、循环、低碳发展,资源能源利用效率持续提升、水土资源和空气质量明显改善,人居环境不断改善,生态保护不断推向深入。中国式现代化是人与自然和谐共生的现代化,中国式现代化创造的现代文明呈现出人与自然和谐共生的特质。

国家与国家间的和平、合作、共赢是人类文明新形态的追求。实现现代化的道路不是一帆风顺的,战争与殖民充斥在资本主义国家实现现代化的进程中。资本的逐利性驱使资本家为商品找市场找原料,"不断扩大产品销路的需要,驱使资产阶级奔走于全球各地。它必须到处落户,到处开发,到处建立联系"[②]。资产阶级在别国的"落户"是用坚船利炮开道,强迫别国与之"联系",随后进行长期的大规模殖民掠夺,靠着"压榨发展中国家,用广大发展中国家的廉价资源"[③]实现的现代化。帝国主义国家间政治经济发展不平衡导致两次世界大战的爆发,给人类造成巨大伤亡与损失。除了战争,现在的发达资本主义国家还利用国际制度和规则维护自己的利益。这样的现代化道路,发达资本主义国家绝不允许现在的发展中国家再重演一遍,发展中国家也没有实力走完这条现代化道路。

---

① 陈亮、胡文涛:《中国生态之路的实践探索与时代启示》,《光明日报》,2020年6月11日。

② 《马克思恩格斯文集》(第二卷),人民出版社,2009年,第35页。

③ 孙熙国、陈绍辉:《人类文明新形态的创造与世界意义》,《中国社会科学》,2022年第12期。

我国走出了一条不同于资本主义现代化的道路,即和平发展的现代化道路。在国际上依然默认恃强凌弱的阶段,中国一方面大声呼吁其他国家联合起来,提出和平共处五项原则,维护这来之不易的和平。另一方面党也认识到此时的和平只靠大声呼吁是远远不够的,还需要有实力,实力是维护和平的重要条件。所以,中国的现代化要建立现代化工业、现代化农业、现代化国防、现代化科学技术,来不断增强我国维护和平的实力。国与国之间的交流与合作日益加深的背景下,国家要发展,离不开与其他国家建立经济、政治、文化等各方面的往来,闭门造车是行不通的,我国为了实现持续发展,必须与其他国家建立合作,广泛向世界各国学习有益经验。毛泽东指出:"我们的方针是,一切民族、一切国家的长处都要学,政治、经济、科学、技术、文学、艺术的一切真正好的东西都要学。"[①]我国自身的发展经验也证明了这一点。1978年,党的十一届三中全会确立了改革开放的国策,我国打开大门,主动走出去,积极与各种类型的国家建立经济合作关系,促进了经贸往来,极大地推动了我国现代化的进程。进入新时代以来,我们"高举和平、发展、合作、共赢旗帜,在坚定维护世界和平与发展中谋求自身发展,又以自身发展更好维护世界和平与发展"[②]。我国在推动中国式现代化的过程中,积极推动构建"一带一路"、成立亚投行、扩大金砖国家和上海合作组织等组织机制的影响力,提供新冠肺炎疫苗等公共产品,促进世界各国共同发展,推动构建人类命运共同体。此外,我国还积极参与联合国维和行动,加强国际合作,推动地区和世界和平。走和平发展道路的中国式现代化创造的现代文明,避免了资本主义现代文明的霸权特征,呈现出和平的特质。

---

① 《毛泽东文集》(第七卷),人民出版社,1999年,第41页。
② 习近平:《高举中国特色社会主义伟大旗帜 为全面建设社会主义现代化国家而团结奋斗——在中国共产党第二十次全国代表大会上的报告》,人民出版社,2022年,第23页。

三、在新征程上以中国式现代化不断丰富和发展人类文明新形态

文明以人类实践活动为基础,随着人类实践活动的发展而不断发展。人类文明新形态以中国式现代化为基础,并随着中国式现代化的持续推进得到不断丰富和发展。新征程上的中国式现代化继续统筹推进经济建设、政治建设、文化建设、社会建设、生态文明建设"五位一体"的总体布局,在各领域取得更丰硕的成果,从而不断丰富和发展高质量发展的物质文明、保障人民当家作主的政治文明、文化自立自强的精神文明、增进民生福祉的社会文明和人与自然和谐共生的生态文明。

(一)持续推进经济建设,不断丰富和发展高质量发展的物质文明

文明形态的演进以人类实践活动为基础,物质生产实践是人类实践活动最基本的形式,生产力和生产关系是物质生产实践的内容。所以,文明形态演进的动力是生产力,生产力的持续发展是文明形态充满生机与活力的重要表现。没有发达的生产力就没有坚实而强大的物质财富基础,就不能成为现代化强国,就不能形成现代文明形态,就不可能建设中华民族现代文明。在推进中国现代化进程中,我国生产力水平不断提高,取得了巨大经济成就,积累了丰厚的物质基础,在新征程上不断推进社会主义现代化进程中,坚持推进经济建设,处理好政府与市场、实体经济与虚拟经济、发展与安全的关系,解决好科技创新不适应高质量发展要求的问题、发展不平衡不充分的问题,利用好国内国际有利的发展条件,推动经济高质量发展,取得越来越多经济成果,进而不断丰富和发展高质量发展的物质文明。

1.处理好三对关系,促进经济高质量发展

处理好政府与市场的关系。新中国成立之后,由于缺乏社会主义建设的经验,以当时最先进的社会主义国家苏联为学习榜样,是当时的必要选择。我国效仿苏联,实行了高度集中的计划经济体制和追求建立公有制占绝对领导地位的所有制结构,但我国社会主义建设的实践证明,高度集中的计划经济体制和单一的公有制结构并不适应我国当时落后的生产力水平。改革开放之初,我国总结社会主义建设阶段的经验教训,认识到要促进生产力发展,必须对不适合生产力发展的经济体制进行改革。市场经济在西方资本主义国家已经有上百年的运行历史,而且西方资本主义国家经济长期发展的成就也证明了市场经济具有推动生产力发展的重要作用。由此,我国的改革经历了"要不要市场""要何种市场经济"的讨论,随着改革开放实践的深入,党认识到实行市场经济的重要性和必要性。党的十二届三中全会通过了《中共中央关于经济体制改革的决定》,此决定提出了社会主义经济是"公有制基础上有计划的商品经济"。这拉开了我国经济体制改革的序幕。1992年邓小平南方谈话明确指出:"计划经济不等于社会主义,资本主义也有计划;市场经济不等于资本主义,社会主义也有市场。计划和市场都是经济手段。"①这一论述,从理论上突破了计划经济和市场经济是制度属性的观念。在此基础上,党的十四大明确把建立社会主义市场经济体制作为我国经济体制改革的目标。1993年党的十四届三中全会上,中国向世界描绘了社会主义市场经济的伟大蓝图,勾画了建立社会主义市场经济体制的基本框架,到20世纪末,我国初步形成了社会主义市场经济体制。进入21世纪以来,我国对社会主义市场经济体制进行了进一步的完善,使其越来越适应生产力的发展要求,促进了经济的快速发展。新时代以来,党对于社会主义市场经济体制的认识越来越深刻,2013年党的十八届三中全会提出在

---

① 《邓小平文选》(第三卷),人民出版社,1993年,第373页。

资源配置方面市场起决定性作用和更好发挥政府作用。2017年党的十九大报告强调要"坚持社会主义市场经济改革方向""加快完善社会主义市场经济体制"。2019年党的十九届四中全会公报指出,把"社会主义制度与市场经济有机结合起来"是我们的显著优势,并明确规定"公有制为主体、多种所有制经济共同发展,按劳分配为主体、多种分配方式并存,社会主义市场经济体制等基本经济制度"①。经过改革开放四十余年的实践,我国对于社会主义市场经济体制的重要性认识越来越深刻。现阶段我国要实现经济的高质量发展,必须"构建高水平社会主义市场经济体制"②,这要求我们正确处理政府和市场之间的关系,处理好两者的关系事关全局。社会主义市场经济体制是社会主义与市场经济的结合,社会主义市场经济运行起来,政府和市场缺一不可,只有政府和市场同时发挥作用,才能创造出既有效率又兼顾公平的物质文明,确保实现共同富裕。如果政府权力在市场运行过程中干预过多,市场经济的活力就会受到制约,影响市场发挥作用,权力也因此有寻租、被围猎的可能;而如果政府对市场治理、制约能力欠缺,任凭其自发运行,则市场的盲目性、破坏性会更大,贫富分化会日益加剧,周期性经济危机必然出现,同样也影响市场持续发挥促进生产力发展的作用。构建高水平社会主义市场经济体制就是要打造"有为政府"和"有效市场",发挥其系统合力。"有为政府"简而言之就是政府交还原本属于市场的职能,不是学习西方"新自由主义"政策,而是"最大限度减少政府对资源的直接配置,最大限度减少政府对经济活动的直接干预,为市场主体发展提供最大空间。'有效市场'强调使市场在资源配置中起决定性作用,利用市场竞争机制和激励机制推动要素充分流动,达到资源高效配置目标"③。除此之外,社会主义市场

①　《中国共产党章程》,人民出版社,2022年,第5页。
②　习近平:《高举中国特色社会主义伟大旗帜 为全面建设社会主义现代化国家而团结奋斗——在中国共产党第二十次全国代表大会上的报告》,人民出版社,2022年,第29页。
③　刘戒骄、刘冰冰:《构建高水平社会主义市场经济体制的逻辑与核心制度》,《财经问题研究》,2023年第1期。

经济体制更好发挥政府作用,才能实现共同富裕的目标。因为市场调节资源配置在具有使各种经济因素充分自由流动,充分调动劳动者积极性,促进生产力发展,持续增加财富总量等优点的同时,也具有难以避免的后果,即市场通过自由竞争调节资源配置,资源部门内分配不匀,造成资源浪费,最终导致两极分化等问题。因为市场经济长期运行,导致强者越强,弱者越弱,严重削弱了市场竞争的公平性。社会主义市场经济通过更好发挥政府作用,保障弱者权益,充分挖掘弱者具备的资源条件,不断增强弱者的竞争力,创造条件保障弱者与强者公平公正竞争,进而促进生产力发展,确保我国发展沿着共同富裕目标前进。政府更好发挥作用必然要充分利用公有制资源,这要求政府毫不动摇巩固和发展公有制经济。与此同时,要实现共同富裕也离不开生产力水平的不断提高,这就要求市场更好发挥作用,促进各种经济要素充分流动,促进生产力的发展,这就要求毫不动摇鼓励、支持、引导非公有制经济发展,充分发挥市场在资源配置中的决定性作用。

处理好实体经济和虚拟经济的关系。党的二十大报告指出:"坚持把发展经济的着力点放在实体经济上,推进新型工业化,加快建设制造强国、质量强国、航天强国、交通强国、网络强国、数字中国。"[1]实体经济是国民经济的支柱,国家强盛的基础,关系到国家长治久安,但是实体经济的很多领域都具有投资大、建设周期长、回报慢的特性,需要长时间占有大量的资本。资本的本性是贪婪和逐利的,当实体经济的回报率和速度不能满足资本的增殖之时,资本就会转换时空,催生出新的经济形式。所以虚拟经济是在实体经济繁荣的时候,就已经开始萌芽,等实体经济不景气的时候,虚拟经济就为闲置货币找到了快速资本化的场所和经济形态。但是虚拟经济从产生之时就有了自己的运行规律,不与实体经济完全同步,当虚拟经济超出实体经济而过度膨胀时,就有影响实体经济稳定性的可能性。虚拟经济对实体

---

① 习近平:《高举中国特色社会主义伟大旗帜 为全面建设社会主义现代化国家而团结奋斗——在中国共产党第二十次全国代表大会上的报告》,人民出版社,2022年,第30页。

经济也有积极作用,促进实体经济的运行还会分散实体经济的风险,"虚拟经济高效地将社会闲置资金转化为扩大生产的再投资,辅助实体经济扩大再生产,并能够分散风险、保障市场经济稳定增长"①。我们采取了社会主义市场经济体制,必然允许各种形态的资本存在,虽然我们的资本是社会主义的资本,但还是具备资本的基本属性——逐利性。大量的资本,尤其是社会资本受本性驱使自发涌向利润高、回报快的领域,虚拟经济恰巧具有这些特点,"据测算,我国工业平均利润率仅在6%左右,而证券行业、银行业平均利润率都在30%左右"。如果不对资本进行引导和制约,资本不会自觉投向实体经济。事实也是如此,"2000—2019年中国非金融企业部门净金融投资由−5269亿元下降至−55099亿元,而金融机构部门净金融投资从2000年的66亿元涨到2019年的35147亿元"②。非金融行业投资总额的大幅下降,使得金融行业的投资激增,实体经济的经营现状进一步恶化,金融杠杆越来越高,"据测算,2012年我国非金融类企业部门的杠杆率为106%,到2015年已超过140%"③。实体经济呈现虚拟化的态势。此外,国际游资即国际短期投机资本在西方资本家的恶意炒作下,做空中国和亚洲等新兴国家市场,攫取高额增值回报,在破坏中国资本市场秩序的同时,削弱中国经济发展的势头,增大实体经济的金融杠杆,增大中国资本的泡沫,削弱中国资本投向实体经济的动力。各种资本大量涌入虚拟经济领域,导致虚拟经济过热、泡沫过多,极易引发金融危机,严重阻碍实体经济的健康发展。同时,一些西方国家经济在"脱实向虚"过程中,产生了很多问题,最终阻碍本国经济发展,这为我国正确认识和处理两者关系提供了教训。所以,我国要加强资本监管的立法,依法加强对资本的有效监管,为资本设置"红绿灯",引导资本进

---

① 张旭:《坚持把发展实体经济作为着力点》,《当代经济研究》,2023年第1期。

② 彭宜钟、孟泽:《资本脱实向虚矫正新思路:基于市场结构的非对称性》,《当代经济科学》,2023年第5期。

③ 费洪平等:《实体经济发展困境解析及对策》,《中国中小企业》,2017年第4期。

入实体经济和虚拟经济领域,促进实体经济和虚拟经济良性发展。把紧国际金融资本进入中国的渠道,避免国际资本大量涌入我国虚拟经济领域,使其膨胀,妨碍实体经济的发展。我国通过做大做强实体经济实现经济的高质量发展,必须处理好实体经济与虚拟经济的关系,以确保实体经济和虚拟经济良性互动发展。

处理好发展和安全的关系。习近平总书记指出:"安全和发展是一体之两翼、驱动之双轮。安全是发展的保障,发展是安全的目的。"[1]没有安全的环境,发展就无从谈起。中国共产党诞生于国家内忧外患、民族危难之时,为了实现国家独立流血牺牲,对国家安全的重要性有刻骨铭心的认识。改革开放以来,邓小平在深刻思考国际形势变化的基础上,对时代主题发生转换作出了科学判断,判定和平与发展已经成为时代主题。在这一时代主题之下,邓小平对于国家安全与稳定有清醒深刻认识,他指出,"国家的主权、国家的安全要始终放在第一位","中国要摆脱贫困,实现四个现代化,最关键的问题是需要稳定","如果没有一个稳定的环境,中国什么事情也干不成"。[2]进入新时代以来,安全与发展问题更为突出。"党的十九届五中全会《建议》首次把统筹发展和安全纳入'十四五'时期我国经济社会发展的指导思想,并列专章作出战略部署。"[3]在第一个百年奋斗目标已经完成,向实现第二个百年奋斗目标迈进、实现中华民族伟大复兴的关键阶段,保证国家的安全,确保我国发展进程不中断,是极端重要的任务。虽然,和平、发展、合作、共赢是不可阻挡的历史潮流,国内安全与发展事业也都取得了成就,但是我国安全与发展仍面临着诸多的风险与挑战。当今世界百年未有之大变局进入加速演变期,国际环境日趋错综复杂,我国面临的国际压力越来越大。经济全球化遭遇逆流,局部区域战乱频仍,导致国际资源、能源及其运

---

① 《习近平谈"一带一路"》,中央文献出版社,2018年,第92页。
② 《邓小平文选》(第三卷),人民出版社,1993年,第348页。
③ 《习近平谈治国理政》(第四卷),外文出版社,2022年,第389页。

输路线受到威胁,对我国经济安全造成影响。近年来,美国把中国视为最严峻的竞争对手,它联合、鼓动部分国家在经济、政治、意识形态、军事等领域对中国施加压力,还在新疆、西藏、香港、南海等区域干涉中国内政,甚至在中国搞"颜色革命",威胁我国安全。国内,总体风险是可控的,但是我国仍处于增长速度换挡期、结构调整阵痛期、前期刺激政策消化期叠加的阶段,监管还不到位,制度不完善,还存在官商勾结和腐败行为。[①]这些风险需要及时防范,以免酿成大祸,影响我国的发展进程。党的二十大报告中指出:"以新安全格局保障新发展格局。"[②]同时,经济发展为维护国家安全提供依托,"只有经济建设发展得更快了,国防建设才能够有更大的进步"[③]。中国解决所有问题的关键要靠自己的发展,没有发展,国家安全就无从谈起。经济实现高质量发展,一方面,有利于展现社会主义制度的优越性,有利于增强中国特色社会主义道路自信、理论自信、制度自信、文化自信,从而巩固经济安全,实现社会稳定,增强政治安全,保障人民安全,维护国家安全;另一方面,有利于为持续低迷的世界经济注入活力,有利于为世界提供更多的公共产品,带动其他国家一起发展,从而促进地区和世界发展,维护国际安全。发展与安全息息相关,经济要实现高质量发展,必须统筹发展和安全。没有安全就没有国家的长期发展,就没有新时代以来的经济高质量发展。为此,我们要坚持总体国家安全观,统筹安全与发展的关系,健全国家安全体系、增强维护国家安全的能力,从而为经济发展创造安全与稳定的条件。

2.解决好制约发展的问题,促进经济高质量发展

解决好科技创新水平不高不适应高质量发展要求的问题。习近平总书记指出:"当前,从全球范围看,科学技术越来越成为推动经济社会发展的主

---

① 《习近平著作选读》(第二卷),人民出版社,2023年,第579页。
② 习近平:《高举中国特色社会主义伟大旗帜 为全面建设社会主义现代化国家而团结奋斗——在中国共产党第二十次全国代表大会上的报告》,人民出版社,2022年,第52~53页。
③ 《毛泽东文集》(第七卷),人民出版社,1999年,第27页。

要力量,创新驱动是大势所趋。"①当今世界各国竞相发展科技,科技创新成为国际战略博弈的主要战场,围绕科技制高点的竞争空前激烈。我国一直高度重视科技工作,新中国成立后,尊重科学、尊重知识,吹响"向科学进军"的号角,涌现出一大批为国奋战搞科研的科学家。改革开放以来,科技展现出对经济发展的强大推动力,提出"科学技术是第一生产力"的论断。21世纪以来,为了推进科技事业的发展,我国明确提出人才教育对科技的支撑作用,实施知识创新工程,提出终身学习的思想;实施科教兴国战略,强化教育对科技的基础性作用;实施人才强国战略,巩固人才对科技和教育的支撑作用,从而不断完善国家创新体系、建设创新型国家。进入新时代以来,我国全面实施创新驱动发展战略、奋力建设世界科技强国。在这一过程中,我国科技水平和能力不断提升,"基础研究和原始创新取得重要进展""战略高技术领域取得新跨越""高端产业取得新突破"。②与此同时,我国在科技发展领域还面临着一些困难与挑战,"我国原始创新能力还不强,创新体系整体效能还不高,科技创新资源整合还不够,科技创新力量布局有待优化,科技投入产出效益较低"③。这些困难与挑战在农业、工业、民生等领域表现突出,"比如,农业方面,很多种子大量依赖国外,农产品种植和加工技术相对落后,一些地区农业面源污染、耕地重金属污染严重。工业方面,一些关键核心技术受制于人,部分关键元器件、零部件、原材料依赖进口。……人民对健康生活的要求不断提升,生物医药、医疗设备等领域科技发展滞后问题日益凸显"④。经济社会发展离不开科技创新水平的提高,建设现代化经济

---

① 中共中央文献研究室编:《习近平关于科技创新论述摘编》,中央文献出版社,2016年,第77页。

② 习近平:《在中国科学院第二十次院士大会、中国工程院第十五次院士大会、中国科协第十次全国代表大会上的讲话》,人民出版社,2021年,第4、5页。

③ 习近平:《在中国科学院第二十次院士大会、中国工程院第十五次院士大会、中国科协第十次全国代表大会上的讲话》,人民出版社,2021年,第8页。

④ 习近平:《在科学家座谈会上的讲话》,人民出版社,2020年,第5~6页。

体系,"推动质量变革、效率变革、动力变革,都需要强大科技支撑"。①社会主义现代化强国是方方面面都要强大,例如我国要建立制造业强国、质量强国、航天强国、交通强国、网络强国、数字强国,在新兴行业和新兴领域如生成式人工智能、数字经济、元宇宙等领域要占领先机,取得优势地位,解决"三农"问题、区域协调发展。而这些强大目标的实现都离不开科技创新的发展。为了促进经济社会的发展,创造更多高水平的发展成果,实现现代化国家和现代化强国的目标,推进高质量物质文明的发展,我国必须集中精力解决好科技领域遇到的一系列问题,大力实施科教兴国战略,重视教育的发展和人才的培养、完善科技创新体系、加快实施创新驱动发展战略。

解决好发展不平衡不充分的问题。新中国成立以来,经过几十年的发展,特别是经过改革开放40多年的发展,我国逐步解决了生产力落后的问题,生产力水平显著提高,社会生产能力在很多方面进入世界前列。由此,党的十九大报告指出:"中国特色社会主义进入新时代,我国社会主要矛盾已经转化为人民日益增长的美好生活需要和不平衡不充分的发展之间的矛盾。"②此后,我国发展的突出问题是发展不平衡不充分。党的二十大报告依然指出:"发展不平衡不充分问题仍然突出。"③发展不平衡不充分是两类性质不同的发展问题,"发展不平衡,主要是各区域各领域各方面存在失衡现象,制约了整体发展水平提升;发展不充分,主要是我国全面实现社会主义现代化还有相当长的路要走,发展任务仍然很重"④。我国发展不平衡体现在总体不平衡和经济本身不平衡,总体不平衡是指经济建设发展成效同政治、文化、社会和生态建设成效不够平衡,经济本身不平衡体现在区域经济

①　习近平:《在科学家座谈会上的讲话》,人民出版社,2020年,第3页。

②　习近平:《决胜全面建成小康社会 夺取新时代中国特色社会主义伟大胜利——在中国共产党第十九次全国代表大会上的报告》,人民出版社,2017年,第11页。

③　习近平:《高举中国特色社会主义伟大旗帜 为全面建设社会主义现代化国家而团结奋斗——在中国共产党第二十次全国代表大会上的报告》,人民出版社,2022年,第14页。

④　习近平:《论把握新发展阶段、贯彻新发展理念、构建新发展格局》,中央文献出版社,2021年,第3页。

发展不平衡和城乡发展不平衡。以胡焕庸线①作为中国东西部地区的分界线，1980年东西部地区国内生产总值占全国国内生产总值总量比分别为94.59%和5.41%，2020年分别为95.16%和4.84%，四十年的时间，东西部的差距仍然较大，并有扩大的趋势。相较于东西部而言，南北部地区之间差距就小很多，但也有明显扩大的趋势。以秦岭淮河线为界，1980年南北部地区国内生产总值占全国国内生产总值总量比分别为54.1%和45.86%，2020年分别为64.78%和35.22%。②虽然随着改革的不断深入，农村经济取得了长足发展，"三农"工作成效比较明显，但是"城乡区域发展和居民收入差距仍然较大，城乡发展不平衡、农村发展不充分仍是社会主要矛盾的集中体现"③。再看城乡的收入对比，差距并没有因为改革开放的巨大成功而缩小。1980年城乡人均可支配收入分别为477.6元和191.3元，二者比值为2.50，2020年分别为43834元和17131元，二者比值为2.56。④城乡居民人均可支配收入差距一直维持在两倍以上。我们实现经济高质量发展、建设社会主义现代化国家、完成现代化强国的目标是一个系统性工程，需要各个部分、领域、区域等全方位实现发展，发展的不平衡容易"加剧各类社会矛盾、引发多种社会风险，进而制约整体发展水平的提升，甚至无法确保发展的安全性"⑤。发展不充分体现在数量和质量两个方面的不充分，数量方面是指"重点领域关键环节的发展总量不足、发展程度不高、发展潜力释放不充分，发展水平同世界先进国家还有不小差距"⑥。质量方面是指我们虽然持续很长时间的高速度

---

① 胡焕庸线，即中国地理学家胡焕庸(1901—1998)在1935年提出的划分我国人口密度的对比线，最初称"瑷珲—腾冲一线"，后因地名变迁，先后改称"爱辉—腾冲一线""黑河—腾冲一线"。

② 李海舰、杜爽：《发展不平衡问题和发展不充分问题研究》，《中共中央党校(国家行政学院)学报》，2022年第5期。

③ 《习近平谈治国理政》(第四卷)，外文出版社，2022年，第194页。

④ 李海舰、杜爽：《发展不平衡问题和发展不充分问题研究》，《中共中央党校(国家行政学院)学报》，2022年第5期。

⑤ 李海舰、杜爽：《发展不平衡问题和发展不充分问题研究》，《中共中央党校(国家行政学院)学报》，2022年第5期。

⑥ 李海舰、杜爽：《发展不平衡问题和发展不充分问题研究》，《中共中央党校(国家行政学院)学报》，2022年第5期。

发展,但是这样的发展速度是建立在经济发展方式落后、经济发展消耗大的基础上,这样的发展持续性不强。发展不充分导致我们某些领域质量不高,核心技术未突破,细分领域精度不够,关键领域比较弱的窘境,甚至出现"卡脖子"问题,也不能充分满足人们对于美好生活的向往。所以经济要实现高质量发展,核心是要解决突出问题,抓住主流:就要在科技创新上下功夫解决科技发展的不充分;就要在解决城乡差距过大问题上下功夫,深入实施乡村振兴战略,在全面振兴中推动农村发展,提高农民收入,缩小城乡差距;实施区域协调发展战略,推动西部大开发形成新格局、推动东北全面振兴、促进中部地区加快崛起,支持老少边穷地区发展,推进京津冀协同发展、长江经济带发展、长三角一体化发展,推动成渝经济圈建设,推动东部、南部地区持续发展;在保持量的合理增长基础上,大力改善发展质量,突破关键领域和核心环节的壁垒与限制。

3.利用好发展的条件和把握好发展机遇,实现经济高质量发展

利用好已经形成的发展基础。新中国成立70多年以来,我们经济发展取得丰硕成果。经济持续快速增长,综合国力显著提高,我国国内生产总值占世界总值的比重从1960年的4.37%上升至2018年的近16%,经济总量稳居世界第二位,自2006年以来对世界经济增长贡献率稳居第一位。[①]人均收入增长70多倍,由低收入国家迈入中等偏上收入国家,人均购买力不断提高,在此基础上,我国形成超大规模的市场优势。现代化经济体系初步建成,我国的经济结构不断得到优化与完善,1952年,第一产业、第二产业和第三产业增加值占国内生产总值的比重分别为50.5%、20.8%和28.7%,2018年,这一数值分别为7.2%、40.7%和52.2%。城镇化水平不断提高,我国城镇化率从1949年的10.6%提高到2018年的59.58%,2022年这一数值为64.7%。基础设施实现跨越式发展,为经济发展提供保障,建成了四通八达的综合交通运

---

① 国家统计局:《国际地位显著提高 国际影响力持续增强———新中国成立70周年经济社会发展 成就系列报告之二十三》,2019年8月29日。

输网络，"建成世界最大的高速铁路网、高速公路网，机场港口、水利、能源、信息等基础设施建设取得重大成就"[1]；邮电通信水平全面提升，现代信息通信体系加快构建；能源供给能力大幅提升，基础保障作用日益增强，"2018年我国能源生产达到37.7亿吨标准煤，比1949年增长158倍。2018年末，全国发电装机容量19亿千瓦，比1978年末增长32.3倍"[2]。科技创新能力持续增强，人才队伍日益壮大，有力促进了经济社会发展，对科技创新的扶持力度不断增强，最新数据显示"全社会研发经费支出从一万亿元增加到二万八千亿元，居世界第二位，研发人员总量居世界首位"，[3]科技发展水平在很多领域达到世界先进水平，在基础研究和原始创新的领域的科研成果有较快增长，一些关键领域和"卡脖子"领域的核心技术实现重大突破。新中国成立70多年来，一直秉持和平友好宽容的民族品格，坚持独立自主的和平外交政策，不结盟不称霸，积极与世界各国发展友好合作。改革开放以来，我国紧抓世界发展的潮流，紧跟时代步伐，树立国际视野，紧紧抓住经济全球化的机遇，从尊重遵守世界经济规则，到倡导改革和制定世界政治经济新秩序，从引进外资到产品走出去，从全方位宽领域多层次的开放，再到共建"一带一路"为世界提供国际公共产品，对外开放广度和深度显著拓展。我国外汇储备稳居世界第一，吸引外资和对外投资的规模都在不断扩大。这些都是我国经济发展的成就，为实现经济高质量发展奠定了基础，提供了保障。

把握好发展机遇。"机遇，是指事物发展的过程中，由必然性和偶然性等因素所引发的可能促使事物取得突破性进展的历史性机会和条件。历史机

---

① 习近平:《高举中国特色社会主义伟大旗帜 为全面建设社会主义现代化国家而团结奋斗——在中国共产党第二十次全国代表大会上的报告》，人民出版社，2022年，第8页。

② 《沧桑巨变七十载 民族复兴铸辉煌——新中国成立70周年经济社会发展成就系列报告之一》，https://www.gov.cn/xinwen/2019-07/01/content_5404949.htm? eqid=ba933a940004a6a500000003647345cb。

③ 习近平:《高举中国特色社会主义伟大旗帜 为全面建设社会主义现代化国家而团结奋斗——在中国共产党第二十次全国代表大会上的报告》，人民出版社，2022年，第8页。

遇往往是事物发展的转折点。"①中国共产党的成长壮大,离不开对风险与机遇的敏锐把握。善于抓住并用好机遇来推动事业发展,是党取得成功的重要经验。新民主主义革命时期,党根据世界局势变化,积极争取外部力量的支持,推动中国革命事业的发展。在社会主义革命和建设时期,党和国家根据美苏争霸的局势变化和国内情况的变化,及时调整政策,尽最大可能维护国家主权安全和提升中国的国际影响力。在改革开放和社会主义现代化建设新时期,党和国家更加意识到机遇对于发展的重要作用,把握住和平与发展的世界大势,积极调整政策,促进发展。20世纪80年代末,中国面临着国内国际难题的考验时,邓小平提出,"要善于把握时机来解决我们的发展问题"②,最终解决了难题,促进了中国社会的平稳发展。江泽民强调:"能不能抓住机遇,加快发展,是一个国家、一个民族赢得主动、赢得优势的关键所在。"③对于任何发展中国家来说,发展机遇是可遇不可求的,错过了机遇,就会使经济发展受挫,抓住了机遇,就会为发展赢得空间。我国是最大的发展中国家,机遇对我们尤为重要。进入21世纪,2002年党的十六大在研判新的国际国内形势变化的基础上,提出"重要战略机遇期"的理念,作出了21世纪头20年对我国来说是一个必须紧紧抓住并且大有可为的重要战略机遇期的重大判断。党的十六大后,中国克服了经济、政治、自然等领域的重大挑战,紧紧把握好、利用好和维护好战略机遇期,推动我国经济社会上了一个新台阶。新时代,习近平总书记综合分析国内外形势指出:"当前和今后一个时期,我国发展仍然处于重要战略机遇期,但机遇和挑战都有新的发展变化",之前我们是顺流而上,现在是逆流而上。因为经济发展好了,势必会在多领域与其他国家展开竞争,而且这种竞争是不可避免的,"现在我们发展水平

---

①　王公龙:《中国共产党把握历史机遇的宝贵经验及其当代启示》,《思想理论阵线》,2022年第1期。

②　《邓小平文选》(第三卷),人民出版社,1993年,第365页。

③　《江泽民论有中国特色社会主义(专题摘编)》,中央文献出版社,2002年,第93页。

提高了,同别人的竞争性就多起来了"①。虽然是这样,但综合看来,我国面临机遇和挑战并存"危和机并存、危中有机、危可转机,机遇更具有战略性、可塑性,挑战更具有复杂性、全局性,挑战前所未有,应对好了,机遇也就前所未有"②。面对这些机遇与挑战都发生新变化的情况,我国要增强机遇意识,善于化危为机,促进我国经济社会发展。

(二)持续推进政治建设,不断丰富和发展保障人民当家作主的政治文明

"民主是全人类的共同价值,是中国共产党和中国人民始终不渝坚持的重要理念。"③毛泽东面对黄炎培提出治乱兴衰历史周期率的疑问时说,中国共产党找到了跳出周期率的新路,这条新路就是"民主。只有让人民来监督政府,政府才不敢松懈。只有人人起来负责,才不会人亡政息"④。"人民民主是社会主义的生命,没有民主就没有社会主义,就没有社会主义的现代化,就没有中华民族伟大复兴。"⑤所以,只有最大限度保障人民民主、保障人民当家作主,才能创造和发展人民当家作主的政治文明。在新征程上推进中国式现代化,我国需要坚持推进政治建设,坚定不移坚持中国特色社会主义政治发展道路,完善人民当家作主的制度体系,持续推进全面依法治国,完成建成法治国家、法治政府、法治社会的目标,凝心聚力不断丰富和发展保障人民当家作主的政治文明。

---

① 习近平:《论把握新发展阶段、贯彻新发展理念、构建新发展格局》,中央文献出版社,2021年,第4~5页。
② 习近平:《论把握新发展阶段、贯彻新发展理念、构建新发展格局》,中央文献出版社,2021年,第5页。
③ 《习近平谈治国理政》(第四卷),外文出版社,2022年,第258页。
④ 黄炎培:《百年中国记忆文史资料百部经典文库:八十年来黄炎培回忆录片断》,中国文史出版社,2017年,第132页。
⑤ 《习近平谈治国理政》(第四卷),外文出版社,2022年,第259页。

1.坚持中国特色社会主义政治发展道路

中国特色社会主义政治发展道路,是中国共产党带领中国人民在发展社会主义民主的过程中开辟出来的,是保障人民当家作主的正确道路,为中国取得历史性成就和跨越提供了政治保障。坚持中国特色社会主义政治发展道路的核心是,党的领导、人民当家作主和依法治国三者的有机统一,"党的领导是人民当家作主和依法治国的根本保证,人民当家作主是社会主义民主政治的本质特征,依法治国是党领导人民治理国家的基本方式,三者统一于我国社会主义民主政治伟大实践"[①]。党在我国政治生活中居于领导地位,党的领导地位是历史和人民的选择。党带领中国人民在新民主主义革命年代推翻三座大山,实现了国家独立、人民解放,确立了人民当家作主的地位;党带领人民基本完成了社会主义改造,在我国确立了社会主义基本制度,开启了社会主义建设事业;党带领人民推进改革开放,实现了经济快速发展,极大地提高了中国人民的物质生活水平和改善了精神面貌,人民的民主权利得到充分保障;党带领中国人民进入中国特色社会主义新时代,历史性地解决了绝对贫困问题,实现了全面脱贫,实现了全面建成小康社会的目标,全过程人民民主的理论与实践越来越丰富;党带领人民迈入实现第二个百年奋斗目标的新征程,努力实现建设社会主义现代化国家和社会主义现代化强国的目标,在此过程中,全过程人民民主制度将更加健全,全面建成法治国家、法治政府和法治社会,全面实现国家治理体系和治理能力现代化。在革命、建设、改革、新时代等时期,党发挥了总揽全局、协调各方的领导核心作用,把党和人民的正确主张上升为国家意志,形成国家法律,保障和巩固了人民当家作主的地位、维护了党的领导地位。所以,要推进社会主义民主的发展、保障人民当家作主、不断推进法治化进程,中国共产党必须不断提升自身的全面领导的能力和水平。实现人民当家作主,就要在党的

---

① 习近平:《决胜全面建成小康社会 夺取新时代中国特色社会主义伟大胜利——在中国共产党第十九次全国代表大会上的报告》,人民出版社,2017年,第36页。

带领下保证人民依法实行民主选举、民主协商、民主决策、民主管理和民主监督,贯穿到民主生活的全过程,保障人民的选举权、参与权、知情权、表达权、监督权等各项政治权利,不断丰富民主形式、拓展民主渠道,提高政治参与度。坚持依法治国,就要依靠宪法和法律治理国家各项事业和工作,维护公平正义,依法执政、依法行政,维护社会公平和正义,维护国家法制的尊严和权威,在全社会形成尊重法律敬畏法律的良好社会风尚。

坚持中国特色社会主义政治发展道路,要正确对待人类政治文明,做到"以我为主、为我所用"。毛泽东在《论十大关系》和《关于正确处理人民内部矛盾的问题》中都提到了中国和外国的关系,毛泽东强调学习其他文明的重要性,通过批判地学习一切国家的长处,包括政治、经济、科学、技术、文化、艺术等方面一切真正好的东西,从而实现调动积极因素为社会主义服务的目的。虽然当时由于我国被迫封闭、半封闭,失去了向资本主义国家学习的机会,但是在党的十一届三中全会后,我国主动打开国门,向社会主义国家开放,也向资本主义国家开放。邓小平提出:"任何一个民族、一个国家,都需要学习别的民族、别的国家的长处,学习人家的先进科学技术。我们不仅因为今天科学技术落后,需要努力向外国学习,即使我们的科学技术赶上了世界先进水平,也还要学习人家的长处。"①在现阶段,我国仍然需要虚心学习外国有益、好的东西,但是不会全盘照搬。中国特色社会主义政治发展道路根源于我国的特殊国情,有深厚的历史基础和群众基础,具有很多自身特色,但我们并不是完全排斥、拒绝其他优秀政治文明,相反,我国可以,并且需要借鉴其他政治文明中的有益成果。借鉴这些有益成果,可以节约我们试错的成本,少走弯路,比如资本主义政治文明中治理腐败的有益成果可以为我所用。但是,总结世界各国和我国的经验教训可知,在吸收借鉴人类政治文明有益成果过程中,我国要"以我为主、为我所用"。一大批发展中国家

① 《邓小平文选》(第二卷),人民出版社,1983年,第91页。

在追求现代化过程中完全移植西方发达资本主义国家政治体制,最终陷入政府腐败、经济停滞、社会动荡的恶性循环。不顾实际地照搬照抄,或者直接放弃本国政治制度的根本,想象突然搬来一座政治制度上的"飞来峰",必然会动摇政治基础,导致政治灾难,破坏社会稳定。

2.不断完善人民当家作主的制度体系

随着政治生活的不断展开,我国形成并不断完善了一套保障人民当家作主,保障人民权利,激发人民的创造活力的制度体系,即人民当家作主的制度体系。多年来,党领导的社会主义现代化的探索,始终坚持和完善人民当家作主的制度体系。中国共产党牢记初心使命,始终将人民群众的根本利益置于首位。1954年,经过全国普选,选举了1200多名全国人大代表,参加了第一届全国人民代表大会第一次会议,通过了《中华人民共和国宪法》,从此确立了人民代表大会制度为我国的根本政治制度,实现了选举民主,开启了人民当家作主的新纪元。中国共产党领导的多党合作和政治协商制度,是根植于中国国情的新型政党制度。新民主主义革命时期,中国共产党联合各民主党派团结奋战的历史是多党合作和政治协商制度形成的深厚基础,新中国成立后,我国确立了这一制度,确保了在党的领导下各民主党派共同参与国家治理,维护了各阶层的权利。这一制度"能够真实、广泛、持久代表和实现最广大人民根本利益、全国各族各界根本利益","它通过制度化、程序化、规范化的安排集中各种意见和建议,推动决策科学化民主化"。[①]民族区域自治制度是根植于中国国情的制度选择,保障了全国各民族人民的权益。基层群众自治制度是社会主义民主政治建设的基础和重要组成部分,保障了广大基层群众在自我管理、自我服务、自我教育、自我监督中行使民主权利,有序政治参与。人民当家作主的制度体系"最大限度地确保人民当家作主权利的最有效实现,最大限度地释放人民共同治理国家和

---

① 《习近平新时代中国特色社会主义思想学习纲要》,学习出版社、人民出版社,2023年,第173页。

社会的智慧与才能"①。人类文明新形态必须加强人民当家作主的制度体系建设,保障人民当家作主。在加强完善这一制度体系的同时,"各级党委和政府以及各级领导干部要切实强化制度意识,带头维护制度权威,做制度执行的表率,确保党和国家重大决策部署、重大工作安排都按照制度要求落到实处"②。只有在全社会树立起制度权威,培养成人人遵守制度、按制度办事的社会风尚,人民当家作主的制度体系才能真正保障人民当家,才能继续发挥制度优势。

3.继续加强法治建设,推进依法治国

持续推进全面依法治国,建设法治国家、法治政府、法治社会,用法律保障人民当家作主的地位和权利。法治具有固根本、稳预期、利长远的保障作用,关系到人民幸福安康,关系到党和国家长治久安。民主与法治相辅相成、息息相关,"民主是法治的灵魂,法治是民主的保障"③。宪法规定中华人民共和国的一切权力属于人民,人民是国家的主人,全面依法治国最广泛、最深厚的基础就是人民。所以全面依法治国必须"确保以人民当家作主的权利为基础,把人民主体地位和主体意愿有机地融入科学立法、严格执法、公正司法、全民守法等依法治国全过程",用法治"将人民当家作主的权利固定化、规范化",从而"为人民管理国家和社会事务提供根本保障"。④推进全面依法治国,用法律保障人民当家作主,必须贯彻实施宪法,维护宪法权威和尊严。宪法是国家根本大法,是党和人民意志的集中体现,具有最高的法律地位、效力和权威。宪法规定了国家一切权力属于人民和人民当家作主的地位。维护宪法权威就是维护党和人民共同意志的权威,保障宪法的实施,就是保障人民当家作主的地位和人民根本利益的实现。贯彻实施宪法,

①　包心鉴:《人民民主:治国理政的核心政治价值指向》,《政治学研究》,2016年第5期。

②　《习近平著作选读》(第二卷),人民出版社,2023年,第287页。

③　包心鉴:《用制度体系保证人民当家作主》,《新视野》,2018年第6期。

④　包心鉴:《用制度体系保证人民当家作主》,《新视野》,2018年第6期。

维护宪法权威和尊严,就要求中华人民共和国的一切单位和个人都要履行遵守宪法的义务,承担起宪法实施的职责,不得有超越宪法法律的特权,任何违宪行为都必须予以追究和纠正。此外,"全国人大及其常委会要完善宪法相关法律制度,保证宪法确立的制度、原则、规则得到全面实施;加强对宪法法律实施情况的监督检查,提高合宪性审查、备案审查工作质量,坚决纠正违宪违法行为;落实宪法解释程序机制,积极回应涉及宪法有关问题的关切"①。推进全面依法治国,用法律保障人民当家作主,要不断完善保障人民当家作主的法律体系。新中国成立以来,尤其是改革开放以来,在党的领导下,我国已经形成了保障人民当家作主的法律体系,有效地保障了人民当家作主的地位和权利。同时也要看到,时代在进步,实践在发展,出现了新情况、新问题,不断对法律体系建设提出新需求,要求法律体系必须与时俱进。

4.多措并举,凝心聚力

在人民当家作主制度体系和法律体系不断完善的基础上,要把人民当家作主切实贯彻落实到实践中,就要全面发展协商民主、完善基层民主、巩固和发展最广泛的爱国统一战线,以丰富和发展人民当家作主的政治文明。我国全过程人民民主的形式,除了选举民主外,还有协商民主。协商民主是指在重大决策之前在人民内部进行充分协商,尽可能就共同性问题取得一致意见。协商民主是我国特有的民主形式,具有鲜明的民族特色和历史基础。我国的协商民主获得广泛应用,形成了协商民主体系,通过包括政党协商、人大协商等在内众多协商民主的实现形式,确保人民民主的全过程化、真实化。完善协商民主体系,深化协商民主实践,有利于意见充分表达、广泛凝聚人心、增进共识、促进团结。基层民主是基层群众民主选举、民主协商、民主管理、民主决策、民主监督的政治实践,是参与人数规模最大的、参

---

① 《习近平谈治国理政》(第四卷),外文出版社,2022年,第252页。

与政治最直接的方式与途径,是我国"全过程人民民主的重要体现"①。在实践中不断规范和监督农村村民委员会、城市居民委员会、职工代表大会的各项制度的运行,拓展基层各类群众团体有序参与基层治理渠道、保障人民依法管理基层公共事务和公益事业,保障基层群众的合法权益。深化爱国统一战线的实践。统一战线在革命年代是我们克敌制胜的一大法宝,在建设、改革、新时代也发挥了重要作用,有利于在全社会铸牢中华民族共同体意识,凝聚人心、汇聚力量。巩固统一战线,维护和实现最广大人民的根本利益,必须坚持各民族一律平等,加强民族团结、促进各民族共同发展;处理好宗教事务,积极引导宗教与社会主义相适应。密切联系党外知识分子,做好新的社会阶层人士工作、构建亲清政商关系,维护最广大人民根本利益,促进共同发展。

(三)持续推进文化建设,不断丰富和发展文化自立自强的精神文明

"没有中华文化繁荣兴盛,就没有中华民族伟大复兴。一个民族的复兴需要强大的物质力量,也需要强大的精神力量。没有先进文化的积极引领,没有人民精神世界的极大丰富,没有民族精神力量的不断增强,一个国家、一个民族不可能屹立于世界民族之林。"②物质文明和精神文明对于中国式现代化的发展都起着非常重要的作用,中国式现代化是物质文明与精神文明协调发展的现代化,我国在推进中国式现代化发展的进程中,既创造了丰富的物质文明,又创造了文化自立自强的精神文明。新征程上,推进中国式现代化不断发展,需要持续推进文化建设,继续坚持党的领导和马克思主义的指导思想,坚定理想信念,繁荣和发展我国哲学社会科学事业、践行社

---

① 习近平:《高举中国特色社会主义伟大旗帜 为全面建设社会主义现代化国家而团结奋斗——在中国共产党第二十次全国代表大会上的报告》,人民出版社,2022年,第39页。
② 习近平:《论党的宣传思想工作》,中央文献出版社,2020年,第96页。

主义核心价值观、继承和弘扬中华优秀传统文化,不断创造精神财富,丰富和发展文化自立自强的精神文明。

1.坚持党的领导,构建具有强大凝聚力和引领力的社会主义意识形态

意识形态工作是精神文明建设的重要内容,是精神文明建设的灵魂工程,"是为国家立心、为民族立魂的工作"①,是"党的一项极端重要的工作"②,"关乎旗帜、关乎道路、关乎国家政治安全"③。"历史和现实反复证明,能否做好意识形态工作,事关党的前途命运,事关国家长治久安,事关民族凝聚力和向心力。"④中国共产党是中国特色社会主义事业的领导核心,坚持党对意识形态领域工作的领导,确保党牢牢掌握意识形态工作的领导权,就是要保证意识形态工作坚持正确的政治方向。方向决定道路,道路决定命运,方向不正确,事业也必将南辕北辙。坚持党对意识形态工作领域的领导,要发挥各级党委的主体作用,各级党委要同党中央保持高度一致,坚决维护党中央权威。各级党委要把宣传工作切实抓起来,为宣传工作"把方向、抓导向、管阵地、强队伍,带头批评错误观点、错误倾向,在重要问题、重要事件上及时拿出态度、亮明立场"⑤;促进融媒体朝着正确方向发展;在革命文物保护工作上下功夫,重视对革命文物的保护与利用。正确认识革命文物的重要教育作用,通过革命文物传递革命精神、革命奋斗历程,激发人民群众的家国情怀。

---

① 习近平:《高举中国特色社会主义伟大旗帜 为全面建设社会主义现代化国家而团结奋斗——在中国共产党第二十次全国代表大会上的报告》,人民出版社,2022年,第43页。
② 习近平:《论党的宣传思想工作》,中央文献出版社,2020年,第14页。
③ 习近平:《论党的宣传思想工作》,中央文献出版社,2020年,第21页。
④ 中共中央党史和文献研究院编:《习近平关于社会主义精神文明建设论述摘编》,中央文献出版社,2022年,第17页。
⑤ 中共中央党史和文献研究院编:《习近平关于社会主义精神文明建设论述摘编》,中央文献出版社,2022年,第10页。

2.坚持马克思主义,用马克思主义中国化时代化最新理论成果武装全党、教育人民

马克思主义是中国共产党长期坚持的指导思想。鸦片战争之后,中国逐步成为半殖民地半封建社会,国家蒙辱、人民蒙难、文明蒙尘,落后挨打成为挥之不去的阴影。无数仁人志士为了挽救民族危亡在中国轮番采用各种社会思想、实施各种方案,但都失败了。俄国十月革命一声炮响,给中国送来了马克思列宁主义,给苦苦探寻救国的中国人民指明了方向,提供了全新选择。先进的中国人选择了马克思主义,成立了中国共产党。中国共产党坚持马克思主义基本原理与中国实际相结合、与中华优秀传统文化相结合,解决了中国革命、建设、改革的问题,取得了辉煌的成就。习近平总书记指出:"我们党之所以能够完成近代以来各种政治力量不可能完成的艰巨任务,带领人民取得革命、建设、改革的辉煌成就,就在于始终把马克思主义作为自己的行动指南,始终坚持用马克思主义中国化最新成果武装全党,使全党始终保持统一的思想、坚定的意志、协调的行动、强大的战斗力。"①世界社会主义的曲折实践历程告诉我们,社会主义国家的马克思主义政党一旦放弃马克思主义一元化指导思想的地位,就会亡党亡国亡制。随着改革的不断深化、实践的不断发展,新的问题接连出现,迫切需要理论的科学解释。马克思主义经典著作不能给出现成的答案,党就只能运用马克思主义立场观点方法,通过自己的摸索、咀嚼、创新提出答案,解决问题。在不断解决新问题的过程中,我们积累了很多新经验,并形成规律性的认识。百余年来,党始终本着理论与实际相结合的信念,伴随着不断实践与探索,深刻总结实践经验与认识,使马克思主义基本原理与中国具体实际、中华优秀传统文化深入结合,让马克思主义真理之树在中国大地深入扎根,由此创造性形成了毛泽东思想、邓小平理论、"三个代表"重要思想、科学发展观、习近平新时代

---

① 中共中央党史和文献研究院编:《习近平关于社会主义精神文明建设论述摘编》,中央文献出版社,2022年,第56页。

中国特色社会主义思想,这一系列中国特色的科学理论成果,进一步丰富发展了马克思主义,为后续的社会主义现代化事业提供不竭的理论源泉。坚持马克思主义,就要加强对马克思主义及马克思主义中国化时代化理论成果的学习,坚持和运用贯穿其中的立场观点方法,培养理论思维,深化认识,准确把握与运用共产党执政规律、社会主义建设规律、人类社会发展规律解决新问题、应对复杂局面,总结新经验,不断推进马克思主义中国化时代化。

3.坚定理想信念

回顾百余年奋斗征程,党能在一次次挫折中转危为安、化危为机,归根结底是因为我们党有远大的理想和崇高的追求。"无论过去、现在还是将来,对马克思主义的信仰,对中国特色社会主义的信念,对实现中华民族伟大复兴中国梦的信心,都是指引和支撑中国人民站起来、富起来、强起来的强大精神力量。"[1]共同的理想信念是一个国家、一个民族同心迈向前进的支撑。推进文化建设,不断丰富和发展文化自立自强的精神文明,不仅要面向党员继续加强理想信念教育,还要面向社会开展多种多样形式的理想信念教育,继续推动理想信念教育常态化、制度化,使共产主义的远大理想和对马克思主义的信仰成为全体中国人民的共同追求与精神支柱。

4.繁荣和发展我国哲学社会科学事业

"哲学社会科学是人们认识世界、改造世界的重要工具,是推动历史发展和社会进步的重要力量,其发展水平反映了一个民族的思维能力、精神品格、文明素质,体现了一个国家的综合国力和国际竞争力。"[2]对于国家的发展而言,社会科学发展水平与自然科学发展水平同样重要。我国的哲学社会科学坚持以马克思主义为指导、坚持为人民服务,在长时期的发展过程中,将党的领导与人民主体地位贯穿建设政治文明的始终,在回答与探究党执政经验与措施中逐渐深入发展,把马克思主义基本原理同中国具体实际、

---

① 习近平:《在庆祝改革开放40周年大会上的讲话》,人民出版社,2018年,第42~43页。

② 习近平:《论党的宣传思想工作》,中央文献出版社,2020年,第212~213页。

中华优秀传统文化的结合深入推进,形成了一批重要的学术成果,为更好地走中国特色社会主义道路提供思想上、理论上的支撑。然而,事物永远处于变化发展之中,伴随着党情、国情、世情的不断变化,哲学社会科学也应与时俱进,破解时代难题,哲学社会科学应随时关注社会现实,深度钻研当今实况,不断完善理论体系,增强科研成果。同时,这也是巩固马克思主义在意识形态领域中的指导地位,巩固全党全国各族人民的共同思想基础,丰富和发展文化自立自强的精神文明的必然要求。繁荣和发展我国哲学社会科学事业,坚持以马克思主义为指导,是当代中国哲学社会科学区别于其他哲学社会科学的根本标志,必须旗帜鲜明加以坚持。要坚持和发展马克思主义,这是我国哲学社会科学事业区别于其他国家哲学社会科学事业的根本标志;要弘扬中华优秀传统文化,这是我国自身特色形成的基础;要善于吸收其他国家哲学社会科学事业中有益的知识体系和研究方法,为自己所用;要坚持为人民服务,围绕着我国全面建设社会主义现代化国家和现代化强国的目标,面对世界百年未有之大变局加速演进给党的执政和我国发展带来的挑战与机遇,为提高党的执政能力与促进我国持续发展,提供解决办法和提高解释力,形成具有我国自身特质的学科体系、学术体系和话语体系,提高我国在国际上的话语权。

5.践行社会主义核心价值观,提高全社会文明程度

社会主义核心价值观传承并发展了中华优秀传统美德,也是社会主义核心价值体系的凝练表达,包括国家、社会、公民三个层面内容。富强、民主、文明、和谐指明我们要建设什么样的国家;自由、平等、公正、法治回答我们要建设什么样的社会;爱国、敬业、诚信、友善解答我们要培养什么样的公民。社会主义核心价值观是与我国社会主义经济和政治制度相适应、形成广泛社会共识的,把全社会意志和力量凝聚起来的价值观念和价值趋向,是

"凝聚人心、汇聚民力的强大力量"[①],是文化软实力的灵魂和建设重点[②],也是我国的重要稳定器,关系到我国的长治久安。推进文化建设,增强实现中华民族伟大复兴的精神力量,必须大力培育和践行社会主义核心价值观,提高社会文明程度。社会主义核心价值观对于国家、社会、公民的价值要求都是通过公民来实现的。所以,培育和践行社会主义核心价值观,提高社会文明程度,要从公民入手,切实把社会主义核心价值观贯穿于社会生活的方方面面,润物无声,潜移默化。宣传社会主义核心价值观需要靠教育引导,在全社会区分层次、突出重点,广泛开展社会主义核心价值观宣传教育。对于不同群体采取不同的教育引导方式,突出榜样的作用,党员干部、教师等要自觉带头学习和弘扬社会主义核心价值观;利用好中华优秀传统文化中和革命文化中与核心价值观契合的内容,加强在全社会范围内的宣传,形成一种弘扬核心价值观的文化氛围;重视对以爱国主义为核心的民族精神和以改革创新为核心的时代精神的宣传,增强精神力量;利用重大节日、传统节日,组织开展形式多样的纪念庆典活动,宣传主流价值,增强人们的认同感和归属感;组织开展形式多样的精神文明活动,吸引人民群众自觉参与;充分发挥思想政治课的教育引导作用,使广大的学生群体树立和践行社会主义核心价值观。

6.继承和弘扬中华优秀传统文化

中华民族有着五千多年的文明史,创造和传承下来丰富的文化传统,是中华民族自强不息、发展壮大的强大精神力量。习近平总书记指出:"如果没有中华五千年文明,哪里有什么中国特色?如果不是中国特色,哪有我们今天这么成功的中国特色社会主义道路?只有立足波澜壮阔的中华五千多

---

① 习近平:《高举中国特色社会主义伟大旗帜 为全面建设社会主义现代化国家而团结奋斗——在中国共产党第二十次全国代表大会上的报告》,人民出版社,2022年,第44页。

② 习近平:《论党的宣传思想工作》,中央文献出版社,2020年,第52页。

年文明史,才能真正理解中国道路的历史必然、文化内涵与独特优势。"①中国式现代化,深深植根于中华优秀传统文化,以中华民族漫长奋斗积累的文化为养分,有深厚的文化积淀,形成了有别于其他文明的现代化或者资本主义现代化的鲜明文化特征和文明基因。中华优秀传统文化为现代化建设提供了丰富的文化资源,并为其继续发展提供精神动力和支持。中国式现代化发展过程中传承了中华优秀传统文化,又结合时代特征为其赋予其新的内涵,带动中华优秀传统文化的创造性转化、创新性发展。在现代化建设的新征程上,要继承和弘扬中华优秀传统文化,从中汲取精神力量支持,满足人民日益增长的文化需求,进而丰富和发展精神文明。现代化建设中,通过以下三种方式实现中华优秀传统文化的继承和弘扬:一是不断赋予中华优秀传统文化以时代内涵,使其与时俱进地发展;二是发展文化事业和文化产业过程中,加大文化和文化遗产保护力度,加强城乡建设中历史文化保护传承;三是积极推动中外文明交流互鉴,讲好中国故事,传播好中国声音,促进中华优秀传统文化在世界范围内传播,提高中华优秀传统文化的影响力。

(四)持续推进社会建设,不断丰富和发展增进民生福祉的社会文明

社会建设是中国特色社会主义"五位一体"总体布局的重要组成部分,与经济建设、政治建设、文化建设和生态建设息息相关,一方面是经济建设、政治建设、文化建设和生态文明建设等方面的发展成果集中展现在社会层面上,另一方面也是推动经济建设、政治建设、文化建设和生态文明建设发展的重要力量。社会建设涉及的是人民群众的就业、教育、社会保障、健康等方面的切身利益,直接关系到人民群众对我国经济、政治、文化、生态文明发展成果的享受,关系到人民群众在改革开放进程中、在建设社会主义现代

---

① 习近平:《在文化传承发展座谈会上的讲话》,《求是》,2023年第17期。

化国家和现代化强国的过程中的获得感和幸福感,进而影响经济建设、政治建设、文化建设和生态文明建设。在推进现代化过程中,我国人民生活全方位改善,为创造增进民生福祉的社会文明奠定了基础。在推进中国式现代化的新征程上,我国持续推进社会建设,不断满足人民对于美好生活的需要,进而不断丰富和发展增进民生福祉的社会文明。社会建设涉及人民群众的多方利益,是一个复杂的系统工程,必须坚持以人民为中心的发展理念,坚持底线思维、系统观念、问题导向,不断增进民生福祉,提高人民生活品质。

1.坚持以人民为中心的发展理念推进社会建设

无产阶级运动是为绝大多数人谋利益的运动,中国共产党作为无产阶级政党,是中国工人阶级的先锋队,是中国人民和中华民族的先锋队,其根本宗旨是全心全意为人民服务,党一切工作的出发点和落脚点都是为了人民群众。党坚持以经济建设为中心,不断深化改革开放,实施科教兴国战略、人才强国战略,着力推进经济高质量发展,其目标是推动实现全体人民共同富裕的现代化,为人的全面发展提供充分准备和充足条件。以人民为中心的发展思想,是具体的而不是抽象的,是质朴的而不是玄奥的概念,不是停留在口头上的口号,是落实到、体现在经济发展各个环节中的。"党的十八届五中全会鲜明提出要坚持以人民为中心的发展思想,把增进人民福祉、促进人的全面发展、朝着共同富裕方向稳步前进作为经济发展的出发点和落脚点。这一点,我们任何时候都不能忘记,部署经济工作、制定经济政策、推动经济发展都要牢牢坚持这个根本立场。"[①]在世界百年未有之大变局加速演进之际,我国面临战略机遇与风险并存,国内外不确定性因素增多的情况下,党的二十大报告重申要牢牢把握坚持以人民为中心的发展理念的重大原则,维护人民的根本利益,让现代化建设成果更多更公平惠及全体人

---

① 中共中央文献研究室:《习近平关于社会主义社会建设论述摘编》,中央文献出版社,2017年,第11~12页。

民。以人民为中心的发展理念是经济建设的思想,也是社会建设的思想,要处理好经济建设与社会建设之间的关系。首先,经济发展是一切的基础,"发展是基础,经济不发展,一切都无从谈起"①。只有经济发展,把物质财富的蛋糕做大,社会建设才能分得更多的蛋糕,来满足人民群众的需求。其次,发展经济的根本目的就是为了不断满足人民群众对于美好生活的向往,不断提升人民群众的生活水平,改善人民群众的生活环境。不断满足人民就业、教育、医疗、养老等各方面需求,不断改进民生,增进民生福祉,是一个持续不断改进的长期过程,需要建立在我国经济实力水平不断提升的基础之上,而不能超越我们的经济发展的承载力,否则,会适得其反,短期内较大幅度提高人民生活水平,长期内经济超负荷低效运转,不可持续满足人民需求,最终导致经济发展与改善民生之间的恶性循环。所以改进民生需要尽力而为,又要量力而行。最后,"抓民生也是抓发展"②。随着民生不断改善,人民群众生活水平不断提高,对未来收入和保障有较高预期,消费持续高涨不断推动内需扩大,从而刺激经济发展,培养新的经济发展动力。党和政府在推行一系列的惠民举措的过程中,例如在引导群众对居家服务、养老服务、健康服务、文体服务、休闲服务等方面的社会需求的过程中,支持相关服务行业的发展,会培育形成新的经济增长点,为经济发展注入内生动力。经济发展离不开人才,教育是培养人才,提升劳动者技能和素养的重要途径。党和国家一直强调重视教育,把教育放在优先发展的位置,给予政策和资金上的支持。教育的发展为经济发展培养了各方面的人才和人力资本,促进经济的持续发展。此外,坚持以人民为中心的发展理念,不仅要不断满足人民群众对美好生活的向往,为人的全面发展创造条件,也要充分调动人民群众的积极性和主动性,为各行各业各方面的劳动者、企业家、创新人才、各级

---

① 《习近平谈治国理政》(第二卷),外文出版社,2017年,第75页。

② 中共中央文献研究室:《习近平关于全面建成小康社会论述摘编》,中央文献出版社,2016年,第152页。

干部创造发挥作用的舞台,激发出广大人民的创造性,推动经济社会发展,为社会建设打牢基础。

2.坚持底线思维推进社会建设

"底线"是人们能够认可或者承受的下限,或者设定的最低目标或基本要求。"底线思维"是凡事"从最坏处着眼,做最充分的准备,朝好的方向努力,争取最好的结果"[①]。习近平总书记创造性提出的底线思维是党重要的思想方法和工作办法。底线思维是党应对未来、谋划长远的战略思维,底线部分的标准高低是衡量党和国家工作成就的一个重要指标。在推进社会建设方面,也应该坚持底线思维,在民生领域要坚守底线,突出重点。底线就是民生工程中基础性、普惠性、兜底性的民生建设,重点就是就业、教育、社会保障、健康等人民需要优先改善的领域。底线思维不仅是推进社会建设整体发展时需要遵循的工作方法,而且在推进社会建设所涉及各个领域发展时也需要遵循。例如民生领域需要优先发展的重点领域,需要划分出其"底线部分"和"非底线部分","底线部分"是满足基本需求的部分,所有人——不论城镇人口还是农村人口,城镇职工还是外来灵活就业的群体——享受的标准都是差不多的,都是满足解决基本生活所需。"非底线部分"是现阶段在有条件的地区而非全国范围内满足人民的更高水平的要求。党和政府对于这"底线部分"要负起主要责任,满足全体人民最基本的需求,并不断提升底线部分的标准,逐步把原来的"非底线部分"变成"底线部分",不断满足全体人民的日益多样化的需求。

3.坚持系统观念推进社会建设

系统观念是习近平新时代中国特色社会主义思想的世界观和方法论,是党必须遵循的立场观点方法。"万事万物是相互联系、相互依存的。只有用普遍联系的、全面系统的、发展变化的观点观察事物,才能把握事物发展

---

① 《习近平谈治国理政》(第二卷),外文出版社,2017年,第60页。

规律。"①把握事物发展规律是我们坚持实事求是、取得事业胜利的必要条件。社会建设是一个复杂的系统工程,牵扯利益广泛,需要坚持系统观念推进社会建设。首先,坚持党的领导。分配、就业、社会保障、健康等众多方面共同组成了社会建设的内容,推进这一由多方面共同组成的社会建设必须发挥党总揽全局、协调各方的作用。党牵头挂帅,领导各级政府、基层群众自治组织和社会组织,推动民生各领域的发展。其次,建立协同联动机制。分配、就业、社会保障和健康等方面都是相互联系的,社会建设与经济建设、政治建设、文化建设和生态文明建设也是相互联系、相互影响的,广泛参与社会建设的各方主体之间也是联通的。在此前提下,要推进社会建设各组成部分的发展,必须充分调动各方参与主体的积极性,整体推进经济、政治、文化、生态的发展,建立各方互联互通的协调联动机制,使各方参与更加顺畅便捷。最后,要加强法治建设。法制健全是社会建设逐步完善的重要标志。要把社会建设纳入法治化轨道,发挥法治对社会建设的规范和保障作用,以法律手段统筹力量、调节关系、规范行为。除此之外,也要注重德治和法治相结合,既要注重道德的教化作用,提高社会公民的道德标准;又要注重法治的规范和惩罚作用,使得公民坚守法律底线,捍卫法律尊严。

4. 坚持问题导向推进社会建设

问题导向是习近平新时代中国特色社会主义思想的世界观和方法论,是我们做工作、干事业应该贯彻的立场观点和方法。党的二十大报告一再强调我们要增强问题意识,聚焦实践中遇到的新问题,不断提出真正解决问题的新理念新思路新办法。推进社会建设,要聚焦人民群众急难愁盼问题,提出解决问题的办法,满足人民群众需求。社会建设领域要增进民生福祉,提高人民生活品质,不仅要遵循底线思维,还要重点突出,着力解决人民群众最关心最直接最现实的利益问题,例如教育、文化、医疗卫生、社会保障、

---

① 习近平:《高举中国特色社会主义伟大旗帜 为全面建设社会主义现代化国家而团结奋斗——在中国共产党第二十次全国代表大会上的报告》,人民出版社,2022年,第20页。

社会治安、人居环境等领域的问题,以增强人民群众的获得感。此外,推进社会建设过程中,对革命老区、民族地区、边疆地区、偏远农村地区要适当倾斜,促进基本公共服务均等化和可及性。

(五)推进生态建设,不断丰富和发展人与自然和谐相处的生态文明

生态环境是人类生存最为基础的条件,生态文明建设是关系中华民族永续发展的大计。中国式现代化是人与自然和谐共生的现代化,我国在推进现代化发展过程中,非常重视生态文明建设,党的十八大将生态文明建设纳入"五位一体"的总体布局中,以前所未有的力度抓生态文明建设,推动我国生态环境保护发生历史性、转折性、全局性的变化,为中国式现代生态文明奠定了坚实基础。在新征程上推动现代化发展,需要坚持推进生态文明建设,转变经济发展方式、坚持绿色发展,持续推进防治结合,改变生活方式,以不断减轻我国面临的生态环境压力,努力实现生态环境根本好转和美丽中国的建设,进而不断丰富和发展人与自然和谐相处的生态文明。

1.转变经济发展方式,坚持绿色发展

绿色发展理念是新发展理念之一,注重解决的是人与自然和谐共生的问题,要把绿色发展理念贯穿到生态文明建设和人类文明形态建设的全过程。要做到绿色发展,必须坚持绿色发展理念,在发展中尊重自然、顺应自然和保护自然,在发展中遵循自然规律、生态规律和社会发展规律。做到绿色发展,还要转变经济发展方式,加快发展方式的绿色转型,"推动经济社会发展绿色化、低碳化是实现高质量发展的关键环节"[①]。实现绿色发展,要实现结构的转型与优化,加快推动产业结构、能源结构、交通运输结构等调整优化;要推动绿色低碳产业的发展,增加对节能降碳技术的研发和推广的投

---

①　习近平:《高举中国特色社会主义伟大旗帜　为全面建设社会主义现代化国家而团结奋斗——在中国共产党第二十次全国代表大会上的报告》,人民出版社,2022年,第50页。

入,用科技推动绿色生产;要推进各类资源节约集约利用,加快构建废弃物循环利用体系,要完善支持绿色发展的财税、金融、投资、价格政策和标准体系。

加快发展方式绿色转型,还要高度重视科学技术在生态领域的应用。马克思、恩格斯十分强调科学技术在生态建设中的作用,他们指出:"机器的改良,使那些在原有形式上本来不能利用的物质,获得一种在新的生产中可以利用的形态;科学的进步,特别是化学的进步,发现了那些废物的有用性质。"①科学技术的创新发展推动生产力的进步,更能精准取材,节约资源,顺势疏解潜在的生态危机,加强生态文明建设。除此之外,科学技术的创新发展也推动了数字经济的发展。数字经济是信息化、数字化技术发展的产物,也被视为一种新型国民经济产业。数字经济的关键生产要素为数据资源,通过现代信息网络为重要载体,辅之以发达的信息通信技术,最终推动产业结构与经济结构的优化升级。通过数字技术的创新以引领全球新一轮科技革命和产业变革。发展数字经济、用好数字技术,对于加快推动生产生活方式绿色转型、赋能生态文明高质量建设具有重要的战略意义。充分发挥数字技术对于生态文明建设的积极作用,以新兴技术助推新能源的使用,节约资源并提高其利用率,减少碳排放比重,逐渐形成绿色的业态循环,促进经济发展的同时,更促进了经济绿色、高质量的发展。

2.持续推进防治结合和保护生态环境,打好蓝天、碧水、净土保卫战

蓝天、碧水、净土是人民群众对美好生活的向往,是美丽中国的必备要素,是人与自然和谐共生的生态文明的重要标志,是中国生态建设的重要目标。我国在探索社会主义现代化过程中,部分地区不顾及当地的环境承载力,片面追求经济增长速度,造成了一系列的环境污染问题。例如,发展重工业过程中产生污染气体,导致重污染天气,产生的废水流入河流导致水污

---

① 马克思:《资本论》(第三卷),人民出版社,2004年,第115页。

染和土壤污染,城市里不同原因造成的黑臭水体,影响城市形象和居民生活。要坚持精准治污、科学治污、依法治污,全面统筹推进环境污染的治理与防治,健全现代环境治理体系,提升防治污染的效果,稳固环境保护的成果。

生态环境是人类生态最为基础的条件,要提升生态系统多样性、稳定性和持续性,促进生态文明永续发展。加强对水土流失、滑坡、泥石流等生态环境脆弱区域的保护,根据不同区域的具体情况,遵循自然恢复为主、人工恢复辅助的方针,采取适合当地情况的治理方式,防风固沙,提高自然环境的承载力,改善生态环境。加强生态保护修复监管,破坏生态的行为屡禁不止,表明了生态保护需要强有力的外部监管。通过不断完善外部监管的制度和法律法规,强化落实,加强生态保护修复,提升生态系统的多样性、稳定性和持续性,进而推动人与自然和谐的现代文明不断发展。

3.改变生活方式,推行绿色生活,利用科学技术塑造人们的绿色行为

人们的生活方式会对生态环境产生影响,科学技术的发展有利于促进生活方式的绿色转变,从而保护生态环境。改变原有的生活方式,提倡绿色生活方式是建设生态文明和美丽中国的重要手段和方式,集中体现着人与自然和谐发展的人类文明新形态。党的二十大报告指出:"倡导绿色消费,推动形成绿色低碳的生产方式和生活方式。"①互联网、云计算、人工智能等数字技术为人类生活发展提供了新形式的空间与方式,这极大地节约了资源,提高了资源利用率,同时又能精准锁定人类需求,避免更多的资源消耗与浪费,逐渐形成绿色智慧生活和绿色消费市场。随着数字技术的深度发展,绿色消费市场逐步扩大,消费带动生产,从而促进社会生产趋向绿色环保。例如,随着数字技术的进步与拓展,带动了一系列产业的优化升级,催生了共享经济、平台经济等新业态,进一步助力经济的高质量发展。同时,更多消费者选择以线上模式购买产品与服务,出行成为非必要的选择方式、

---

① 习近平:《高举中国特色社会主义伟大旗帜 为全面建设社会主义现代化国家而团结奋斗——在中国共产党第二十次全国代表大会上的报告》,人民出版社,2022年,第50页。

纸质发票逐渐被电子发票所替代、纸币交易逐渐被网上交易所替换,这在一定程度上,减少了碳排放,保护了环境。随着电子信息技术的发展,百姓出行可以通过网络实时查询公共交通的到达时间,甚至规划路线,为居民出行提供了极大的便利,并且相对减少了能源的消耗与汽车尾气的排放,在一定范围内,减少了环境污染。此外,数字技术的广泛使用为人们提供了新的商机,网络上出现了一系列二手电商平台,本着性价比高、成本低、交易方便的特色优势吸引了大批买家与商户。在这些二手电商平台中,大量闲置的废旧物品在这些平台上进行循环交易利用,避免了丢弃处理可能造成的环境负担,有效地回收利用将极大地减少碳排放,也有助于推动形成省钱、简约、共享的可持续消费观念和行为模式。

推行绿色生活,需要树立绿色生活理念和形成绿色生活方式。绿色生活是一种简约适度、节俭低碳的生活。绿色生活理念,是把绿色生活当成高品质生活,拒绝奢华和浪费,崇尚健康生活的理念。在全社会树立绿色生活理念,有利于保护生态环境。绿色生活方式,就是通过直接或者间接的方式减少二氧化碳的排放量。例如,人们自觉践行绿色出行,即选择自行车、公交车、拼车等环保形式出行;自觉践行绿色消费,优先购买较为低碳环保的食品、衣物和电器;自觉节约能源资源,能够及时关闭电器、电灯或水龙头,有意识地分类投放垃圾,实现废物循环利用。人人都树立绿色生活理念,践行绿色生活方式,才能共同推动生态环境改善,促进生态文明建设。

此外,人类共同居住在一个地球上,有些环境问题不是一个国家努力就能彻底改变的,例如气候问题,这需要世界各国携手共同推动这些问题的解决,共建美丽世界,从而为我国的生态文明的持续发展创造一个良好的外部环境。

中国在探索社会主义现代化的过程中,取得了累累硕果,这为创造人类文明新形态奠定了坚实基础。新征程上中国式现代化的推进,依然沿着"五位一体"的总体布局展开,在此过程中,经济、政治、文化、社会、生态文明领域不断取得新的成果,这将不断丰富和发展人类文明新形态。

第五章

创造人类文明新形态的世界贡献与构建人类命运共同体的时代契机

当今世界的发展又来到了一个新的十字路口,是封闭还是开放,是前进还是后退,这取决于人类自己的选择。党的二十大报告指出:"构建人类命运共同体是世界各国人民前途所在。"①当前,世界之变、时代之变、历史之变正在以前所未有的方式展开,世界格局的大变革、大调整是世界各国在未来发展中都需要面对的共同语境。大部分实现了现代化的西方发达国家在享受了资本带来的红利后越来越暴露出发展中的问题,而正在迈向现代化的中国探索出了一条不同于西方的现代化道路,这条道路是以马克思主义为指导的,根植于中国国情的,反映中国人民意愿的现代化道路。习近平总书记在庆祝中国共产党成立100周年大会上指出:"我们坚持和发展中国特色社会主义,推动物质文明、政治文明、精神文明、社会文明、生态文明协调发展,创造了中国式现代化新道路,创造了人类文明新形态。"②从世界视角来看,中国式现代化创造的人类文明新形态是不同于西方现代文明的崭新文明形态,其内在地传承了中华文明的连续性、创新性、统一性、包容性、和平

---

① 习近平:《高举中国特色社会主义伟大旗帜 为全面建设社会主义现代化国家而团结奋斗——在中国共产党第二十次全国代表大会上的报告》,人民出版社,2022年,第62页。

② 《习近平谈治国理政》(第四卷),外文出版社,2022年,第10页。

性,拓展了发展中国家走向现代化的路径,为世界上那些既希望加快发展又希望保持自身独立性的国家和民族提供了全新的选择,为推动人类文明发展走向人类命运共同体贡献了中国智慧和中国方案。

一、人类文明新形态以推动构建人类命运共同体为发展方向

人类文明是人类在劳动的过程中所创造的文明成果。人类文明新形态集中反映了中国在现代化发展中所创造的人类文明,与既有的西方现代文明存在着明显区别。中国在现代化道路上创造的人类文明新形态始终着眼于人类的长远发展,始终着眼于世界上不同国家的共同发展,始终着眼于人与自然的和谐发展。从人类文明的发展历程来看,不同文化、不同国家、不同民族之间是逐渐走向融合的状态,人与人之间、国家与国家之间、民族与民族之间越来越紧密地联系在一起。当前,世界的发展仍面临着一系列的问题,其中既有战争威胁、军事冲突等传统安全问题,也不断出现重大公共卫生危机、全球气候变暖、恐怖主义、跨国犯罪等非传统安全问题。在人类发展过程中,必须发挥各个国家、各个民族的协同力量,来共同应对人类发展进步中出现的挑战。自从世界各国的政治、经济、文化等开始相互交织在一起,全球化就已经成为不可逆转的历史发展潮流,人类命运在全球化过程中深刻改变,没有任何一个国家可以脱离全球化进程。全球化发展使世界各国命运紧密联系在一起,各国越来越成为一个你中有我、我中有你的命运共同体。中国式现代化创造的人类文明新形态为构建更加美好的人类命运共同体奠定了文明基石。

（一）走向人类命运共同体是人类文明发展的历史趋势

何为人类命运共同体?"共同体"概念为理解人类命运共同体提供了重要参考。古希腊政治学家亚里士多德基于对城邦正义的认识提出了城邦共同体或政治共同体,认为城邦共同体可以将不同成员之间的利益有机统一起来从而实现"至善"的追求。亚里士多德认为,所有的城邦都是某种共同体,所有的共同体都是为了某种共同的善而建立的。[①]近代启蒙思想家卢梭提出的"社会契约论"思想以契约为纽带将人们置于一个契约共同体之中,虽然从形式上看契约共同体代表着人民的利益,但实际上没有改变无产阶级和普通劳动人民的卑微处境。马克思在批判继承历史上关于共同体思想的基础上对共同体进行了阐发,并将代表着资产阶级利益的政治集团视为"虚假的共同体",而将消灭了阶级和阶级对立的"自由人的联合体"视为"真正的共同体"。《共产党宣言》用"自由人的联合体"来形容人类理想的社会状态,这样一个共同体为每个人的自由而全面的发展提供了条件。马克思、恩格斯指出:"只有在共同体中,个人才能获得全面发展其才能的手段,也就是说,只有在共同体中才可能有个人自由。"[②]而只要还存在着社会分工和私有制,人们就不可能从被奴役、被剥削、被压迫的社会关系中获得解放。德国现代社会学家滕尼斯将共同体概念与社会概念进行区分,认为共同体是持久的和真正的共同生活,是一个生机勃勃的有机体,而社会是一种暂时的和表面的共同生活,是一种机械的聚合和人工制品。[③]

不同的思想家对于共同体作出了不同的解释,但马克思提出的"自由人的联合体"即"真正的共同体"代表了人类社会未来的发展方向。在"真正的共同体"中,每个人都能实现自由而全面的发展,成员与成员之间开展着平

---

①　《亚里士多德全集》(第9卷),颜一、秦典华译,中国人民大学出版社,1994年,第3页。

②　《马克思恩格斯文集》(第一卷),人民出版社,2009年,第571页。

③　[德]斐迪南·滕尼斯:《共同体与社会》,林荣远译,商务印书馆,1999年,第54页。

等、真诚、坦白的交往,"真正的共同体"作为一个有机体始终呈现出蓬勃的生机和旺盛的生命力。作为一个现实的社会个体,人必然要同其他人进行交往,在交往的过程中就会产生复杂的社会关系,而这些彼此连接的社会关系就成为共同体形成的基础。人的本质属性在于其社会性,马克思对此有着深刻的认识,他在《关于费尔巴哈的提纲》中写道:"人的本质不是单个人所固有的抽象物,在其现实性上,它是一切社会关系的总和。"①个人是形成共同体的基本单元,社会关系是形成共同体的中介,而共同体也为个人的发展提供了平台。由于人们的生产劳动实践涉及不同领域,由此就会形成不同属性的共同体,比如亲缘共同体、地缘共同体、职业共同体等,个人与共同体中的其他成员之间保持着密切的互动关系,成员之间彼此连结、互相影响。国际社会中国家民族之间的交往也是相互依存、相互促进的关系,其共同推动着国际社会的不断完善与发展。"自由人联合体"思想蕴含着深刻的共生理念,个体与共同体之间就像是细胞与有机体之间的关系,任何成员都无法脱离共同体而单独存在。

推动构建人类命运共同体反映了马克思主义对于"真正的共同体"的追求,对于引领时代潮流和人类文明进步的方向发挥着重要的指导价值,是中国对世界的重要思想和理论贡献。"人类命运共同体","就是每个民族、每个国家的前途命运都紧紧联系在一起,应该风雨同舟,荣辱与共,努力把我们生于斯、长于斯的这个星球建成一个和睦的大家庭,把世界各国人民对美好生活的向往变成现实。"②2013年3月23日,习近平主席在俄罗斯莫斯科国际关系学院的演讲中首次面向世界提出人类命运共同体理念。之后,习近平主席在2015年9月28日第七十届联合国大会一般性辩论的讲话文本《携手构建合作共赢新伙伴 同心打造人类命运共同体》和在2017年1月18日联合

① 《马克思恩格斯选集》(第一卷),人民出版社,2012年,第135页。
② 《习近平新时代中国特色社会主义思想学习纲要》,学习出版社、人民出版社,2019年,第209~210页。

国日内瓦总部的演讲文本《共同构建人类命运共同体》中对人类命运共同体理念进行了集中阐述。构建人类命运共同体要从伙伴关系、安全格局、经济发展、文明交流、生态建设等方面切入,坚持对话协商,建设一个持久和平的世界,坚持共建共享,建设一个普遍安全的世界,坚持合作共赢,建设一个普遍繁荣的世界,坚持交流互鉴,建设一个开放包容的世界,坚持绿色低碳,建设一个清洁美丽的世界。从2012年党的十八大报告首次写入"倡导人类命运共同体意识",到2017年党的十九大报告把"坚持推动构建人类命运共同体"确立为新时代坚持和发展中国特色社会主义的基本方略之一,再到2022年党的二十大报告将"推动构建人类命运共同体"列为中国式现代化的本质要求之一,推动构建人类命运共同体成为中国共产党自觉的使命担当。人类命运共同体倡导人与人之间、国家与国家之间、人与自然之间的和谐共生,其摒弃了对立冲突的思维方式,将万事万物的发展纳入相互融通的轨道,为人类文明的可持续发展提供了方向。构建人类命运共同体的倡议获得国际国内社会的广泛支持,在2017年11月2日,构建人类命运共同体写入联合国相关决议,在2018年3月11日,推动构建人类命运共同体写入《中华人民共和国宪法》序言。

人类命运共同体思想根植于中华优秀传统文化,其与中华优秀传统文化中的价值观念和理想追求具有内在的契合性。中华优秀传统文化中"协和万邦""和而不同""仁者爱人"等价值观念为人类命运共同体思想的形成提供了丰厚的文化滋养。"协和万邦"的价值观念强调和谐、和睦、和平等价值理想,"和而不同"强调同中有异、异中有同的价值理念,"仁者爱人"强调以仁存心、推己及人的价值导向。这些中华优秀传统文化中的价值观念均突出尊重彼此之间的差异性,并在保持差异性的基础上去创造一种和谐的社会状态。中华优秀传统文化从来不主张世界各国都采用同一种社会制度或发展模式,也从来不主张通过对其他国家的侵略占有而获得自身发展所需的利益,而是提倡通过不同制度、不同文化之间的相互借鉴来创造更好的治理方式。人类命运共同体追求世界各个民族、各个国家之间的和睦相处，这与中华民族几千年来所追求的大同社会理想高度相通。人类命运共同体所要实现的社会理想与大同社会的社会理想都是为了创造一个人类的光明未来。中华民族的大同社会理想主张天下为公、选贤与能、讲信修睦，主张人们为了社会公共利益而奋斗，主张人与人、人与社会、人与自然之间的友好相处，为我国社会的发展描绘了一幅美好的图景。人类命运共同体倡导世界各国之间的和平相处，倡导不断缩小世界各国之间的发展差距，倡导世界各国为了人类美好的未来共同奋斗，是对中华优秀传统文化的创造性转化和创新性发展。

人类命运共同体是人类文明发展的更高级阶段，其与马克思主义文明观的未来指向具有内在的一致性。恩格斯在研究人类文明发展时将人类文明进程划分为三个阶段，即蒙昧时代、野蛮时代和文明时代。蒙昧时代是人类文明的早期阶段，人类以获取现成的天然产物为主，人工产品主要是辅助获取天然产物；野蛮时代是人类文明的发展期，人类学会畜牧和农耕，掌握了通过人的活动来增加天然产物生产的方法；文明时代是人类文明的成熟期，人类学会对天然产物进一步加工，是真正的工业和艺术时期。①文明时代相较于前两个时代而言不仅在生产力上产生了巨大进步，而且在生产关系上也出现根本性的变化。在蒙昧时代和野蛮时代，生产和消费局限于一定的社会范围，进入文明时代后，随着交换的扩大和商品生产的出现，生产者失去了对自己生产的产品的支配权，人们为了交换而进行生产，而且人本身也成为商品进入交换与消费过程，社会分为剥削阶级和被剥削阶级，奴役性的生产关系得以确立。②恩格斯所谈到的文明时代，其基础是一个阶级对另一个阶级的剥削。奴隶制、农奴制和雇佣劳动是文明时代三大奴役形式，文明时代的发展始终伴随着或隐或显的阶级剥削。鄙俗的贪欲是推动文明

① 《马克思恩格斯选集》(第三卷)，人民出版社，2012年，第35页。
② 辛鸣：《"文明时代"的文明逻辑》，《中国社会科学报》，2022年7月29日。

时代发展的灵魂,财富是文明时代唯一的、具有决定意义的目的。以私有制为条件的文明时代的出现遵循着历史唯物主义的规律,是人类经济社会发展的自然结果,但该文明时代所创造出的文明并没有将人类带入一个美好的社会图景。

对于未来人类文明的想象,恩格斯借用了摩尔根的话来进行描述:"这将是古代氏族的自由、平等和博爱的复活,但却是在更高级形式上的复活。"①未来的文明阶段将消灭剥削、消灭阶级对立,财富不再是人们追求的唯一最终目的,无论是物质上还是精神上都将实现前所未有的解放,人类最终走向一个"自由人的联合体"。人类命运共同体始终将对人的观照作为自己的中心,超越了私有制条件下文明时代唯利是图的局限,将人类文明推向一个更高级的阶段,使"自由人的联合体"能够最终得以更好地实现。可以说人类命运共同体是"自由人的联合体"的具体实践形式,而"自由人的联合体"为人类命运共同体的发展指明了方向。从历史发展的基本逻辑来看,只着眼于自身发展的地方性历史也必将被世界性历史所取代。马克思、恩格斯说:"各民族的原始封闭状态由于日益完善的生产方式、交往以及因交往而自然形成的不同民族之间的分工消灭得越是彻底,历史也就越是成为世界历史。"②随着历史向世界历史的转变,地域性的交往转变为世界交往,不同民族、不同国家之间的命运紧密交织在一起,人类必然发展为一个不可分割的命运共同体。推动构建人类命运共同体,不是制度上的互相取代,也不是文明之间的互相倾轧,更不是国家民族之间的利益纷争,而是使拥有不同社会制度、意识形态、历史文化的国家能够在国际事务中共同承担国际责任、共同分享发展成果、共同建设美好的世界。人类命运共同体主张以平等代替剥削、以自由代替压制、以共生代替对立,与"自由人的联合体"有着共同的价值追求,是人类文明发展的必然趋势。

<hr />

① 《马克思恩格斯选集》(第四卷),人民出版社,1972年,第175页。
② 《马克思恩格斯文集》(第一卷),人民出版社,2009年,第540~541页。

（二）人类文明新形态是构建人类命运共同体的文明基石

从构建人类命运共同体的实践路径来看，政治、安全、经济、文化、生态文明方面描绘了人类命运共同体的美好愿景。要共建一个持久和平的世界，人类需要形成一个反对霸权的和平共同体，要共建一个普遍安全的世界，人类需要形成一个责任共担的安全共同体，要建设一个共同繁荣的世界，人类需要形成一个合作共赢的发展共同体，要建设一个开放包容的世界，人类需要形成一个交流互鉴的人文共同体，要建设一个清洁美丽的世界，人类需要形成一个绿色低碳的生态共同体。中国式现代化创造的人类文明新形态坚持人民逻辑，超越了西方现代文明中的资本逻辑，为构建人类命运共同体提供了文明基石。西方现代文明是一个以资本为核心的现代性文明，实现资本增值是其唯一目的，在资本循环累积过程中所产生的霸权逻辑内置于经济发展、政治关系、社会建设、文化交流、生态保护等各个方面，导致人与人之间、人与社会之间、人与自然之间出现越来越多不可调和的矛盾。人类为了解决自身的生存危机，也必须寻找一条新的文明道路，中国式现代化创造的人类文明新形态提供了摆脱人类发展危机的出路，也为推动构建人类命运共同体提供了契机。

人类文明新形态继承了中华优秀传统文化的精华，吸收了世界文明发展的有益成果，实现了对西方现代文明的超越，对于人类文明的长远发展具有重要意义。人类文明新形态内生于中华民族自古以来的和合文化，秉持中华民族天下一家的价值观念，主张万事万物在发展中和谐共生，在互相促进中共同发展。人类文明新形态既是中国不断探索适合自己国情的文明发展道路的成果，也是对人类文明发展面临的共同问题的回应，既是根植于中国发展实际的文明道路，也是符合世界人民利益要求的文明道路，既是中国未来发展的指引方向，也是世界未来发展的着力基点。在中国式现代化道路中，政治文明的拓展、社会文明的提升、物质文明的进步、精神文明的发展、生态文明的开拓等共同创造了人类文明新形态,使人类文明发展步入新的阶段。政治文明新形态、社会文明新形态、物质文明新形态、精神文明新形态、生态文明新形态的发展对于人类命运共同体"五个世界"目标的实现发挥着推动作用,是人类命运共同体形成的文明基石。从长远来看,人类文明新形态将始终沿着马克思主义文明观的指向,引领人类走出由西方主导的"中心-边缘"发展格局,朝着均衡发展的世界格局不断迈进。

在中国式现代化发展中,政治文明新形态的形成为建设持久和平的世界奠定了文明基石。中国共产党是开创政治文明新形态的坚强领导者,中国共产党的政党性质、执政理念、组织结构、运行方式及其带领中国人民创立的中国特色社会主义政治制度体现了政治文明新形态的成果。中国共产党始终践行人民政治,发展全过程人民民主,既以为中国人民谋幸福、为中华民族谋复兴作为自己的初心使命,也以为人类谋进步、为世界谋大同作为自己的责任担当,其在百年奋斗中深刻改变了中国前进的方向和世界发展的格局。中国共产党领导人民创造的政治文明新形态具有极强的对话性,在政党制度上表现为中国共产党领导的多党合作和政治协商制度,其不同于西方的两党制、多党制等政党制度,突破了西方政党之间因激烈竞争而造成的政党困局。在实行两党制或多党制的西方国家,政党之间为了政治利益相互倾轧、相互攻讦的现象比较普遍,结果导致政治动荡、社会撕裂,对内对外政策难以保持稳定性。政治文明新形态的对话性既反映在中国共产党与国内民主党派之间的对话协商,也反映在中国共产党与世界各国政党之间的对话合作,有利于形成世界各国和平共处的良好国际环境,为推动形成和平发展的世界格局奠定了政治文明基础。

在中国式现代化发展中,社会文明新形态的形成为建设普遍安全的世界奠定了文明基石。建设普遍安全的世界需要各国秉持互相尊重的精神,践行真正的多边主义,共同参与安全体系建设,共同治理国际安全威胁,共同享有国际安全成果。社会文明新形态的形成以共建共治共享为根本理念,以社会稳定为根本前提,以人人参与为根本方式,以不断增进人民福祉、促进全体人民共同富裕为根本追求。《共产党宣言》明确指出:"过去的一切运动都是少数人的,或者为少数人谋利益的运动。无产阶级的运动是绝大多数人的,为绝大多数人谋利益的独立的运动。"①社会文明新形态努力发展人人有责、人人尽责、人人享有的社会治理共同体,依法打击恐怖主义、跨国犯罪、黑恶势力等危害社会安全的行为,反对任何破坏社会团结稳定的违法犯罪活动,努力打造安定有序的社会治理秩序。同时,推动践行共同、综合、合作、可持续的安全观,在共建共治共享中共同维护国际社会安全稳定,使每个国家的合理安全关切都得到普遍尊重。社会文明新形态的形成既为维护中国社会稳定作出了贡献,也为推动国际社会的发展作出了贡献,既有利于塑造一个和谐有序的国内社会,也为创造一个安定团结的国际社会奠定了文明基础。

在中国式现代化发展中,物质文明新形态的形成为建设共同繁荣的世界奠定了文明基石。在中国共产党的坚强领导下,中国人民不仅为自己的幸福而奋斗,也为世界人民的共同幸福而奋斗。在不断的探索中,中国根据自身的国情实行以公有制为主体、多种所有制经济共同发展,以按劳分配为主体、多种分配方式并存,社会主义市场经济体制等基本经济制度,以创新、协调、绿色、开放、共享的新发展理念引领高质量发展,从根本上有异于一切以私有制为基础的经济制度。在推进现代化的过程中,中国坚持推进高水平对外开放,深度参与全球产业分工和合作,通过搭建系列国际合作平台促进世界各国共同发展。西方现代化发展则以暴力血腥的方式进行对外扩张,通过发动战争、开展不平等贸易等非正义手段占有财富,其结果是将自身的发展建立在其他国家的贫困之上。中国特色社会主义物质文明通过自身的发展不断积累起丰厚的物质基础,其与西方现代化过程中依靠对外掠

---

① 《马克思恩格斯选集》(第一卷),人民出版社,2012年,第411页。

夺获取物质财富的方式同样存在根本区别。物质文明新形态的形成以合作共赢为核心理念,不同于现代西方文明中存在的霸权逻辑,既为中国经济高质量发展提供了前进方向,也为推动世界各国的共同繁荣奠定了文明基础。

在中国式现代化发展中,精神文明新形态的形成为建设开放包容的世界奠定了文明基石。精神文明新形态坚持马克思主义在意识形态领域的指导地位,融合发展了社会主义先进文化、革命文化和中华优秀传统文化,以社会主义核心价值观凝聚起社会团结和谐的最大公约数,并不断推动文明之间的交流互鉴,在文明交流中实现精神共鸣。中国特色社会主义精神文明是马克思主义中国化时代化发展的产物,是马克思主义基本原理同中国具体实际相结合、同中华优秀传统文化相结合结出的硕果,其坚持弘扬和平、发展、公平、正义、民主、自由的全人类共同价值,倡导不同文明之间的和谐共生,超越了西方现代化过程中产生的以奴役、压迫和剥削为主要观念的精神形态,揭露了西方"普世价值"的极端虚伪性。在当前世界范围内的精神文明交往中,西方发达国家以强势的文化输出对发展中国家进行精神剥削,推行"文化帝国主义",而发展中国家则在被动的接受中逐渐丧失对自己文化的主导权,沦为西方文化的附庸。在西方价值观的操纵下,世界到处充满着冲突和对立。中国式现代化创造的精神文明新形态对不同文化采取包容态度,在思维方式、价值理念、实践路径方面完成了对现代西方文明的超越,为创造一个开放包容的世界提供了文明基础。

在中国式现代化发展中,生态文明新形态的形成为建设清洁美丽的世界奠定了文明基石。生态文明新形态以人与自然和谐共生为目标追求,践行绿水青山就是金山银山的理念,在现代化发展中采取尊重自然、顺应自然、保护自然的态度,坚持山水林田湖草沙一体化保护和系统治理,反对无节制开发自然资源,反对先污染后治理的传统工业化老路。西方发达国家在现代化过程中虽然创造了巨大的物质财富,但是以牺牲环境为代价,造成了对自然资源的破坏,威胁整个人类地球家园。在工业化发展的后期,西方发达国家将一些污染严重的产业转移至发展中国家,虽然减轻了对自身生态环境的污染,但加剧了发展中国家的污染程度和资源消耗,仍然是以邻为壑的不可持续的工业发展模式。中国式现代化创造的生态文明新形态兼顾生产发展和生态保护,主张在发展中促进保护、在保护中推动发展,实现发展和保护的双赢,努力形成绿色化、低碳化的发展模式,同时统筹兼顾推动碳达峰碳中和,助力全球节能减排和可持续发展,实现人与自然的和谐共生。生态文明新形态的形成超越了西方现代化道路中的生态困局,不仅为中国的永续发展提供了文明依赖,也为世界的生态保护贡献了中国智慧,有利于建设一个清洁美丽的世界。

二、以政治文明建设推动构建持久和平的世界

地球是全人类的地球,世界是全人类的世界,守护地球与世界,人类义不容辞。渴望和平是人类持之以恒的梦想,只有在和平中才能促进各国的共同发展,只有在和平中才能推动世界的共同进步。近代以来两次世界大战带给人类最沉痛的教训就是要珍惜比金子还珍贵的和平时光。习近平总书记指出:"什么是当今世界的潮流? 答案只有一个,那就是和平、发展、合作、共赢。"①没有和平,世界不可能向前发展,没有发展,世界也不会获得持久和平。当前,和平与发展仍是世界的主题,但国际形势发生了复杂深刻的变化,局部冲突接连不断,风险挑战不断加大,世界进入新的动荡变革期,和平赤字问题愈发凸显。造成和平赤字的根源在于西方的霸权逻辑。西方在现代化过程中依靠科技霸权、文化霸权、军事霸权等获得了先发优势,通过非正义手段从世界各地掠夺了大量财富,并企图在后现代化时期依然通过

---

① 习近平:《论坚持推动构建人类命运共同体》,中央文献出版社,2018年,第91页。

霸权逻辑维持自己的强势地位,给广大发展中国家造成了深重的苦难。中国坚持走和平发展道路,对霸权主义、强权政治持鲜明的反对态度,主张通过对话协商解决分歧和矛盾,这是中华民族几千年来的历史文化传统,也是中国特色社会主义政治文明的生动反映。中国共产党领导人民创造的政治文明新形态以包容性为重要特征,倡导通过政治对话代替政治对立,以建设一个持久和平的世界。

(一)全球治理中的"和平赤字"问题

和平像空气和阳光一样珍贵,为人类社会的发展提供了基础保障。当前,人类社会处在一个大发展大变革时代,世界利益格局正在深刻调整,地区冲突此起彼伏,大国之间博弈加剧,恐怖主义肆虐蔓延,战争的"达摩克利斯之剑"仍然悬在人类头上。尽管和平、发展、合作、共赢已经成为时代潮流,但一些西方国家仍然挥舞着制裁的大棒,在世界范围内推行霸权、霸道、霸凌,导致"和平赤字"问题愈加凸显,给世界的发展埋下冲突的阴影,威胁着人类生产生活的和平安宁。

1."和平赤字"的问题表征

和平问题是与人类社会相伴而生的恒久性问题,在不同社会发展阶段呈现出不同的特征。所谓的"和平赤字"是指由于频繁受到战争、恐怖主义等因素的威胁,世界的发展处于一种非稳定状态的局面。"和平赤字"是全球化时代人类面临的共同挑战,不仅有损于当事国的利益,也对世界的发展进步构成了严重威胁,酿成了严重的人道主义灾难。自第二次世界大战以来,世界整体处于相对稳定的状态,但地区冲突、利益纷争等一直此起彼伏,军事竞争从未中断,尤其是近些年来随着世界形势的急剧变化,威胁世界和平的因素呈现出上升态势。在经历了快速的全球化发展之后,世界各国相互依存的程度大大加深,威胁世界和平的因素也呈现出跨国性、复杂性、多样性特征。"和平赤字"问题不仅是一国的事情,而是世界各国共同的事情,"和平赤字"的解决也绝不是依靠一国的力量,而是需要世界各国的共同合作。从当前世界发展的形势来看,"和平赤字"问题主要表现在地缘冲突不断、军事联盟扩张等方面。

（1）地缘冲突不断

地缘冲突的发生与地缘政治紧密相关。地缘政治是国家间缘于地理条件或地理因素而进行的政治互动,以及由此形成的政治关系。[①]它根据国家的各种地理要素和国际政治格局的地理形式来分析和预测国际形势和国家行为,是一个国家制定国防和外交政策的重要依据。地缘冲突则是国家间因地域上的利益不一致或对同一利益均具有要求而产生的矛盾。地缘冲突是当前影响国际局势的重要因素,即使局部冲突也存在演化为全域冲突的风险。当前,地缘冲突表现出旧有冲突尚未完全解决,新的冲突却不断出现的局面,地缘冲突的不确定性加大。冷战结束之后,两大超级阵营的对峙宣告结束,世界和平力量有所增长,但两极对峙所遮盖的地区冲突与局部对抗开始出现。进入21世纪以来,因政治较量、资源争夺、宗教冲突等原因,世界不同地区先后发生诸如阿富汗战争（2002年）、伊拉克战争（2003年）、黎巴嫩战争（2006年）、俄罗斯-格鲁吉亚战争（2008年）、利比亚战争（2011年）以及俄乌冲突（2022年）等区域性冲突,不仅对当地平民的生命安危造成较大威胁,也直接导致国际市场供应链受阻,给世界和平发展的形势带来较大影响。另外,类似于印巴冲突、巴以冲突、朝鲜半岛对峙等传统地区冲突并未得到根本解决,事态发展存在着随时升级的可能,世界的和平建设任重道远。

（2）军事联盟扩张

军事联盟是主权国家之间通过正式的条约安排或非正式的协议而建立的安全合作安排,主要涉及双边或多边的军事义务,包括共同防御威胁、采

---

① 周平:《"一带一路"面临的地缘政治风险及其管控》,《探索与争鸣》,2016年第1期。

取协作行动、保护与被保护等。①在和平年代,军事联盟本应主要以建立防御性机制为主要任务,但世界上的个别军事联盟却打着"防御"的幌子不断进行扩张,给世界和平造成极大威胁。北大西洋公约组织(简称北约)是第二次世界大战后美国为了遏制苏联,维护其在欧洲的主导地位而成立的军事联盟。冷战期间,北约奉行美国的军事战略,主要是为了对抗以苏联为首的军事联盟华约。但苏联解体后,北约并未解散,而是继续强化自己的军事联盟,在1991年北约罗马峰会、1999年华盛顿峰会、2010年里斯本峰会、2022年马德里峰会上相继推出不同版本的《北约战略概念》,对北约面临的战略环境、核心任务等进行判断与评估。作为一个地区性军事防御联盟,美国主导的北约自成立起不断拓展区域和领域,于1999年、2004年、2009年、2017年、2020年进行五次扩张,成员国从最初的12个不断增加,覆盖范围持续向北向东推进。作为冷战的产物和全球最大军事联盟,北约始终固守冷战思维、霸权逻辑和意识形态偏见,搞集团政治和阵营对立,并不断表现出进攻性趋势。军事联盟的扩张为世界的和平发展埋下隐患,其不断强化的军事霸权威胁着世界的和平与发展。

2."和平赤字"的产生原因

不管时代如何变化,和平始终是人类社会向前发展的根基。随着世界形势的急剧变化,"和平赤字"的形势也愈演愈烈。在不稳定不确定因素层出不穷的今天,人类对于和平世界的期盼屡遭粉碎。站在人类文明发展的视角来看,"和平赤字"不断损害着全球现有的国际秩序,持续引发世界不同地区的国家动荡,破坏了国际社会团结合作的局面,阻碍人类文明向前发展。在经历了几百年的全球化发展之后,世界各国已经深度融合、彼此连结,各个国家的前途命运息息相关。无论是世界各地爆发的地缘冲突还是全球军事联盟的扩张,"和平赤字"作为人类社会面临的共同问题不是仅对

---

① 刘丰:《国际政治中的联合阵线》,《外交评论》(外交学院学报),2012年第5期。

某一个国家或少数国家产生影响,而是对世界各个国家的发展都构成了普遍威胁。从国际视角来看,"和平赤字"的产生主要与一些国家奉行霸权主义、强权政治逻辑,世界和平治理机制存在缺陷以及发展中国家自身的治理能力存在不足有关。

(1)霸权主义、强权政治横行肆虐

追求和平是世界各国的普遍愿望,也是国际社会的共同职责。但反观当前的国际现状却发现霸权主义、强权政治在世界各处横行肆虐,单边主义制裁大棒到处挥舞,一些国家在外力的干涉下陷入政治动荡、经济衰退的境况。推行霸权主义、强权政治的国家将自身的国家利益凌驾于其他国家的利益之上,凭借自己强硬的军事、经济实力等对其他国家进行控制和干涉,是造成世界"和平赤字"的主要原因。邓小平指出:"战争是同霸权主义连在一起的。"①霸权主义、强权政治不仅使被干涉国家的人民受害,也对推行霸权主义、强权政治国家自身造成损害。持续了20年的阿富汗战争再次证明,霸权主义和强权政治只会加剧世界的动荡,使世界陷入战争和灾难的混乱之中。如果在国际事务中一味奉行独断专行、我行我素的霸权逻辑,无端干涉他国内政,结果只能是导致世界各地冲突不断,恐怖主义横行肆虐,难民数量持续上涨等人道主义危机。

(2)世界和平治理机制存在缺陷

当前,世界的交往主要以主权国家作为基本单元来进行,世界的和平发展需要所有主权国家遵循共同的国际规则、履行共同的国际义务,所有国家在国际大家庭中都享有平等的发展机会。第二次世界大战后,为了维护国际和平与安全,发展国际间以尊重各国人民平等权利及自决原则为基础的友好关系,进行国际合作,以解决国际间经济、社会、文化和人道主义性质的问题,并促进对全体人类的人权和基本自由的尊重,1945年成立了联合国。

---

① 中共中央文献研究室:《邓小平思想年编:1975—1997》,中央文献出版社,2011年,第525页。

联合国是最具普遍性、权威性和代表性的政府间国际组织,也是世界和平治理的主要机构,其签署的《联合国宪章》是联合国的基本大法,规定了成员国的责任、权利和义务,以及处理国际关系、维护世界和平与安全的基本原则和方法。但联合国在自身功能发挥方面仍存在不足,尤其是在涉及一些大国卷入的冲突时,联合国的调解作用显得有些捉襟见肘,一些国际规则在面对当下瞬息万变的国际局势时也显得有些滞后。

(3)发展中国家自身治理能力不足

国家自身的治理能力也与国家的稳定息息相关。发展中国家对于国内矛盾及国家间矛盾的治理能力不足也是引起局部动荡的原因,这些矛盾同样给了外部干涉势力以可乘之机。由于独特的地理位置、丰富的石油资源以及错综复杂的地区矛盾,中东地区在半个世纪以来一直处于动荡之中,一些国家内部宗教矛盾突出,极端势力层出不穷导致与政府发生冲突,一些国家因为经济发展落后、失业率居高不下而引发社会动荡,也有一些国家不顾他国的主权,以兄弟的名义互相干涉,造成地区的动荡和灾难。当前,中东地区正处于由传统社会向现代社会转型的加速期和徘徊期,旧的秩序正处于瓦解之中,新秩序尚未成型,转型中不断衍生出暴力冲突与战争。[①]发展中国家治理能力的不足制约着其对于国内矛盾以及国家间矛盾的调和,旧有的矛盾还未解决,新的矛盾就已出现,不同势力对于政治利益、社会资源、生存权利的争夺往往导致大规模社会冲突甚至走向武装对立。

(二)政治文明新形态对持久和平世界的构建

西方文明中的冲突对立思维是导致"和平赤字"的重要原因,解决遍布世界的"和平赤字"的根本办法是要回归到政治对话。政治对话就是主张世界各国在持续的政治沟通中化解矛盾,以理性、平和、互相尊重的方式寻找

---

① 唐志超:《中东乱局的根源及影响》,《当代世界》,2020年第3期。

对各方均有利的方案。在解决地缘政治冲突、军事联盟扩张等问题上,西方文明所寻求的"自我优先""唯我独尊""以暴制暴""恃强凌弱"逻辑只会激化既有的矛盾,加剧地区动荡,无益于从根本上解决问题。中国式现代化创造的政治文明新形态蕴含着深刻的对话协商理念,其与西方文明中的对立冲突思维存在本质区别,对于解决全球发展面临的"和平赤字"问题提供了文明依托。秉持着对话协商理念,中国提出了系列建构和平世界的方案,为未来世界的和平发展提供了实践路径,有利于世界各国形成一个命运与共的和平共同体。

1.政治文明新形态中的对话协商理念

对话性是中国特色社会主义政治文明的鲜明特征,对话协商理念贯穿在中国特色社会主义政治文明新形态形成的过程。所谓对话协商是主体之间通过言语沟通而达成共同决策的过程,其中对话是协商的基础,协商是基于对话的行动,两者共同指向一致的意见和行为。戴维·伯姆认为对话就像是流淌于人们之间的意义溪流,所有对话者都能够参与和分享这一意义之溪,并能够在对话之中萌生新的理解和共识。①尤尔根·哈贝马斯从交往的视角解释对话,认为任何对话都是在主体相互承认的基础上展开的,主体在自我性范畴中相互认同,同时又坚持其非同一性。②对话的前提是双方之间各自保持着自身的差异性,对话的目的也不是为了将对方改造成为另一个自我,而是不同主体之间在保持自身独立性基础上的意义交流与价值共享。在对话的过程中,双方通过深入坦白的交流而获取对方的信任,并在信任的基础上开展系列交往行动。在政治生活领域坚持对话协商理念就是主体之间在互相尊重的基础上进行沟通交流,以期就共同关心的问题达成共识并采取切实的行动,最终取得对各方均有利的结果。在这个过程中,不同主体之间平等相待,他们之间的差异性始终予以保护,不存在一方对另一方的

---

① [英]戴维·伯姆:《论对话》,王松涛译,教育科学出版社,2004年,第6~7页。
② [德]尤尔根·哈贝马斯:《认识与兴趣》,郭官义、李黎译,学林出版社,1999年,第134页。

压制。

　　对话性是中华优秀传统文化的精神写照，中华优秀传统文化中蕴含着深刻的对话思想。作为中华优秀传统文化代表的《论语》即以对话的形式阐释了为学为事为人的道理，对中华民族几千年来的文化产生深远的影响。《论语》之中形式上的对话其本质反映出来的是思想上的碰撞和交流，是一种思想对另一种思想的言说，是不同心灵之间的沟通。孔子与其弟子在一问一答中创造出一个哲学的世界，形成了一种对话性的哲学范式。除《论语》之外，《道德经》《庄子》《孟子》《中庸》等文化经典中均反映出深刻的对话思想。中华优秀传统文化中所主张的对话性反映在人与人、人与自然、人与社会等不同维度，在处理君民关系上推崇"独乐乐不如众乐乐""水能载舟，亦能覆舟"，在处理人与人的关系上讲求"己欲立而立人，己欲达而达人""礼之用，和为贵"，在处理人与自然的关系上强调"人生天地之间，乃与天地一体也""道生一，一生二，二生三，三生万物"。中华优秀传统文化中的对话性追求不同主体之间的和谐统一，在互动中形成主体之间有机的共生关系，从而不断促进人的全面发展和社会的全面进步。

　　在中国特色社会主义政治制度的建设过程中，中国共产党始终将对话协商理念贯穿其中，坚持有事好商量、众人的事情由众人商量，找到全社会意愿和要求的最大公约数，以人民民主保证和支持人民当家作主。中国特色社会主义政治制度是政治文明新形态的结晶，其中人民代表大会制度是我国的根本政治制度。人民代表大会由民主选举产生，对人民负责、受人民监督，即按照法定程序，由选区选民或者选举单位在民主选举的基础上产生各级人大代表，组成各级人民代表大会，再由其产生其他国家机关，行使国家权力，其中各个国家机关以及中央与地方合理划分职能，在中央统一领导下充分发挥地方的积极性、主动性。人民代表大会的运行方式充分反映着与人民对话、与基层对话的理念，在国家重大决策中发挥着实现人民当家作主的作用。中国共产党领导的多党合作和政治协商制度是我国的一项基本政治制度,在中国共产党的领导下,各民主党派、各人民团体、各少数民族和社会各界的代表,对国家的大政方针以及政治、经济、文化和社会生活中的重要问题在决策之前举行协商和就决策执行过程中的重要问题进行协商,充分反映了中国特色社会主义政治文明新形态中有事多商量、遇事好商量的对话性,有利于画出最大同心圆、汇聚最广泛的正能量。民族区域自治制度和基层群众自治制度也充分体现着我国政治制度中的对话协商理念。

坚持对话协商是政治文明新形态的重要特征,也是中国共产党处理国际关系的原则。习近平主席在参加第七十届联合国大会一般性辩论时的讲话中就明确提出:"协商是民主的重要形式,也应该成为现代国际治理的重要方法,要倡导以对话解争端、以协商化分歧。"①民主是各个国家人民的普遍追求,也是国际社会的共同追求。要想实现国际社会的民主,就得让所有国家都有机会参与到国际对话当中。国际社会的事情不能只由一个国家或少数国家说了算,而应该尊重每个国家的合理关切。国家无论大小,一律平等。当前,世界上的事情越来越需要各国共同商量着办,建立国际机制、遵守国际规则、追求国际正义成为多数国家的共识。这就需要各个国家摒弃我赢你输、赢者通吃的陈旧逻辑,追求双赢、多赢、共赢的新理念,以多边主义代替单边主义。在国际关系构建中,中国坚持对话而不对抗,结伴而不结盟的国与国交往新路,主张通过对话方式而不是对抗方式解决矛盾冲突,推动国家之间形成互利共赢的伙伴关系而不是同盟关系。在现代国际关系中,结伴是国家之间为实现共同目标而建立的一种独立自主的合作关系,结盟则是国家之间通过军事安全合作而建立的一种政治军事关系。结伴有益于世界各国之间的友好合作,而结盟往往会加剧世界不同地区的紧张关系。

2.建设持久和平世界的中国方案

和平关乎人类发展,和平关涉人类幸福。在几千年的历史中,人类为了

---

① 《习近平谈治国理政》(第二卷),外文出版社,2017年,第523页。

寻求和平，走过一条非常曲折和痛苦的道路，既经历了血腥的热战，也饱尝了冰冷的冷战，和平与发展成为全人类的共同愿望。作为联合国安理会常任理事国之一，中国高举和平、发展、合作、共赢的旗帜，始终坚持走和平发展道路，始终做世界和平的建设者、全球发展的贡献者、国际秩序的维护者，永远不称霸、永远不扩张、永远不谋求势力范围。从蓝盔行动到海军亚丁湾护航，中国以切实行动维护世界和平。在2017年联合国日内瓦总部的演讲《共同构建人类命运共同体》中，习近平主席提出要坚持对话协商，建设一个持久和平的世界。和而不同、以和为贵的观念是中华民族几千年来的价值主张，承载着中国人民对于共建一个美好世界的期盼。中国特色社会主义政治文明继承了中华优秀传统文化的精华，吸收借鉴了世界政治文明的有益成果，内蕴着世界和平发展的文明基因。政治文明新形态的形成有利于推动建设一个持久和平的世界，以对话协商的方式化解矛盾冲突是世界和平发展的有利选择。

坚持对话协商，建设持久和平世界，要构建新型国际关系。新型国际关系以合作共赢为核心，就是所有国家在相互合作中共同进步，所有国家在相互合作中都能够有所收获。平等是构建合作共赢关系的核心，离开了平等则一切无从谈起。大国之间要保持互相尊重，关照彼此的核心利益和重大关切，合理管控分歧矛盾，大国对小国要平等相待，尊重彼此的政治制度，尊重彼此选择的发展道路，不能强行将自己的政治制度和发展模式推销给其他国家。新型国际关系不是同盟关系，也不存在主仆关系、依附关系，而是合作共赢的伙伴关系。1984年5月，邓小平在概括新时期中国外交的指导原则时指出："中国的对外政策是独立自主的，是真正的不结盟。"[1]结伴而不结盟是中国处理国际关系的重要原则，也是中国为构建和平世界提供的主张。在结伴而不结盟原则的指导下中国建立了与不同国家不同层次的伙伴关

---

① 《邓小平文选》(第三卷)，人民出版社，1993年，第57页。

系,实现了对大国、周边国家和发展中国家伙伴关系的全覆盖,全面推动中国与世界各国的合作共赢。合作共赢的新型国际关系超越了零和博弈、赢者通吃的冷战思维,有助于化解国际社会的矛盾冲突,实现不同国家之间的和平相处。

坚持对话协商,建设持久和平世界,要反对霸权主义、强权政治。在现代国际关系史上,霸权主义是大国、强国、富国欺辱、压迫、支配、干涉和颠覆小国、弱国,不尊重他国的独立和主权,进行强行的控制和统治。强权政治则是一些霸权主义国家把自己的意志强加给别的国家,无视别国的独立、主权和权益,采用政治、经济、军事、外交、思想文化等手段,对别国进行统治和支配的行为,力图在国与国之间建立某种统治与服从的关系。霸权主义和强权政治均奉行"强权即公理",以话语霸权压制话语交流,在国际问题处理上只考虑自身利益,无视他国的合理关切,国与国之间处于一种非对等的交往状态。霸权主义和强权政治是导致全球"和平赤字"的主要原因,一些大国利用自身的军事、科技、经济实力等在世界各处煽风点火,导致地区冲突此起彼伏、国际关系持续紧张。邓小平谈道:"反对超级大国的霸权主义也就是维护世界和平。"①国际社会要团结起来,坚决反对霸权主义、强权政治,反对冷战思维,反对干涉别国内政,反对搞双重标准,反对动辄使用武力或以武力威胁处理国际争端,选择站在国际正义的一边,推动世界各国以对话方式解决矛盾冲突。

坚持对话协商,建设持久和平世界,要维护国际关系基本准则。国际关系基本准则是国家之间交往需要共同遵循的规则,对于维护国际社会公平正义发挥着重要作用。在国际关系基本准则的约束下,各个国家得以平等开展国际交往,共同处理涉及多方利益的问题,在对话协商中妥善管控和解决分歧和矛盾。第二次世界大战之后,国际社会建立了以联合国为核心的

---

① 《邓小平文选》(第三卷),人民出版社,1993年,第104页。

国际体系、以国际法为基础的国际秩序、以联合国宪章宗旨和原则为基础的国际关系基本准则。世界各国要认真从两次世界大战中吸取教训,坚决维护以联合国宪章宗旨和原则为基础的国际关系基本准则,推进国际关系民主化,推动全球治理朝着更加公正合理的方向发展。中国在国际交往中结合自身的实际提出了"和平共处五项原则",即互相尊重主权和领土完整、互不侵犯、互不干涉内政、平等互利、和平共处等五项内容,是对国际关系基本准则的践行和发展。中国坚持奉行独立自主的和平外交政策,中华民族的血液中没有侵略他人、称王称霸的基因,中国愿同世界其他国家一道共同维护世界和平。国际关系基本准则为世界各国的行为划定了范围,世界各国应以国际关系基本准则为依据处理问题,共同掌握世界发展的前途命运。

坚持对话协商,建设持久和平世界,要销毁、禁止核武器。核武器是世界上最危险的武器,其造成的破坏力巨大,对环境产生持续性威胁,甚至影响几代人的正常生活。1945 年,美国在广岛和长崎分别投下一颗原子弹,将两座城市几乎摧毁,并造成约 21.3 万人当场死亡。销毁、禁止核武器,防止核武器扩散是世界和平发展的重要任务。联合国秘书长安东尼奥·古特雷斯谈道:"消除核武器是我们能馈赠给子孙后代的最宝贵礼物。"在联合国的推动下,世界先后建立了拉丁美洲地区、南太平洋地区、东南亚地区、非洲地区、中亚地区等无核武器区,并将 9 月 26 日确立为彻底消除核武器国际日。中国主张核武器国家应重申"核战争打不赢、也打不得",中国承诺不首先使用核武器、无条件不对无核武器国家和无核武器区使用或威胁使用核武器。中国从未在国外部署核武器,也不参加任何形式的核军备竞赛,始终将核力量维持在国家安全需要的最低水平。针对伊朗核问题、朝鲜半岛核问题,对话协商是解决矛盾的关键,而对抗冲突只会加剧局势紧张。中国坚定支持各方开展积极的对话协商,以政治方式推动问题解决,避免采取可能加剧局势紧张和导致误判的行动,推动世界朝着无核化方向发展。

坚持对话协商,建设持久和平世界,要推动新领域合作。深海、极地、外空、互联网等领域的探索是世界各国协同发展的新疆域,尤其是深海、极地、外空的开发综合程度高、技术难度大、发展潜力大,更需要借助世界各国的不同优势,通过开展相互之间的对话沟通,提升合作的深度和效率。互联网领域则是人类从物理空间到虚拟空间的拓展,极大地丰富了人类活动的可能性,但也可能成为新的话语霸权的诞生地。在外空领域,从冷战时期开始就成为美苏争霸的竞技场,在互联网领域,美国也利用其先发优势掌握着网络技术的核心密码。深海、极地、外空、互联网等新疆域的开发是以先进的科学技术为支撑的,一些尚未掌握该领域技术的国家根本不具备利用新疆域的基础。从人类福祉的长远角度出发,世界各国要承担起对国际社会的共同责任,不能将深海、极地、外空、互联网等新疆域打造成人类竞技的博弈场,不能将"弱肉强食""丛林法则"等延伸到新疆域的发展,不能以成全少数国家的利益而牺牲大多数国家的利益。新疆域的拓展为人类合作提供了新的契机,世界各国应该秉持和平、主权、普惠、共治的原则,强化新疆域开发的对话交流,为共同拓展人类生存空间作出新的贡献。

三、以社会文明建设推动构建普遍安全的世界

安全问题与和平问题息息相关,没有安全的世界就不会有和平的世界。国泰民安是人民群众最基本、最普遍的愿望,世界安全与每一个人的利益息息相关。建设一个普遍安全的世界就是人类社会在和平的基础之上实现国家和地区的共同、综合、合作和可持续的安全。在世界全球化发展持续推进的背景下,人类命运休戚与共、紧密相连,世界上不存在绝对安全的孤岛,安全需要各国共同维护,普遍安全才是真正的安全。当前,国家安全的内涵和外延比以往任何时候都要宽广,要统筹外部安全和内部安全、国土安全和国民安全、传统安全和非传统安全、自身安全和共同安全,推动世界各国形成

责任共担的安全共同体。习近平总书记强调："实现各国共同安全,是构建人类命运共同体的题中应有之义。"①安全问题从来都是双向的、联动的,不能只顾一个国家安全而罔顾其他国家安全,更不能以牺牲别国安全来谋求自身的绝对安全。中国式现代化创造的社会文明新形态秉持共建共治共享的理念,以社会稳定为根本前提,以不断增进人民福祉、促进全体人民共同富裕为目标追求,对于维护国际社会公平正义,化解国际社会矛盾纠纷发挥了重要作用,为推动形成普遍安全的世界提供了文明依托。

(一)全球治理中的"安全赤字"问题

"安全赤字"与"和平赤字"紧密相关,是人类对于社会安全的需要与当前安全治理不能满足人类需要之间的矛盾。在国际局势加速转变的背景下,安全威胁多元化的趋势愈加明显,全球正面临着来自恐怖主义、跨国犯罪、重大疫情、粮食短缺、难民危机等方面的安全问题。随着生产要素的跨国流动,安全问题也已经超越传统国家的边界,地区性风险正在逐步演化为全球性风险,世界各国的安全问题彼此错综复杂交织在一起。同时,同一个国家也可能面临来自不同方面的安全问题,形成安全问题的叠加困境,加剧了社会紧张程度。"安全赤字"是当前摆在人类面前的共同威胁,其影响范围越来越广,持续时间越来越长,对人类应对安全威胁的能力要求也越来越高。人类共处于同一个家园,各国在分享共同利益的同时也要共担安全责任,共同维护国际社会的普遍安全。

1."安全赤字"的问题表征

随着人类社会活动不断向新领域开拓,"安全赤字"已成为国际社会愈演愈烈的问题,国际社会需要共同面对的安全威胁层出不穷,类似于"灰天鹅""黑犀牛"事件的出现更是加剧了全球发展的不确定性。当前,世界各国

---

① 习近平:《论坚持推动构建人类命运共同体》,中央文献出版社,2018年,第484页。

人们的生活普遍联系在一起,一国出现的安全问题可能会波及其他国家的社会稳定,而一些全球性安全问题则更是对每个国家的社会稳定都造成了影响。从世界面临的安全挑战来看,恐怖主义、难民危机、跨国犯罪、公共卫生事件、粮食和能源短缺等是摆在世界面前的突出问题。

(1)恐怖主义蔓延

自从20世纪60年代以来,世界上的恐怖主义活动激增,特别是70年代以来,恐怖主义活动在中东、西欧、亚洲和拉美地区频繁发生。根据《中华人民共和国反恐怖主义法》第三条的规定,恐怖主义是指"通过暴力、破坏、恐吓等手段,制造社会恐慌、危害公共安全、侵犯人身财产,或者胁迫国家机关、国际组织,以实现其政治、意识形态等目的的主张和行为。"[1]恐怖主义活动一直是世界和平发展的重要威胁,恐怖主义势力的发展越来越呈现出全球化的趋势。中东地区的"伊斯兰国"组织、"基地"组织,非洲地区的"伊斯兰国"西非分支、索马里青年党、"博科圣地"等组织已成为威胁地区安全,甚至是破坏全球安全的极端组织。他们在全球范围内开展绑架人质、贩卖人口、盗采自然资源、毒品走私等违法犯罪活动,在世界各地发动自杀式袭击等恐怖行动,是危害国际和平的公害。当前,恐怖主义势力正在利用全球发展出现的能源危机、粮食危机、通货膨胀等进行蔓延,除了传统的通过人口走私招募青少年难民、利用武器黑市获得装备之外,恐怖组织也正在利用大数据和暗网等先进信息技术进行宣传、招募、筹资、购买武器等活动,在组织结构上实现了基层化、技术化和去中心化,连续不断策划"独狼"式恐怖袭击。[2]

(2)国际难民增加

国际难民是因受到战争、自然灾害、种族迫害、宗教矛盾、政治避难等原因的影响而不能或不愿意回到原籍国的群体。国际难民的数量波动是反映

①　《中华人民共和国反恐怖主义法》,《人民日报》,2015年12月28日。
②　况腊生、闫文虎:《国际恐怖势力重新反弹》,《解放军报》,2022年9月15日。

世界和平稳定情况的重要指标。近些年来,受到战火纷扰、疫情蔓延、粮食短缺、气候变暖等因素的影响,全球难民人数不断增加,引发世界各国的高度关注。联合国难民署发布的数据显示,全球难民、难民申请者和"流离失所者"等总人数已经突破1亿。在长期饱受战火侵扰的阿富汗、叙利亚、伊拉克等国,难民问题形势严峻,阿富汗战争造成约1100万人沦为难民,伊拉克战争造成约250万人沦为难民,叙利亚战争造成660万人逃离家园,委内瑞拉、南苏丹等国由于政局动荡、经济凋敝,也是全球难民的主要来源国。①2022年以来的俄乌冲突引发二战以来扩散速度最快、规模最大的被迫流离失所危机。1951年联合国通过的《关于难民地位的公约》和1966年发布的《关于难民地位的议定书》对国际难民权利的保护作了基本规定,对于加强国际难民保护体系建设作出了重要贡献。但由于难民数量的不断激增,联合国难民署等国际组织资金、人手有限,西方国家不断挑起事端,难民来源国治理能力较低等原因,全球难民群体正面临着严重的人道主义危机。

(3)跨国犯罪激增

近年来,随着国际社会交流交往的增多,跨国犯罪不断呈现出上升趋势,新型犯罪类型不断出现。跨国犯罪是影响国际社会安全的突出问题,类似于跨国走私、跨国赌博、跨国电诈、跨国毒品交易、跨国偷渡等行为都属于跨国犯罪行为。《联合国打击跨国有组织犯罪公约》规定,存在以下四种情形之一的犯罪即属于跨国犯罪:①在一个以上国家实施犯罪;②虽在一国实施,但其准备、筹划、指挥或控制的实质性部分发生在另一国的犯罪;③犯罪在一国实施,但涉及在一个以上国家从事犯罪活动的有组织犯罪集团;④犯罪在一国实施,但对于另一国有重大影响。在信息化发展的新阶段,一些犯罪分子还利用虚拟货币、区块链、人工智能技术等实施跨国犯罪行为,跨国犯罪的隐蔽性、迷惑性、危害性更强,给地区安全造成严重影响,也增加了跨

---

① 李嘉宝:《全球过亿难民何处安身立命?》,《人民日报(海外版)》,2022年6月9日。

国犯罪的治理难度。当前,跨国犯罪正在朝着有组织化的方向发展,在经济利益的驱动下,犯罪行为呈现出产业化分布、集团化操作,犯罪类型由单一种类转变为复合种类,犯罪空间由物理空间转向网络空间。跨国犯罪行为危及人民群众日常生活的安宁,关系到社会发展的安全稳定,是国际社会重点打击的公害。

(4)公共卫生事件频发

公共卫生事件因影响到公众的健康而受到广泛关注。近年来,受到全球环境变化的影响,一些突发重大公共卫生事件不断出现,尤其是重大传染病的流行对世界各国人民的生命安全造成严重威胁。自20世纪70年代起,新传染病即以每年新增一种或多种的速度出现。2007年世界卫生组织发布的报告《构建安全未来:21世纪全球公共卫生安全》强调,全球处在史上疾病传播速度最快、传播范围最广的时期。全球化带来的人员频繁流动为疾病传播提供了媒介,这也使得疾病暴发后的控制难度变得越来越大。由于长期以来抗生素药物的过度使用,新增出现的病毒也表现出越来越强的耐药性,病毒的变异速度超过以往历史时期。进入21世纪以来,全球先后发生甲型H1N1流感疫情、脊髓灰质炎疫情、寨卡疫情、埃博拉疫情以及新冠疫情等国际关注的突发公共卫生事件,对人类社会正常的生产生活造成极大影响,甚至导致社会发展陷入几乎停滞的局面。公共卫生事件的频发向人类社会提出了安全预警,世界各国要高度重视由突发公共卫生事件所造成的衍生性后果。

(5)粮食和能源短缺

粮食和能源事关社会的发展稳定,是影响国计民生的重要安全问题。手中有粮、心中不慌。粮食和能源安全是事关人类生存的根本性问题,粮食和能源的饭碗必须端在自己手里。受到地缘冲突、重大疫情和极端天气等因素的影响,国际粮食和能源市场出现剧烈波动,并逐渐演变为全球性风险。从粮食和能源的分配来看,全球粮食和能源分配存在严重的不均衡,国际粮食和能源贸易机制在供需两端存在断裂,粮食和能源富余国向粮食和能源短缺国转移时存在困难。一些地区粮食和能源价格上涨,更有一些国家面临着粮食和能源进口困难。地缘冲突、疫情影响等导致一些粮食主产国的粮食无法及时进入供给端,也有一些国家直接采取粮食保护主义的态度,引起粮食国际贸易结构性失衡。以"拉尼娜现象"等为代表的极端天气使全球多个粮食生产国的农作物受到影响,粮食减产现象比较突出。能源问题与粮食问题交织在一起,粮食的短缺也会造成能源生产受限,能源的短缺又影响了粮食耕种,双重矛盾凸显了当前世界各国面临的安全隐患。在上海合作组织成员国元首理事会第二十二次会议上,习近平主席特别强调了能源安全和粮食安全两个重要问题,对维护地区能源安全和粮食安全发挥了重要作用。

2."安全赤字"的产生原因

当前,世界的发展既不太平也不安宁,大国博弈持续加剧,区域热点安全问题此起彼伏,新旧安全问题交织叠加,多重危机不断涌现。以恐怖主义、跨国犯罪、公共卫生事件、粮食和能源短缺为代表的"安全赤字"影响了国际社会的稳定。在"地球村"这个人类生活的共同家园中,每个国家都对世界的普遍安全负有责任,"安全赤字"的出现与世界各国息息相关,"安全赤字"也影响到每一个国家的发展。一些西方国家在全球推行霸权行径为"安全赤字"的产生埋下了隐患,一些国家只顾个人安全而罔顾其他国家安全的行为也导致全球安全机制断链脱钩,一些国家受限于技术水平而表现出对于新型安全问题的应对准备不足。

（1）全球安全治理机制存在缺陷

在全球化发展的背景下,世界各国相互依存的程度大大加深,安全问题早已超越国家的边界,成为世界各国共同面对的问题。恐怖主义、跨国犯罪、疫情风险等的影响也已经不再囿于一国一域,而是演变为全球性问题。但是从当前全球安全治理机制来看,世界各国应对"安全赤字"的国际合作明显缺失,在处理跨国安全问题时显得有些捉襟见肘,一些区域性安全问题也有不断发展为全球性安全问题的趋势,更是加大了全球安全治理的难度。一些大国秉持霸权霸凌霸道的逻辑,为了追求自身的绝对安全而牺牲其他国家的安全,国际社会的公平正义遭到破坏;一些国家之间虽然建立了安全联盟,却仍是以维护个别国家利益为主,同样缺少对于其他国家安全利益的关切;作为政府间国际组织的联合国在面对一些涉及多方利益的安全问题时也无法发挥其有效的调节作用,一些西方大国总是绕开联合国制定的国际公约,明目张胆地侵犯其他国家的安全利益,凸显出当前全球安全治理面临的困境。

(2)一些国家应对安全威胁的能力滞后

随着社会环境的变化,来自社会、网络、自然界等的新型安全问题层出不穷,对世界各国的安全治理能力也提出了严峻的考验。在社会安全方面,恐怖主义犯罪与宗教极端势力交织在一起,给世界的安宁造成极大破坏,对世界各国的安全治理水平也提出严峻考验。一些国家在应对各种类型的恐怖主义活动时存在能力滞后,缺少预防性、针对性、专业化的防范措施。在数字化发展日益加深的情况下,数据安全问题已成为摆在世界各国面前的突出问题,并成为制约一个国家数字化发展的重要方面。数字化发展为人们的生活提供了便利,但也储存了大量与用户个人有关的信息,这些信息的积聚不仅关涉用户的隐私,也可能隐藏着大量与国家安全有关的信息,尤其是涉及先进技术、科技研发、国防工业等领域的数据采集,关系到国家的总体安全和长远发展。但就目前世界各国的发展水平来看,众多国家缺少应对数据攻击、数据泄漏、数据扒窃等方面的核心技术,在数据安全人才储备上也面临着一定的不足。同时,来自自然界的一些突发灾害、重大疫情等也给各国应对突发安全事件的能力提出了挑战,一些国家在灾害管理制度建设、灾害应急处理能力建设、灾害应急人才队伍培养方面仍存在很大提升空间。

（二）社会文明新形态对普遍安全世界的构建

社会文明新形态是中国共产党带领中国人民在社会建设中积累的中国特色社会主义社会文明，反映在社会治理的理念、方法、路径等方面，既为建设一个和谐稳定的国内社会奠定了文明基础，也为建设一个安定有序的国际社会提供了文明依托。社会文明新形态秉持共建共治共享的理念，推动形成人人有责、人人尽责、人人享有的社会治理共同体，促进社会治理的社会化、法治化、智能化、专业化水平。社会文明新形态有利于加强国际社会的团结合作，共同应对世界发展中面临的安全困境，推动世界各国在共同参与、共同负责、共同协作中提升安全治理能力，打造一个有效的全球安全治理体系，为建设一个普遍安全的世界作出贡献。

1.社会文明新形态中的共建共治共享理念

党的十九届四中全会审议通过的《中共中央关于坚持和完善中国特色社会主义制度、推进国家治理体系和治理能力现代化若干重大问题的决定》中指出要"坚持和完善共建共治共享的社会治理制度，保持社会稳定、维护国家安全"。共建共治共享的理念贯穿在社会文明新形态的形成过程中，是优化社会治理的重要指导观念，有利于推动社会治理的现代化，对于维护国家安全、社会稳定、人民安宁发挥了重要作用。共建共治共享突出强调多元主体参与在社会发展中的价值，注重发挥政府、社会和公民的协同力量，保障社会主体参与社会治理，努力形成党委领导、政府负责、社会协同、公众参与、法治保障的多元治理格局。共建共治共享的理念体现了社会治理的包容性，为各种力量参与社会治理提供了思想指导，也为国际社会的发展提供了思想指引，有利于促进世界各国团结合作，化解国与国之间的矛盾分歧，建设一个普遍安全的世界。

共建即共同参与社会建设。随着社会文明程度的整体提升，社会建设也已经由过去的一元推动向多主体参与转变，社会发展的活力充分涌现，人民的智慧得到彰显。社会文明新形态鼓励多元主体参与社会建设,重视发挥不同主体在社会建设中的积极性、主动性和能动性,并为不同主体参与社会建设提供良好的条件。共建理念体现了人人有责、人人尽责的文明观,有利于激发社会的创造力,提升社会的整体凝聚力。共建理念反映在国际社会建设上则体现为尊重每个国家的主体地位,通过加强各国的共同合作,促进各国共同构建一个安全的世界,反对在国际社会中以大欺小、以强凌弱,反对为了谋求自身的绝对安全而牺牲他国的安全。推动国际社会共建就是要打破一些大国"唯我独尊"的霸权地位,为广大发展中国家参与国际社会建设提供更多机会,使世界上不同的国家都能参与到国际事务商讨之中。世界各国要共同维护现有国际秩序,共同参与国际社会改革,共同推动国际秩序朝着更加公平合理的方向发展。

共治即共同参与社会治理。现代性的社会治理是一个系统性、协同性、综合性都很高的活动,治理涉及的领域延伸到社会各个角落,以往单纯依靠行政力量进行治理的方式已经不适应时代发展。随着公民主体意识的觉醒及各类社会组织的发展壮大,个人要求参与社会治理的愿望越来越强烈,也在社会治理中发挥着越来越大的作用,形成了对行政力量的有效补充。社会问题的复杂多样,社会矛盾的多元叠加、社会利益的错综复杂也越来越需要借助不同主体的力量来进行治理。共治理念反映到国际社会治理上则体现为世界各国共同参与国际问题的解决,共同化解国际社会发展中遇到的问题,共同构建国际社会治理需要遵循的规则。世界各国都需要自觉担负起对国际社会的责任,不能为了自身的利益而僭越国际规则,不能为了解决本国的问题而损害其他国家的利益。国际社会发展中遇到的问题需要世界各国共同承担,并通过各国的相互协作来共同促进问题的解决。

共享即共同享有社会成果。共享是就社会成果的覆盖面而言的,是人人都能够享受到社会建设、社会治理带来的成果,能够分享社会进步取得的成绩。社会文明新形态秉持共享理念,坚持一切为了人民、一切依靠人民,坚持社会发展进步的成果由人民共同享有。共享理念体现了中国共产党以人民为中心的执政理念,体现了中国共产党全心全意为人民服务的宗旨,体现了中国共产党坚持把人民放在心中最高位置的不懈追求。共享的目标就是要不断增进人民福祉,促进人的全面发展和全体人民共同富裕。共享理念反映到国际社会发展上就是要推动世界各国共同享有国际社会建设、国际社会治理的成果,共同分享国际社会发展进步取得的成绩。在共享理念的指导下,国家之间无论大小、贫富、强弱均享有平等机会,均是国际事务参与的平等主体,均能获得合理的话语权。共享理念为世界各国共同发展提供了思想指引,有利于形成世界各国的发展合力。

2.建设普遍安全世界的中国方案

建设一个普遍安全的世界是世界各国人民的共同愿望。只有实现了普遍安全才能实现更好的发展,只有实现了普遍安全,世界人民才能更加和谐地生活在一起,只有实现了普遍安全,才能将人类引领至一个更加美好的未来。中国高举和平、发展、合作、共赢的旗帜,主动参与国际热点难点问题的政治解决进程,推动国际政治经济秩序朝着更加公正合理的方向发展,坚定支持构建一个普遍安全的世界。当前,安全问题的跨国性、联动性、多样性更加突出,安全治理不能只依靠某一个国家或少数国家的力量。面对层出不穷的威胁世界安全的因素,中国积极展现负责任大国的担当,积极推动不同国家、地区之间的团结合作,共同应对此起彼伏的风险挑战。只有同心协力才能形成解决问题的强大合力,只有和衷共济才能共同化解威胁社会安全的各种因素。中国特色社会主义发展中形成的社会文明新形态秉持共建共治共享的理念,既强调世界各国共同参与全球安全体系建设,又着眼于世界各国共同参与全球安全问题治理,同时推动世界各国共同分享安全发展的成果,对于推动普遍安全世界的构建提供了文明依托。

在博鳌亚洲论坛2022年年会开幕式上,习近平主席发表题为"携手迎接挑战,合作开创未来"的主旨演讲并从人类命运与共的视角提出全球安全倡议,对推动普遍安全世界的构建贡献了中国方案。全球安全倡议从坚持共同、综合、合作、可持续的安全观,坚持尊重各国主权、领土完整,坚持遵守联合国宪章宗旨和原则,坚持重视各国合理安全关切,坚持通过对话协商以和平方式解决国家间的分歧和争端,坚持统筹维护传统领域安全和非传统领域安全等六个方面提出了郑重倡议。全球安全倡议是中国对"世界需要什么样的安全观念,如何实现世界的普遍安全"问题的回答,是人类命运共同体理念在安全领域的实践,既为推进全球安全治理、应对国际安全挑战贡献了中国智慧,更为维护世界和平安宁指明了前进方向。站在世界发展的十字路口,中国始终与世界各国一道,推动全球安全治理体系改革,破解人类面临的安全困境,为安全世界的构建贡献自己的力量。

坚持共建共治共享,建设一个普遍安全的世界,要践行共同、综合、合作、可持续的安全观。全球安全倡议是维护世界安全的系统性方案,其中坚持共同、综合、合作、可持续的安全观是理念指引。2014年习近平主席在参加"亚洲相互协作与信任措施会议"上海峰会时发表了"积极树立亚洲安全观 共创安全合作新局面"的主旨演讲,并首次提出了"共同、综合、合作、可持续的亚洲安全观"。在2017年国际刑警组织第八十六届全体大会开幕式上的主旨演讲中,习近平主席将"亚洲安全观"提升为"全球安全观",成为全球安全治理的重要理念遵循。2022年博鳌亚洲论坛提出的全球安全倡议将共同、综合、合作、可持续的安全观作为重要内容之一,充分反映出中国在全球安全问题上的主张。共同、综合、合作、可持续的安全观展现出中国在思考全球安全问题时的系统性思维和前瞻性视野,是尊重世界各国的主权独立,兼顾世界各国的共同利益,着眼世界各国的共同发展,促进世界各国的共同安全的整体性理念。共同、综合、合作、可持续的安全观在实践中主张加强世界各国之间的团结合作,构建国家安全治理新格局,推动世界各国实现可持续发展和永久安全。共同、综合、合作、可持续的安全观为人类命运共同体在安全领域的构建提供了中国智慧,体现出中国在处理国家安全事务中的责任担当。

坚持共建共治共享,建设一个普遍安全的世界,要创新全球安全治理机制。全球安全倡议为世界的安全建设指明了方向,其内涵要求包括创新全球安全治理机制。习近平主席在国际刑警组织第八十六届全体大会开幕式上的主旨演讲也提出"坚持改革创新,实现共同治理"的主张。当前,全球发展面临的安全问题复杂性超出以往,仅仅依靠个别国家的力量很难应对层出不穷的安全问题。推进全球安全治理机制创新要充分发挥各国政府、国际组织和专门力量的作用,调动社会各方面力量参与安全问题治理,增强全球安全治理机制的整体性和协同性。中国特色社会主义发展中形成的社会文明新形态也主张发挥多元主体在社会治理中的价值,推动不同主体在协同共治中实现安全社会的建设。全球安全治理机制也应吸收政府间国际组织,以及非政府组织、跨国公司、民间社会的力量,将多元主体的实践转化为全球安全治理的合力。同时,要推动全球安全治理机制的系统化、科学化、智能化和法治化发展,提高预测预警预防各类安全风险的能力,使安全治理机制更加具有预见性、精准性和高效性。

坚持共建共治共享,建设一个普遍安全的世界,要提升国家安全治理能力。全球安全倡议从"六个坚持"出发谈到了提升世界安全水平的主张,其中既包括处理国与国之间安全关系的倡议,也包括对于加强国家自身安全治理能力的建议。世界总体安全的实现既需要国与国之间相互尊重,妥善处理安全矛盾和分歧,也需要不断强化国家自身应对安全风险的能力。当今世界发展面临的不确定性大为增强,各种传统安全和非传统安全风险相互交织,以网络安全、生态安全、资源安全、深海安全、生物安全等为代表的新型安全成为世界各国关注的重点。新型安全风险相对于传统安全风险来看,种类多样、隐蔽性强、破坏力大,如果不予以重视可能会导致重大国家安全问题的出现。2021年习近平总书记在主持中共中央政治局第三十三次集体学习时强调,要"加强国家生物安全风险防控和治理体系建设,提高国家生物安全治理能力,切实筑牢国家生物安全屏障"①。生物威胁、网络攻击等新型威胁已经成为影响国家安全的重要因素,应对新型安全风险的能力是国家安全治理能力的重要体现,也是国家安全治理能力提升的重点。国家、地区安全与世界安全紧密相连,只有实现了每个国家的安全,才会有世界的总体安全。

四、以物质文明建设推动构建共同繁荣的世界

共同繁荣是推动构建人类命运共同体的内在追求,也承载了人们对于一个繁荣发展的世界的想象。在迈向现代化的道路上,一些西方国家凭借先进的生产力积累起巨大的物质财富,并持续不断对外扩张,而广大发展中国家则长期处于贫困的状态,全球发展的不平衡性矛盾愈发突出,南北鸿沟持续拉大。全球经济的网络化、数字化、信息化发展更是将一些技术落后国家置于被动的地位,发达国家与发展中国家之间的差距更加突出,全球面临严重的"发展赤字"。从维护世界发展的公平公正来说,世界各国在发展中应该同舟共济,而不是以邻为壑。习近平总书记在出席和平共处五项原则发表60周年纪念大会上的主旨讲话中指出:"一些国家越来越富裕,另一些国家长期贫穷落后,这样的局面是不可持续的。水涨船高,小河有水大河满,大家发展才能发展大家。"②中国在现代化发展中创造的物质文明新形态秉持互利共赢的理念,不仅希望中国人民的日子越来越好,也希望世界人民的生活日益进步。中国坚持把本国利益同各国共同利益结合起来,努力扩大各方利益的汇合点,主张在谋求自身发展的同时,积极促进其他国家共同发展,让发展成果更多更好惠及世界各国人民。

---

① 《习近平谈治国理政》(第四卷),外文出版社,2022年,第399页。
② 习近平:《弘扬和平共处五项原则 建设合作共赢美好世界》,《人民日报》,2014年6月29日。

（一）全球治理中的"发展赤字"问题

"发展赤字"是全球化发展中世界面临的突出问题，尤其给发展中国家造成了巨大压力。当前，世界经济出现深度衰退，国际贸易和投资大幅萎缩，国际金融市场出现动荡，经济全球化遭遇逆流，一些国家的保护主义和单边主义盛行，全球经济发展遭遇一系列阻力，世界人民对于高质量发展的期待与当前发展不均衡的现状之间呈现出突出的矛盾。随着逆全球化和民粹主义思潮的抬头，全球发展环境不容乐观，一些国家的经济陷入停滞甚至倒退的困境，全球发展的总量增长不足。同时，由于发达国家长期以来对发展中国家的压制，国家之间、地区之间的发展差距不断扩大，全球贫富差距较为突出，发展中国家的处境极其艰难。世界的共同繁荣建立在世界各国共同发展的基础上，发展是维持世界持续进步的条件，发展是获得安全和人权的保障，发展是解决社会问题的关键，发展不足会激化冲突矛盾，导致地区动荡不安，造成叠加性的社会后果。

1."发展赤字"的问题表征

全球发展失衡，特别是收入分配不平等、发展空间不平衡是国际社会面临的突出问题，也是导致一些国家出现动荡的重要原因。发展是提高人民生活水平的主要方式，发展滞后、发展失衡、发展失序是制约社会整体水平提升的重要因素。当前，世界的物质生活水平整体上得到极大提高，科学技术也实现了前所未有的发展，人类文明获得了持续提升。但一些困扰世界共同发展的新问题新情况新矛盾也不断出现，发展不平衡不充分的问题成为摆在人类面前的突出问题。各个国家虽然同处于一个世界，但全球资源的流动并不均衡，发达国家和发展中国家在资源占有上仍然存在较大差距。从当前世界发展形势来看，全球"发展赤字"突出表现在南北差距依然巨大、贫困和饥饿依然严重、数字鸿沟正在形成等多个方面，成为制约全球可持续发展的重要因素。

（1）南北发展差距依然巨大

由于历史上西方发达国家对发展中国家的殖民、剥削和压迫，广大发展中国家与发达国家之间一直存在着较大的发展差距，即使发展中国家在当今已经获得了独立地位，但在目前的国际经济贸易体系中仍处于劣势地位，后殖民时代发达国家的工业增长仍然依赖对发展中国家的资源强占。发达国家对发展中国家的资源和劳动力强占不仅包括初级产品，还包括工业制成品，强占主要通过全球商品链发生，发达国家企业利用买方垄断和卖方垄断，在从开采到制造的每一节点上压低发展中国家供应商的价格，并最终以高价售出。[①]发达国家与发展中国家之间在贸易上的不平等地位加剧了南北之间的发展差距。尤其是近年来受到地缘政治影响、重大疫情冲击，全球发展的产业链供应链布局加速重构，世界经济发展面临着诸多不确定性。联合国贸发会议发布的《2022年世界投资报告》显示，2021年全球跨境投资较2020年大幅增长64%，达到1.58万亿美元，但也面临巨大的下行压力，发达国家和发展中国家吸引外国直接投资出现明显分化，进一步加剧南北发展不平衡问题。发达国家吸引外资增长了200%，而发展中国家的吸引外资只增长了30%，最不发达国家、内陆发展中国家吸引外资较2020年减少3.5%。[②]发达国家凭借其强大的综合国力和在国际秩序中的优势地位，能够进一步巩固自己的发展地位，而发展中国家在世界变局中承受的风险要更大，发达国家与发展中国家的差距依然巨大。

（2）贫困和饥饿依然严重

贫困是困扰人类社会发展的顽瘴痼疾，摆脱贫困、消除饥饿是人类社会孜孜以求的梦想。贫困和饥饿问题影响到人们的生存权和发展权，关系到人类社会的可持续发展以及全球利益的均衡分配。生存权和发展权是世界

---

① 王悠然：《不平等交换导致南北差异扩大》，《中国社会科学报》，2022年3月30日。

② 中华人民共和国国家发展和改革委员会：《联合国贸发会议发布〈2022年世界投资报告〉》，https://www.ndrc.gov.cn/fggz/fzgh/gjzzyhyjdt/gjzzyc/202206/t20220629_1329380_ext.html，2022-06-29。

各国人民应该享有的最基本权利,是关乎每个人生存和发展机会均等和利益共享的权利。生存是发展的基础,发展是为了更好地生存,生存权和发展权不可分割。2015年联合国通过的《2030年可持续发展议程》将消除贫困和饥饿作为首要的两个可持续发展目标,但从世界发展的整体形势来看,世界各国发展不平衡不充分的现象依然突出,世界上仍有众多人口生活在贫困和饥饿之中,生存权和发展权难以得到切实保障。目前世界上还有8亿多贫困人口面临着食物不足、营养不良的威胁,一些国家因长期处于动乱之中导致难民数量持续攀升,人们的基本生活需要难以维持,一些国家因疫情的冲击而增加了大量贫困人口,一些国家受到粮价上涨的影响导致粮食短缺和化肥短缺,尤其是非洲地区的广大发展中国家面临着严重的饥荒问题,即使是一些发达国家也存在弱势群体的生活困难问题。联合国《2022年可持续发展报告》显示,2020年全球陷入极端贫困的人口新增9300万人,世界减贫事业的发展仍面临着巨大挑战。

(3)数字鸿沟正在形成

数字鸿沟是不同国家、地区在信息技术的掌握、使用方面存在着明显差距并导致社会贫富差距进一步两极分化的趋势。数字化发展是信息化时代迎来的新的变革,是推动各国发展转型升级的重要方式。当前,人类社会正在进入以数字化生产力为主要标志的全新历史阶段,以数字技术创新驱动经济发展是世界各国竞相发展的新领域。数字化发展从根本上改变了传统经济的生产方式,深刻融入生产、流通、分配、消费各个环节,是对传统经济发展方式的迭代升级,有利于提高经济生产的效率。数字技术也深刻改变着政务服务、社会治理、文化传播等不同领域,充分激发了社会各领域的发展动能和活力。数字化的发展以数字技术的掌握程度以及数字基础设施建设情况为基础,世界各国在数字技术的发展及数字基础设施的建设方面存在较大差距,导致全球数字化发展的鸿沟逐渐形成。据国际电信联盟发布的《衡量数字化发展:2022年事实和数字》报告显示,在欧洲和北美国家,80%

至90%的人口使用互联网,阿拉伯国家和亚太国家约有2/3的人口使用互联网,而非洲国家可以上网的人口占比大约是40%。在最不发达国家和内陆发展中国家,互联网覆盖率仅为36%。全球约有82%的城市居民可以在家上网,这一占比是农村的1.8倍。高收入群体互联网覆盖率达92%,中高收入群体为79%,低收入群体只有26%。发达国家与发展中国家之间、城乡之间、不同收入群体之间互联网覆盖率差距仍然很大。①

2.“发展赤字”的产生原因

“发展赤字”既反映出全球发展出现的不平衡现象,也反映出一些国家内部出现贫富差距过大的问题。世界的可持续发展不可能建立在只有一部分国家发展而另一部分国家却处于贫困落后的基础之上,只有世界各国共同进步,世界才能走向共同繁荣。世界各国是一个命运与共的大家庭,发展也应该是世界各国的共同发展。“发展赤字”对全球的可持续发展产生重要影响,不同国家、不同地区的发展差距折射出当前全球发展机制存在不足,其未能公平调节全球发展利益的分配,同时国际社会缺少促进世界各国共同发展的平台,现有发展机制仍只是少数国家主导下的格局。一些国家内部发展动力不足也是导致“发展赤字”产生的重要原因,发展基础的匮乏以及发展方式的落后均不利于推进自身的现代化发展。

(1)全球发展机制不健全

发展是解决社会问题的关键,发展是促进人民富裕的依托,发展是通向繁荣富强的路径。实现高质量可持续发展是每个国家的梦想,也是国际社会应该共同努力的方向。在全球化发展中,世界各国的经济、贸易、金融等紧密联系在一起,跨国企业和国际金融资本快速崛起,不同国家之间相互交往的频率超过以往。但与此同时,全球化过程中也形成了一些不平等的现象,这是全球发展机制不健全的主要表现。比如国际产业分工存在不平等,

---

① 刘玲玲:《加强合作,缩小全球数字鸿沟》,《人民日报》,2023年1月4日。

西方发达国家占据着高新技术产业发展的关键要素,并通过控制技术、市场等核心要素实现自身的利益增值,而广大发展中国家却不得不发展高污染、高耗能、低产出的产业,全球产业链存在着高端和低端的明显分界线,发展中国家在国际产业分工中依然延续着殖民时代被剥削、受掠夺、被奴役的特征;国际贸易体系中也存在着不平等,现有的国际贸易体系主要是在西方国家的主导下制定的,其存在着诸多针对发展中国家的不合理约定,在制定价格方面掌握着世界上主要商品的定价权,限制了发展中国家的经济贸易活动;国家金融货币体系同样存在不平等,导致发展中国家债台高筑,发展窘困。①世界的可持续发展应该以公平的国际规则为基础,国际规则的制定不能只对少数国家有利而对其他国家有损,制定出来的规则也应该得到世界各国的普遍遵守,而不是于己有利的时候承认规则、于己有损的时候则抛弃规则。国际规则的公平性对于构建一个共同繁荣的世界至关重要,离开了公平的规则只会导致全球发展差距越来越大。全球发展机制中的不平等现象是导致"发展赤字"愈加严重的重要原因,不利于世界的普惠发展。

(2)一些国家发展动力不足

发展是当今世界面临的共同问题,解决国家的贫困和全球贫富差距都需要依靠发展。"发展赤字"的出现既有外部条件存在的客观限制,也与一些国家内部出现的发展动力不足有关。一些国家长期受到动乱冲突的影响而无法聚焦发展,并由此产生一系列影响社会安定的问题,给人民带来沉重的灾难。比如常年饱受战乱困扰的中东国家阿富汗几乎一半的人口都面临着粮食危机,温饱问题直接影响着人们从事生产活动的能力。一些国家长期处于国际生产线的下游,依靠低端制造产业维持生计,缺少创新的技术和能力,生产力总体上较为落后,自我造血的能力较为薄弱,现代化发展格局难以形成。同时,新冠疫情的出现、国际能源危机对全球经济体系造成巨大冲

---

① 李慎明:《准确把握二十大报告的重要思想、重要观点、重大战略、重大举措》,《政治学研究》,2022年第6期。

击,世界经济发展的不确定性上升,发展中国家遭受了持续性的经济损失。一些国家经济结构单一,外向依赖严重,承受风险的能力较弱,在国际局势持续波动期间遭受的经济重创更为严重,恢复起来的难度要更大,发展的动能明显缺乏。一些国家依附于其他国家进行发展,难以获得自身独立的发展动能,虽然表面上取得了一些发展成绩,但这种发展仍然表现出不可持续性。

(二)物质文明新形态对共同繁荣世界的构建

发展是推动人类社会前进的动力,只有在发展中才能不断改善人类的生存条件。发展应该是普惠的、包容的,所有国家应该共同享有人类社会发展进步的福祉,任何一个国家都不应该在发展中被放弃。追求幸福生活是世界各国人民的共同梦想,也是世界各国人民的共同奋斗目标。在世界整体的发展过程中,要努力提高发展的公平性、有效性,使所有国家都能在发展中受益。在现有的国际发展体系中,不平衡不充分的发展困扰着许多国家,现行国际体系也存在诸多不公平的现象,这些都影响了国际社会的协调发展。中国作为世界上最大的发展中国家,致力于不断推动开放、包容、普惠、平衡、共赢的经济全球化,为世界各国的共同发展搭建平台,让发展成果惠及各国,促进各国共同进步。中国式现代化创造的物质文明新形态始终秉持合作共赢的理念,既推动了中国社会的不断发展,也为世界各国发展搭建了平台,既致力于让中国人民过上好日子,也努力让世界人民过上好日子,对于建设一个共同繁荣的世界发挥了重要作用。

1.物质文明新形态中的合作共赢理念

中国特色社会主义物质文明新形态的形成过程中贯穿着合作共赢的理念,始终致力于推动世界各国的共同发展和世界人民美好生活的实现。物质文明新形态坚持以人为本,在推动经济走向现代化的同时也注重促进人的全面发展。在物质文明新形态中,无论是基本经济制度的确立还是高质量发展的提出，其中都蕴含着合作共赢的理念。合作共赢理念体现了发展中的包容性，其将一切有利于共同发展的要素吸收进来，并转化为推动社会可持续发展的生产力。合作共赢理念与西方国家的霸权思维存在着根本区别，合作共赢主张在相互尊重的基础上与世界各国共享发展机遇、分享发展成果，而霸权思维却是将自身的发展建立在对其他国家的剥削之上。全球的可持续发展建立在一套行之有效的国际规则基础上，公平的国际规则有利于维护世界各国的共同利益，推动世界各国在发展中实现共赢。世界各国应该抛弃自私自利、封闭短视的狭隘思维，转向构建互帮互助、合作共赢的新型关系。合作共赢反映在国际交往中就是要在公正合理的国际规则中给予对方优惠待遇，形成不同国家之间的优势互补，使国家之间无论大小、强弱、贫富均享有平等的发展机会。从人类历史发展规律来看，此消彼长、零和博弈的冷战思维和狭隘的地缘政治观念不符合历史发展的潮流，搞封闭排他的小圈子、小集团，不仅损害自身的利益，也不利于世界的共同发展。

　　合作共赢的理念体现人类历史发展的必然逻辑。尽管人类历史上布满了争斗与冲突的片段，但历史发展的趋势表明只有合作共赢才是人间正道。人类在协同劳动中创造了社会，也必然在相互合作中开创更加美好的未来。近代以来世界各国的发展表明，以邻为壑的发展是不可持续的，只注重自身发展而忽视其他国家发展的做法是有害的，只谋求眼前利益而忽视长远利益的观念是短视的，这些都导致了世界发展的失衡、地区利益的冲突、极端现象频发。近代以来中国饱受帝国主义国家的欺凌，但在民族解放之后中国始终选择站在历史正确的一边，站在和平的一边。通过多年的自力更生、艰苦奋斗，中国不仅靠自己的双手养活了自己国家的人民，也在不断帮助世界其他国家告别饥饿。经过几十年的不懈努力，中华民族摆脱了贫穷落后的面貌，中国不仅全面建成了小康社会，而且正在以自己的方式实现现代化。中国的现代化发展是与世界各国共享机遇的发展，中国在现代化发展过程中将携手世界各国一道共同发展。面对国际形势的波诡云谲，中国人民始终坚信,维护国际社会的公平正义才是人间正道。中国不会走一条"国强必霸"的老路,更不会牺牲别的国家的利益而谋求自身的发展,推动合作共赢是中国人民的选择。历史的发展是以推动世界的共同发展为使命的,只有少数国家实现了发展不是历史发展的最终归宿。从马克思、恩格斯所指明的人类社会发展方向来看,消灭阶级、消灭剥削,每个人都实现自由而全面的发展是人类追求的目标,这个目标只有通过走一条合作共赢的道路才能实现。

合作共赢的理念深深根植于中华优秀传统文化。中华优秀传统文化是中华民族的根和魂,是中华民族生生不息的文化滋养。中华优秀传统文化为中国特色社会主义的发展提供了文化沃土,其中蕴含的世界观、价值观、社会观、道德观等为当代国家治理提供了丰富的启迪。合作共赢理念深植于中华优秀传统文化,汲取了中国传统义利观的智慧,吸收了中国传统处世观的营养。中国传统的义利观认为,"君子喻于义,小人喻于利""志士仁人,无求生以害仁,有杀身以成仁""兴天下之利,除天下之害""计利当计天下利",在义利之辨中表现出明显的重义轻利以及重视整体利益的思想,这与合作共赢所追求的精神具有内在的契合性。合作共赢理念同样倡导正确的义利观,主张利益获得的正当性,追求利益普惠各方,使不同的利益主体都能享受到发展的成果。中国传统的处世观认为,"天下为公""穷则独善其身,达则兼济天下""美美与共,天下大同",在追求自身发展的同时也注重与其他主体共同发展,促进整个世界的不断进步,这同样与合作共赢所追求的价值具有内在的一致性。中华优秀传统文化认为个人与整体之间是互相依存的关系,个人的发展离不开整体,整体的发展也离不开个人,个人与整体在相互促进中实现共同发展。合作共赢同样主张世界各国的整体性发展,倡导多元主体在求同存异中获得多赢,是一种兼顾全局的整体性思维,为建设共同繁荣的世界奠定了重要基础。

2.建设共同繁荣世界的中国方案

建设共同繁荣的世界是人类命运共同体在发展上的目标。在构建人类命运共同体的过程中,每一个国家都应该获得平等的发展权利,任何一个国家都不应该在发展的路上被放弃。中国主张的发展是世界各国的共同发展,中国主张的繁荣是世界各国的共同繁荣。在通向人类美好未来的道路上,互相敌对、以邻为壑的做法既不利于自身的发展,也有损人类社会的进步。世界各国本就是一个发展的共同体,只有每个国家都实现了充分发展,只有世界各国人民都享受到了幸福,人类命运共同体的目标才会真正转化为现实。在中国式现代化发展中,物质文明新形态的形成对于推动世界可持续发展发挥了重要作用。物质文明新形态中贯穿着合作共赢理念,其超越了西方文明中的冲突对立意识,是引领世界发展的重要观念。人类命运共同体不是空洞的口号,而是着眼于人类长远利益的选择。只要世界各国抛弃个人偏见同向同行,人类命运共同体的目标也一定能够实现。在推进现代化的道路上,中国不仅致力于实现自身的发展繁荣,同时也愿意为世界各国的发展搭建平台,在合作共赢中共同推动世界的繁荣进步。无论是引领世界共同发展的全球发展倡议,还是造福于世界诸多国家的共建"一带一路",抑或者中国减贫事业积累的丰富经验等都为全球的发展注入了动力,体现了中国特色社会主义物质文明新形态的发展要求,为建设一个共同繁荣的世界贡献了中国方案。

坚持合作共赢,以全球发展倡议引领世界共同进步。发展是实现人民幸福的关键,要着力推动全球发展向平衡协调包容方向发展,让发展成果更多更公平惠及更多国家。2021年习近平主席在出席第七十六届联合国大会一般性辩论时发表重要讲话并提出全球发展倡议,涵盖要坚持发展优先、坚持以人民为中心、坚持普惠包容、坚持创新驱动、坚持人与自然和谐共生、坚持行动导向等六点主张,并建议重点推进减贫、粮食安全、抗疫和疫苗、发展筹资、气候变化和绿色发展、工业化、数字经济、互联互通等领域合作,加快落实联合国2030年可持续发展议程,构建全球发展命运共同体。全球发展倡议是面向全球的公共产品,旨在推动世界各国共同发展。全球发展倡议既包括当前世界发展应该坚持的重要原则,也指出了未来发展应该努力的重点方向,既指明了目前世界发展需要解决的重点问题,也概括了关系世界长远发展的战略问题,体现出高瞻远瞩的战略思维以及胸怀天下的人民情怀。世界各国要加强协调、完善治理,推动经济全球化朝着普惠公平的方向发展,既要做大蛋糕,更要分好蛋糕,着力解决公平公正问题。全球发展倡议聚焦世界各国的可持续发展,强调对于人的生存境遇的关注,推动国际社会由对抗走向合作,由孤立走向共赢,既反映了中华优秀传统文化中的协和万邦理念,也契合世界各国对于发展的殷切需求,展现了中国作为负责任大国的担当,是人类命运共同体理念在发展问题上的重要实践,为引领世界共同进步贡献了中国智慧。

坚持合作共赢,以共建"一带一路"搭建共享平台。"一带一路"是"丝绸之路经济带"和"21世纪海上丝绸之路"的简称,共建"一带一路"是在新的历史条件下实行全方位对外开放的重大举措,是推动构建人类命运共同体的重要实践平台,其汲取了中国古丝绸之路的智慧,是中国面向国际社会提供的重要公共产品,有效弥补了当前国际贸易体系中的不足,为世界各国共同发展搭建了平台。共建"一带一路"致力于亚欧非大陆及附近海洋的互联互通,建立和加强沿线各国互联互通伙伴关系,构建全方位、多层次、复合型的互联互通网络,推动沿线各国实现政策沟通、设施联通、贸易畅通、资金融通、民心相通,是发展的倡议、合作的倡议、开放的倡议。共建"一带一路"得到了众多国家和国际组织的积极响应和参与,联合国大会、联合国安理会等重要决议也纳入"一带一路"建设内容,充分反映了共建"一带一路"的国际影响力。自2013年共建"一带一路"提出后,中国通过组织"一带一路"国际合作高峰论坛,为世界各国共商全球发展之路搭建了重要平台。在"一带一路"建设过程中,要秉持创新、协调、绿色、开放、共享的发展观,推动世界各国经济共同发展,着力解决各国之间发展水平不均衡的问题,促进世界各国共同实现繁荣进步。共建"一带一路"不是封闭排他的小圈子,更不是地缘政治工具,而是世界各国共享的发展平台,其尊重每个国家的主体地位,更愿意与各国开展相互合作,通过发挥不同国家的自身优势,找到世界各国发展的最大公约数,携手应对世界经济面临的挑战,在互联互通中打造互利共赢的发展纽带。

坚持合作共赢,以中国减贫经验为世界提供借鉴。贫困是全人类共同的敌人,消除贫困是世界各国的共同目标,也是保障人民享有生存权和发展权的需要。经过长期坚持不懈的奋斗,中国取得了脱贫攻坚的伟大胜利,提前10年实现联合国2030年可持续发展议程减贫目标,不仅对于中国社会的发展进步作出重要贡献,也为全球减贫事业发展和人类共同进步作出重大贡献。中国减贫事业能够持续推进得益于党的领导提供的组织保障、精准扶贫提供的政策保障,以及人民参与提供的力量保障等。中国减贫事业的成绩立足物质文明新形态,体现了物质文明新形态在推动社会发展中的价值,并不断赋予物质文明新形态以新的时代内涵。在脱贫攻坚战中,中国始终坚持中国共产党的领导,坚定不移走共同富裕的道路,充分发挥了社会主义制度集中力量办大事的优势,探索形成了与我国国情相适应的精准扶贫方略,调动起贫困群众内在的积极性、主动性、创造性,不断发扬和衷共济、团结互助的美德,保持求真务实、较真碰硬的作风,全国上下齐心协力共同完成了这一历史性任务。贫困不仅是中国致力于要解决的问题,也是人类社会发展必然要跨越的一道难关。中国减贫事业的经验为发展中国家减贫目标的实现提供了参考,提振了发展中国家消除贫困的信心。中国在消除绝对贫困的同时也不断与其他国家开展减贫领域交流合作,通过技能培训、创业帮扶等项目帮助其他国家实现发展。推动世界各国的发展进步是构建人类命运共同体的题中应有之义,中国减贫经验将不断发挥作用,为建设共同繁荣的世界而努力。

五、以精神文明建设推动构建开放包容的世界

文明因其包容而造就了一个多姿多彩的世界。人类生活在一个文明的百花园之中，不同文明之间不存在冲突，而是可以在交流互鉴中共同发展的。任何一种文明无论其产生于哪个国家、民族，都在伴随着人类社会的流动而相互交流，也因此塑造了整个世界的文明多样性。文明之间不存在高低优劣之分，每一种文明都是人类社会的瑰宝，共同丰富着人们的精神世界。但是当前文明冲突的论调不绝于耳，企图以一种文明代替其他文明的做法仍大行其道，对人类文明的多样性造成了极大破坏，也不利于和谐世界的构建。一部人类发展史，就是一部多元文明共生并进的历史。中国式现代化发展中形成的精神文明新形态继承了中华优秀传统文化中"和而不同"的观念，秉持文明交流互鉴的理念，尊重各民族文明的主体性，促进世界不同文明之间的对话，反映了中华民族对待不同文明的思想智慧。正如阳光有七种颜色一样，人类文明的多样性是世界的基本特征，也是人类社会发展的源泉。

（一）全球治理中的"信任赤字"问题

信任是合作的基础，没有信任，一切合作都无从谈起。国家间的信任水平直接影响着相互之间的关系，并对世界格局产生深远影响。"信任赤字"是当前全球治理中存在的突出问题之一，国际竞争摩擦不断增加，地缘博弈愈加明显，国家之间出现信任与合作的断裂。"信任赤字"会导致国家之间的误解，甚至引发战略误判，是国家之间出现矛盾问题的重要原因。习近平总书

记指出："信任是国际关系中最好的黏合剂。"[①]世界各国应该珍惜相互之间的信任关系，妥善处理存在的矛盾分歧，加强国家层面的对话沟通，使各国人民之间友好相待、相知相敬。

1."信任赤字"的问题表征

信任关系是建构共同体的基础，全球化发展的根基在于国与国之间的相互信任。信任的存在可以简化人们的行动机制，使施信方和受信方的合作关系得以快速建立。信任的耗蚀会导致施信方与受信方之间的相互猜忌，加大施信方与受信方行动的不确定性，从而降低了行动的整体效率。"信任赤字"描述的即施信方与受信方之间的信任缺失状态，反映在国际关系上则突出表现为国家之间的合作受阻，相互之间的敌视行为增加，国际关系呈现出更强的不确定性，风险冲突的发生概率大为上升。当前，国际社会中的保护主义、单边主义愈发突出，导致全球发展中出现严重的信任赤字，世界经济形势面临的不稳定不确定因素呈现出上升态势。在世界发展面临的主要挑战中，"信任赤字"愈发突出，隔阂、猜忌、误解时常出现，成为阻碍国际合作的主要障碍。

（1）国际竞争摩擦呈上升之势

当前，"信任赤字"的表现之一为国际竞争摩擦呈上升之势，尤其是贸易保护主义有所抬头，全球经贸摩擦形势严峻。贸易保护主义主要是在对外贸易中通过限制进口以保护本国（地区）商品在国内市场免受外国商品竞争，以及向本国（地区）商品提供各种优惠以增强其国际竞争力的主张和政策。贸易保护主义通常采取提高关税、设置贸易壁垒、歧视性的政府采购政策、反倾销方式等提高进口商品的价格，从而阻止国外物美价廉的商品或服务进入本国市场，或者对本国商品或服务给予优惠政策、补贴等以支持其发展，造成了资源配置的失灵，损害了消费者的利益，阻碍经济全球化的发展。

---

① 《习近平著作选读》（第二卷），人民出版社，2023年，第252页。

比如,美国针对中国发起了大量的贸易保护主义措施,通过加征关税、反倾销调查等不公正的措施意图遏制中国商品对美出口,迫使中国放弃高新技术领域的竞争,阻止中国在新能源等领域的科技发展。同时,美国也针对欧盟发起了一系列贸易保护措施,导致美欧之间的贸易摩擦升级。美国的贸易保护主义实质是美国优先原则在国际贸易领域的反映,也是"信任赤字"引发的国际贸易危机,不利于全球经济的可持续发展。

(2)地缘博弈色彩明显加重

地缘博弈色彩明显加重是"信任赤字"的另一个表现,其既反映了国家之间的战略竞争,也表明国家之间由于信任缺失导致的相互较量。信任是国际社会稳定的压舱石,信任充分直接促进国家之间的交往,信任缺位将直接引发国家之间的沟通障碍,使双方的交往处于不对称的关系之中。地缘博弈是导致地区局势紧张,影响地区安全发展的重要原因。在地缘博弈的关系建构中,国家之间以对抗取代了合作,以竞争取代了发展,不利于维护地区安全稳定以及国际秩序的和谐有序。比如美俄在中东地区的地缘博弈,加剧了地区的动荡局势,造成中东地区两极分化的情况严重。一方是美国主导的遏制伊朗的阵营,包括海湾国家和以色列,另一方是俄罗斯支持的阵营,包括视美国为敌人的伊朗和叙利亚等国。美俄双方的激烈博弈将加速中东地缘政治格局的分化与重组,并重塑中东地区的地缘政治格局。激烈的地缘博弈反映了国际社会信任的深度缺乏,冲突对立的形势严重影响着国际秩序的稳定。

2."信任赤字"的产生原因

当前的国际秩序是西方国家主导下形成的,西方思维方式充分体现在国际关系的建构中。西方思维方式中的二元对立意识深刻影响着国与国之间的交往,国际关系的塑造中充满着矛盾冲突。在二元对立思维的影响下,国家之间总是以一种矛盾状态出现,并以二者之间的竞争作为自身演进的主线。"信任赤字"的产生与不同国家之间存在的文化差异密切相关,文化距离直接导致了沟通障碍,进而引发相互之间的猜疑、对立。从总体情况来看,西方意欲在全球推行的文化霸权以及不同文化之间存在的误读现象导致了信任隔阂的出现,是"信任赤字"产生的主要原因。

（1）文化霸权解构信任关系

文化霸权是霸权主义、强权政治等在精神领域的反映,意图通过文化推销在世界范围内建立统一的文化模式。在全球化发展过程中,不同国家之间的文化交流是不可避免的,但意图将自身的文化价值强行推销给其他国家的方法则会造成文化入侵,不仅不利于不同文化之间的交流借鉴,还会破坏其他国家自身的文化传统。在世界范围内的文化交流中,美西方凭借自己强大的资本实力、技术能力以及通过规则垄断、话语操纵等向发展中国家进行文化输出,导致发展中国家出现严重的"文化入超",损害了发展中国家自身的话语权,抹杀了人类文明的多样性,世界其他国家只能以美西方制定的话语体系解释现实。文化霸权对西方国家来说是文化影响力的扩张,对发展中国家而言则是无形的文化压制,而信任的破裂在文化压制的过程中就会慢慢产生。国家无论大小、强弱、贫富都有自己的文化自主权,肆意的文化扩张势必会影响其他国家的文化主体性,文化之间主动融合、交流的方面被遮蔽,展现在世界面前的更多是文化殖民和文化霸权,是"文化帝国主义"。这种精神领域的不公正、不平等现象自然会引发国家之间的信任危机。

（2）文化误读加大信任鸿沟

文化误读是跨文化交流中存在的普遍现象,是基于自身文化理念、传统、规则等对异域文化进行的不同程度偏离其本意的解释。在认识其他国家的文化时,由于世界观、人生观、价值观等方面存在差异,人们在看待同一事物时就可能会存在不同的理解,认识主体总是倾向于从自身熟悉的文化去解读同一种事物,结果就可能导致认识上存在较大偏差,甚至作出大相径庭的解释。文化误读会导致不同主体之间的心理隔阂,认识主体经常以局部的事实代替总体事实,以片面的材料代替整体性材料,从而引发相互之间认识上的冲突。文化误读会加大主体之间的信任鸿沟,刻意的文化误读包含着意识形态上的冲突以及难以消除的认识上的偏见。刻意的文化误读从本质上说就是一种文化偏见,文化偏见是一种极其深刻的文化误读,其对其他文化产生了固定的刻板成见,文化之间对话的渠道变得狭窄,对话的机会变得越来越少。文化误读以及由此引发的文化偏见对于国际关系的影响是深远的,不同国家之间的文化差异是客观存在的,而看待文化差异的态度则决定着国家之间进行交往的态度,狭隘的文化心理势必造成信任鸿沟,而包容的文化心态则会弥合信任差距。

(二)精神文明新形态对开放包容世界的构建

漫长的人类历史孕育了多样的人类文明,不同文明之间不存在任何的冲突,而是可以通过交流对话实现文明互鉴。求同存异、开放包容的文明交流理念指引着人类文明的发展,不同的文明之间应该始终以宽广的胸怀接纳对方,文明之间可以形成相映生辉、和谐共生的美好状态。文明也不存在高低优劣之分,每种文明都是人类智慧的结晶,都为人类社会贡献了宝贵的精神财富。中国式现代化过程中形成的精神文明新形态秉持交流互鉴的理念,为人类文明之间的对话提供了文明基础,超越了西方思维方式中的二元对立意识,为推动构建人类命运共同体提供了重要契机。精神文明新形态是中国式现代化在精神文明领域探索形成的文明成果,为人类文明的长远发展提供了重要依托。只有以开放包容的心态审视人类文明,才会发现文明的多姿多彩,狭隘的文化心理只会将人类文明引向穷途末路。在推动构建人类命运共同体的过程中,精神文明新形态站在了人类文明全局的高度,对于摆脱狭隘的文化认知有极大的裨益,是人类文明发展的助推器,有助于人类文明的长远发展,有助于建设一个开放包容的世界。

1.精神文明新形态中的交流互鉴理念

文明是人类实践活动的产物，不同地域、不同民族、不同文化的群体在实践活动中会孕育出不同的人类文明，因此文明的多样性是人类文明的基本特征。在现代化发展中，不同地域的人们之间在不断地进行交往，不同的人类文明之间也随之呈现出互动的态势。不同地域的文明在互动中逐渐实现了融合、互促，并推动人类文明不断向前发展。文明之间本不存在冲突，那些鼓吹"文明冲突论"的论调是在以一种狭隘的文明观来审视人类文明的发展。正是因为文明之间存在着交流互鉴，人类文明才能始终保持勃勃生机。差异性是人类文明发展的动力之一，新的文明在不同文明的交流互鉴中逐渐孕育。中国式现代化发展中形成的精神文明新形态超越二元对立的思维意识，遵循人类社会发展规律，尊重世界文明成果的多样性，主张不同国家、不同民族、不同制度之间的文明交流互鉴，是符合世界人民期待的精神文明成果。中国特色社会主义精神文明是马克思主义文明观在中国的发展，摆脱了西方文明中的剥削、压迫观念，揭露了西方"普世价值"的虚伪性，以交流互鉴的理念推动着人类文明之间的持续对话，促进了不同文明之间的融合发展。

交流互鉴理念深深根植于中华优秀传统文化。中华优秀传统文化是中华文明独特的精神标识，为中华民族的永续发展提供了文化濡养。中华优秀传统文化中蕴含着深刻的交流互鉴理念，"和实生物、同则不继""和而不同""美美与共"等价值观均体现出事物在相互交流借鉴中实现发展的哲思，尤其是"和实生物、同则不继"的认识强调了差异性在事物发展中的意义。"和实生物、同则不继"阐明了万物只有在和谐相处中共同生长才能不断产生出新的事物，千篇一律只会导致事物发展陷入停滞甚至凋零的结果。这就启发世人要注重从差异性中寻求发展的动力，在相互学习借鉴中实现更好的发展。文明交流遵循着同样的道理，不同的文明在交流中能够碰撞出新的文明火花，推动人类文明朝更高级阶段发展。文明具有一种内生的发展动力,其可以广泛吸纳一切有利于文明发展的要素,推动人类文明的不断进步。历史的发展表明,文明具有极强的包容性,只有在交流互鉴中,一种文明才能焕发出生机,企图以一种文明代替其他人类文明的做法不仅是有害的,而且是不符合文明发展规律的。只要秉持开放包容的态度,文明之间就不存在冲突。不同的人类文明之间可以和谐共处,文明之间能够做到相互促进,它们共同为人类社会的发展进步提供着文明基础。

交流互鉴理念反映了中国共产党开放包容的胸襟。不管哪一种人类文明,都是人类智慧的结晶。无论是古代的中华文明、埃及文明、印度文明、两河文明还是现代的亚洲文明、非洲文明、美洲文明、欧洲文明、大洋洲文明等都是人类在长期劳动中形成的成果。每一种文明都是人类珍贵的文化财富,文明之间也不在孰优孰劣,没有任何一种文明可以肆意凌驾于其他文明之上,也没有一种文明可以替代其他人类文明。文明没有十全十美的,任何文明既存在值得学习的方面,也存在自身固有的不足,也正因为此文明之间才需要互相取长补短,以不断提升每种文明的生命力。中国共产党始终坚持以开放包容的态度对待各种文明,在马克思主义传入中国之后,中国共产党人将马克思主义基本原理同中国具体实际相结合、同中华优秀传统文化相结合,充分吸收了世界文明有益成果,深刻把握了人类社会发展规律,将人类文明发展推进到一个新的层次。一百多年来,中国共产党带领中国人民,立足中国国情和实践,独立自主地探索适合我国国情的道路,既从中华优秀传统文化中汲取营养智慧,又注重博采东西方各家之长,创造了新民主主义革命、社会主义革命和建设、改革开放和社会主义现代化建设、新时代中国特色社会主义的伟大成就,走出了一条中国特色社会主义道路。中国共产党带领中国人民创造的中国特色社会主义精神文明具有包容的气度,其与中华优秀传统文化中的观念具有共通性,这对于保持中华文明的生命力和创造力具有重要的意义。

2.建设开放包容世界的中国方案

从人类历史发展趋势来看,走向人类命运共同体是人类文明发展的归宿。中华优秀传统文化主张亲仁善邻、协和万邦的处世之道,革故鼎新、与时俱进的精神气质。建设一个开放包容的世界符合人类社会发展规律,契合中华优秀传统文化的精神,顺应世界各国人民的共同期待,也是构建人类命运共同体的重要目标。开放包容是人类文明不断发展进步的动力来源,也是共建美好世界的重要理念。一个开放包容的世界是摒弃了偏见的世界,世界各国均享有平等参与国际交往的机会,一个开放包容的世界是摒弃了对立的世界,世界不同文明之间可以自由地相互学习借鉴,一个开放包容的世界是摒弃了冲突的世界,世界不同国家和谐共处于人类的美好家园之中。中国特色社会主义精神文明新形态秉持交流互鉴的理念,尊重维护人类文明的多样性,坚持以联系的发展的视角看待人类文明,以开放包容的胸襟推动不同文明之间的交流对话,有利于促进人类文明的不断发展。精神文明新形态主张积极吸纳一切有利于文明发展的文化,主动挖掘与时代发展相适应的优秀文化,为人类社会的发展奠定了文明基础,也推动世界走向一个开放包容的广阔空间。

在2023年3月中国共产党与世界政党高层对话会上,习近平总书记从人类文明发展的全局视野出发提出了"全球文明倡议",成为中国在人文领域向世界提供的重要公共产品,是构建一个开放包容世界的中国方案。全球文明倡议从"四个共同倡导"出发,强调要尊重世界文明多样性,弘扬全人类共同价值,重视文明传承创新,加强国际人文交流合作。全球文明倡议与全球安全倡议、全球发展倡议一脉相承,是中国为推动构建人类命运共同体推出的公共产品,也是中国顺应时代发展潮流所作出的主动选择。全球文明倡议分别从四个层面回应了文明自身的多样性与融合性的统一,文明理解的差异性与包容性的统一,文明发展的历史性与时代性的统一,文明交流的对话性和合作性的统一等问题,为全球文明发展指明了前进的方向。全球文明倡议既具有理论前瞻性,又富有现实针对性,为解决人类文明发展中的问题提供了合理的解决方案。全球文明倡议着眼于推动文明交流互鉴,促进人类文明进步,为推动人类现代化进程,推动构建人类命运共同体注入强大能量。全球文明倡议是弥合世界"信任赤字"的中国方案,有助于加强世界各国的文化交流,摒弃危害世界的文化霸权主义,超越文化误读和文化偏见,推动建立起国与国之间的信任关系。

坚持交流互鉴,建设一个开放包容的世界,要尊重世界文明多样性。多样性是自然万物存在的本原状态,也是人类文明发展呈现的客观规律。正如世界上没有完全相同的两片树叶,世界上也没有完全一样的人类文明,文明的多样性是客观存在的。文明具有多样性,就如同自然界物种的多样性一样,一同构成我们这个星球的生命本源。文明的出现与其所在的环境之间存在着密切联系,不同的地域、民族、制度环境下会孕育出不同的人类文明。也正因为如此,人类社会才不至于陷入极端单调的色彩之中,文明的多样性构成了人类社会多姿多彩的样貌。文明不仅在地域上呈现出横向上的多样性,在纵向的历史发展中也表现出多样化色彩。从茹毛饮血到农耕文明,从工业社会到信息社会,不同的历史发展时期也会形成不同特点的人类文明,展示了人类文明的历史纵深维度。文明是在动态演进中不断发展的,多样的地理环境、时空特征自然塑造出多样的人类文明。每一种文明的产生都是该地区人民劳动的结晶,都为解决人类发展面临的问题提供了支撑。不同国家、民族理应从不同的文明中互相汲取营养,携手解决威胁人类社会发展的现实挑战。文明为人类可持续发展提供了基础,文明的多样性是人类的共有财富,而不是人类的精神负担,每种人类文明都蕴含着人类的智慧,都是人们在社会实践中的产物,不同文明之间的交流互鉴能促进人们之间的智慧增长,对于应对世界发展进步过程中的风险挑战有极大裨益。

坚持交流互鉴,建设一个开放包容的世界,要弘扬全人类共同价值。在2015年第七十届联合国大会一般性辩论时,习近平主席首次提出要弘扬以和平、发展、公平、正义、民主、自由为主要内容的全人类共同价值，之后又将倡导全人类共同价值纳入全球文明倡议的主要内容之一。世界各国虽然面临着不同的历史、文化国情，但和平、发展、公平、正义、民主、自由的全人类共同价值是各国人民的共同追求。全人类共同价值着眼于全体人类的共同利益，汇聚了世界各国人民的价值共识，顺应了历史发展趋势和时代发展要求。全人类共同价值突破了西方"普世价值"的一己之私，超越了意识形态、社会制度和发展水平的差异，是人类相互联系、相互交往的产物，也是人类历史走向世界历史的结果。全人类共同价值坚持普遍性和特殊性相统一，既弘扬促进人类社会发展进步的共同价值，也尊重每个国家在价值实现路径上的差异性。全人类共同价值是建设一个开放包容世界的价值支撑，是引领人类社会走向美好未来的重要理念。以全人类共同价值为指引，世界各国应该摒弃战争、冲突、对立、歧视、霸权等，以开放包容的胸怀来对待人类发展的差异性，以深邃高远的视野来认识人类社会发展的未来性。全人类共同价值超越了存在于不同文化之间的文化偏见、文化隔阂，汲取了不同文化中为人民所认同的价值共识，有助于弥合存在于不同文化之间的信任鸿沟。在全人类共同价值的引领下，世界各国文明在交流互鉴中共同发展，人类文明不断取得新的进步。

　　坚持交流互鉴，建设一个开放包容的世界，要重视文明传承和创新。文明的发展只有在善于传承的基础之上才能更好地去创新，将传承与创新结合起来是文明发展的重要动力。传承就是要将文明中的优秀部分继承下来，使其能够继续指导人类当下的社会生活，创新就是要推动文明在新的时代条件下创造性发展，在融入新的要素的基础上推动文明发展与时俱进。中华优秀传统文化是中华民族的根和魂，是中华民族赖以生存发展的文化支撑，中华优秀传统文化中蕴含的世界观、人生观、价值观依然闪耀着智慧的光芒。中华优秀传统文化已经深深内化到中国人的内心，并成为中国人为人处世的文化准则。在新的时代条件下，要进一步推动中华优秀传统文化的创造性转化和创新性发展,不断将马克思主义基本原理与中华优秀传统文化相结合,发挥中华优秀传统文化对于新时代中国发展建设的指导作用。同时,在人类历史的赓续中,每种文明都有其独特的魅力和深厚的人文底蕴,都是人类社会的精神瑰宝。重视文明传承创新要在新的时代条件下加强不同文明之间的交流互鉴,善于从不同文明中汲取营养和智慧,以丰富自身的文明内涵,激活文明内在的生命力,使之转化为适应时代发展要求的文明形态。要推动各国优秀传统文化在现代化进程中实现创造性转化和创新性发展,实现人类文明的共同发展进步。

坚持交流互鉴,建设一个开放包容的世界,要加强国际人文交流合作。包容是文明的生命力,封闭会导致僵化,文明只有在交流互鉴中才能不断发展,各国人民只有在相互交流中才能相近相亲。国际人文交流是国际关系的润滑剂,在人文交流中可以实现民相近、心相亲。国际人文交流合作也是促进文明互鉴的现实路径,通过人文交流合作,各国人民更加了解彼此的文化,也就能更好地化解文化误读与文化偏见。在对待人类文明时,要注重从不同文明中汲取发展的营养,以不同文明所具有的优势来促进人类文明的发展,傲慢与偏见只会阻隔文明之间的交流,造成文明之间的隔阂。不能以居高临下的态度看待其他人类文明,这样不仅不能领悟不同文明蕴藏的智慧,而且会导致自身文明的封闭孤立。文明之间存在差异是客观事实,不能将自身文明强行推给其他国家,不同的文明之间应该互相尊重,取长补短,共同发挥文明的涵育价值,为人类进步事业作出应有的贡献。中国特色社会主义精神文明在对待其他文明时始终保持开放的态度,主动接纳世界其他文明并不断吸纳世界文明中的有益成果,在推动国际人文交流合作中建设一个开放包容的世界。

六、以生态文明建设推动构建清洁美丽的世界

生态文明是人与自然交互作用过程中形成的物质与精神成果。生态福祉关乎人类的长远发展,是人类文明赖以存在的基础。古代埃及、古代巴比伦、古代印度、古代中国四大文明古国均发源于水草丰茂的生态肥沃之地,充分说明生态环境对人类文明发展的滋养作用。良好的生态环境是自然给予人类的最宝贵财富,不仅为当前的人类生存提供了生态福利,也为子孙后代的发展奠定了基础。2023年习近平总书记在全国生态环境保护大会上指出:"生态文明建设关乎人类未来,建设绿色家园是人类的共同梦想。"[①]人类共处于同一个大生态系统之中,对于自然生态环境的保护是世界各国的共同责任,任何一国都无法作为旁观者置身事外。在现代化发展中形成的中国特色社会主义生态文明始终坚持人与自然和谐共生,坚持绿水青山就是金山银山的理念,在推动社会发展的同时注重对于生态环境的保护,走一条生产发展、生活富裕、生态良好的文明发展之路,推动世界各国共同构建一个清洁美丽的世界。

(一)全球治理中的"绿色赤字"问题

人与自然是一个生命共同体,人类在与自然的互动中诞生了人类文明,创造了人类栖息的生活环境。长期以来,人类与自然之间保持着和谐的互动关系,但自进入工业文明时代以来,以技术为驱动的工业发展在创造巨大物质财富的同时也对生态环境产生了极大的破坏,打破了自然生态系统原有的循环和平衡,造成人与自然之间的紧张关系。恩格斯认为:"如果说人

---

① 中共中央党史和文献研究院:《十九大以来重要文献选编》(上),中央文献出版社,2019年,第453页。

靠科学和创造性天才征服了自然力,那么自然力也对人进行报复。"①生态破坏对人类社会的生存和发展产生持续性的影响,有些生态问题甚至造成了对环境的不可逆转的损失,危及整个地球家园的健康。水污染、土壤污染、大气污染、气候变暖等问题已经成为威胁全球发展的严重生态问题,越来越引发世界各国人民的关注,需要世界各国同心协力予以应对。

1."绿色赤字"的问题表征

生态环境是人类最普惠的民生福祉,用时则不觉,失之则难存。近代以来的工业革命使人们利用改造自然的能力大幅提高,生产的效率超出以往任何时代,也创造出极为丰富的物质财富,但却对自然生态造成了巨大破坏,全球"绿色赤字"的问题越来越突出,人类的生存环境受到前所未有的威胁。"绿色赤字"反映出人类的生产活动超出了自然能够承载的限度,造成自然资源的过度消耗以及社会发展的不可持续,危及人类的长远未来。如果生命赖以存在的自然生态系统遭到破坏,人类生存发展就成了无源之水、无本之木。

(1)全球气候变化

受到工业化、城市化发展的影响,全球气候变化是当前"绿色赤字"的突出表现。气候变化是气候平均值和气候离差值出现了统计意义上的显著变化,其中全球气候变暖是气候变化的主要表现之一。联合国政府间气候变化专门委员会2023年发布的评估报告显示,全球温升预计在2021年至2040年内达到1.5℃。②以二氧化碳、臭氧、氧化亚氮、甲烷等为主要代表的温室气体的排放是导致全球温度上升的主要原因,而温室气体主要来自工业原料煤、石油、天然气等化石燃料的燃烧。温室气体排放量的不断增加导致全球气候变暖,大气、海洋、冰冻圈和生物圈发生了明显的变化。《中国气候变化

---

① 《马克思恩格斯选集》(第三卷),人民出版社,2012年,第275~276页。
② 陈溯:《IPCC最新报告:全球温升预计在2021年至2040年内达到1.5℃》,https://www.chinanews.com/cj/2023/03-21/9976014.shtml,2023-03-21。

蓝皮书(2022)》显示,20世纪80年代后期以来海洋变暖加速,全球平均海平面呈持续上升趋势;全球冰川整体处于消融退缩状态,20世纪80年代中期以来消融加速。气候变化也导致全球极端气候事件增多,比如2022年包括中国、印度等在内的世界多个国家和地区遭遇高温热浪侵袭,欧洲经历了有气象记录以来的最热夏季,中国出现持续79天的大范围高温天气,巴西、澳大利亚东部、非洲中部和南部等国家和地区遭遇暴雨洪涝,北美和欧洲遭受严寒和暴风雪侵袭。①一系列极端气候现象表明全球生态系统正面临着严重危机。

(2)生物多样性丧失

正是因为地球上不同生物的存在才构成了这个缤纷多彩的世界,生物多样性是表征生态系统生机活力的重要指标。每种生物在生态系统中均扮演着重要的角色,对于维持生态系统的动态平衡发挥着重要作用,生物之间是环环相扣的相互依存关系,保护生物多样性就是保护整个生态系统,而其中一个物种的消失将会导致一系列生态后果,引发多米诺骨牌效应。生物多样性是整个生态系统保持动态平衡的关键,人类同样属于地球生态系统中的一部分,生态系统平衡的打破也势必会反噬人类自身的生存。在过去的两百年间,人类的科技能力发生了突飞猛进的变化,土地、河流、海洋等空间被过度利用和开发,挤压了其他物种的生存空间,一些有毒化学物质的扩散影响了土壤、水的质量,其他生物的生存环境遭到不同程度破坏。目前,地球生物多样性正面临前所未有的威胁,地球上的800多万种物种,有超100万个物种正濒临灭绝,许多物种有可能在近几十年内就会消失,由生态失衡所引发的矛盾越来越突出。生物多样性是人类社会赖以存在和发展的基础,没有了生物多样性在自然生态系统中发挥作用,人类社会将面临空气质量下降、土壤循环受阻、食物来源短缺、疾病传播风险增加等影响,保护生物

① 袁于飞:《〈全球气候状况报告(2022)〉发布——为全球气候监测贡献中国智慧》,《光明日报》,2023年3月22日。

多样性已成为迫在眉睫的话题。

(3)荒漠化加剧

土地荒漠化是在干旱和半干旱地区,由于自然因素和人类活动的影响而引起的生态系统的破坏,使原来非沙漠地区出现了类似沙漠环境的变化。人类社会的生存发展需要依赖土地的生产,土地的面积和质量直接影响着土地的生产能力。土地荒漠化是土地退化的表现,严重威胁着人类生存的空间。当前全球三分之一的干旱区处于荒漠化的边缘,大规模的荒漠化主要出现在非洲、亚洲、南美洲等气候干旱的发展中国家,全球五分之一的人口受到荒漠化的影响,每年由此造成的直接经济损失达423万亿美元,而且荒漠化正在以每年5万至7万平方千米的速度扩展。土地荒漠化加剧既有自然的因素在起作用,但更严峻的是人为破坏因素的影响。过度放牧、植被滥垦滥伐、盲目开垦以及不合理的灌溉等都会导致土壤沙化现象。气候变暖的现实环境也进一步加剧了荒漠化的速度。干旱、半干旱地区的生态系统较为脆弱,一旦人类活动超出了该地区生态系统能够承载的极限,将导致土地退化和生产能力的下降。荒漠化加剧是一个全球性问题,严重影响着地区的生态安全,压缩着人类的生存空间,制约着全球经济的可持续发展。

2.“绿色赤字”的产生原因

“绿色赤字”造成了人与自然之间的紧张关系,持续威胁着人类社会的发展。“绿色赤字”的产生与工业革命之间存在密切的关系,近代以来一些西方国家在利益的驱使下不惜以牺牲环境为代价大力发展高耗能、高污染项目,对生态环境系统造成较大破坏,影响了生态环境系统的自我修复能力。“绿色赤字”反映了人类社会发展的急遽性与生态环境可承受能力的有限性之间的矛盾,全球人口的持续增长,传统生产方式的弊端以及资源过度开发、粗放利用、奢侈消费等都是导致生态环境变化的重要原因。“绿色赤字”是人类过度改造自然的结果,打破了人与自然之间的平衡,减少“绿色赤字”关系着人类的长远未来。

（1）全球人口持续增长

根据联合国的资料显示，全球人口相较于20世纪中期已经增长了两倍多。1950年全球人口约为25亿，到2022年11月中旬，全球人口已经达到80亿，预计在未来的30年当中，全球人口将再增加近20亿，从目前的80亿增加至21世纪中期的97亿，并可能在2080年代中期达到近104亿的人口峰值。全球人口的持续增长对生态环境造成巨大压力，人口的增长自然伴随着对土地、水、能源等自然资源需求的增长，同时也意味着人类将向自然界中排放更多的废弃物，造成环境污染的加剧。土地、水、能源是人类赖以生存的基础资源，人类生活需要的物质原料主要依靠自然的产出，持续的人口增长会凸显自然资源总量的有限性与人口数量不断增长之间的矛盾，而且人类在与环境的互动过程中会产生大量的代谢物，比如化石燃料的燃烧会产生大量的温室气体，工业生产会向大气中排放大量的有害气体，这些产物同样对生态环境造成较大压力。人口的不断增长会使人均占有的生态面积不断缩小，地区之间人口的不平衡也使不同地区面临的资源约束趋紧的矛盾呈现出错综复杂的状况。

（2）传统生产方式存在弊端

传统工农业生产方式的落后导致资源不合理利用也是"绿色赤字"产生的重要原因。一些国家传统工业生产中由于技术落后、设备陈旧导致对环境的污染严重，水资源利用效率的低下导致水资源使用中存在大量的浪费情况，比如煤炭行业、钢铁行业、冶金行业等都是传统工业生产中的高污染产业，如不能合理处理生产过程中的工业废料、废水、废气等，都将对环境造成较大影响，加剧水资源紧张的状况。国际产业分工中的不合理现象也加剧了发展中国家环境的严峻状况，一些高耗能、高污染的产业转移到发展中国家，使发展中国家以牺牲环境为代价换取了片面的经济增长。传统农业生产方式中也存在着大量的环境破坏现象，比如由于大量使用化肥、农药等对土壤、环境等的污染，由于灌溉方式效率较低导致水资源紧缺，地下水位持续下降,由于耕种方式不当导致水土流失情况严重,产生影响农业生产的次生危害。传统工农业生产方式加剧了人类生产活动与自然之间的紧张关系,加大了对环境的破坏,对工农业可持续发展产生不利影响。

(3)资源过度开发、粗放利用、奢侈消费

人类共处于同一个地球,自然资源的总量是有限的,无限制地开发利用自然资源会导致资源危机,影响人类社会的可持续发展。人类文明在人与自然的互动中产生,在技术不断发展进步的过程中,人类活动的边界也在不断拓展,对于自然环境的影响也随之越来越大。人与自然之间的关系存在着一定的张力,但也需注意两者之间的平衡,超越限度地对自然进行改造无疑将会反噬人类自身。自然资源是人类在地球上生存的宝贵资源,人类在发展进步中应该注重珍惜,过度开发、粗放利用、奢侈消费的模式是不可持续的,毫无节制地对自然的利用势必引发自然的反作用力。资源过度开发会导致资源的耗竭,粗放利用和奢侈消费会导致资源的浪费。在资源开发利用上必须注重当前需要与长远需要、自我需要与他人需要之间的平衡,既为当代人提供幸福生活的物质支撑,也要为子孙后代留下赖以生存的基础保障。经济发展与环境保护之间也应该寻找一个平衡,经济发展是为了人类更加美好的幸福生活,环境保护同样是为了人类能够拥有更加美好的明天。

(二)生态文明新形态对清洁美丽世界的构建

一个清洁美丽的世界符合人类的共同利益,是推动构建人类命运共同体的重要目标。近些年来,世界不同地区共同遭受着高温、干旱、洪涝等灾害的威胁,在应对全球性环境问题中,没有哪个国家能够置身事外,世界各国应该携起手来共同应对环境挑战。共建清洁美丽的世界是各国人民的共同心愿,所有人需要共同努力。在发展的过程中要解决好工业建设与环境保护之间的关系,尊重自然、顺应自然、保护自然,把人类活动限制在环境能够承载的限度之内。习近平总书记强调："要像保护眼睛一样保护生态环境，像对待生命一样对待生态环境。"①中国式现代化发展中形成的生态文明新形态秉持绿色低碳的理念，坚持绿水青山就是金山银山，注重经济发展与环境保护的协同推进，在发展中促进保护，在保护中推动发展，走出一条生产发展、生活富裕、生态良好的可持续发展道路，为共建清洁美丽的世界提供了文明基础。

1.生态文明新形态中的绿色低碳理念

在中国式现代化的探索中，一条新的生态文明道路不断显现，这是与西方现代化发展以牺牲环境为代价换取片面经济增长完全不同的文明发展道路。生态文明是人类文明发展的历史趋势。人类经历了原始文明、农业文明、工业文明，生态文明是工业文明发展到一定阶段的产物，是实现人与自然和谐发展的新要求。②生态文明孕育于工业文明之中，实现了对工业文明的逻辑超越，是一种可持续发展的人类文明。党的十八大把生态文明建设纳入中国特色社会主义事业"五位一体"总体布局，将生态文明上升到前所未有的高度。党的十八届五中全会提出创新、协调、绿色、开放、共享的新发展理念，其中实现绿色发展是满足人民对于美好生活需要的重要体现。党的十九大将"坚持人与自然和谐共生"纳入新时代坚持和发展中国特色社会主义的基本方略，社会主义现代化强国的目标中纳入"美丽中国"的新要求。党的二十大进一步强调，要把推动经济社会发展绿色化、低碳化作为实现高质量发展的关键环节。中国特色社会主义生态文明始终贯穿着绿色低碳理念，在现代化发展中注重对生态环境的保护，注重资源节约和开发利用，努力实现人与人、人与社会、人与自然之间和谐共生的局面，关系到中华民族的长远发展，也关系到人类的前途命运。

绿色低碳既是一种生活方式，也是一种生产方式。绿色是大自然天然

---

① 《习近平著作选读》(第二卷)，人民出版社，2023年，第171页。
② 《习近平生态文明思想学习纲要》，学习出版社、人民出版社，2022年，第13页。

的底色,绿色也是实现高质量生活、高质量发展的关键。绿色低碳的生活方式就是在日常生活中注重节约能源、节约资源,选择更加环保的生活方式,减少生活场景中的碳排放,从而降低对环境的影响。比如在日常出行中选择公共交通工具,对于二手物品注重循环利用,多参与植树造林等环保公益活动等。随着人们的环保意识越来越高,绿色低碳的生活方式成为众多人的选择。绿色低碳作为一种生产方式就是提倡在工业生产中降低化石能源的使用,减少资源的消耗和浪费,加强对工业废弃物的循环处理,推进各类资源节约集约利用,使经济发展与环境保护之间取得平衡。绿色低碳是实现高质量发展的必经之路,要在调整产业结构、能源结构、交通运输结构上下功夫,加快传统产业的升级换代,大力发展高端智能产业,推动经济社会发展绿色化、低碳化。倡导绿色低碳的理念贯穿在生态文明新形态的形成过程中,无论是在日常生活还是产业发展中,绿色低碳已经成为中国社会各领域的共识。绿色低碳的发展方式提高了资源的配置效率,激发了市场的创新活力,推动社会进行全方位变革,对于未来赢得发展的主动权至关重要。

绿色低碳理念蕴含着中华文明的传统智慧。绿色低碳是生态文明观念的现代化表达,其核心追求仍是人与自然的和谐共生。中华民族在几千年的发展中孕育了丰富的生态文化,尊重自然、顺应自然、保护自然的理念深植于中华民族的血脉之中。《易经》中说,"观乎天文,以察时变;关乎人文,以化成天下",即告诉人们要在观察天地运行的规律中认识人间时节的变化;《老子》中说,"人法地,地法天,天法道,道法自然",即讲明了世界上万事万物的生存发展都要遵循自然规律。《孟子》《荀子》《齐民要术》中的一些论述中都体现了中华文明天人合一的思想,强调要将天地人统一起来,把自然生态同人类文明联系起来,按照自然规律开展活动。自然规律的运行贯穿在一切事物的发展中,遵循、顺应、符合自然规律能使事物的发展更加顺利,违背、脱离、挑战自然规律则会使事物的发展遇到困难,甚至使事物的发展陷入停滞、僵化、萎缩的局面。中国式现代化的生态文明道路超越了西方工业文明的对立逻辑，其主张在人与自然和谐共生中实现现代化发展，而不是对于自然界的无限度改造，不是对自然界的绝对征服关系，不是将追求经济增长作为至高目的。只有树立了正确的自然观才能掌握事物发展的本质规律，促进人与自然的和谐共生。

2.建设清洁美丽世界的中国方案

良好的生态环境是最公平的公共产品，也是最普惠的民生福祉。从人类的长远发展来看，推动世界绿色发展是至关重要的选择。当前以气候变化、生物多样性丧失、土壤荒漠化等为代表的全球气候问题已经向人类发出了严重警告，如果世界各国再不联合起来应对这些环境风险，那么世界的发展将共同面临来自自然的灾难。"工业化进程创造了前所未有的物质财富，也产生了难以弥补的生态创伤。杀鸡取卵、竭泽而渔的发展方式走到了尽头，顺应自然、保护生态的绿色发展昭示着未来。"①中国始终坚持生态发展理念，追求人与自然和谐共生，不断推动经济社会发展的全面绿色转型，探索出一条生态优先、绿色发展的道路。西方现代化发展中的对立逻辑造成了人与自然之间持续的紧张关系，不能从根本上解决人类面临的全球性生态问题，而中国式现代化发展中形成的生态文明新形态主张人与自然和谐共生，从根本上改变了人与自然之间的对立状态，将人类生产发展与自然保护放在同等重要的地位，为建设清洁美丽的世界贡献了中国智慧。

建设清洁美丽的世界是构建人类命运共同体在生态领域的目标。2021年4月22日，习近平总书记以视频方式出席领导人气候峰会并发表重要讲话，首次阐释人与自然生命共同体理念，为加强全球环境治理提出中国方案。建设清洁美丽的世界，构建人与自然生命共同体，要坚持人与自然和谐共生，坚持绿色发展，坚持系统治理，坚持以人为本，坚持多边主义，坚持共

---

① 《习近平谈治国理政》（第三卷），外文出版社，2020年，第374页。

同但有区别的责任原则。"六个坚持"是中国为建设清洁美丽的世界而发出的郑重倡议,反映了中国在保护生态环境议题上的重大决心,也为全球实现可持续的生态文明发展贡献了中国智慧。中国将生态文明理念和生态文明建设写入宪法,纳入了中国特色社会主义"五位一体"的总体布局,并始终以经济发展全面绿色转型为引领,以能源绿色低碳发展为关键,坚持走生态优先、绿色发展的道路。中国也愿同世界各国一道,为建设一个清洁美丽的世界共同努力。

坚持绿色低碳,建设清洁美丽的世界,要坚持人与自然和谐共生。人类社会从自然之中孕育而来,其与自然之间本身就共处于同一个生存维度,两者之间是一个相互协调的有机统一体,其不存在根本的对立关系。人类社会的活动丰富了自然界中的生命形态,自然界为人类的生存提供了基本的濡养。来自自然界的水、矿产、森林等资源既为人类发展奠定了基础,也为其他生命的发展提供了支持。在处理人与自然之间的关系时,应该摒弃狭隘的自我中心主义,而要将人类生命与其他生命的发展等同起来,尊重生命、善待生命,不因人类活动边界的无限扩张而不断压缩其他生命的生存空间。科技为人类提供了改造自然的工具,但科技使用不应该无限度,人类活动也不应该超出必要的边界。自然界事物的演化都遵循着特定的规律,人类活动同样需要在自然规律范围内进行,超越自然规律而盲目扩张也必然引发系列的悲剧。人类活动不是要寻求对于自然的绝对控制,而是要融入自然的发展,与自然和谐共生。

坚持绿色低碳,建设清洁美丽的世界,要坚持绿色发展。绿色是自然的底色,发展也要追求绿色。良好的生态环境是人类生存的基础,也是经济社会发展重要的资源,其本身就蕴含着无穷的经济价值。推动良好生态环境转化为可持续的生产力是着眼长远的战略选择,其能够创造源源不断的综合效益,助推经济社会的良性发展。发展需要的资源本就是取之于自然,经过人类使用之后,也必将回归于自然,这是一个自然的循环过程。人类不能为了自身的利益而过度地损害自然、侵入自然,打破自然生态的平衡,破坏自然生态的自我修复能力。经济发展与环境保护之间并不矛盾,实现绿色发展是经济高质量前行的关键。绿色发展本身蕴含着极大的潜力,在推动绿色发展的过程中可以实现能源、产业结构转换,加大低能耗、环保型产业在社会产业中的比重,推动社会各领域的科技创新,以创新能力提升经济发展的创造力。保护环境就是保护生产力,绿色发展是人类的光明之路。

坚持绿色低碳,建设清洁美丽的世界,要坚持系统治理。万事万物在联系中发展,破解"绿色赤字"也要坚持系统的观点。在生态问题的治理上,要树立系统思维,从生态系统的整体性出发查找原因,防止出现头痛医头、脚痛医脚的片面观念,从根本上解决生态发展中久治不愈的顽瘴痼疾。生态系统本身就是一个共同体,各部分之间不是机械的组合关系,而是相互联系的有机系统。人的命脉在田,田的命脉在水,水的命脉在山,山的命脉在土,土的命脉在林和草。要坚持统筹兼顾、综合平衡的系统性观念,从生态系统整体性出发,推进山水林田湖草沙一体化保护和修复,打造山水林田湖草沙生命共同体。中国在生态系统治理中建立了以国家公园为主体的自然保护地体系,划定了全国生态保护红线,持续开展大面积植树造林,为全球生态治理提供了可借鉴的经验。在生态问题的修复治理问题上一定要秉持长远的眼光,只顾眼前的利益或许能换取一时的经济增长,但损害了子孙后代的未来,影响人类的长远发展。

坚持绿色低碳,建设清洁美丽的世界,要坚持以人为本。经济发展是为了民生,生态保护也是为了民生。随着人们生活水平的不断提高,人们对于环境的要求也越来越高,蓝天、碧水、净土成为老百姓的期待。以环境污染为代价换取经济的片面增长不仅难以持续,而且危害人类社会的长远发展。环境污染是人类社会的公敌,没有哪个国家可以在环境保护问题上置身事外,集中解决危害人类生存的环境污染问题就是为子孙后代谋福利。生态环境问题与普通百姓的生活关系最密切,关系着老百姓的衣食住行,直接影响着老百姓的生活质量。生态环境是最普惠的民生福祉,必须将生态环境改善作为发展的重要一环,持之以恒推进生态问题的治理和修复。要在发展中始终坚持生态惠民、生态利民、生态为民,让老百姓吃得放心、住得安心、生活舒心,让老百姓共享生态发展的成果。生态环境对于所有人都是公平的,没有人可以脱离既有的生态环境而生存。只有秉持以人为本,才能够让世界各国人民共享良好的生态福祉,共同创造美好的未来。

坚持绿色低碳,建设清洁美丽的世界,要坚持多边主义。在关系人类前途命运的生态议题上,世界各国应该共同分担风险、共同承担责任、共同维护人类家园。世界各国在生态保护上是一个命运共同体,而不是相互对立的存在,在应对气候变化等全球性问题上没有哪个国家能够置身事外,秉持包容合作的态度才是化解生态危机的良方。世界各国要共同维护以联合国为核心的国际体系,遵循《联合国气候变化框架公约》及其《巴黎协定》的目标和原则,维护《生物多样性公约》,努力落实联合国2030年可持续发展议程。世界各国在生态环保议题上要加强合作,形成国际联动机制,共同守护人类的美好家园。对于违法野生动物贸易等跨国犯罪行为要共同予以打击,形成共同维护国际生态安全的良好国际氛围。中国在推进碳达峰碳中和问题上持续努力,力争在2030年前实现碳达峰,2060年前实现碳中和,同时设立昆明生物多样性基金,持续为全球生态治理贡献中国力量。保护生态环境需要每一个人的努力,需要世界各国心手相牵的共同努力。

坚持绿色低碳,建设清洁美丽的世界,要坚持共同但有区别的责任原则。人类共处于同一个地球,世界共享同一片蓝天,绿色低碳是生态文明建设应该始终秉持的理念,共同但有区别的原则是全球生态治理应该秉持的重要原则。地球生态系统呈现出整体性,但造成生态环境退化的因素各有不同,世界各国在生态治理中承担着共同但有区别的原则。共同,即意味着世界各国不论大小、贫富、强弱都对全球生态保护承担着一份责任,有区别,则意味着各国所承担的责任应该是有所差别。在历史的发展中,自工业革命以来的人类活动对全球生态造成较大破坏，发达国家与发展中国家的工业化水平不同，对生态的影响自然呈现出不同的结果，发达国家在大力工业化的过程中对生态环境的影响要更大，理应在全球生态保护中负有更多的责任，而发展中国家由于工业化水平低，对生态环境的影响则相对较小。在生态治理中，发达国家应该为发展中国家提供更多资金、技术支持，帮助发展中国家加快绿色转型，只有各个国家形成一个联合体，一个清洁美丽的世界才会到来。

人类是一个整体，地球是一个家园。任何人、任何国家都无法独善其身。西方在现代化进程中创造了巨大的物质财富，却也对人类共处的家园造成诸多伤害。而中国式现代化描绘出现代化的另一幅图景，拓展了发展中国家走向现代化的路径，给世界上那些既希望加快发展又希望保持自身独立性的国家和民族提供了全新选择，创造了人类文明新形态。在探寻人类未来的出路上，中国式现代化展现出光明的前景，其超越了西方现代化进程中所秉持的对立逻辑，主张世界各国携起手来，在合作共赢中构建人类命运共同体。一个持久和平、普遍安全、共同繁荣、开放包容、清洁美丽的世界符合世界各国人民的利益，承载了人们对于未来美好社会的想象，也是构建人类命运共同体的愿望。政治文明新形态、社会文明新形态、物质文明新形态、精神文明新形态、生态文明新形态的形成为人类命运共同体"五个世界"目标的实现奠定了文明基石，也推动着人类命运共同体这一美好愿景的早日到来。面向未来，人类应该和衷共济、和合共生，朝着构建人类命运共同体方向不断迈进，共同创造更加美好的明天。

主要参考文献

一、经典文献

1.《马克思恩格斯选集》(第一、三卷),人民出版社,2012年。

2.《马克思恩格斯选集》(第四卷),人民出版社,1995年。

3.《马克思恩格斯文集》(第一、二、三、四、八、九、十卷),人民出版社,2009年。

4.《马克思恩格斯全集》(第47卷),人民出版社,1979年。

5.《列宁选集》(第四卷),人民出版社,2012年。

6.《毛泽东文集》(第一卷),人民出版社,1993年。

7.《毛泽东文集》(第六、七、八卷),人民出版社,1999年。

8.《毛泽东选集》(第一、二、三卷),人民出版社,1991年。

9.《毛泽东年谱(1949—1976)》(第三卷),中央文献出版社,2013年。

10.《邓小平文选》(第二卷),人民出版社,1994年。

11.《邓小平文选》(第三卷),人民出版社,1993年。

12.《江泽民文选》(第三卷),人民出版社,2006年。

13.《胡锦涛文选》(第二卷),人民出版社,2016年。

14.《习近平谈治国理政》(第二卷),外文出版社,2017年。

15.《习近平谈治国理政》(第三卷),外文出版社,2020年。

16.《习近平谈治国理政》(第四卷),外文出版社,2022年。

17.《习近平著作选读》(第二卷),外文出版社,2023年。

18. 习近平：《摆脱贫困》，福建人民出版社，1992年。

19. 习近平：《在庆祝中国共产党成立95周年大会上的讲话》，人民出版社，2016年。

20. 习近平：《在省部级主要领导干部学习贯彻党的十八届五中全会精神专题研讨班上的讲话》，人民出版社，2016年。

21. 习近平：《决胜全面建成小康社会 夺取新时代中国特色社会主义伟大胜利——在中国共产党第十九次全国代表大会上的报告》，人民出版社，2017年。

22. 习近平：《论坚持推动构建人类命运共同体》，中央文献出版社，2018年。

23. 习近平：《论坚持全面深化改革》，中央文献出版社，2018年。

24. 习近平：《论坚持党对一切工作的领导》，中央文献出版社，2019年。

25. 习近平：《深化文明交流互鉴 共建亚洲命运共同体——在亚洲文明对话大会开幕式上的主旨演讲》，人民出版社，2019年。

26. 习近平：《论党的宣传思想工作》，中央文献出版社，2020年。

27. 习近平：《在庆祝中国共产党成立100周年大会上的讲话》，人民出版社，2021年。

28. 习近平：《论把握新发展阶段、贯彻新发展理念、构建新发展格局》，中央文献出版社，2021年。

29. 习近平：《在中华人民共和国恢复联合国合法席位50周年纪念会议上的讲话》，人民出版社，2021年。

30. 习近平：《高举中国特色社会主义伟大旗帜 为全面建设社会主义现代化国家而团结奋斗——在中国共产党第二十次全国代表大会上的报告》，人民出版社，2022年。

31. 中共中央文献研究室：《十二大以来重要文献选编》（上），中央文献出版社，2011年。

32.中共中央文献研究室:《十三大以来重要文献选编》(上),中央文献出版社,2011年。

33.中共中央文献研究室:《十四大以来重要文献选编》(上),中央文献出版社,2011年。

34.中共中央文献研究室:《十五大以来重要文献选编》(上),中央文献出版社,2011年。

35.中共中央文献研究室:《十六大以来重要文献选编》(上),中央文献出版社,2011年。

36.中共中央文献研究室:《十七大以来重要文献选编》(上),中央文献出版社,2009年。

37.中共中央文献研究室:《十八大以来重要文献选编》(上),中央文献出版社,2014年。

38.中共中央党史和文献研究院:《十九大以来重要文献选编》(上),中央文献出版社,2019年。

二、中文专著

1.《党的二十大报告辅导读本》,人民出版社,2022年。

2.《习近平关于社会主义精神文明建设论述摘编》,中央文献出版社,2022年。

3.《习近平生态文明思想学习纲要》,学习出版社、人民出版社,2022年。

4.《习近平新时代中国特色社会主义思想学习纲要(2023年版)》,学习出版社、人民出版社,2023年。

5.《习近平新时代中国特色社会主义思想学习纲要》,学习出版社、人民出版社,2019年。

6.《中共中央关于党的百年奋斗重大成就和历史经验的决议》,人民出版社,2021年。

7.《中共中央关于坚持和完善中国特色社会主义制度　推进国家治理体系和治理能力现代化若干重大问题的决定》,人民出版社,2019年。

8.《中国共产党的历史使命与行动价值》,人民出版社,2021年。

9.《中国共产党第十三次全国代表大会文件汇编》,人民出版社,1987年。

10.当代中国研究所:《新中国70年》,当代中国出版社,2019年。

11.费孝通:《文化与文化自觉》,群言出版社,2016年。

12.高放、李景治、蒲国良主编:《科学社会主义的理论与实践》,中国人民大学出版社,2019年。

13.梁启超:《欧游心影录》,商务印书馆,2014年。

14.罗荣渠:《现代化新论——世界与中国的现代化进程》,商务印书馆,2004年。

15.罗荣渠主编:《从"西化"到现代化——五四以来有关中国的文化趋向和发展道路论争文选》,北京大学出版社,1990年。

16.瞿秋白:《瞿秋白文集:政治理论编》(第2卷),人民出版社,2013年。

17.王立胜:《中国式现代化道路与人类文明新形态》,江西高校出版社,2022年。

18.王云龙、刘长江:《世界现代化进程:俄罗斯东欧卷》,江苏人民出版社,2014年。

19.吴忠民:《世俗化与中国的现代化》,商务印书馆,2021年。

20.颜晓峰等:《创造人类文明新形态》,社会科学文献出版社,2022年。

21.杨耕:《东方的崛起:关于中国式现代化的哲学反思》,人民出版社,2022年。

22.中国李大钊研究会编注:《李大钊全集》(第2、5卷),人民出版社,2013年。

23.中华人民共和国国务院新闻办公室:《中国的民主》,人民出版社,2021年。

24.中华人民共和国国务院新闻办公室：《中国的全面小康》，人民出版社，2021年。

25.朱云汉：《高思在云：中国兴起与全球秩序重组》，中国人民大学出版社，2015年。

三、外文译著

1.[德]斐迪南·滕尼斯：《共同体与社会》，林荣远译，商务印书馆，1999年。

2.[法]布罗代尔：《文明史纲》，肖昶等译，广西师范大学出版社，2003年。

3.[法]基佐：《欧洲文明史》，程洪逵、沅芷译，商务印书馆，2005年。

4.[法]诺贝特·埃利亚斯：《文明的进程：文明的社会起源和心理起源的研究·第一卷·西方国家世俗上层行为的变化》，王佩莉译，生活·读书·新知三联书店，1998年。

5.[法]尤尔根·哈贝马斯：《认识与兴趣》，郭官义、李黎译，学林出版社，1999年。

6.[古希腊]亚里士多德：《亚里士多德全集》（第九卷），颜一、秦典华译，中国人民大学出版社，1994年。

7.[美]埃德加·斯诺：《西行漫记》，董乐山译，东方出版社，2005年。

8.[美]塞缪尔·亨廷顿等：《现代化：理论与历史经验的再探讨》，张景明译，上海译文出版社，1993年。

9.[英]安格斯·麦迪森：《世界经济千年史》，伍晓鹰、许宪春、叶燕斐等译，北京大学出版社，2003年。

10.[英]安格斯·麦迪森：《世界经济千年统计》，伍晓鹰、施发启译，北京大学出版社，2009年。

11.[英]戴维·伯姆：《论对话》，王松涛译，教育科学出版社，2004年。

12.[英]费尔克拉夫：《话语与社会变迁》，尹晓蓉译，华夏出版社，2003年。

四、报刊文章

1. 习近平：《弘扬和平共处五项原则 建设合作共赢美好世界》，《人民日报》，2014年6月29日。

2. 习近平：《习近平同希腊总统帕夫洛普洛斯会谈》，《光明日报》，2019年5月15日。

3. 习近平：《继续把党史总结学习教育宣传引向深入 更好把握和运用党的百年奋斗历史经验》，《人民日报》，2022年1月12日。

4. 习近平：《深入贯彻新发展理念主动融入新发展格局 在新的征程上奋力谱写四川发展新篇章》，《人民日报》，2022年6月10日。

5. 习近平：《在文化传承发展座谈会上的讲话》，《求是》，2023年第17期。

6. 习近平：《正确理解和大力推进中国式现代化》，《人民日报》，2023年2月8日。

7. 习近平：《携手同行现代化之路——在中国共产党与世界政党高层对话会上的主旨讲话》，《人民日报》，2023年3月16日。

8. 习近平：《深化团结合作 应对风险挑战 共建更加美好的世界——在2023年金砖国家工商论坛闭幕式上的致辞》，《人民日报》，2023年8月23日。

9.《美国的霸权霸道霸凌及其危害》，《人民日报》，2023年2月21日。

10.《美国非洲裔学生面临更多教育不公》，《人民日报》，2023年4月12日。

11.《美国贫富分化持续恶化的事实真相》，《人民日报》，2023年2月24日。

12. 陈金龙：《人类文明新形态的四重意蕴》，《广东社会科学》，2021年第6期。

13. 丁俊萍、贾书衡：《毛泽东对传统天下观的创造性运用和发展》，《毛泽东研究》，2023年第2期。

14. 侯惠勤:《试论当代中国马克思主义、21世纪马克思主义》,《天津师范大学学报》(社会科学版),2021年第5期。

15. 巨力:《从三个历史节点看中国经济发展奇迹》,《求是》,2019年第20期。

16. 况腊生、闫文虎:《国际恐怖势力重新反弹》,《解放军报》,2022年9月15日。

17. 李嘉宝:《全球过亿难民何处安身立命?》,《人民日报(海外版)》,2022年6月9日。

18. 李荣山:《文明比较与文化自觉:迈向和而不同的比较历史社会学》,《中国社会科学》,2022年第9期。

19. 李慎明:《准确把握二十大报告的重要思想、重要观点、重大战略、重大举措》,《政治学研究》,2022年第06期。

20. 刘丰:《国际政治中的联合阵线》,《外交评论》(外交学院学报),2012年第5期。

21. 刘玲玲:《加强合作,缩小全球数字鸿沟》,《人民日报》,2023年1月4日。

22. 陆阳:《从李大钊"中华文明之问"到人类文明新形态——马克思主义与中华优秀传统文化相结合的历史探析》,《北京行政学院学报》,2022年第4期。

23. 孟鑫:《习近平新时代中国特色社会主义思想对中华文化的创造性提升》,《东南学术》,2022年第4期。

24. 秦刚、郭强:《社会主义"从传统到现代"的新发展:从社会主义发展进程看中国特色社会主义进入新时代》,《科学社会主义》,2018年第1期。

25. 权衡:《"百年未有之大变局":表现、机理与中国之战略应对》,《科学社会主义》,2019年第3期。

26. 生态环境部党组:《谱写生态环境保护事业新篇章》,《求是》,2018年第21期。

27.唐志超:《中东乱局的根源及影响》,《当代世界》,2020年第3期。

28.王杰:《中国文化中的天下观》,《中国领导科学》,2020年第2期。

29.王巍:《中华文明探源研究主要成果及启示》,《求是》,2022年第14期。

30.王悠然:《不平等交换导致南北差异扩大》,《中国社会科学报》,2022年3月30日。

31.吴晓明:《"中国方案"开启全球治理的新文明类型》,《中国社会科学》,2017年第10期。

32.谢岳:《文件制度:政治沟通的过程与功能》,《上海交通大学学报》(哲学社会科学版),2007年第6期。

33.辛鸣:《"文明时代"的文明逻辑》,《中国社会科学报》,2022年7月29日。

34.辛向阳:《科学社会主义视野下百年未有之大变局》,《世界社会主义研究》,2019年第10期。

35.叶险明:《重新诠释两个重要历史哲学命题间的关系——超越"文明形态的多样"和"世界文明发展的统一和趋向"关系认识中的误区》,《理论视野》,2022年第8期。

36.袁于飞:《〈全球气候状况报告(2022)〉发布——为全球气候监测贡献中国智慧》,《光明日报》,2023年3月22日。

37.周平:《"一带一路"面临的地缘政治风险及其管控》,《探索与争鸣》,2016年第1期。

后　记

　　为深入学习宣传贯彻党的二十大精神,深化习近平新时代中国特色社会主义思想的研究阐释,推动党的理论"飞入寻常百姓家",在天津市委宣传部的精心组织下,由天津师范大学马克思主义学院贾丽民教授领衔的课题组认真开展了"新时代新征程创造人类文明新形态"的课题研究。创造人类文明新形态是中国共产党作出的重要理论创新,深入阐释人类文明新形态的历史逻辑、理论逻辑和实践逻辑,推动党的理论创新更好地转变为人民的行动指南是学界的重要使命,更是马克思主义理论学者义不容辞的责任。马克思深刻地指出:"理论只要说服人,就能掌握群众;而理论只要彻底,就能说服人。"[1]创造人类文明新形态与中国式现代化道路交相辉映,只要我们坚定不移地沿着中国式现代化道路持续探索,人类文明新形态必将展现出强大的理论光彩和实践伟力。

　　在本书编写过程中,编写组始终做到"三个深入":一是深入认识习近平新时代中国特色社会主义思想的精髓要义。编写组成员认真学习习近平总书记关于"人类文明新形态"的重要论述,从历史、现实与未来相贯通的视野

---

[1]　《马克思恩格斯选集》(第一卷),人民出版社,1972年,第9页。

认识"人类文明新形态"的理论穿透力，准确把握"人类文明新形态"的理论指向。二是深入把握党的创新理论与实践的关系。编写组成员在写作过程中注重将党的理论创新与中国式现代化发展的实践结合起来，通过中国式现代化发展的探索来观照人类文明新形态的创新。三是深入推进马克思主义理论传播的大众化。编写组成员将理论的抽象与表达的形象统一起来，努力做到以生动活泼、通俗易懂的语言来阐释党的理论创新，推进党的理论创新更好地入眼入脑入心。

全书共分为五章内容，由贾丽民教授负责组织研究和编写工作。在具体安排上，第一章由刘爱章撰写，第二章由张丽娟撰写，第三章由高英杰撰写，第四章由马立杰撰写，第五章由王松撰写。贾丽民教授对全书进行统稿。该书的出版是全体领导、老师和同学们集体智慧的结晶，是宣传思想文化战线贯彻落实习近平新时代中国特色社会主义思想的重要体现。希望本书的出版能够为学习习近平新时代中国特色社会主义思想提供生动素材，为理论界把握人类文明新形态的道理、学理、哲理提供一些启发，为社会各界进一步加强习近平新时代中国特色社会主义思想的研究宣传阐释奠定基础。

最后还要诚挚感谢天津人民出版社的编辑郑玥、武建臣为本书出版所付出的辛勤劳动，感谢所有对本书给予关注、帮助和支持的各位同志和单位。由于水平有限，书中难免存在不足之处，希望广大读者不吝批评指正。

贾丽民

2024 年 9 月 10 日